高等学校"十二五"规划教材

美学与美育

主　编　　吴家荣

副主编　　王宗峰　李　涛　夏　艳
　　　　　郭世轩　桑　农　褚春元
　　　　　管　军

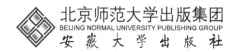

北京师范大学出版集团
BEIJING NORMAL UNIVERSITY PUBLISHING GROUP
安徽大学出版社

图书在版编目(CIP)数据

美学与美育/吴家荣主编. —合肥:安徽大学出版社,2012.8(2023.8重印)

21世纪高等院校中文专业系列规划教材

ISBN 978-7-5664-0553-1

Ⅰ. ①美… Ⅱ. ①吴… Ⅲ. ①美学-高等学校-教材②美育-高等学校-教材 Ⅳ. ①B83 ②G40-014

中国版本图书馆CIP数据核字(2012)第184358号

美学与美育

吴家荣 主编

出版发行：	北京师范大学出版集团 安徽大学出版社 (安徽省合肥市肥西路3号 邮编230039) www.bnupg.com www.ahupress.com.cn
印　　刷：	合肥图腾数字快印有限公司
经　　销：	全国新华书店
开　　本：	787 mm×1092 mm　1/16
印　　张：	15
字　　数：	318千字
版　　次：	2012年8月第1版
印　　次：	2023年8月第4次印刷
定　　价：	32.00元

ISBN 978-7-5664-0553-1

策划统筹：朱丽琴　　　　　　　　　装帧设计：张同龙　李　军
责任编辑：卢　坡　　　　　　　　　责任印制：陈　如

版权所有　侵权必究

反盗版、侵权举报电话：0551-65106311
外埠邮购电话：0551-65107716
本书如有印装质量问题，请与印制管理部联系调换。
印制管理部电话：0551-65106311

目录

第一章 追根溯源谈美学 …………………………………………………………… (1)
    第一节 中西美学思想的形成与特点 ……………………………………… (1)
    第二节 西方美学的发展历史 ………………………………………………… (8)
    第三节 中国美学的发展历史 ………………………………………………… (19)

第二章 "美是难的" ……………………………………………………………… (25)
    第一节 柏拉图之问 …………………………………………………………… (25)
    第二节 为什么"美是难的" ………………………………………………… (26)
    第三节 美是可以认识的 ……………………………………………………… (27)
    第四节 美的基本特征 ………………………………………………………… (37)

第三章 异彩纷呈的美的形态 …………………………………………………… (40)
    第一节 自然美 ………………………………………………………………… (40)
    第二节 社会美 ………………………………………………………………… (48)
    第三节 科学美 ………………………………………………………………… (52)
    第四节 艺术美 ………………………………………………………………… (60)

第四章 各具特色的艺术美 ……………………………………………………… (72)
    第一节 艺术美的分类 ………………………………………………………… (72)
    第二节 空间艺术的审美特征 ………………………………………………… (75)
    第三节 时间艺术的审美特征 ………………………………………………… (80)
    第四节 语言艺术的审美特征 ………………………………………………… (85)

第五章 千姿百态展现美 ………………………………………………………… (88)
    第一节 优美与崇高 …………………………………………………………… (88)

第二节 悲剧与喜剧 ……………………………………………… (97)
第三节 丑与荒诞 ………………………………………………… (106)

第六章 不可小视的形式美 …………………………………… (114)
第一节 什么是形式美 …………………………………………… (114)
第二节 形式美的外在形式因素 ………………………………… (116)
第三节 形式美的内在形式法则 ………………………………… (121)
第四节 形式美的审美价值 ……………………………………… (122)

第七章 人类的审美活动 ……………………………………… (125)
第一节 审美活动的发生 ………………………………………… (125)
第二节 审美意识 ………………………………………………… (132)
第三节 审美价值 ………………………………………………… (136)
第四节 审美活动 ………………………………………………… (145)

第八章 美感经验描述 ………………………………………… (152)
第一节 美感的本质 ……………………………………………… (152)
第二节 美感的特征 ……………………………………………… (160)
第三节 美感的心理因素 ………………………………………… (166)

第九章 审美文化的历史变迁 ………………………………… (178)
第一节 什么是审美文化 ………………………………………… (178)
第二节 中西古代审美文化比较 ………………………………… (184)
第三节 现代与后现代审美文化 ………………………………… (193)
第四节 当代审美文化的特征与趋势 …………………………… (203)

第十章 审美教育古今谈 ……………………………………… (213)
第一节 中西古代美育比较 ……………………………………… (213)
第二节 审美教育的特征 ………………………………………… (221)
第三节 审美教育的途径 ………………………………………… (226)
第四节 审美教育的现代意义 …………………………………… (229)

后 记 …………………………………………………………… (235)

第一章
追根溯源谈美学

美的事物和美的现象充溢着我们的日常生活,真可谓触手可及,应接不暇,令人心旷神怡。人们在对美的事物进行凝神关照,沉浸在激情与狂喜兼而有之的审美体验之中,也许无暇顾及美的来源、美的历史以及美与生活之间的关系等问题。仿佛这一切都应该理所当然地存在着。然而,穿透形而下的具体而微的现象之物,进行形而上的思考与道的追问,往往又充分体现出人性的超越之维。正如马斯洛人本主义心理学所说,审美需要与认识需要是人类自我实现之前的两大需要,二者都属于人类在满足了生存需要之后的发展需要。爱美之心,人皆有之。同样,不仅知其然,而且还要知其所以然和所必然,也是人类作为高等动物的必然追求。这在许多诗人哲学家那里表现得尤为突出。在对美进行具体欣赏之前,让我们首先开始对美的历史和美学的发展进行正本清源式的梳理,在对诗人哲学家的礼赞与瞻望中开始言说的行程。

第一节 中西美学思想的形成与特点

在进行美学研究之前,我们首先必须弄清这样一个核心问题,那就是"美学"与"美的思想"是两个不同的概念。一般说来,美学思想属于思想史的范畴,而美学学科则属于学术史的研究对象。美的思想是美学学科形成的萌芽,而美学学科的形成则是美的思想的理性超越与升华。美的思想属于美学学科的前科学或潜科学形态,多以感性形态或准理论面目出现,主要来源于生活的直观感悟与个体的生命体验。这些丰富多彩的思想资源恰恰为美学学科的兴起与产生奠定了坚实的思想基础。而美学学科则属于美的思想的科学形态与理论升华,是对现象的超越和趋向于科学的冲动所致。二者之间的关系不仅是基础与提高的关系,而且也是部分与整体、个别与一般的关系。美学思想是指人们对美的事物的具体看法与适度思考,常常有鲜明的个体性、现象性,渗透在其学术思想中。而美学学科主要是对美的现象及其本质规律进行研究的科学,它是美学思想逐步走向成熟形态与学科形态的理论标志,更多地呈现为群体性、理论性,多以理论著作的面目呈现出来。而时代性、阶级性、民族性与局限性则是它们的共性。纵观中西美学发展的历史,我们不难发现,美学思想是十分丰富多样的,并因中西方历史文化语境的不同而呈现出不同的社会风貌,因而形成了各具特色的美学思想传统。

一、西方美学思想:超验性、认识性、科学性

一般说来,西方文化多以科学形态呈现,其文化背后往往由逻辑因果关系来支撑,体现出鲜明的逻辑性、先验性和预设性。作为西方文化的重要组成部分,西方美学思想也不例外。在西方,美学思想首先寄生于哲学体系之中,属于哲学研究的三大核心区域(知、意、情)之一。众所周知,西方文化源自古希腊文明和希伯来文明。前者带来科学的价值取向,后者则带来宗教文化的启迪与民主的萌芽。而在美学思想传统的意向形成上,古希腊哲学家做出了切实可行的贡献。由于西方美学思想十分丰富,因而难以进行全面系统的阐述,我们只有以点带面,选取一个典型的片段来进行细致的分析,以寻求某些共性的价值倾向。雅斯贝尔斯认为,公元前 6 至公元前 3 世纪,是世界文明几大模式(古希腊文明、古印度文明、两河文明、中国文明等)形成与奠基的"轴心时代"。探索西方美学思想,我们主要选取古希腊美学来进行断层扫描与案例分析。现在让我们一起走进古希腊美学思想园地,共同欣赏与分析。公元前 6 世纪,毕达哥拉斯学派盛行。该派的成员多是数学家、天文学家和物理学家,其中以数学家为主。他们试图从纷繁复杂的自然现象中找出能够统摄一切的原则,而数字就是其中最基本的元素,数的原则驾驭着宇宙中的一切。如果把事物的某一属性(数)加以绝对化并上升为先于一切而独立存在的东西,那就具有客观唯心主义的哲学倾向。在美学思想上,他们率先提出了美即和谐的思想,并认为音乐的基本原则恰恰在于数量之间的关系——音乐节奏的和谐取决于音调的高低长短和轻重缓急比例的适当搭配。音乐给他们的启示就是:音乐是对立因素的和谐统一,它能够把杂多变成统一,把不协调变成协调。这里所孕育的和谐思想是古希腊寓整齐于变化之中辩证文艺思想的最早萌芽。该学派还将这种思想推而广之,得出许多颇具创意的大胆结论。比如推及到建筑与雕刻等艺术领域,认为最美的线形为长与宽构成一定比例的长方形(黄金分割比例),最美的平面是圆形,最美的立体是圆球形。推广到天文学上,得出宇宙和谐的结论——太空中的星球都在遵循一定的轨道运行;天体是最美的圆球形。这一学派还最早观察到艺术对人的美育作用。人体如天体,皆由数与和谐来统辖。一旦人的内在和谐与外在的和谐相遭遇,就会发生欣然契合的、"同声相应,同气相求"的心理共鸣。这样一来,人们就可以自然而然地喜爱美和欣赏艺术。同时,外在的和谐也可以影响到内在的和谐,不同风格的艺术作品就可以对人的性情发生潜移默化的作用。毕达哥拉斯学派这种带有神秘主义色彩的客观唯心主义哲学和形式主义美学思想对其后的柏拉图主义和文艺复兴技术主义产生深远的影响。从

毕达哥拉斯学派的美学思想的价值取向可以看出，他们首先从先验的概念——数字——入手，去认识自然事物和自然现象背后的规律和本质，具有鲜明的科学性和对象性。可以说，毕达哥拉斯学派的美学思想的阐释路径是：假定一个先验与超验的属性（一般）——推而广之去认识各种事物（个别）——得出一个相对合理的科学结论（一般）。这种阐释的路径不仅仅取决于毕达哥拉斯学派的自然科学家的学者身份与职业取向，而且与其文化环境和特殊的自然人文地理密切相关。地中海的海洋文明孕育并决定着爱琴海岛屿和希腊半岛的文化形态和思维特征。航海贸易的不确定性使当地的人们严格遵循逻辑推理和科学观察，从复杂多样的信息中认真筛选并做出最佳的抉择，以获得最大的胜算。这就是人文地理对人们思维与习惯的制约。既然如此，其后虽然不是自然科学家的社会人文学者也会有如此的选择和阐释习惯。让我们看看其后的哲学家是如何认识美并表达各自的美学思想的。

赫拉克利特（前530～前470左右）在自然杂多的现象中寻求统一原则时认为，地、水、风、火四大元素中火是最基本的；自然事物处在四种元素的上升（地→水→风→火）与下降（火→风→水→地）的不断转化过程中。他认为和谐是从差异对立中产生的，而不是从类似事物中产生；结合体是由完整与不完整、相同与相异、协调与不协调所构成的。与毕达哥拉斯学派注重形式与静止相比较，他的和谐观不仅侧重于变动与发展中的对立与斗争，而且强调世界的变动不居与日新月异。人不能两次踏进同一条河流，自然肯定了美的相对性。比起人来，最美的猴子也还是丑的。这是他关于美的标准的相对性的最佳说明。由此也可以看出，他是古希腊哲学中朴素唯物主义和辩证观点的代表。

苏格拉底（公元前469～前399）虽然未能留下一部著作，但却标志着古希腊美学思想的重大转变，是一位承上启下的重要人物。此前的学者主要从自然科学的观点研究美学，为美寻找自然科学的答案。而他则主要从社会科学的视角看待美学问题，为美寻找新的源头。据其弟子色诺芬的《回忆录》，把美和效用结合起来考量是他的主要出发点。凡是美的就必须是有用的，反之亦然。作为美的衡量标准，效用表现出相对性。这是因为效用要与使用者相关联，主体不同，效用不同；即使是同一主体，若使用的语境不同，得出的评价自然有别。防御的矛和攻击的盾都是美的。同是一把长矛，防御用是丑的，但进攻用则是美的。因此可以说，一件东西的美丑取决于其效用；效用之好坏又取决于使用者的立场。由此看来，美并不完全在事物本身，与人相关。另外苏格拉底早年从父学过石雕的手艺，从自己的亲身体会出发，认为"模仿"并不等于"抄袭"，含有自己的创造。画家或雕刻家绝不仅仅局限于外貌细节的刻画，而应着力于表现人物的心灵和生命，给人栩栩如生之感。艺术家不应亦步亦趋地临摹自然，而应有所选择以创造出一个极美的整体。这样刻画出来的人物可以比原型更美好。艺术美可以高于自然美，更能体现艺术家的理想化倾向。苏格拉底将美与善相连，自然就把美学与伦理学、政治学有机地结合起来，从而使艺术的社会功能得以空前凸显。

到了公元前5～前4世纪，具有师生关系的两位伟大哲学家——柏拉图和亚里士多德把古希腊的美学思想推向一个新高峰，成为总结性的思想家。在现存的著作中，他们对美学进行了相当广泛深入的思考，其美学思想相当丰富。他们对美的哲学思考与艺术的实践把握进行有机统一，或侧重于美的哲学思考，或倾向于艺术的规律研究。

在西方，柏拉图（前427～前347）是最早对美的问题进行系统思考的哲学家。他的美学思想贡献主要体现在理式说和文学艺术的社会功能上。他率先提出了非常抽象的、带有超验性质的本体概念"理式"（Idea，或译作"理念"）。"理式"论既是他哲学体系的核心，也是他美学思想的基础。"理式"是世界宇宙万物的原型和本原，世界宇宙万物只是它的摹本和幻相。三种"床"的理论就是最好的说明。其一是床之所以成为床的具有普遍性的、"理式"的床。其二是木工依照床的理式所制造出来的个别的、现实的床。其三是画家对木工所制造的个别而又现实的床进行模仿所画出的形象的床。其中，只有理式的床才是永恒不变的、最真实的。木工的床徒具理式的床的影子。作为一种摹本和幻相，它仅仅模仿到某些皮毛，不具永恒性和普遍性，是不太真实的。至于画家的床，只能算是"摹本的摹本"、"影子的影子"，就更加不真实，因为它"和真理隔着三层"（其实和"理式"只隔了两层）。① 柏拉图费尽心机地阐述与区分这三种床，目的在于通过这三种床来暗示和对应他心中的三种世界——那就是理式世界、现实世界和艺术世界。相比较而言，理式世界是永恒不变的绝对存在；现实世界是变化无常的、转瞬即逝的暂时存在，仅仅是理式世界苍白的"影子"；艺术世界来源于对现实世界的模仿，只能是"影子的影子"，是更加靠不住的浮光掠影。这是由"理式说"而推演出来的"影子说"。理式世界的确切永存使他坚信世间存在着"美本身"。"一切美的事物有了它就成其为美的那个品质"。"这美本身加到任何一件事物上面，就使那件事物成其为美，不管它是一块石头，一块木头，一个人，一个神，一个动作，还是一门学问"②。柏拉图之所以执著于追寻"美本身"，坚持把"美本身"作为方法论的基石，是因为他把"美"这个语词从一般名词上升为抽象概念与超验名词的哲学冲动所致。这种"美本身"的哲学思考和形上冲动所引发的痴迷，最终的结果"美是难的"虽然令人失望，却又十分耐人寻味。这一声叹息在历史的天空中回响，经久不息，引许多哲人智士竞折腰。三个世界的划分，直接引起柏拉图对艺术世界的深入思考。正因为艺术世界在他眼中只是一个不真实的、与理式世界隔了多重障碍的虚幻世界，所以创造艺术世界的艺术家就只能是谎言的制造者，是没有肯定价值的传播者。至于艺术的功能和作用，他则旗帜鲜明地反对诗人和世俗艺术的传播。反对诗人，是因为诗人和艺术家最大的长处就是善于说谎、蛊惑人心、煽动人性的贪欲、勾起人类的哀怜癖和丑化亵渎神灵，"功"在伤风败俗，不利于人性的纯洁与贵族人格的塑造。因此即使像荷马那样的伟大诗人也难免被驱逐的命运。而他心目中理想的艺术则是传播肯定价值、张扬武士人格、培养贵族后备人才，完全符合理式精神的艺术。在他看

---

① 朱光潜：《西方美学史》上册，人民文学出版社，1979。
② 柏拉图：《文艺对话集》，人民文学出版社，1980。

来,为艺术立法的目的就是要弘扬真善美,鞭挞假恶丑,抑制不良艺术,主张理想艺术,大力发扬贵族文化精神,培养共和国的理想接班人,为实现他心目中的理想国而奋斗。

作为柏拉图的弟子和欧洲美学思想的奠基人,亚里士多德(前384~前322)的美学思想集中体现在《诗学》里。作为西方文艺与美学思想的最早经典,《诗学》具有至高无上的"法典"地位。它所涉猎的范围,不仅包括"诗"的种类、功能、性质等,而且还包括悲剧、模仿等美学理论和其他艺术理论。在这本划时代的经典文献中,亚里士多德主要探讨三个方面的大问题,那就是为模仿正名、为诗歌辩护、为艺术功能寻找心理基础。首先,他着力阐述了文学及其构成、文学的手段和目的。在他那里,"诗"已经超越了狭义的个别文体而上升到一般文学的层面,"诗学"也由诗歌理论而上升到文艺理论。由他所奠定的传统诗学概念为西方文艺理论界沿用至今,从贺拉斯的《诗艺》到布瓦洛的《论诗艺》,再到厄尔·迈纳的《比较诗学》等。此后,对"美"的追寻就和以"诗学"的名义进行艺术研究形成一种研究范式,直到独立的"美学"概念的出现,莫不如此。对真理执著追求的亚里士多德,爱真理甚于爱老师。他并非无条件地崇拜老师。针对老师的不足,他首先放弃了柏拉图高深莫测的先验"理式",直接肯定艺术是对现实世界的模仿。他首先为模仿正名,认为模仿不是诗人的无能,而是人类求知好学和热爱智慧的本能。艺术家模仿现实常常采用三种方式,即按照现实世界已有的样子、应有的样子和必有的样子。其中,艺术家所要模仿的不仅仅只是现实世界的外形(现象),而且还要透过现实世界的现象层面而抵达其内蕴的必然性和普遍性(本质和规律)。只有这样的艺术才能比现象世界更真实。艺术家模仿的目的旨在透过现象看本质。这个贯串《诗学》始终的基本思想,既是对柏拉图的有力驳斥,也是对诗与艺术强有力的辩护,体现了现实主义的基本原则,是亚里士多德对文艺思想和美学思想所能做出的最大贡献。基于这种素朴的唯物主义思想,亚里士多德认为,美就在于体积大小和秩序。他又把美和善联系在一起,指出:"美是一种善,其所以引起快感正因为它是善。"[①]悲剧艺术对人所产生的心理影响与情感效应主要在于它通过情节的展开,展现既不太完善也不太邪恶的人——如同观众一样的人——遭到命运不公正的对待与捉弄时引起观众强烈的恐惧与哀怜,进一步在心理上产生"净化"功能,在痛定思痛之后,深怀庆幸心理,进一步压制内心不应该有的欲望与念头,接受肯定价值,警惕消极价值,弘扬真善美,鞭挞假恶丑,最终实现心灵的宁静和人格的完善。可以说,亚里士多德最大限度地提升了古希腊美学思想,是古希腊美学思想的集大成者和欧洲美学思想的奠基人。此后西方文艺思想和美学思想的基本范畴皆可以从中找到源头。自毕达哥拉斯学派肇始其端、亚里士多德发扬光大的研究范式具有鲜明的特征,那就是:超验性、认识性、科学性。

二、中国美学思想:经验性、体验性、人文性

与西方美学思想研究选取古希腊一样,我们研究中国美学思想也自然而然地选择

---

① 北京大学哲学系美学教研室:《西方美学家论美和美感》,商务印书馆,1980。

先秦时期。美学学科兴起于欧洲，19世纪末20世纪初随着西学东渐的潮流来到中国，成为一种学术舶来品，它是中西文化学术碰撞、磨合与交流的产物。然而中国的美学思想同样源远流长，历久弥新。由于中国特殊的地理环境——背靠欧亚大陆，面向浩瀚的太平洋，三面靠陆，一面环海，陆地土地肥沃、河汉纵横、灌溉便利——农业生产逐渐成为中国的主要经济模式。而先秦文明又主要在黄河流域得到充分发育与茁壮成长。农业文明体现在对土地的极度留恋和对庄稼收成的过分关注。热爱土地，自然养成人们安土重迁的思想，形成浓郁的乡土观念和家园意识。留恋家庭的稳定，必然向往相对静止和谐的生存环境，往往在无意识中滋生出家国一体、家国同构的内缩式文明。这与西方商业文明和海洋文明的外展式文明截然不同。而对庄稼收成的过分关注，又恰恰呈现出偏重于仰观俯察、天人感应，对季节变换、时光流逝极为敏感，极为关注个体当下生命体验的生存方式。因而在美学思想上总体呈现出经验性、体验性和人文性等特点。

  远在甲骨文盛行的商代，中国人就已经具有了鲜明的审"美"意识。甲骨文中的"美"字由"羊"、"大"两部分构成。许慎在《说文解字》"美"字下有这样的注释："美，甘也，从羊从大。羊在六畜主给膳也。美与善同意。"这充分说明了中国美学思想的萌芽与农业文明结下了不解之缘。此后，"滋味"或"味"进入美学殿堂，就是渊源有自。五代宋初的文字学家徐铉为之作注，进一步表明其中的美学旨趣，那就是"羊大则美"。还有学者从《说文解字》的"美"字的注解"大，人也"中推论出"大"即"人"的意思。这样一来，"羊大则美"就可以训为"羊人则美"。而所谓"羊人"实为原始社会祭神舞蹈中头戴羊角的舞者形象。甚至有学者考证说，"美"的本义就是指头戴羊冠或羊形装饰物以翩翩起舞祈祷狩猎成功的形态。① 日本也有学者认为，甲骨文字的"美"在字源学意义上分别具有视觉的、味觉的、触觉的和经济实用的四种意向，前三种着眼于感官上的美感——或者是活力感、味觉感和触觉（充实而丰满）感——也就是较为远离功利性的美感，最后的经济适用恰恰指向物物交换所产生的交换价值，这就为以羊为生的牧羊部落带来丰收和吉祥，令人欢欣鼓舞，充满喜悦感与幸福感。由此可见，这四层含义皆与审美有关。② 倘若把二者结合起来考察，我们就会发现，"美"不仅连接着人的感性需求，满足人们的感官享受，体现出感性的、丰盈的、直观的、物质的存在，而且还附加上理性的、实用的、伦理的、生活的内涵。可以说，一个小小的甲骨文"美"字的造型就将感性与理性、审美与实用、生存与发展、存在与道德、物质与精神、现象与本质、形下与形上、器与道等方面有机地结合起来。

  公元前6～前4世纪，为世界文明定型的轴心时期。在中国的先秦时期，较为发达的实用理性使诸子百家进行学术的自由辩驳与争鸣，理性的介入使得美学思想同时充满着思辨色彩。作为儒家创始人，孔子（前551～前479）在教育之余也对"美"产生浓厚的兴趣。"乐而不淫，哀而不伤，怨而不怒"等思想成分显现出儒家持论不走极端、审美倾

---

① 康殷：《文字源流浅说》，荣宝斋，1979。
② 竺原仲二：《古代中国人的美意识》，北京大学出版社，1987。

向中和的思辨理路。这一主导思想充分渗透在他对美的事物的感知与评价之中。比如，在如何平衡文与质、形式与内容之间的关系时，他则从礼乐文化出发，坚持文与质的高度统一。"文胜质则野，质胜文则史，文质彬彬，然后君子"。所谓"文质彬彬"就是文与质达到高度和谐的统一之后的状态。这是对过于文而至于野和过于质而至于史的克服与超越，这仍然是一种理想的审美状态——中和之美。至于美善关系，他也是这样处理与权衡的。如用来歌颂周武王的《武》乐虽然和谐悦耳，形式优美，但由于其中心意旨倾向于征伐和尚武而未能止于至善，因此还称不上足够完美。只有礼赞大禹的《韶》乐才有资格称得上尽善尽美，主要在于它用优美的形式把向善的动机与追求充分地表达出来。当然，这些形而上的思考恰恰来自于形而下的人生经验和心理体验。作为一种职业角色，"儒"主要提供协调人际关系、处理婚丧嫁娶等事宜所必需的礼仪。因此其职业取向往往倾向于"和谐"与"节制"。也就是说，"和谐"与"节制"成为儒家的思维基因、职业直觉和文化追求。"持其两端而执其中"、"过犹不及"，这是现实生活的智慧总结和理性升华。"君子和而不同"、"小人同而不和"，这是人际关系的提升和政治行为的忠告。其后的孟子(前372～前289)继承孔子学说，并在心性学说上做出独特的发掘与阐释。尤其突出个体的主观能动性和人格魅力，从自我省思走向致良知良能，从而将孔子的弘道事业发展完善，走向内外兼修，将理论与实践较为充分地结合起来。"浩然之气"空前突出主体人格的无限魅力与生命的阳刚伟岸。这为心性之学留下了无限的阐释空间。同时他还很好地将知人与论世、个人与社会、心境与语境、读者与作者、形象与意蕴、文内之意与文外之旨等方面做出对等性的思考，充溢着思辨的色彩与智慧的光芒。

  至于在美学思想历史长河中产生重大影响的道家，可以论说的依然很多。作为道家的创始人，老子(约公元前570～卒年不详)在五千言中主要出于求异思维，刻意与儒家进行区分。以孔子为首的儒家主张克己复礼为仁，以文明礼仪制衡人欲，使个体服从或服务于集体的秩序与德性需求，使欲望的自然人成为节制的社会人和道德的理想人。老子则主张绝圣弃智，去除后天人为的知识、学问与道德，力求"无为"、"少为"而达到无所不为的效果。道家走的是消极而又聪明的一路。所谓"消极"主要体现在"绝圣"上。圣人人格是儒家心中至高无上的人格标杆和道德追求。既然人是欲望的动物，那么只要有生命的存在欲望就难以消除殆尽。既然欲望难以根除，那么圣人只是一个可望而不可即的幻影。与其无可奈何地做着无用功，倒不如反其道而行之：否定圣人，为圣人"祛魅"。道家恰恰把儒家所标榜的圣人放置到他们所设定的语境中使其一一现出原形，进行自我否定，从根本上对儒家的圣人情结进行解构。所谓"聪明"，就是"弃智"，主要体现在道家对自己心目中的圣人即真人、至人和神人的重构与整合上。这些放弃智慧、鄙视心机、抛弃功名的真人、至人和神人都具有神秘体验，与天地精神相往来，拥有常人所没有的奇才异能——具有无用之大用，外表畸形，内里澄明，齐生死，一美丑，追求精神绝对自由，令俗人耳目一新，颇具审美气质与诗性人格。可以说，老庄哲学尤其是庄子(约前360～前286)美学以诗性语言展现出大异于儒家美学的新面貌，为儒道融合、道释合流做了铺垫,为中华古典美学的绚丽多姿贡献出灿烂华章。儒道两家的美学思想成为中华民族美学思想的基础资源,滋润着先秦之后的美学发展,最终制约着德性与宏丽、古朴与气象并行的汉代美学,玄思与怨情、骨气与浮华携手的魏晋南北朝美学,事功与激情、华丽与兴趣杂糅的隋唐五代美学,沉思与内敛、弘放与柔情兼容的宋代美学,因循与廓大、开新与综合纷呈的元明清美学的发展与格局。

第二节 西方美学的发展历史

在弄清了"美学思想"不等于"美学学科"这一前提之后,我们就可以开始论述美学学科的发展历程了。众所周知,美学学科首先在西方获得成熟的发展。而美学学科的发展又与"美学"这一概念的命名密不可分。"美学学科"的名称 Aesthetica,为 18 世纪的德国哲学家鲍姆加通(1718~1762)在 1735 年发表的博士论文《关于诗的若干前提的哲学默想录》中首次提出。1742 年他在法兰克福大学开设"美学"课程,1750 年他的《美学》第一卷出版。因此,美学史常把这一年作为鲍姆加通正式提出"美学学科"概念的时间。如果从 1750 年算起,美学才有 260 多年的历史。从某种程度上来说,"美学"之名不等于美学学科的诞生。事实上,无论在东方和西方,美学思想都已产生了 2000 多年。对于美学学科来说,学科名称产生的历史与学科自身发展的历史并不是一回事,值得我们深究。在鲍姆加通那里,Aesthetica 还不是今天意义上的"美学",是指"感性认识"的科学,主要指自由艺术的理论、低级认识的学说、用美的方式去思维的艺术、类理性的艺术,比"审美"的意蕴宽泛得多。鲍姆加通的概念被黑格尔认为很肤浅、不恰当,并未为康德和谢林等美学家所采用。作为黑格尔的后继者,费舍尔在他的六卷巨著《Asthetica 或美的科学》(1846~1857 年出版)中最终确定了"Aesthetica"。从美学史的角度来看,他的贡献有限,不仅难以享有美学大师的美名,更有愧于"美学之父"的桂冠。[①] 还有学者认为,鲍姆加通虽然提出了"美学"这个新名称,但并未赋予它以真正新颖的内容,美学并未真正建立起来,还是一门正在形成的学科。相比较而言,若从洞察诗和艺术的真正本性这一意义来看,克罗齐则认为,意大利学者维柯(1668~1744)发现了美学学科。[②] 不仅如此,许多学者大致形成了这样的共识:西方美学的历史是由柏拉图开创的。道理很简单,那就是他是第一个从哲学思辨的高度来探讨美学问题的。作为一个美学家、逻辑学家和伦理学大师,柏拉图所涉猎的范围以及在美学中所表现出的兴趣、论述、独到的思考皆令后世哲学家难以超越。在他的学术视野里,美和艺术的观念首次被纳入哲学体系并被深入地思考与探究。由此可见,"美学"这一名称本身并不重要,甚至在鲍姆加通之后

---

① 塔塔科维奇:《古代美学》,中国社会科学出版社,1990。
② 克罗齐:《作为表现的科学和一般语言学的美学的历史》,中国社会科学出版社,1984。

并非所有的哲学家、美学家在自己的著作中都使用它,比如康德给自己的美学著作命名为《判断力批判》。① 面对西方美学几千年的发展历史,学界比较通行的做法,是把它划分这样六个阶段,即古希腊罗马美学、中世纪和文艺复兴美学、17～18世纪美学、德国古典美学、19世纪末期美学和20世纪直至当今的美学。② 现在我们顺着这条线索对西方美学的发展历史进行简要巡礼。

一、古希腊罗马美学

古希腊罗马美学可以粗略地分为早期希腊和柏拉图亚里士多德时代两个阶段。早期希腊美学尚属于自然哲学的有机组成部分。此时的思想家最为关心的是美的客观现实基础部分。如毕达哥拉斯学派(盛行于公元前6世纪)认为美在于数量比例的和谐,和谐就是一种对立形式之间的统一。赫拉克利特(前530～前470左右)侧重于对立的斗争,从中见出美的发展性和相对性。德谟克利特(前460～前370左右)倡导唯物的原子论和辩证的认识论。苏格拉底(前469～前399)是这一时期美学思想转变的关键人物。他把美学的关注重心从自然界转向社会,使美学的社会性大大增强。从效用性来评价美及其相对性,从而使美与善、美学与伦理学和政治学有机结合起来。文艺的社会功用被凸显出来。另外,他对"艺术模仿自然"有了更深入的理解,发掘出艺术的理想化目标。至此,文艺的现实基础和社会功用等美学所关心的两大主要问题已经大致明确,为柏拉图和亚里士多德的美学研究奠定了基础。

柏拉图(前427～前347)站在贵族统治阶级立场,提出以"理式说"为核心、旨在维护神权和贵族统治的客观唯心主义哲学。他那永恒的"理式"就是神,对应于人间高高在上的贵族统治阶级。贵族阶级中的"爱智慧者"才有资格接近那一般人难以接近的"理式"。"理式"绝对权威的确立,表现在人身上就是:充分保证理智对意志和情欲的绝对控制、哲学家和国家卫士对工商阶层的绝对统治,最终达到培养理想人和建立理想国的目的。相比之下,他极为鄙视包括本能、情感、欲望在内的感官世界,对劳苦大众及其实践活动和生产技艺评价不高。由此出发,他对文艺与现实、文艺与社会的关系等基本问题做出自己独到的回答。他从"模仿说"衍生出三重世界,进而得出现实世界的虚幻性和文艺的不真实性、败德性,从根本上否定了文艺的认识作用。可以说,他的文艺思想是反现实主义的。柏拉图所反对的是违背他主张的文艺作品,而他主张的文艺作品必须为政治服务,必须符合培养贵族政治所需要的理想人和服务于理想国的要求。这就在无形中张扬政治标准、理智作用而有意压抑艺术标准、情感作用。另外,在文艺创作的动力上主张"灵感说"和"迷狂说"。前者否定了艺术的社会源泉,后者为非理性主义和颓废主义埋下伏笔。柏拉图所开辟的唯心主义美学思想在后世产生巨大影响,不仅为基督教美学所

---

① 塔塔科维奇:《古代美学》,中国社会科学出版社,1990。
② 叶朗:《美学原理》,北京大学出版社,2009。

歪曲利用，而且为文艺复兴运动和浪漫主义思潮提供丰富的思想资源。

亚里士多德（前384～前322）是柏拉图的弟子，身处希腊文化、文艺与哲学趋于总结的时代。他凭借其扎实的逻辑学功力和深厚的自然科学修养，较为圆满地承担起这一时期学术总结者与集大成者的重任。对于文艺与现实的关系问题，他坚持唯物主义和现实主义立场，批判了柏拉图的模仿说，充分肯定了文艺的客观真实性。在他看来，模仿不是抄袭表象，而是深刻揭示事物发展的普遍性和必然性。诗歌的灵魂能够表现出某种人物在特定语境中的言行与事理，具有普遍性的追求。这为典型学说奠定了基础。同时从普遍性和必然性出发，建立艺术的有机整体观，提出了情节结构要单一完整，放弃了命运观与灵感说。他还结合文艺心理源于心理影响来思考文艺的社会功用。他认为爱好模仿与追求节奏和谐都是人的天性。模仿为了求知，节奏为了和谐。人类需要情绪宣泄，以获得情感满足和心理平衡。而文艺恰好能满足人类这一自然需求，这也是文艺立身存世的理由。他总是将美与善、文艺与道德统筹考量。这充分体现在他的悲剧"净化"说和悲剧主角"过失"说上。他深刻认识到文艺所产生的重要教育作用，并对文艺教育计划有着深刻的思考。他接受了赫拉克利特的思想，具有素朴的辩证法的倾向。作为欧洲美学思想的奠基人，亚里士多德对后世产生深远的影响。

作为希腊文艺的继承者，罗马文艺的发展趋势是：希腊文艺中所呈现的原始而旺盛的生命力和深刻的人文内涵已不复存在，艺术形式的完美和纤巧成为流行的时尚，文艺逐渐向典雅化、精致化、肤浅化和公式化靠近。罗马的古典主义理论家较有代表性的是贺拉斯、朗吉纳斯和普洛丁。贺拉斯（前65～前8）是奥古斯都时期有才能的讽刺诗人和抒情诗人，其理论代表作是写给罗马贵族庇梭父子论诗的诗体信——《诗艺》，其中虽然创见不多，但却是当时流行文艺观念的代表。《诗艺》大致包括诗的内容与技巧、诗的种类和诗人的天才与批评等三部分。其中最著名的观点为"合式"原则，就是一切都要做到恰如其分，使人感到完美无缺。所谓"合式"就是符合奴隶主阶级的理性和人性标准这个"式"，具体表现为合情合理、一致性和正确的思辨性等。另外就是"寓教于乐"原则，主要强调文艺如何发挥应有的作用，将文学与政治、审美与意识形态、娱乐与教益等有机地统一起来。贺拉斯的文艺观虽然保守，但却是现实主义的，对古典作品的经验教训予以总结，为后来者指明一条可行之路。朗吉纳斯（213～273）的《论崇高》是针对"崇高"所发的专论。他所要求的文艺要具有伟大的思想、深厚的感情、崇高的风格、巨大的力量以及气魄与狂飙闪电所构成的奇异效果。他高明于贺拉斯的地方就在于：把古典主义基本信条明朗化，标志着批评风气的转变——由理智、规范法则、抽象的理论探讨和平易清浅的现实主义向情感、精神实质、具体作品的分析和气魄宏伟的浪漫主义延伸。他甚至被后世学者评价为亚里士多德之后伟大的希腊批评家。普洛丁（205～270）是新柏拉图学派的领袖，亚历山大里亚学派希腊哲学的捍卫者，宗教神秘主义的创始人，承前启后的思想家。其代表作《九部书》主要美学观点是：理式即真实、物体美在整一、理式是真善美的统一体、物体美通过理性感知、美离不开心灵、美有等级之分、艺术美在理式等。其中的"理式"就是神的代名词。这种美学观点影响了中世纪及其以后的新柏拉图主义和神秘主义。

二、中世纪和文艺复兴美学

在一切皆为神学的奴婢、一切皆为神学论证的时代,中世纪的美学思想主要集中在把普洛丁所开创的新柏拉图主义与基督教神学联姻。此时的主要任务就是:美是上帝的一种属性,以上帝取代理式,上帝是至高无上的神,是真善美的根源与化身,是无限的美;一切感性事物之美皆是有限美,是供凡人参悟无限美的工具与阶梯,其本身并无任何独立价值;自然事物的美远远高于人工艺术美,人造的就是虚构的、不真实的,虔诚的教徒要从上帝的作品中赞美上帝。由此可见,中世纪的美学重点不在文艺作品。这一点无论是圣·奥古斯丁(354~430)的《忏悔录》还是圣·托马斯·阿奎那(1226~1274)的《神学大全》无不如此。圣·托马斯既是中世纪基督教神学的集大成者,也是经院派哲学的领军人物,在新柏拉图主义与康德的形式主义之间起着承上启下的作用。其著述的主流意识形态性和保守落后性在20世纪以来的欧美新托马斯主义美学中颇有市场。文艺复兴运动是欧洲封建社会向资本主义过渡的一个转折点。它不仅是一次伟大的精神解放运动,而且也是继古希腊以来欧洲文化发展的第二次伟大的高峰。它发端于13~14世纪地理位置优越、工商贸易发达的意大利,渐次向北波及,逐渐演化为宗教改革运动(新教运动),最后席卷整个欧洲,极盛于16世纪。但丁、彼特拉克和薄伽丘既是意大利民族文学的奠基者也是文艺复兴运动的先驱。文艺复兴运动不仅是对希腊罗马古典文化的再次发现,也是对阿拉伯、印度和中国等东方外来先进文化的广泛吸收。13世纪的马可波罗来中国元朝的游记激发了哥伦布发现新大陆的壮志。中国"四大发明"的传入,极大地刺激了西方科技的发展。但丁(1265~1321)这位标志历史转折期的代表人物,其美学思想最具代表性。《神曲》充分体现了对个性解放和现实生活的肯定,既是"邪教"与"肉欲"的结合,也是对民间文学学习与超越的成果。《论俗语》等论著特别突出诗即寓言即神学,主张文学内容的善与形式的美有机地结合起来;"俗语"区别并优越于"文言",是城市化的、有文化教养的语言。前者是利用宗教反宗教,具有思想和情感解放的意义;后者为地方语言辩护,不仅促进了意大利民族语言的统一,而且也鼓励了意大利民族文学的兴起,同时还对欧洲其他民族语言的形成与发展产生了示范与激励作用。意大利在文艺复兴时代居于领导地位,薄伽丘、达·芬奇和卡斯特尔维特罗等人的文艺理论和美学思想同样具有充分的代表性。他们在古典的继承与批判、文艺和现实的关系、对艺术技巧的追求、文艺的社会功能、文艺的对象是人民大众、美的相对性与绝对性等方面都有不尽一致的看法,也间接说明了文艺复兴时期文化发展的矛盾性、思想解放的不成熟性和新旧交替的过渡性。

三、17~18世纪美学

16~17世纪之交,文艺复兴运动在意大利已接近强弩之末。法国很快成为西方文化中心,分别领导了新古典主义运动(17世纪)和启蒙运动(18世纪)。1453年英法之间的百年战争结束,法国以胜利者自居,工商业日渐发展,中央集权日益巩固。法国君主采取联合"穿袍贵族"以制衡世袭贵族和广大群众的策略,在政治上恢复统一。在路易十三、十四时代任用贤相采取有益的系列政策发展经济与外交,使法国一跃而成为当时欧洲最强大的中央集权君主专制国家。在僧侣、世袭贵族和资产阶级新贵三个等级的力量较量中,由前两个等级构成的封建势力占上风。中央集权的标志之一就是一切要有一个中心目标、法则,一切要规范化、服从权威。作为拉丁民族和古罗马的继承人,法国非常羡慕罗马帝国的辉煌。奥古斯都时期的宏伟排场、罗马帝国的法律条文、文艺创作的拉丁古典主义形式追求以及贺拉斯的理论规范,仿佛借尸还魂似的,无不体现在1700之后法国的政治、法律与文艺等方面。笛卡儿(1596~1650)的《方法论》(1637年发表)突出强调了理性的绝对地位,却无视精神世界对物质世界的依存。"我思故我在"将理性与感性、认识与实践割裂开来,同时忽视了感性、实践与想象的重要性,是美学中的理性主义。布瓦洛(1636~1711)的《诗艺》与贺拉斯的著作如出一辙,为新古典主义营造了新的法典,那就是一切要符合权威、规范和理性,理性就是理想,古典文艺就是理性的化身。这种保守思想自然激起第三等级的不满,从而爆发"古今之争"。从发展的眼光来看,文艺复兴运动在法国文艺界所产生的消极后果就是催生了为封建统治阶级服务的新古典主义运动。因此,代表第三等级的理论家率先从思想上承续文艺复兴运动,进一步提出打垮天主教会的精神垄断和独裁势力。英国的资产阶级革命和产业革命,代议制和经验主义哲学以及戏剧和小说的发展给法国启蒙运动者以极大的鼓舞。启蒙运动旨在"照亮"人们的头脑,削弱教会神权和封建统治,坚持唯物主义和无神论,实现思想解放,为法国资产阶级制造新的意识形态,推动资产阶级大革命。在伏尔泰(1694~1778)、卢梭(1712~1778)、狄德罗(1713~1784)三巨头中,狄德罗的地位极为独特。他既不如伏尔泰之显赫,亦不如卢梭影响之深远,但却以思想的丰富性和进步性首屈一指。在反对新古典主义文艺观上,他比伏尔泰彻底;在文艺新方向探索中,他比卢梭进步。他坚持文艺的现实基础,主张文艺深入基层、关心民瘼,更好地为资产阶级服务。大力宣扬新兴的市民剧和小说创作,提倡现实主义和浪漫主义风格,主张美在关系和美在情境说。他的美学思想显示出对立统一的辩证倾向。17~18世纪的英国在欧洲是一个先进的国家,率先实现了资产阶级革命和工业革命。政治上的"自由"思想、宗教上的"自然神"观念、哲学上的经验主义以及文学上的浪漫主义理想都使英国在经验实证方面走在欧洲前列。这一时期英国的美学著作和文艺实践为法、德等国美学思想的发展提供了丰富的资源与借鉴的榜样。英国喜剧的成功成为法德打破新古典主义枷锁、提倡市民剧的表率;英国小说的繁荣促进法国市民小说的发展;英国感伤气息浓郁、歌颂自然的诗歌唤醒了浪漫主义的情调。英国丰富的经验主义美学思想是对莱布尼茨为代表的大陆理性主义美学思想的有力补充,雄辩地证明了感性论的重要性和目的论的虚幻性,推动唯物主义的发展。经验主义对理性主义的反驳催生了德国古典哲学,使辩证思维获得一次飞跃式的发展。夏夫兹博里(1670～1733)和博克(1729～1797)有关诗与画的卓越见解启发了莱辛的《拉奥孔》。博克崇高和美的思想成为康德《判断力批判》的思想来源之一。另外,夏夫兹博里的内在感官说和美善统一说、哈奇生(1694～1747)的绝对美与相对美之区分直接影响了狄德罗的《论美》的写作。经验主义美学家偏重于生理与心理学的探讨,突出想象、情感与美感的作用,直接引领近代美学朝向生理学与心理学方向的深入。休谟与博克的"同情说"为近代德国"移情说"奠定了理论基础。但由于过分注重生理与心理的原因分析,自然强调人的生物本能和自然情欲,为达尔文的"性的选择"和弗洛伊德的"欲望升华"说之先导,开西方反理性美学风气之先河。与此同时,德国启蒙运动也出现几位重要人物。由于政治经济文化的落后,德国思想家脱离现实避谈政治的倾向非常明显。德国尚缺少丰富的文艺实践基础和伟大的艺术家群体,因而对艺术的思考具有强烈的思辨性与抽象性。如戈特舍德(1700～1766)的《批判的诗学》和鲍姆加通(1714～1762)的《美学》就是明显的例证。由于缺少成功的文艺现实基础,理论家只有结合过去的实际(古希腊罗马或德国的中世纪)和当时先进的实际(英法等国),因而表现出浓厚的理论复古倾向。不论是温克尔曼(1717～1768)、莱辛(1729～1781),还是席勒(1759～1805),皆是如此。其中,莱辛的《拉奥孔》促进了德国启蒙运动高潮的到来,推动了德国民族文艺的繁荣。《汉堡剧评》为德国市民剧的成功立下汗马功劳。莱辛不仅成为扭转德国文化风气的人,也是德国近代文学的奠基者。维柯(1668～1744)是意大利18世纪历史哲学派的代表。其代表作《新科学》的首要贡献是为美学研究带来历史发展观和史论结合的方法。可以说,他是历史发展观的先驱,比黑格尔早了一个世纪。而历史发展观的缺乏恰恰是早期近代美学的共同缺点,连康德也不例外。对形象思维的研究是他的突出贡献。英国经验主义美学家对形象思维的研究仅仅局限于"观念联想律",而维柯从历史发展观出发,揭示出形象思维的两条基本规律,即以已度物的隐喻和想象性的类概念。前者启发了"移情说",后者诱导了"典型说"。他还认为人的本性都是诗人,原始诗歌的创作都是人民;为人民所喜闻乐见、表达民族的共同理想应该成为衡量美和崇高的标准。另外,他还具有广阔的文化视野,将美学研究放在文艺与文化的关系中考察,并认为艺术与语言是统一的。

四、德国古典美学

法国的启蒙运动为法国资产阶级大革命准备了思想武器,而法国大革命则将德国启蒙运动刚刚唤醒的感性之火光浇灭并使之自然转向古典哲学与美学。德国古典美学涌现出一大批哲学家与美学家。其中的佼佼者如康德(1724～1804)、歌德(1749～1832)、席勒(1759～1805)、费希特(1762～1814)、谢林(1775～1854)、黑格尔(1770～1831)等使古典哲学与美学达到登峰造极地步。康德的《判断力批判》对美、崇高、天才和艺术进行了系统分析,并对美的理想和审美意象——典型问题予以探讨。他避免了经验派美学和理性派美学的偏见,认为理想美就在于理性与感性的统一。这一辩证观点使他无愧于德国古典美学开山祖师的美名。康德在美的理想中赋予人道主义的内涵,在审美的意象中发现艺术的自由与无限,在天才的分析中见出独创,在崇高的研究中不仅扩大了审美的范围(从优美和谐到粗犷雄伟),而且认为崇高事物成为审美对象的原因就在于它能引起人的自我尊严感。歌德的美学观点主要体现在这样几个核心概念上,即浪漫的与古典的、由特征到美而显出特征的整体、艺术与自然、民族文学与世界文学等,充分凸显出一位伟大的艺术家丰富的艺术实践,他还对古典主义(近于现实主义)与浪漫主义相结合进行了有益探索。席勒在《论美书简》中探索诗人如何用形式征服材料所遇到的特殊困难,在《审美教育书简》中研究人的自由获得不是靠政治经济革命而是先有审美的教育才有政治经济改革的条件;他主张的自由不是政治经济权力的自由行使和享受,而是精神上的解放和完美人格的形成。带有强制性的感性冲动与理性冲动使人走向分裂,而只有自由的游戏冲动才能使人走向和谐。他认为如果要使一个感性的人变成理性的人,唯一的途径就是先把他变成审美的人。通过审美所见到的活的形象(审美意象)就是感性与理性、内容与形式、客观与主观的统一。理想的人就是全面和谐自由发展的"完整的人",要靠美育来培养。《审美教育书简》对德国古典美学的发展产生极大影响,获得黑格尔的高度评价。《论素朴的诗和感伤的诗》着重指出现实主义的素朴诗与浪漫主义的感伤诗的最大区别在于:前者反映现实、重视客观,后者表现理想、侧重主观。作为创作方法,二者应该而且能够统一。这里的现实主义绝对不同于自然主义。费希特的美学观主要包含如下三点:第一,强调"自我"的独立性,视"自我"为世界的创造者;第二,"自我"不依赖于任何外物,具有完全不受自然必然性制约的自由;第三,"理智的直觉"可以抵达"物自体"。这些观点给感伤的浪漫主义以无限阐释的空间和无限虚幻的自由,带有没落贵族气息和对现实的无可奈何的超越。谢林从"同一哲学"出发,认为在真、善、美三种主要理念中,真是必然性,善是自由性,美是二者的综合。美则将科学知识与道德行为综合实现在艺术之中。而艺术包括人类的一切活动,整个宇宙都成了一件艺术品。对于宇宙整体最内在的本质,只有艺术直觉才能觉察。所谓艺术的或审美的直觉就是通过事物本身从事物的内部来认识事物。这样的艺术直觉就可以把世界最深刻的意蕴揭示出来,把形式与内容、理想与现实统一起来。在审美的直觉中哲学家能够洞察宇宙的奥妙。直觉来自于灵感。具有灵感的人就是天才,是世界上唯一神圣、具有永恒创造力的人。天才和灵感就成为艺术创作的唯一源泉。既然艺术是绝对精神的表现,那么艺术发展过程就是绝对精神逐渐脱离物质形式获得解放的过程。艺术要通过有限的形式(物质、肉体)来表现无限的观念(精神、灵魂)。艺术应当是物质的形式为精神的内容服务,艺术发展得愈高,能够超越物质的东西愈多。作为造型艺术,雕刻追求单纯的美和物质与精神的平衡,绘画追求多样性和灵魂性。谢林带有神秘性的观点对消极浪漫主义(颓废主义)、黑格尔美学与神秘主义美学产生较大影响。黑格尔的主要美学观点集中在美是理念的感性显现、实践观点的萌芽、艺术美与自然美、艺术发展史中类型与种类的区别、人物性格与环境的辩证关系——情致说、冲突论和悲剧论、理想的人物性格等。黑格尔的《美学》针对主观主义、唯我主义、颓废主义、非理性主义和自然主义等不良倾向,密切结合文艺创作实际,要求艺术提炼出本质的东西,清洗偶然的东西,具有现实主义的倾向。同时批判地继承了康德的美学思想。他的全部美学就在于要驳斥风靡一时的形式主义和感性主义,强调艺术与理性和人生重大问题的密切联系,将康德狭小的美学空间扩展到艺术的理性内容和艺术的发展史。他还将辩证发展的观念贯彻始终,形成美学的历史观。他把艺术的发展放到人与自然、人与社会、人与政治经济、人与文化等关系系统中考察,并认为艺术发展是有规可循的。他还提出一系列辩证的对立与统一的原则(人与自然、精神与物质、主观与客观、感性与理性、特殊与一般、认识与实践、个人性格与流行的人生理想等),隐约感知艺术与劳动的关系。其最大的不足就在于体系的"头脚倒置"掩盖了其中的"合理内核",也为马克思主义经典作家提供了创造性的阐释空间。

五、19世纪末期美学

如果把现代西方美学的开端定在19世纪50年代的话,那么19世纪后半叶就是西方美学走向现代的形成期。这一时期美学发展的直接动因就在于"传统"与"现代"之间出现了巨大的文化—经验的"断裂感"。在传统文化经验中,事物的到来不是通过近代的理性认知,而是通过身体劳作并使人自身进行自我呈现。这是一种实际的、实在的关系,体现出身体劳作的生存意向性与物的物性的交互转让。在劳作的交互转让中,人领悟自身的自由、敬畏无言的馈赠者。这种自由与敬畏使人的生存具有神性与宗教情结。自然的神性与灵性奠定了传统文化经验的宗教底蕴。与此密切相关,传统的艺术与审美活动所诞生的"艺"就旨在追求表达的自由与神似以及自然存在的真理。这种话语模式所构成的美就是"自然形式的客观合目的性"(康德)和"澄怀味象"(宗炳)。这种由传统文化经验主导感受事物的方式在西方结束于18世纪的理性时代,在中国收尾于20世纪后半叶。真正终结传统文化经验的是资本主义商业运作、分析理性为主导的科学技术与工业制造三者的充分结合。求知理性源于人类求知的天性,产生于轴心时代,在交互转让的实存经验中,生活的现实原则压制身体的愉快原则,理性是受限制的,其最发达的形式就是道德与宗教戒律。18世纪末,经过哥白尼、伽利略等人的发展,求知理性变成了认知理性或分析理性,其最直接作用的领域就是现代自然科学和工业制造技术。作为现代科学的基础,数学原则成为新理性的代表。现代分析理性所向披靡,成为插进神圣自然有机体的一把解剖刀。它分解自然界的任何部分(包括人本身),并将之放入试验室加以剖析,以提取可资利用的东西。现代医学从解剖开始,现代生物学从分类开始,现代心理学和现代美学皆从实验开始。科学技术、工业制造和资本主义商业市场联手,以突变的方式替代了传统文化经验,取得了空前的支配自然与物质的巨大力量。在技术统治对象化的时代和科学技术自我决断的制造中,人的人性和物的物性都被分化成可以计算的市场价值。现代文化是一种分析性的、工具性的,首先直接把物作为与己对立的对象,然后再以征服者的姿态把物分析并转化成技术和工业制造能支配的对象。这种文化通过专业训练而成的强迫记忆来保存,不再是志愿记忆的成果。在衡量与估价事物时,传统文化经验以人的身体实存为尺度,现代文化经验却以一种纯粹技术为尺度,甚至人本身也难以幸免。在这种强势逻辑的进攻面前,造物主的地位岌岌可危,认知心理模式发生变化,人从万物灵长膨胀为造物主,上帝死了,人及其理性却复活成为空虚的上帝。19世纪中叶,宗教在费尔巴哈与尼采的夹击下不可避免地走向衰落。在以分析理性为主导的现代文化中,科学技术的霸权话语无孔不入,主要通过分析解剖、数字计算对整个世界进行符号编码。它首先抛弃传统文化的有机性与神圣性原则,将所有自然界的事物全部放进实验室先肢解后编码,经过操控、组合与复制,最终实现工业制造所需要的批量生产和流水线复制。最明显的就是,西医看病的话语编码对象是疾病而不是人。科学技术话语大肆侵略并凯旋之时,甚至连人文精神领域也难以幸免。生物学衍生出心理学,财富计算幻化出经济学,传统的语文学摇身一变成了现代的语言学,哲学也主动接受符号编码的原则,出现了"语言学转向"。作为三者的最佳组合,大都市的出现是现代化文化的标志性表证。大都市是人为地将人口资源与生产消费集中起来而形成的庞大功能体,将人与自然割裂开来,使个人无限服从符号编码规则和市场资源配置规则,原先富有的乡村经验此时已彻底归零,使之成为一无所有的人力资源——生产者,并同时被改造/编码为欲望的载体——消费者。这种情形自然会产生两种后果:都市成为欲望与消费的发动机,单子式的个体成为孤独焦虑和自我消亡的无根者。波德莱尔的《恶之花》和《巴黎的忧郁》就是这种现代都市生活的首次抒写。现代主义艺术虽然反抗工具理性和市民的商业原则,但却运用科学技术的分析逻辑——先肢解自然形式再进行重组与编码——编织着自己的艺术形式。前后期印象派运用画家之眼、调色板和画笔完成实验性的色谱分析与组合;立体派、抽象主义、极少主义和超现实主义则肢解包括人体在内的自然物体以重组其艺术形式。这种残暴的艺术不是按照工具理性的原则而是按照自我非理性主体的需要进行重组。观众对艺术品的认同不再是情感的移入与和谐以及从反观自身获得自我肯定的快乐,而是一种被拒绝后的茫然无奈与疏离隔膜。从表面看来,19世纪后半叶西方美学理论的发展是在康德、黑格尔实证主义和唯意志哲学的影响之下进行的。黑格尔派最大的贡献就是运用辩证法极大地推动了对丑的研究,其代表人物是罗森克兰茨(1805~1879)、哈特曼(1842~1906)等。新康德主义不满实证科学对哲学精神话语权力的侵蚀,重新关注实证科学的先验基础和价值问题,其主要贡献是形式美学理论和对艺术自足独立性的支持,其哲学代表人物是柯亨(1842~1918)、卡西尔(1874~1945)等,美学代表人物为赫尔巴特(1776~1841)、R.齐默尔曼(1824~1898)、汉斯里克(1825~1904)等。在实证科学影响之下而产生的以经验归纳为方法论的美学理论,又分两个分支,以法国的H.丹纳(1828~1893)、德国的格罗塞(1862~1927)和英国的H.斯宾塞(1820~1903)为代表的、倾向于社会学的实证主义美学,以德国的费希纳(1801~1887)、费舍尔(1807~1887)为首的实验心理学的美学理论。实验心理学的美学已经从方法论的意义上对传统美学研究路径进行了改造,将美学本体"悬置",而倾向于具体可感、能够还原和反复验证的文艺现象的分析与实证,使柏拉图以来的玄学似的形而上美学实际变成了经验的形而下美学,自然放弃了审美本质的追问,而沉迷于审美经验与审美事实的玩味。实际上,以叔本华、尼采为代表的唯意志主义美学以意志为世界的本原,将理性的人改造成欲望的人,从而使丑成为美学研究的主题,对传统美学进行了最决绝的、本质性的背弃。叔本华提出非理性的意志与审美的纯粹观审,强调非理性的意志主体作为艺术本体的决定作用和审美直观对人生具有解脱和解放的重要作用。叔本华所张扬的非理性美学直接驻足于否定性对象本身并"自失"于其中以获得充分的意义。叔本华的贡献在于:他是第一个动摇与瓦解旧的形而上学美学与理性论美学的人,解放了被理性主义压抑的意志主体并显示了其充分的霸道与威力,首次对否定性的、非理性的意志肆无忌惮的表现进行纯粹审视,他是真正论及丑的美学家,直接影响了尼采和弗洛伊德。尼采的美学是从康德和德国浪漫派到西方现代主义美学的转折点,具体表现为三点:首先以意志化(欲望化)的本体取代了理性化的本体,摧毁了旧的形而上学体系,把被压抑的欲望重新还给了人本身并放大之,从上帝那里解放了审美和艺术;其次赋予生命意志的人成为横行无忌的非理性的主体,其中的超人成为整个世界包括艺术和审美的主体和唯一源泉;再次彻底瓦解了古典的和谐之美和康德的崇高之美。尼采的美学把真正的丑——人的非理性的、不受任何约束的东西带入美学,以酒神精神的"醉"敲开了现代主义欲望膨胀的大门。如果说康德以克服自身的恶魔而取得的崇高,体现了发达资本主义时期的审美追求,那么尼采的"醉"就是恶魔本身,人陶醉于这无限的魔力之中而不能自拔:主体可以无视一切自然与客体对象的形式而成为唯一的创造者。这已孕育着现代主义艺术的一切病象与特征,启迪了生命哲学美学、弗洛伊德的精神分析美学、卡西尔的神话理论、存在主义美学以及后结构主义美学等。尼采美学大力张扬酒神精神压倒一切的优势地位,深刻揭示了西方审美意识的内在分裂和矛盾冲突,强化了审美活动中否定性的力量与魅力。这就直接体现了自然主义与象征主义、前期印象派对色的分离与后期印象派对分离出来的色的重组、我思主体与自我意志主体的对立发展。

六、20世纪直至当今的美学

20世纪初至30年代是现代主义时期,其中前15年为"表现原则"确立的现代主义,1915年至30年代末是独立自足的形式"构成原则"建立的现代主义。20世纪30年代至50年代中期为现代主义向后现代主义过渡期,过度霸道的个体自我主体开始走向衰落。20世纪50年代后期至今,为后现代主义时期。

现代艺术不再是传统意义上的审美活动,而是为了"表现"与"构成"而进行的人为表演和凸显魅力表现而进行的游戏活动。西方现代美学所发生的内在曲变,具体表现在三个方面。其一,美学艺术活动中主体地位的曲变。人的主体地位和主体性的内蕴经历了非理性的生命—意志主体→非理性的个体—自我主体→遭到衰落与解构而"死亡"之主体的历史。其二,美学艺术活动中出现"语言转向"。语言学经历了历史语言学→结构语言学→语言分析哲学→存在语言学的变化历程,语言的基础性和优先性、自足性与构成性获得了空前凸显与高度认同,已被超越与替代的主体主动服从话语系统与语言逻辑的制约,无形之中就使系统和结构成为无意识的家园,人则被悬置与抛空。从此,艺术活动仅仅变成了符号性的愉悦活动与游戏性的欲望盛宴。美学艺术建基于语言符号系统之上,成为语言囚笼中的规约活动:一切都是不及物的、无所指的和符号性的活动,写作、想象与观赏无不如此;艺术与美学不再寻求精神的慰藉,而成为出于无聊发泄、展示欲望的游戏与自我意淫的工具。其三,审美活动或存在性境域的显现活动的性质发生曲变。艺术史与美学史所呈现的不尽是对美的本体的追问,而是不同历史语境话语所构成的"存在性境域的显现活动"及其所达成的不同"意蕴"。这一"意蕴"绝非"美"字了得。

自康德以来西方美学和艺术理论话语对立范畴的频繁出现,则标示着美学观念的嬗变。康德的纯粹美与崇高的对立,表明美的原则不再适宜于崇高和崇高对美的话语突破,崇高从此正式进入"反合目的性"的领域;席勒的素朴的诗与感伤的诗之对立,预示着现实主义与浪漫主义的分歧,表明感伤的诗对古典文化的抗拒与自我主体的膨胀;尼采的日神精神与酒神精神的对立,确证了酒神艺术所彰显的丑对日神精神代表的形式美的胜利,成为发达资本主义精神的符号象征;沃林格的"移情"与"抽象"的对立,雄辩地说明了现代艺术中抽象的冲动取代了古典艺术的移情;荣格的"心理学的艺术"与"幻觉型的艺术"的对立,对比研究了经验的艺术与超验的艺术之别,从而指明了现代幻觉型的艺术将人引入无意识的深渊,带给读者的不是审美的陶醉而是恐怖。这一系列对立范畴的提出与探讨,充分说明了现代艺术对肯定力量为主的古典审美形态的告别、对否定性力量为主的当代欲望审美形态的欢迎。崇高凸显了否定性的力量,通过辩证转换而获得对主体的肯定。浮士德征服魔鬼后的胜利、贝多芬的音乐,都体现出崇高作为辩证法时代的"存在性境域的显现活动"所达成的"意蕴",但已不再是古典意义上的"美"。理性主体向非理性主体的转变,充分证明了超越美和崇高的"丑"的时代的到来。非理性的人不经过辩证转换环节将非自然或反自然的形式直接呈现出来,以"丑"的形式表现出来,展现其非理性的、否定性的和反合目的性的内蕴。"丑"是"美"的对立面和否定:"美"代表和谐、合理性、客观合目的性的自然形式和对存在性境域的合理性关系的显现,给人的是生命活力净化后的"静观";"丑"则代表不和谐、非理性、残暴肢解自然形式以适应非理性内蕴的不可表现性的非自然形式、对"存在性境域"深层的残暴和非理性关系的呈现,凸显的是非理性生命力爆发出的"魅力"。毕加索的绘画就是丑的典范与标本。到了后现代主义时期,伴随着主体性、意义本原和中心性的失落以及自然神性的祛魅,人类心中的"存在性境域"只剩下能指世界和镜像或符号编码复制的"拟像"世界。"荒诞"就成为后现代主义"存在性境域"的"意蕴"。所谓"荒诞"就是主体性内蕴空无的人在虚无的世界上所进行的呈现活动,仅仅为了表现对"不可表现之物"的不可、无从与无所表现的虚无感,仅仅是无任何内蕴主体性的人在无任何意义的世界上所做的无任何意义的游戏。

如果说现代主义在先锋现代性与市民现代性的冲突中以摆脱庸俗的市民气息为己任,以非常规性、晦涩和变形等形式表达自己的愤世嫉俗和不拘一格,追求独一无二的自我表现和拒绝交流的阅读障碍,那么后现代主义的任务就因为先锋现代性与市民现代性的对立消失而变得异常轻松,现代主义的个体—自我主体已经瓦解与消亡,先锋现代性与市民现代性的界限也因大量复制而趋同,艺术与非艺术(如日常生活器具等)的界限消失,美学理论与非美学理论的界限已不存在,过去高深莫测的理论话语已转化成大众话语的符号—文化批评。后现代主义不是一个学术流派,而是一种文化状态。它表现出现代性文化的一次剧烈蜕变,并拥有自身的话语姿态。这种剧变的特征体现在如下六个方面。其一,我思主体和个体自我主体的丧失,个体人被语言转向追逐得无处藏身而遁逃,出现了"人的终结"和"人死了"的哀叹;其二,意义的缺席导致虚无主义的盛行和返回客体——冷漠无主体之物的趋势,"荒诞"应运而生;其三,话语的深度模式消失,出现平面化写作,界限消失,对抗消失,意义消失,深度自然消失;其四,都市化愈来愈普及,语言囚笼逐渐取代现实,人类文化的核心主题突然消失,一切流于形式化与娱乐化;其五,一切学科的界限逐渐消失,学术研究逐渐变成了文本阐释学与知识考古学,文本中心逐渐取代语言中心,出现平面化,符号出场,意义缺席,学术研究幻化成能指符号游戏与学术滑动游戏;其六,哲学的终结,后现代主义哲学降低为文化阐释学与知识考古学,建构真理的主体地位已被瓦解,美学也随之"融化"成知识考古学。

第三节 中国美学的发展历史

中国美学的发展历史,不同的学者有不同的分期。陈望衡先生将中国近三千年的美学发展史划分为五个时期,我们认为是比较切合实际的。这五大时期分别是:先秦的奠基与萌发期,汉魏南北朝的觉醒与突破期,唐宋的展开与鼎盛期,元明清的转型与总结期,现代美学本体论的构建期。①

一、先秦的奠基与萌发期

先秦美学在中国美学发展史上具有重要的地位。它主要表现为奠基性和萌发性方面。奠基性是说它确定了中国美学思想的基调,即美的人文性、美的体验性和美的境界性。美的人文性,是指美与人的生存的相关性;美的体验性,主要指美与人生意义的关联

---

① 陈望衡:《中国美学史》,人民出版社,2005。

性；美的境界性是指美所具有的引领人生求真向善所达到的理想空间。这在先秦哲人的美学思想中均有所呈现。所谓"萌发性"，是指中国古典美学思想的核心范畴在这一时期大多已经成型或处于萌芽状态。这一时期，政治上的天下大乱必将走向天下大治。思想上的百家争鸣使儒道两家胜出而成为显学。儒道两家的代表人物孔子、孟子、荀子和老子、庄子具有与时俱进、兼容并包的学术品格，使他们的学术思想拥有强大的生命力。儒家发端于北方黄河流域的史官文化，在远古从事着与宗教祭司有关的礼仪性和政治性的工作。随着宗教祭祀工作在政治生活中地位的降低，儒生主要转向政治教化与文化传播等方面的工作，逐渐成为社会意识形态的建构者与传播者。孔子（前551～前479）为儒家学派的创始人，其后的孟子（前372～前289）和荀子（约前325～前238）则是这一学派的代表人物。高度重视伦理道德问题的理论与实践是儒家文化的突出特征。视伦理为个体与社会之本体的思想在美学上的反映就是极为看重美善关系和艺术教化功能。这种美学可以称为"伦理型美学"，在中国美学发展史上产生深远的影响。道家文化产生于南方长江流域的巫官文化。作为道家的创始人和奠基者，老子（约前570～卒年不详）和庄子（约前360～前286）深受南方浓郁巫风文化的熏陶，在思想上反映了消极避世、知足自守的隐士的人生态度。秀气的南方山水、温暖的自然气候，孕育出向往自然、享受自然的审美情趣。与儒家追求事功、看重人生外在的社会价值、强调善为人格修养之高境界的价值论相比，道家更为热爱精神自由、偏向生命内在的自然意义、秉持真为人格修养境界的存在论。道家之真是本体论意义上的，是事物的本原，即自然，自然而然即为真，即为道。相比较而言，道家美学思想更能抵达审美的本质，对后世的影响更大。但由于儒家更能适应封建社会主流意识形态的建构，因此儒家美学思想在无形之中就成为中国美学的强势话语与主导方向。二者形成互补关系而非否定关系，在先秦之后日趋合流与互渗，共同建构了中国文化与美学的基本精神与主导品格。音乐是先秦最具代表性的艺术门类，它将诗歌和舞蹈等多种艺术因素融为一体。儒家美学在仁学与美学、礼乐文化与审美、音乐美学以及美与伪（人为）、美与礼（仪礼）之关系进行了一系列探索。道家美学在道法自然、大音希声、涤除玄鉴、美、妙、味、"天地有大美而不言"之美论、逍遥游、"心斋"、"坐忘"、"物化"等美感论和艺术论等方面同样有着非凡的原创性贡献。另外，《周易》的美学思想在阴阳、刚柔、交感、文明、文化、文饰、大、美、神、和、象数与言意等基本范畴上进行了有益的探索。墨子（约前480～前420）、韩非子（约前280～前233）、公孙尼子和屈原（约前340～前278）在美学思想的建构上皆有可观之处。作为这一时期最重要艺术成果的《诗经》和《楚辞》都呈现为音乐的文学形态。它们既是中国文学艺术的原典，同时也是中国美学研究的原典。作为先秦音乐理论的总结与集成，《乐记》是中国第一部艺术美学专著。

二、汉魏南北朝的觉醒与突破期

作为中国文化发展史上极其重要的时期，汉代空前大一统的封建帝国为文化与美学的发展提供了前所未有的社会基础与物资条件。先秦时期确立的儒家美学、道家美学和屈骚美学得到充分的发展。长期陷于分裂与割据局面的魏晋南北朝时期,既促进了民族文化的交流与融合,也为封建社会主流意识形态的分化与整合提供了便利条件。汉代美学在道家美学、儒家美学和屈骚美学等方面都有新发展,如《淮南子》、《春秋繁露》、《说苑》、《毛诗序》、《太史公自序》、《楚辞章句序》等,同时在汉赋美学、书法美学和绘画美学等方面皆有新的时代贡献。玄学以新的姿态出现,以《老子》、《庄子》和《周易》为研讨重点,企图以道家思想来整合与重构儒家学说。其实际效果是常常在名教与自然之间摇摆,或以名教融合自然,或以自然融合名教,最终表现出崇儒或崇道的不同倾向。此时的政治最为黑暗、社会最为动荡、人性最为善变、人心最为多情、思想最为解放,人的全面觉醒为美学与艺术的充分发展准备了广阔的空间。人体美、人性美、自然美和艺术美得到全面呈现,审美自由获得空前独立。魏晋南北朝在玄学美学、人伦鉴识、山水赏会、书法美学、绘画美学和诗文美学等方面皆有长足的进展。这一时期既有系统博赡的文艺理论和美学专著(如刘勰的《文心雕龙》),也有较为系统的专题性的美学探讨(如曹丕的《典论·论文》、陆机的《文赋》、钟嵘的《诗品》等)。这些关于诗文美学的论著成为中国美学史上影响深远的经典著作。

三、唐宋的展开与鼎盛期

唐代和宋代是中国古典美学的鼎盛时期。汉唐气象,表明了唐代和汉代一样具有统一帝国的强大武力与开阔胸怀。随着汉代以来的不断积累与经营,唐代经济极度繁荣。文学上诗歌奇峰突起,一枝独秀,成为有唐一代文学的标识。唐诗摇曳多姿、丰富多彩,代表着唐代文化的蓬勃激情与青春气息,张扬着唐人建功立业的理想和万死不辞的壮志。盛唐诗人李白可以作为唐代文化的形象代言人。极度繁荣的唐诗大大促进了意象论和意境论的发展,为中国古典美学本体论的建构作出重要的贡献。韩愈、柳宗元联袂发起古文运动,提出"文以明道",旨在弘扬儒家道统,捍卫儒家理想以抗衡道家与释家的僭越,"文以明道"上承汉代诗经学的"美刺风教"说,下启宋代理学的"文以载道"说,为中国美学史儒家美学主流格局的营构立下汗马功劳。李唐王朝认祖归宗、崇尚道家文化的政治策略使得道家文化在唐代获得长足的发展。道家重视意蕴的审美理想为中国文人画的发展开辟了广阔的新天地。著名诗人王维成为后世文人画的鼻祖。陈子昂的风雅兴寄、孔颖达的情志合一、李白的强调天然去雕饰和白居易的美刺思想为儒家诗学的发展提供了新鲜血液。意象说、兴象说、境说、意境说和象外之象、味外之旨等思想为唐代诗歌美学中意象理论的建立作出卓越的贡献。韩愈、柳宗元等人开辟了唐代古文美学的新领域。将印度佛学成功中国化的禅宗对中国美学的心灵化、顿悟化和文人画的发展作出新的贡献。另外,在书法美学、绘画美学等方面,唐代都作出新的探索与奉献。宋代文化极为繁荣,作为有宋一代文学代表的宋词对中国美学产生深远的影响。诗词互补为中国文人审美情感的抒发与书写提供了更加广阔的空间。由儒道释三大主流哲学学派融合而成的宋代理学标志着中华文明与文化的成熟发展。理学对中国美学的发展方向做出了规约,其正负方面的影响皆值得重视。通过魏晋审美自觉的文化洗礼和理学思辨的熏陶,宋代的诗论和画论日趋精微与细密。作为佛教的主流宗派——禅宗虽产生于唐代,却繁荣于宋代,在平民化、士大夫化等方面更加细致系统,在心灵开启方面与儒家的心性之学逐渐融合,促进审美心理与文人画美学理论日渐成熟。宋代诗词美学既是对前代美学思想的总结与升华,又是对美学领域的新拓展。书法的尚意与尚禅、山水画的透视与布置、艺象的个性与典型、逸妙神能的绘画四格等理论的提出与探讨,使宋代书画理论达到一定的高度与深度,成为中国美学中书画美学理论的高峰。另外值得重视的是,宋代理学对中国美学的贡献与启发,主要体现在"文道二分"与"文道一元"、"以诗说诗"与"以序说诗"、"以我观物"与"以物观物"和"天人合一"的美学意义等方面。总体看来,中国古典美学在唐宋得到充分发展,基本理论皆已齐备,中国美学的主体部分也在这里。

四、元明清的转型与总结期

蒙古人入主中原而建立元朝属于野蛮的军事征服,其生产力和文化发展远远低于汉民族。出于巩固统治政权的需要,其政治措施也由开始的残酷镇压逐渐改为后来的谨慎接受。因此,作为中国主流文化的汉民族文化仍然在艰难与曲折中继续前行。俗文学的发展与繁荣不仅丰富和发展了中国古典文学的宝库,而且也为中国古典美学提供了弥足珍贵的审美资源。作为市民文化的代表,戏曲与小说的崛起使中国古典文化更加完善。理学在宋代主要是理学本体学派得到全面发展,而另一心学本体派到明代才迎来全盛时期。明代心学的大盛不仅仅与王阳明个人的独创性贡献有关,更与明代的市民社会获得充分的发展密不可分。王阳明的继承者在感性的张扬与个性的解放等方面比王阳明本人做得更为激进与彻底。其决绝的姿态与赴死的气概使程朱理学难以容忍,禅宗在悲愤与压抑之中走向狂禅,从此心学和禅宗逐渐走向衰落。此时,充分体现市民文化趣味与人生理想的浪漫美学思潮弥漫在江南较为繁华的城市街区。以《金瓶梅》、"三言"、"二拍"为代表的反映市民生活、礼赞市民情调的小说风靡文坛,深受心学文人学者的追捧。兴起于唐代的文人画在明代大放光彩,在艺术实践与理论探索等方面走向成熟,成为中国文人画艺术的代表。明代万历年间兴起的启蒙运动思潮颇具资本主义性质,是一股源自内部的新生力量,虽未得到充分的发展,但为明代美学的发展注入新鲜的空气,崇尚个性、情感和真我等自然人性论成为崭新的美学思潮,昭示着中国美学的转型方向。关于戏曲的价值、本色与情节和悲剧等理论的元明戏曲美学思想极为丰富。元代和明代发达的文人画论使中国文人画理论得到进一步的丰富与发展。园林美学是明人做出的卓越贡献。另外,元明时代的诗歌美学、明代的小说美学以及王阳明的心学美学和自然人性论美学都在某种程度上作出新的探索,为中国古典美学贡献新的资源。清兵入关带来的是野蛮杀戮与残忍征服,断送的是资本主义萌芽,阻断的是中国封建社会的新希望,延长的是封建社会的命脉,留下的是带有操控色彩的文化集成与典籍整理,使有清一代的学术带有浓重的总结性和终结性。作为中国封建社会的最后一个王朝,置世界资本主义潮流于不顾,坚守闭关锁国政策的大清帝国忙于整理和总结数千年的中国封建文化。数千年积淀的古典文化发展完备,为清代的总结提供了水到渠成的前提条件。清代整理国故的国策既有文化继承的性质,更有政治操控与囚禁思想自由的考虑。有清一代,文网密织,文字狱屡兴,许多有才华、有创意的文人被杀头。"避席畏闻文字狱,著书都为稻粱谋"(龚自珍),这其中有多少无奈与辛酸、眼泪与悲愤!即使是编撰历史,稍不留意,同样也会招来杀身之祸。这就促使清代官私两家所做的文化集成工作在中国古代历史上具有总结意味。《明儒学案》、《宋元学案》、《明文海》、《全唐诗》、《全五代诗》、《康熙字典》、《十三经注疏》、《古今图书集成》、《读史方舆纪要》、《钦定四库全书》等等大型类书皆出自于此时。在这种狭隘的典籍整理中诞生出一门清代独有而又最具代表性的学问——朴学。清代美学也同样具有朴学的集成性。以王士祯的"神韵"说、王夫之的"情景妙合"说、叶燮的"至理至事至情"说为代表的诗歌美学,由石涛的"一画"说、郑燮的"三竹"说和刘熙载的书法理论所构成的造型美学,脂砚斋、金圣叹的小说美学,李渔的戏曲与园林美学等都具有集大成的性质。需要补充的是,古典美学发展到王国维,已经孕育出新的生机与现代性的曙光。对于传统文化,王国维是优秀的总结者和卓越的批判者;对于西方新学,他是率先的介绍者和尝试者;对于中国美学,他是古典美学的终结者和现代美学的开拓者。

五、现代美学本体论的构建期

1911年10月,辛亥革命的炮声结束了清王朝的统治,从此掀开中国新的一页。国门的洞开,以空前的速度吸纳西方文化,传统文化因此受到强烈的冲击与挑战。具有五千年文明积淀的中国文化迎接挑战,进入中西文化交汇的新时代。中华民族历来善于学习异域文化,能够做到为我所用,充实与完善自己。印度禅宗学派在中国被创造性地转化为禅宗,丰富了中国的哲学与美学,为中国古典艺术与文学的发展提供了新鲜血液。在为我所用方面,中国人采取拿来主义的策略,能够做到古典文化的现代化和西方文化的中国化,从而将"古为今用"与"洋为中用"有机地结合起来。中国现代美学的发生与发展就是在这样的语境下充分展开的。20世纪前半叶,西方美学的中国化成为中国现代美学的主流,美学本体的研究与探讨是这一时期最重要的收获。1949年之前,关于美和审美的本质探讨已形成许多观点与流派。按照本体论来划分,主要包括:由梁启超的"趣味主义"说、吕澂和范寿康的"感情移入"说以及朱光潜的"情趣意象化"说所构成的情感本体说,由张竞生的"生命扩张"说、宗白华的"生命形式"说所构成的生命本体说,由蔡元培的"以美育代宗教"说、鲁迅的"功利先于审美"说和陈望道的"意趣随经济"说所构成的社会价值本体说,由蔡仪的"美是典型"说、冯友兰的"美之理"说所构成的自然典型本体说。1949年10月之后,马克思主义开始正式成为新中国国家政权的主流意识形态。从此,美学家自觉按照马克思主义的立场与观点来建构与重构自己的美学体系。随着对马克思主义理解的不同和不断深化,在20世纪50~60年代形成全国范围内的美学大讨论,进而产生不同的美学流派。如以吕莹、高尔泰为代表的"美是主观的"主观派,以蔡仪为代表的"美是客观的"客观派,以朱光潜为代表的"美是主客观统一的"统一派,以李泽厚为代表的"美是社会的,又是客观的"社会派。这场大辩论直到1966年"文化大革命"的发动而终止,由于时间长、参与者多、范围广而对中国美学的发展做出巨大的贡献。可以毫不夸张地说,现代中国美学之所以拥有今天这样的繁荣局面是与那场讨论分不开的。由此可见,美学大讨论之伟功不可没!粉碎"四人帮"后,中国美学的发展伴随着"文化大革命"的结束而进入新的春天。解放思想,实事求是,成为时代的最强音。"美学热"成为80年代的新风尚。学界从不同的角度,借用并消化奔涌而来的西方文化思潮与美学观念,结合马克思主义的基本观念,产生新的美学观念与流派。较有影响的有实践学派、后实践学派、生态学派和体验学派等。尽管这些学派还存在着不完善与有争议之处,但对中国未来美学的丰富与发展都会产生积极的影响。

【请你思考】

1. 西方美学的发展历史是怎样的?
2. 中国美学的发展历史是怎样的?
3. 中西美学的发展的特点是怎样的?

第二章
"美是难的"

美的本质问题,是美学中最基本的理论问题,也是解决其他美学问题的前提和基础。美学研究中许多分歧的产生,不同美学学派的形成,其主要原因之一,就在于对美的本质和特性存在着不同的理解,这就直接制约了人们的审美实践活动。因此,探讨和弄清美的本质非常重要和关键。

第一节 柏拉图之问

柏拉图的《文艺对话集》有四十篇左右,其中的《大希庇阿斯篇》是美学领域的重要文献,是西方第一篇系统地讨论美的著作,后来美学上许多重要思想都起源于此。

这是一篇专以美为主题的对话,对话的双方是苏格拉底和希庇阿斯,苏格拉底是柏拉图的老师,希庇阿斯是一个诡辩者,以教辩论为职业。对话从苏格拉底提出"什么是美"开始,希庇阿斯依次给出三个答案:"美就是一位年轻漂亮的小姐"、"黄金是使事物成其为美的"、"恰当的就是美的"。希庇阿斯只是拿个别事物的美回答"美是什么",而苏格拉底要求的是美本身的定义,就是美的事物之所以为美的本质是什么,所以三个定义都被一一否定了。希庇阿斯穷于应对,颇想临阵脱逃。苏格拉底留住他,换了一种讨论的方式,自己提出一些可能的定义:美就是有用的;美就是有益的,用于善的方面,产生好效果的;美就是视觉和听觉所生的快感。经过讨论,也一一被否定,都不能解释"美本身是什么",苏格拉底提出的问题终无着落。对话讨论的结果,使得苏格拉底得到一些启示,那就是更清楚地了解一句谚语:"美是难的。"

这篇对话应该是柏拉图借老师苏格拉底之口,表达自己关于对美的本质的认识和理解。对话只推翻了一些流行的看法,并没有得出一个结论。这是柏拉图早年的作品,他还在摸索中,既然没有得出一个结论,就不勉强下一个结论。对话最后提出"美是难的",伤透了后来无数美学家的脑筋,他们给美下了数以百计的定义。狄德罗说:"人们谈论最多的事物,像命运安排似的,往往是人们最不熟悉的事物;许多事物如此,美的本质也是这样。"列夫·托尔斯泰也说:"'美是什么'这一问题却至今还完全没有解决,而且在每一部新的著作中都有一种新的看法。……'美'这个词儿的意义在一百五十年间经过成千的学者的讨论,竟仍然是一个谜。"因此,"美是难的",在美学上被称为"柏拉图之问",或"柏拉图之叹"。

第二节 为什么"美是难的"

造成美的难以理解,可以从三个方面来看:

1. 客观存在的美的普遍性、多样性

法国罗丹说过:"美是到处都有的,我们缺乏的是发现美的眼睛。"无论在自然界、社会生活,还是在艺术领域,美都普遍存在着。但是到处存在的东西,并不就是清澈见底、一目了然的东西。如果要问"什么是美的"?我们都可以说出一大串美的事物来,比如山是美的、水是美的、花是美的、人是美的,等等。但是如果要问"美是什么"?就不容易说清楚了,这也伤透了许多学者的脑筋,被视为难以解开的理论之谜。美的奥秘之所以如此难以理解,不仅因为它是发展的、变化的,有时甚至是稍纵即逝的,使人难以捉摸;更主要的是,它还分别地表现在自然界、社会生活和艺术作品等之中,并且存在着不同的形态,如解释自然美时,似乎很有道理,可是,一用来解释社会美或艺术美,却会露出破绽,甚至难以自圆其说。所以要找出美的共同的质的规定性,确实是一件不容易的事情。

2. 审美主体的差异性、复杂性

我们通常说:"爱美之心,人皆有之。"然而,人们对于美的向往与追求,却呈现出极为复杂的情况和差异。如面对一束红花,对于它的颜色,人们不会有任何的分歧意见;对于它是否美,人们的看法很可能会大相径庭。由于主体的不同,引起审美评价的差异,给认识与把握美的本质造成极大的困难。特别是社会生活中某些怪异的审美现象,更使很多美学家感到棘手。如我国封建社会后期,流行女性以缠足为美,正所谓"三寸金莲""步步生莲花";我国某些少数民族的姑娘以刺面、文身为美;缅甸姑娘在颈项上套上一叠高高的铜圈,使颈脖子延伸一英尺以上;非洲玛卡族妇女在嘴唇上穿孔,并插入一个名为"陪尔雷"的金属环或竹环,使嘴唇突出于鼻尖达二英寸;等等。要对这些异常的审美现象作出科学的美学的解释,实在是非常困难。

3. "美"字含义的宽泛性

李泽厚曾提出,"美"字在日常生活中有三种相互联系而又有区别的含义。一是感官愉快的强形式:饥肠辘辘时吃点东西,酷热难耐时喝瓶汽水,都会觉得"很美",如美食、美餐、美味、美酒、美丽、美貌、美发等。二是伦理判断的弱形式:我们经常在对某个人、某件事、某种行为表示赞赏时,也常用"美",如美政、美称、美名、美谈、美誉、美言、美意、美德、美满等。三是专指审美对象:日常生活中,"美"字更多用来指使人产生审美愉快的事物或对象。看画展听音乐,种种艺术欣赏,都常用"美"这个词,如美术、美声、美景、美观、美展等。而在美学上,"美"一般在四种意义上被使用:具体的审美客体、审美对象;众多具体的审美对象所具有的特征,主要是形式与形象上表现出来的审美属性;"美"即美感,这是心理美学的重要观点;美的本质与根源。由此可见,无论日常生活中"美"字的使用,还是美学上的"美"字的运用,"美"都有含义的宽泛性。

在中西语言文字里,"美"字的解释具有相似性和多义性。

(1)拉丁语(belus)有三类解释:一类是好、美、愉快、可爱;一类是幸福、舒适、善良;一类是漂亮、礼貌、效用。

(2)汉语"美"字:《说文解字》解释为"美,甘也,从羊,从大",意思是"羊,大而肥为美"。康殷在《文字源流浅释》中认为,甲骨文的"美"字像人头上戴着类似雉尾羽毛饰物的一个舞人形状,有装饰美观的意思。《论语》中主要把美解释为"善"。现在的"美"可以解释为一种感官的快适,美餐、凉快等;也可以解释为一种伦理赞赏,美德、美誉等。

第三节 美是可以认识的

要想解释清楚什么是美是非常困难的,但并不是说美是不能认识的,我们今天探讨美的本质有许多便利的条件,我们有正确的思想为指导,有自身的社会实践作启示,特别是古今中外的美学前辈们为我们积累了丰富的美学思想资料。因此,了解中西方美学史上关于美的本质的探讨具有代表性的观点是十分必要的,有着重要的意义。

一、西方关于美的本质的主要观点

1."美在形式"说

古希腊的毕达哥拉斯学派,首倡"美在形式"的理论。认为美同事物形式所表现出来的均衡、对称、比例、和谐、多样统一等分不开,甚至说:"一切立体图形中最美的是球体,一切平面图形中最美的是圆形。"这种观点一直以来,为许多美学家所接受。

古希腊哲学家亚里士多德认为美在事物本身之中,主要是在事物的"秩序、匀称与明确"的形式方面,主要是靠事物的"体积与安排"。他说"一个美的事物——一个活的东西或一个由某些部分组成之物——不但它的各部分应有一定的安排,而且它的体积也应有一定的大小;小的活东西,因为我们的观察处于不可感知的时间内,一致模糊不清……大的活东西……不能一览而尽,看不出它的整一性。"亚里士多德的美的观点,肯定了美在事物的形式、比例等方面。① 亚里士多德认为,美固然是存在于美的事物中的一种属性,但这种属性的恰当表现还需要另外的一种规定,也就是和人构成的关系。在艺术美上,亚里士多德提出艺术模仿要"照事物应有的样子去描写",即通过描写个别事物来反映普遍性的"可然律和必然律"。他说:"历史家和诗人……两者的差别在于一个叙述已发生的事,一个描述可能发生的事。因此,写诗这种活动比写历史更富于哲学意味,更受到严肃的对待;因为诗所描述的事更带普遍性,历史则叙述个别的事。"他对模仿的对象还进行了专门研究,也曾列举三种不同的模仿方式:"像画家和其他形象创造者一样,诗人既然是一种模仿者,他就必然在三种方式中选择一种模仿事物,照事物的本来的样子去模仿,照事物为人们所说所想的样子去模仿或是照事物的应有的样子去模仿。"亚里士多德认为,第三种是最好的方式,因为第三种指"带有普遍性"的东西。艺术形象从个别中见出普遍性,这实质上已有"典型"说的意思了。基于美是比例均匀这一观点,他强调了艺术创造的形式规律的重要性,提出了戏剧创作中的"单一完整"的统一性原则。亚里士多德从唯物主义角度探讨美的本质,抓住了美所必需的特定的感性形式,而且努力在客观事物中去发现它们,在艺术实践中产生了很大的影响。公元前5世纪到前4世纪,古希腊的艺术日益走上写实,即使描绘神的形象的作品,也逐渐走向人格化。如《拉奥孔》,叙述在特洛伊同希腊的战争中,特洛伊城的祭师揭破了希腊人的木马计,因此受到海神惩罚。《拉奥孔》雕塑表现的则是拉奥孔父子同巨蟒搏斗时痛苦挣扎的悲惨情景,雕塑家在拉奥孔这位神的形象上,表现出了典型的人的激情,"全身每一条筋肉都现出痛感,人们用不着看他的面孔或其他部分,只消看一看那痛得抽搐的腹部,就会感到自己也在亲身领受这种痛感。但这种痛感并没有在面容和全身姿势上表现得痛得要发狂的样子"。这一雕塑的成功,不仅在于把握了人物形象的和谐统一的比例关系,更重要的是,作者从客观现实出发,表现出人物形象"应当有的样子"。因此,这一形象便更生动、更感人。

达·芬奇(1452～1519年),意大利文艺复兴时期的著名艺术家和自然科学家,他的美学思想主要反映在他的理论著作《论绘画》和《笔记》之中。他强调艺术师法自然,他的著名理论是"镜子说","画家的心应当像镜子一样,将自然转化为对象的颜色,并如数摄进摆在面前的一切物体的形象"。他强调表现人的心灵美,也强调表现人的身体美,他用数学的法则研究表明最美的人的颜面与身材的长度应成一与十之比(《神圣比例》)。他的代表作《蒙娜丽莎》强调的是,人物的外在形式的比例的和谐、匀称。

荷迦兹(1679～1764年),英国著名画家和艺术理论家,著有《美的分析》。他认为,波状线是一种"真正称得上是美的线条",而蛇形线是"富有吸引力的线条"。他用铜版画为实例论证他的观点,但他忽视了直线的美。

克莱夫·贝尔(1881～1964年),英国美学家,现代形式主义美学最重要的代表人

---

① 亚里士多德:《诗学》,人民文学出版社,1962。

物,代表著作是《艺术》,提出了美是"一种有意味的形式"的命题。他的这种命题和研究,发展了"美在形式"的理论。"有意味的形式"可以从两个方面来理解:一个是"形式",一个是"意味"。所谓"形式"就是线条、色彩等以某种独特的方式排列、组合成的形式或形式间的关系;所谓"意味"是由纯形式排列、组合而成的画面所表现、隐含的某种特殊的情感。作为纯粹的形式,它能够暗示情感、传达信息、宣扬教化、描绘故事,能够从审美上感动我们,能够唤起我们的审美情感。

2."美在理念"说

古希腊哲学家柏拉图认为,美的本质在于"理式"(或"理念"),只有这突出内容——事物中蕴含的理念才是真正的、永恒的美,才是一种具有客观意义的实在,"有一个美本身、善本身等等,相应于每一组这些多个的东西,我们都假定一个单一的理念,假定它是一个单一体而称它为真正的实在"。"理式"论是柏拉图美学的哲学基础。柏拉图把世界分成三种:第一种是理式世界,它是先验的、第一性的唯一真实的存在,为一切世界所自出;第二种是现实世界,它是第二性的,是理式世界的摹本;第三种是艺术世界,它模仿现实世界,它与理式世界相比,不过是"摹本的摹本"、"影子的影子",和真实"隔着三层"。柏拉图在《理想国》第十卷中以床为例说明他的观点:床有三种,一种是床的理式,它是真实体,统摄许多个别的床;第二种是木匠制造的床,木匠不能制造"床之所以为床"的理式,只能制造个别的床,个别的床只是近乎真实体的东西;第三种是画家画的床,画家画的床和真实体相去更远。柏拉图关于美有四个特征:第一,美的理式具有永恒性;第二,美的理式具有绝对性;第三,美的理式具有先验性和单一性;第四,具体事物中分有美的理式。

古罗马时代的普洛丁主要继承了柏拉图的哲学、美学思想,他把柏拉图的"最高理式"看作神或"太一"。他承认物质世界里有美,但是他的美学思想的全部意图都在证明物质世界的美不在物质本身而在反映神的光辉。他提出了"美的分有说",认为"神"或"太一"是真善美一体的宇宙之源,神好比太阳,它是自足的最完满的存在,神的光辉被万物分有,因而构成了万物的美的本质。普洛丁作为新柏拉图主义的代表,为西方中世纪神学美学奠定了基础。他的基本观念在圣·奥古斯丁和托马斯·阿奎那那里得到了充分的发展,在他们手中,美学真正成为了神学的内在组成部分和宗教的奴婢。

19世纪德国古典唯心主义哲学家和美学家的集大成者黑格尔,发展并完善了"美在理念"说,提出美是"理念的感性显现"。黑格尔指出,"绝对理念"是最高的"真实",它先于人类和自然界而存在,并且,自然界和人类社会以及一切精神现象就是由"绝对理念"派生出来的,而自然界和人类社会以及一切精神现象也显现着"绝对理念"。黑格尔认为,美是"理念的感性显现",就是指人的精神劳动的外化,有三重因素:首先是一种内容、目的、意蕴;其次是表现,即这种内容的现实与实在;再次是这两方面相互融贯,外在的特殊因素显现为内在因素的表现。黑格尔的美是"理念的感性显现"这一命题,是基于他的头足倒置的客观唯心主义哲学体系提出来的。但他在阐释这一命题过程中表现出来辩证的、历史的研究方法,应该予以足够的重视。黑格尔以哥特式建筑艺术(12 至 16 世纪初期欧洲出现的一种建筑风格)为例,具体说明了美是一种精神的外化,即理念的感性显现。黑格尔认为哥特式建筑符合基督教崇拜的目的,而建筑形体、结构又与基督教的内在精神协调一致,各种形式的设计,并不是单纯考虑实用的需要,而是为了显现一种宗教精神。美是"理念的感性显现"这个定义的最大的价值在于强调了美是理性和感性的统一、普遍和特殊的统一、内容和形式的统一、主体与客体的统一。

3."美在典型"说

"美在典型"说,不赞成把美归结为事物自身的形式结构,而主张美是典型,是同类事物中最富于代表性的。

古希腊哲学家苏格拉底认为,画家在创作时,应"从许多人物形象中把那些最美的部分提炼出来,从而使所创造的整个形象显得极其美丽",用来说明艺术模仿生活而又高于生活,艺术模仿包含提炼、概括的典型化过程。苏格拉底问画家巴拉苏斯:"如果你想画出美的形象,而又很难找到一个人全体各部分都很完美,你是否从许多人中选择,把每个人最美的部分集中起来,使全体中每一部分都美呢?"巴拉苏斯的回答是肯定的。这可以说是"美在典型"说的滥觞。而 18 世纪法国启蒙主义思想家孟德斯鸠说的"美的眼睛就是大多数眼睛都像他那副模样的,口鼻等也是如此",则成了"美在典型"说的重要依据。

美在典型,就是说,美的东西就是典型的东西,就是个别之中显现着一般的东西;美的本质就是事物的典型性,就是个别之中显现着种类的一般。

4."美在主观"说

"美在主观"说认为,美是由人的心灵主观决定的。

德国美学家康德是哲学美学的代表人物,他的美学是建立在先验论的基础上的,认为美"只能是主观的"。康德说审美是一种趣味判断或鉴赏判断,是没有目的而又合目的形式。他在《纯粹理性判断》中从质、量、关系、情状等四个方面,对美的特点进行了分析:第一,从质的方面看,美的特点是"无利害感";第二,从量上来看,美的特点是"没有概念的普遍性";第三,从关系上来看,美的特点是"没有目的的合目的性";第四,从情状上来看,美的特点是"没有概念的必然性"。

意大利的美学家克罗齐说:"美不是物理的事实,它不属于物,而属于人的活动,属于心灵的力量。"他把美看作是一种直觉经验,认为"美是直觉"。

当代一些美学家进而主张在审美活动中"客观对象是不需要的","美完全依赖于主体精神状态",人类的"审美知觉一旦转向任何一种对象,他立即就变成一种审美的对象"。

5."美在关系"说

"美在关系"说认为,美是事物的客观关系,或说组成美的就是关系。"美在关系"说的创导者,是 18 世纪法国启蒙主义者、唯物主义美学家狄德罗。他指出,人们对于美的本质的把握,应当突破个别因素、个别事物,而着眼于事物内部的关系以及事物与事物之间的关系。所处的关系不同,事物的审美价值也就有了变化。他还认为,"美总是随着关系而产生,而增长、而变化而衰退、而消失"(《关于美的根源及其本质的哲学探讨》)。

狄德罗举例说,高乃伊的著名悲剧《贺拉斯》中有一句很出名的台词。剧中的主人公贺拉斯谈到儿子时说了一句话:"让他去死吧!"这句台词无疑是美的。如果孤立地看这句台词,就是说,脱离具体的剧情,脱离当下的规定情景,很难见出这句台词的美丑。但是如果说那是关于祖国荣誉的战斗;战士是被询问者的儿子;这个儿子是他剩下的最后一个儿子,而且这个年轻人的对手是杀死了他的两个兄弟的三个敌人;老人的这句话是对女儿说的;他是罗马人;等等。随着对这句台词和当时环境之间的关系作一番阐述,这句原来既不美也不丑的台词,"就逐渐变美,终于显得崇高伟大了"。

狄德罗认为"组成美的,就是关系","我把一切本身有能力在我的悟性之中唤醒关系概念的东西,称之为在我身外的美;而与我有关的美,就是一切唤醒上述概念的东西"。所谓"关系"有两类,一类是实在的关系,是基础、本质,决定事物的美或丑,是不依审美主体的主观意志为转移的;一类是察知的关系,即"存在于我们的悟性之中",被人们所察知,引起人们相应的美感的关系。前者构成实在的美,后者构成悟性中的美,也即身外的美和与我有关的美,后者是对前者的感知或反映。可见狄德罗"美在关系"的论断是建立在唯物主义的哲学基础之上的,肯定了现实美的存在,坚持了美的客观性和美感对美的依赖关系,为揭示美的本质开拓了一条正确的道路。

6."美是生活"说

"美是生活",是俄国19世纪著名的革命民主主义者、美学家车尔尼雪夫斯基在其所著《生活与美学》一文中提出的关于美学本质的命题。他认为,"任何事物,凡是我们在那里看得见依照我们的理解应当如此的生活,那就是美的;任何东西凡是显示出生活或使我们想起生活的,那也就是美的"。艺术的本质,是"再现现实,并不是为了消除它的瑕疵,并不是因为现实本身不够美,而是正因为它是美的"。自然界的美也是根源于生活的暗示。举例说,动物界的美都表现出符合人类关于清新刚健的认识;对于植物,我们欢喜色彩新鲜、茂盛和形式多样的植物。因为其中显示着蓬勃的生命力。太阳及其光之所以美得可爱,也就因为它们是自然界一切生命的源泉。总之,自然界的美只有对人类生活有意义的情况下,才有美的价值。

车尔尼雪夫斯基关于"美是生活"的命题,对俄国及世界美学、文艺学的发展,起过重大的作用。但是由于车尔尼雪夫斯基受到了费尔巴哈人本主义思想的影响,因此"美是生活"的命题也有缺陷,他所讲的"美是生活"中所谓"生活"的意思,基本上指的是人本主义所理解的"生命"或"生存"的狭隘的含义。尽管他一再强调,美所具有的不是物理内容或生活内容,而是人的内容,但他还未对人的本质作出科学的解释,仍然把人看作抽象的人类学主体意义上的"一般人"。这样,也就不可能真正科学地揭示出美与社会生活的本质联系。

以上六种关于美的本质的论断可以把对美的本质的探讨归纳为两大方面：

一部分美学家是从客观世界的自然特征出发探索美的本质，把美的本质的根源归结为自然事物本身的某种感性特征和属性。他们肯定美在客观事物本身，有其正确方面，但由于他们（狄德罗、车尔尼雪夫斯基等）一般都离开了人的社会性，不懂得社会生活在本质上是实践的，不能从主客体在实践中的辩证关系来探讨美的本质，所以存在着明显的直观的缺陷。

一部分美学家则从精神世界去探讨美的本质，把美的本质的根源归结为绝对的观念，或主观意识、审美感受。他们（柏拉图、康德、黑格尔等）在哲学根本问题上颠倒了事物与意识的关系。其中有些美学家的思想中包含辩证的因素，在论述主客体的关系时抽象地发展了人的主观能动因素。

二、马克思主义美学观

马克思在《1844年经济学哲学手稿》提出"劳动创造了美"以及人的本质力量对象化的美学论断之后，关于美的本质问题的探讨有了新的突破，有了一个新的起点。

1."劳动创造了美"

"劳动创造了美"是马克思关于美的著名论断。劳动是人类最基本的本质规定，正是因为劳动，人类才把自己与动物区别开来，劳动又是人类整个生命活动的最基本形式。马克思说："全部人的活动迄今都是劳动，美也不例外，也起源于劳动，是劳动创造的产物。"马克思进一步指出："动物只是按照它所属的哪个物种的尺度和需要进行塑造，而人则懂得按照任何它所属的哪个尺度来进行生产，并且随时随地能用内在固有的尺度来衡量对象；所以人也按照美的规律塑造物体。"这就是马克思的"美的规律"。

马克思在提出"劳动创造了美"的同时，也指出在私有制条件下，由于劳动、劳动产品及劳动者的"异化"，使"劳动者成为畸形"。这主要是说明资本主义制度与审美和艺术相敌对的结论。马克思认为"异化劳动"也是人的劳动的一种特殊的形式，因而也可以创造美，但在这种情况下，实践主体虽然创造了美，却不能占有和享受美。

"劳动创造了美"表现在生产实践、社会生活和阶级斗争等各个方面，是主体与客体的统一，客体决定主体。马克思说："对于没有音乐感的耳朵说来，最美的音乐也毫无意义。"有人对这一句话作了片面的理解，来作为他们主张美感决定美的依据。其实，马克思的意思是：对于不懂音乐的人来说，由于他感受不到音乐的美，因而即使最美的音乐，也不可能通过他的欣赏来发挥本身应有的社会作用，而绝不是说，由于欣赏者感受不到音乐的美，音乐的美就不复存在了。马克思还说："只有音乐才能激起人的音乐感。"这正好说明，音乐的美，并不是欣赏者感受的产物，恰恰相反，人们在欣赏音乐时所产生的美感，正是由音乐的美所激起的。

劳动创造了美主要体现在以下几个方面：劳动创造了审美主体，劳动体现了人和动物的根本区别；劳动创造了审美客体，劳动在对象中反观人自身。

2. "人化的自然"

"人化的自然"是马克思在黑格尔的"环境人化"的影响下提出的美学观点。马克思认为人与动物不同,人的活动是自由自觉的。人类面对现实世界不是消极被动的,而是积极主动地认识和改造现实,在这一过程中,他要全面体现自己的本质力量,也就是说,主体通过自己的实践活动,对对象进行加工和改造,使对象成为人的创造物和人的本质力量的确证,这就是美的本质之所在。从主体的角度来说,这是"人的本质力量的对象化";从客体的角度来说,这是"人化的自然"。

"人化的自然"指通过人类的社会实践,随着人对自然的掌握程度和能力的发展,整个自然与社会生活的联系发生的根本变化的状态。所以自然的美不能简单地归结为自然本身的客观属性,也不能认为是人的感情的移入,自然事物之所以美,就在于"人化的自然"。例如有名的神女峰、望夫石、阿诗玛岩等等,只所以具有很高的审美价值,是因为人们在自然界偶然具有的形式中,通过观察和想象,寄托了人们美好的理想和愿望。这时的自然物被充分地人化了,成为与人类需要相适应的自然物质。那些美丽的故事传说,绝不会附丽于碎石乱瓦之上,因为它们不是与人类审美需要相适应的自然物质,所以也就无法产生那种复杂的对象化的感觉和想象。

"人化的自然"还表现在人的劳动实践的结果上,在生产劳动的对象上表现人的有目的有意识的活动。正如马克思所说:"劳动与劳动对象结合在一起,劳动物化了,而对象被加工了。"这样,在生产对象被加工的同时,也就打上人的印记,表现人的物化劳动,表现人的目的和需要,表现人改造自然的创造力量、智慧和才能。如沙漠变绿洲、沧海变桑田、猛兽被驯养、劈山引水、开荒造林等。

三、中国古代关于美的本质的主要观点

1. 结合善(功利)研究美

先秦时期,孔子等都有关于美的论述。诸子论美,都是与善相结合进行认识的。

(1)伍举论美。《国语·楚语上》中记载的"伍举论美",是我国古代文献中关于美的最早定义,曰:"夫美也者,上下、内外、大小、远近皆无害焉,故曰美。若与目观则美,缩于财用则匮,是聚民利以自封而瘠民也,胡美之为?"意思是,对民有利的,就是美的;对民不利,使民贫困而"瘠民"的,就是不美的。

故"其有美名也,惟其施令德于远近,而大小安之也"。只要施仁德于远近之民,使大小之家都能安居乐业,这样才能真正算美。"若敛民利以成其私欲,使民蒿焉忘其安乐,而有远离之心,其为恶也甚矣,安用目观"。如果收敛民利以满足其私欲,使百姓没有生产积极性,而又有远离之心,这样危害就大了,哪里还值得去观赏呢?

由此可以看出,"伍举论美"的观点是:美是有功利的,美与善密不可分。

(2)墨子论美。墨子论美的核心是"非乐",对艺术的美与社会价值持否定的态度。《墨子·非乐》篇中说:"是故子墨子之所以非乐者,非以大钟、鸣鼓、琴瑟、竽笙之声,以为

不乐;非以刻镂华彩文章之色,以为不美也……虽耳之其乐也,目之其美也,然上考之,不中圣王之事;下度之,不中万民之利。是故子墨子曰:'为乐非也'。"墨子的"非乐"是以肯定艺术的美感作用为前提的。但这种观点从反面告诉人们,"万民之利"才是美的标准。这说明,墨子也认为,美与功利、与善有着密切的联系。正因为如此,所以墨子又说:"故食必求饱,然后求美;衣必常暖,然后求丽;居必常安,然后求乐。"

(3)孔子论美。孔子在其"仁学"的基础上,提出了"里仁为美"的主张。"里仁为美"就是说与有仁德的人在一起,这样才算是美的人。孔子特别强调音乐的教化作用,重视音乐的功利性,认为音乐可以冶性、可以生情、可以成仁。可以看出音乐是孔子"里仁为美"的重要手段。

孔子的艺术审美标准是"乐而不淫,哀而不伤",是说艺术所包含的情感,应该有节制、有分寸。

孔子的"智者乐水,仁者乐山"的观点,表明了审美主体与审美对象的对象化关系。

孔子认为:"《韶》:尽美矣,又尽善也;《武》:尽美矣,未尽善也。"孔子已经认识到美与善是有区别的,但没能说出区别的原因。

(4)孟子论美。孟子提出了"充实之谓美"的主张。所谓"充实之谓美",是指充实人的品德,包含仁、义、礼、智等,即"使之不虚,是为美人,美德之人也"。在孟子看来,美是有内容与形式的。内容就是人的品德,形式就是人的品德的直接表现。焦循的《孟子正义》解释说:"充满其所有,以茂好于外,故容貌硕大而为美。"

(5)荀子论美。荀子说:"君子知夫不全不粹之不足以为美也。"意思是,君子知道自己学习道德与礼义还不够,认为这就是美的人。这里的"美",很明显指的是人的道德与礼义,说明美与善相关。

另外在荀子看来,美是一种客观存在。他说:"故天之所覆,地之所载,莫不尽其美,致其用。"意思是说,美是存在于天地之间的客观事物,它们之所以是美的,就是在于"致其用"。也就是说,美是有功利性的,可以用来为社会服务。

2. 结合艺术来研究美

中国从先秦以后,结合艺术创作、艺术鉴赏来论美的论著十分丰富,其探索美的途径,可以从三个方面加以概括:

(1)从主客观关系研究美。我国古代诗歌、绘画等艺术中诗人和画家善于通过客观的描写,来表达主观情感,使主客观相统一、融会贯通,形成意蕴丰富的艺术境界。这样的艺术境界,我们称之为"意境"。如杜甫的《春夜喜雨》中有两句诗:"随风潜入夜,润物细无声。"两句诗描写了春雨润物的恬静气氛,更主要的是表现了诗人愉悦的心境。其中"随"、"潜"、"润"、"细"几个字用得特别深刻细腻,能唤起读者丰富的联想和想象。这就是所谓"诗,或寓意于情,而义愈至;或寓情于景,而景愈深"。

(2)从内容与形式的统一研究美。艺术美是内容与形式的统一,既强调内容的决定作用,也不忽视形式对内容的表现作用,是二者的有机结合。这在中国古代诗歌、绘画、音乐、雕刻等艺术中都有普遍的表现。

刘勰在《文心雕龙·总术》中说,"义华而声悴"(好的内容而无好的形式)、"理拙而文泽"(理义浅薄,虽然有优美的文辞),都不是好的作品;好的作品应该是"衔华佩实"(《征圣》)、"舒文载实"(《明诗》)。他要求"为情而造文",反对"为文而造情"。

唐代画家张彦远在《历代名画记》中说:"若气韵不周,空陈形似,笔力未遒,空赋善彩。"又说:"今之画纵得形似而气韵不生;以气韵求其画,则形似在其间矣。""意存笔先,画尽意在"是最好的作品。

白居易说:"古人唱歌兼唱情,今人唱歌惟唱声。""感人心者,莫先乎情"。"入耳淡无味,惬心潜有情"。讲的是唱歌要声情并茂。

在雕刻艺术方面,如陶俑中"说书俑"、汉代的"马踏飞燕"等,做到"以形写神"、"形神兼备"。

(3)从风格上研究美。风格是指一个时代、一个民族、一个流派或一个人的文艺作品所表现的主要思想特点和艺术特点。中国古代对艺术的品评,如《诗品》、《画品》、《书品》等,都是从风格上研究美的。

唐代司空图的《诗品》,论述了诗歌的风格美,分为雄浑、冲淡、洗练、劲健、绮丽、自然、含蓄、豪放等二十四种,且各用四言韵语形象描述了每种风格的特征。描述"含蓄"的特征是:"不著一字,尽得风流。""洗练"是:"犹矿出金,如铅出银。"

在书法方面,东晋王羲之行书的风格是飘逸洒脱;唐代颜真卿楷书的风格是雄伟,柳公权楷书的风格是劲媚,后人评为"颜筋柳骨";唐代怀素的草书的风格是狂放壮美;魏碑的风格是方劲质朴。

3. 结合现实研究美

中国古代探索美的根源,常常涉及现实的美,主要表现在两个方面。

(1)在自然万物中寻求美。南朝文论家刘勰说:"日月叠璧,以垂丽天之象;山川焕绮,以铺地理之形;此盖道之文也。"是说天和地都是自然之道,都是美的。

清代唯物主义美学家叶燮说:"凡物之生而美者,美本乎天者也,本乎天自有之美也。"肯定美是客观的。同时又认为只有人才能欣赏美,说:"凡物之美者,盈天地间皆是也,然必待人之神明才慧而见。"具有辩证法思想。

(2)在人物品藻中展示美。人物品藻盛行于汉末,晋末达到高峰。三国时代刘劭的《人物志》系统地总结了汉末以来人物品藻的经验和理论,既坚持了儒家提倡的"仁、义、礼、智、信"的标准,又受到曹操"唯才是举"思想的影响,突出了智的地位,其序言说:"夫圣贤之所美,莫美于聪明。"可见,人物品藻的标准以从强调群体性的伦理道德开始向强调个体性的聪明才智转化。

南朝刘义庆的《世说新语》,记述了关于人物的品评,有赏容貌、重才情、标放达等,来展示人物形象的美。如"嵇康身长七尺八寸,风姿特秀。见者叹曰:'萧萧肃肃,爽朗清举。'或云:'肃肃如松下风,高而徐引'"、"时人目王右军,飘若游龙,矫若惊龙"等。

综上所述,可见中国古代美学史上对美的本质的探讨是很朴素的,与世界观的联系不是那么直接、紧密,如气韵、风骨、意境等,具有独特的审美范畴,与西方有很大的不同,也值得学习、体会和借鉴。

四、我国第一次美学大讨论形成的美学观

1956年,在"百花齐放,百家争鸣"方针的号召下,《文艺报》发动了一场对朱光潜美学思想的批判与讨论,展开了中国思想界对美学问题的第一次大讨论,由此催生了四派观点。

1. 以蔡仪为代表的客观派——美是典型

"劲直的古松"为什么美呢?蔡仪认为,它显现了生物形体上的普遍必然的种类属性——均衡与对称;那么,"偃卧的古松"、"欹斜的弱柳"为什么美呢?蔡仪认为,它们"虽然不能表现生物形体上的普遍性,却能表现着它们枝叶向荣不屈的不挠的欣欣生意,就是表现了生物的最主要的普遍性了"。这就是把美或典型归结为一种不依存于人类社会而独立存在的自然属性或条件。蔡仪力图对黑格尔"美是理念的感性显现"的命题加以唯物主义的改造,但是改造得过于生硬,见物不见人。

2. 以吕荧、高尔泰为代表的主观派——美产生于美感

吕荧早在《美学问题》(1953年《文艺报》第16期)一文中提出:"美是人的一种观念。"他说:"美,这是人人都知道的,但是对于美的看法,并不是所有的人都相同的。同是一个东西,有的人会认为美,有的人却认为不美,甚至于同一个人,他对美的看法在生活过程中也会发生变化,原先认为美的,后来会认为不美;原先认为不美的,后来会认为美。所以美是物在人的主观中的反映,是一种观念。""自然界的事物或现象本身无所谓美丑,它们美或不美,是人给它们的评价"。1957年,吕荧在《人民日报》上发表的《美是什么》一文,又进一步提出:"美是人的社会意识。"他说:"我仍然认为:美是人的社会意识,它是社会存在的反映,第二性的现象。"他在《美学书怀》中对车尔尼雪夫斯基的"美是生活"这一定义作了这样的解释:"美是通过生活概念被人认识的。""美和善一样,是社会的观念"。他认为自己的美学观是依据于马克思主义哲学的。他认为"宣称'美的观念'是客观事物的美的映象,用以肯定美是物的属性时……美学就必然离开社会生活的基础,只能限于物本身立论,在物本身寻找美的规律(即种类典型),走生物学的美学道路了"。因此,"辩证唯物论者认为美不是物的属性或者物的种类典型,它是人对事物的判断或评价"。

吕荧"美是观念"的主张,在当时许多"唯物论"者看来,颇有些"唯心论"的嫌疑,这当然得不到多少人的赞同。但吕荧并没有因此而放弃自己对真理的探求,反而极力为自己的主张辩护。这种"独战众数"的精神,凸显出吕荧的崇高人格,这种精神也体现在他后来在胡风落难时敢于力排众议为朋友辩护。而在另一方面,吕荧先生的美学研究,也奠定了山东大学美学研究的精神传统。吕荧先生在山大教书时的学生,后来在美学研

究上卓有成绩的山东大学文学院教授周来祥先生曾深情地回忆起吕荧先生给他授课时的情景。周先生承认,他对于美学兴趣和爱好,正得之于吕先生的启蒙和指导。周先生认为,吕先生对于真理的探求精神,治学的严格与严谨态度,尤其是对于马克思主义美学思想的介绍,都对自己后来的治学产生了深刻的影响。可以说,山东大学的美学研究之所以在全国举足轻重,吕荧先生有开启之功。

3. 以朱光潜为代表的主客观统一派——一半在物,一半在心

朱光潜在大讨论之前,认为美是主观的,"美是心灵的创造"。后来提出了美是主客观相统一的观点,朱光潜认为:"美是客观方面某些事物性质和形状适合主观方面意识形态,可以交融在一起而成为一个完整形象的那种特质。"朱光潜先生为了论证他的美在于主观与客观相统一的观点,引用苏轼的《琴诗》:"若言琴上有琴声,放在匣中何不鸣?若言声在指头上,何不于君指上听"这首哲理诗,用于说明审美现象既切近,又通俗。琴声是一种美,它的形成既需要有客观的物具有某种构成美的"潜能",更需要作为主体的人的参与与创造,二者缺一不可。

4. 以李泽厚为代表社会派——美是客观性与社会性的统一

认为美是一种人类社会生活的属性、形象、规律,客观地存在于人类社会生活之中,是人类社会生活的产物,而社会存在是客观的,所以美是客观性与社会性的统一。这种观点较有影响,得到普遍认可。20 世纪 80 年代,演化成实践美学。实践美学以马克思主义美学观为理论基础和思想来源,视实践为本体论范畴。"它既不是从经验现象出发,用有限的现象来描述或囊括无限的本体;它也不是从主观幻想出发,用超验的幻想来解释或界定存在的意义;它要真正抓住人与自然、人与社会之间的中介环节,从实践入手而将破碎的世界重新统一起来"。实践美学从人的社会性物质实践活动的角度出发,肯定了美与审美主体都是社会实践的产物,凸显了审美的主体性、社会性,张扬人在改造世界的能动作用,并使美学从朴素的自然阶段推进到能动的人类学阶段,在一定程度上突破了传统美学"主客对立"的二元结构,使美学真正具有了"人学"的意义。

第四节 美的基本特征

从美的本质的探讨,从美本身,从美的具体对象,概括起来看,美的主要特征主要包括以下几个方面:

1. 客观性

美的客观性强调事物本身的美。美是客观存在的,是不以人的意志为转移的。某一审美主体说黄山不美否定不了黄山的美,某一审美主体不喜欢《红楼梦》也否定不了《红楼梦》的美。

2. 相对性

美是绝对性和相对性的统一,绝对的美寓于相对的美之中。《淮南子》中说:"嫫母有

所美,西施有所丑。"普列汉诺夫说:"当我们在年轻貌美的女孩子的脸颊上看见红颜色,这种红颜色会使我们喜欢。但是如果我们不是在我们美人的面颊上而是在她的鼻子上看见这种红颜色,这红颜色会对我们产生怎样的印象呢?"美的相对性还表现在时代、环境等差异上。中国古代妇女以缠足为美,现代认为是对人体的摧残;泳装在浴场穿是美的,走在大街上就不太合适;老虎在动物园供观赏是美的,老虎吃人就令人恐惧。

3. 多样性

美的标准是多种多样的,美的存在形态也是多姿多彩的,具有无限丰富的特点。《淮南子》说:"佳人不同体,美人不同面,而皆乐于目。"美的存在领域包括自然美、社会美、艺术美等,不同形态的美有不同的美感,平静如镜的湖面是一种美。

4. 形象性

美的事物和现象总是形象的、具体的,总是凭着欣赏者的感官可以直接感受到的。比如,我们说花是美的,指的一定是具体的花,而不是抽象的花,它的美也必须通过具体的花瓣、花蕊、花茎以及花的各种颜色表现出来。如果离开了这些构成花的感性形式,花只能成为一个抽象的概念,那也就谈不上美与不美了。

宋玉在《登徒子好色赋》中,曾经描述过一个美人的形象。如果他只写"天下之佳人,莫若楚国;楚国之丽者,莫若臣里;臣里之美者,莫若东家之子",那么,这位"东家之子"的美还是抽象的。只有写了"东家之子,增之一分则太长,减之一分则太短,著粉则太白,施朱则太赤。眉如翠羽,肌如白雪,腰若束素,齿如含贝。嫣然一笑,惑阳诚,迷下蔡"。这样,"东家之子"的美才具体地显示出来。文艺作品中塑造人物形象要求"栩栩如生",其义也正在于此。

5. 感染性

美不只是具体的、形象的,而且还具有很强的感染力。无论是面对着艳丽的鲜花、招展的红旗,还是谛听优美的乐曲,人们都会情不自禁地感到心旷神怡。正如车尔尼雪夫斯基所说:"美的事物在人心中所唤起的感觉,是类似我们当着亲爱的人面前时洋溢于我们心中的那种愉悦。"美的东西之所以能够引起人们的爱慕、喜悦的心情,美的形象之所以能在人们的脑海里长期萦回,主要在于它的内容,在于它显示了人的本质力量,显示了人凭着自己的本质力量所创造的生活。凡是人所从事的创造性活动,凡是人按照美的规律创造的产品,凡是能显示人的情趣、人的追求的各种事物和现象,总是最为人们所欣赏和爱恋的。所以,以感性形式显示出来的人的本质力量,是形成美的感染性的核心方面。比如,迎风招展的五星红旗是很美的,凡是热爱祖国的中国人,都无比热爱五星红旗,每当看到它都会自然而然地产生一种勃勃向上的情绪和作为一位中国人的自豪。因为我们的五星红旗是成千上万的先烈用鲜血和生命换来的,它象征着自由、解放,标志着我们国家的尊严和民族的团结。如果没有这些内容,我们的五星红旗就不会有那么强烈的感染力。

美的内容是通过具体的感性形式表现出来的,离开了具体的形式,美的内容也就失去了从感情上打动人、感染人的力量。因此,美的感染性,既来自通过感性形式显示出来的人的本质力量,又来自显示了人的本质力量的具体的感性形式。五星红旗因为它是我们中华人民共和国的国旗,所以具有强烈的感人力量,但是五星红旗除了作为国家的象征而具有一种特定的美以外,它在形式上还具有一种色彩美、图案美、样式美、线条美等,这种形式美也同样是具有感染性的。舞台人物形象也是如此。美是一个整体,它的内容和形式是相互依存、相互统一的,美的感染性就存在于这种统一之中。

【请你思考】

1. 为什么说"美是难的"?
2. 为什么说美是可以认识的?
3. 美的基本特征有哪些?

第三章
异彩纷呈的美的形态

美的本质以隐匿自己的方式显现在各种具体的审美形态之中,美学作为一个完整的学科体系,不仅仅要研究美的本质及其特征,还要研究美的具体形态。学者们因为学术背景和学术立场的差异,对于美的形态的理解也是不尽相同的。从美的存在领域来看,美的形态一般可以分为现实美和艺术美。现实美又可分为自然美、社会美等形态。艺术美是指人类运用一定的艺术手段创造出来的作品的美。按照美学界传统的分类方法,我们把美的形态分为自然美、社会美、科学美和艺术美等具体形态。

第一节 自然美

自然事物的美,包括日月星云、山水花鸟、草木鱼虫、园林田野等等,一般称之为"自然美"。自然美作为经验现象,是人们经常能够欣赏和感受到的。自然美在美学领域是一个重要的美学形态,它一般指自然界中具有审美价值的自然事物之美。自然事物以它原有的感性形式唤起人们的美感,然而自然事物的感性形式又不是纯粹的,它和审美主体、人类社会发生着千丝万缕的联系。自然何以美?正所谓"美不自美,因人而彰"。实际上,自然界之所以有美,归根结底,是社会的产物,是历史的结果。所以自然美是一个复杂的美学形态,也是人们争议最大的美学形态。当各派用自己的美学理论来观照自然美时,发现自己的美学理论面对丰富多彩的自然美往往会捉襟见肘,甚至会暴露出各派美学观的致命弱点。朱光潜指出:"'自然美'对于许多人是一大块绊脚石,'美究竟是什么'的问题之所以难以解决,就是由于这块绊脚石的存在。"[①]

---

① 朱光潜:《美学批判论文集》,作家出版社,1958。

一、自然美的界定

"自然"具有名词和形容词双重词性,前者表现为存在属性,后者揭示出存在状态。人们经常会在不同的语境下使用"自然美",比如,"很多女性厌恶了浓妆艳抹,开始追求自然美"。在这句话中,"自然"就是以形容词性出现的,这个"自然美"很显然不是我们所说的美学形态。所以,我们要区分"自然美"一词在汉语中两个层面的意思。一是"自然"作为名词,即英文中的 nature,"自然美"即 beauty of nature,属于美的形态范畴;二是"自然"作为形容词,即英文中的 natural,"自然美"即 natural beauty,属于美的风格范畴。[①]在第一个层面,自然美是指客观自然界乃至整个宇宙的事物或现象的美。这种自然美在中国美学史上具有重要的意义,在很大程度上对于中国传统文化心理具有精神家园的意味。从"比德"到"畅神",中国人正是在山水田园的诗意中展开美学画卷、激发生命情调的。西方美学对于自然美的关注要比中国人少得多,它没有走向通过自然表现人的道路,而是通过社会生活来表现人生的诗意。在第二个层面,自然美主要指崇尚自然、追求本色的一种美学风格,也正是人们所说的"清水出芙蓉"的美。在这里我们所探讨的是第一个层面的自然美,即自然美作为美的形态范畴,它的研究对象是客观自然界乃至整个宇宙。

自从有了人类社会以后,自然就不是纯粹孤立的了,在人类能力所及之处都打上了人类的烙印,自然成为"人化的自然",这就使自然美的内涵变得更加复杂起来。那么,自然美是指打上人类烙印的自然的美呢,还是指人类未曾改造的纯粹自然的美?人们一般认为,自然美作为一种美学形态包含广义和狭义两个层面。广义的理解,指自然界的全部的美,包括人类未改造过的自然和被改造过的自然。狭义的理解,指纯粹的自然,天生自在,未经人类改造、不渗透人类精神的自然物的美。我们理解的自然美是广义的自然美,既指未改造的自然,如宇宙星空、太阳月亮、海洋陆地、山川河流等,又指改造过的自然,如梯田园地、草原牧场、园林景观等。

二、美的自然对象的分类

如前所述,自然美有广义和狭义之分。美的自然对象可以分为经过当前人们直接改造加工、利用的对象(如土地、园林)和未经直接改造的自然(如星空、大海)两种。前一种自然对象的美主要是以其社会内容的直接显露为特点,所以,它们与社会事物的美十分接近。随着人对自然的不断征服,不仅愈来愈多的自然物成为人们物质生活中有益有用的东西,而且它们在人们的精神生活中,也就由一种漠然的、对立的东西转化为一种可亲的东西。人们在被加工过的自然事物上打下了劳动创造的印记,这种自然事物的某些特征,后来就成为人的能动创造的特定标记。健壮的牛羊、金黄的田野、绿色的山

---

① 彭凡:《自然美探源》,《大众科技报》2006 年 5 月 18 日。

林,一般说来都是如此。高尔基在论及这类自然美的时候说过:"打动我的并非山野风景中所形成的一堆堆的东西,而是人类想象力赋予它们的壮观。令我赞赏的是人如何轻易地与如何伟大地改变了自然。"

另一种自然对象即未经直接改造加工的自然对象的美,其社会内容比较间接隐晦曲折,但这种美在自然美中却占有广大的领域和多样的形式。它们主要是以其自身的自然形式而取悦于人,好像它的美就在它自身的各种质料、性能、规律和形式之中,与人类没有关系。实际上,自然的这些规律和形式都是在与人类社会生活发生长久紧密的关系时才成为美的。一定的自然质料,如色彩、声音、形体;一定的自然规律,如整齐一律、对称均衡、变化统一;一定的自然性能,如生长、发展等等,是在长时期(几十万年)与人类社会实践发生密切的联系、关系,被人们所熟悉、习惯、掌握、运用,对人们生活实践有用、有利、有益之后才逐渐成为人们的审美对象的。直线与生活中坚硬的(不可入的)、有力的东西,曲线、圆形与生活中柔嫩的、轻巧的、流动的东西,红色与生活中热烈和激动的东西,绿色与生活中平静和安宁的东西……这些都有着某种曲折间接的客观联系。自然形式所具有的各种不同的美的本质和性能,归根结底仍是来源于这种种复杂曲折的客观关系。所以自然并不需要完全改变其外在面貌、形式、规律,并不需要与某个特定的狭隘社会功利目的直接联系起来,便能以其与社会生活的长久普遍的概括联系而成为人们的审美对象。

自然美的这两种形态并不可以截然划分,相反,它们经常是相互渗透和转化的。同一自然对象,便可同时具有这两种美的特色。例如,黄河一则因其被开发、利用,成为我们民族的摇篮和屏障,几千年来,人民群众在这里生活、劳动,无数英雄在这里斗争、成长,它作为我们民族的伟大斗争和创造的历史见证而成为美的对象;一则又以其九曲连环、浪涛汹涌的自然感性形式成为美的对象,同时两者还可以结合在一起。这是一方面。另一方面,艺术发展的历史表明,侧重于形式的自然对象的美成为现实的审美对象,一般晚于侧重于明显的社会功利内容的自然美,并且常常是由前者中逐渐分化和发展出来的。自然对象首先是以其与人们生活密切相关、有益有利于社会实践的功利内容,而成为审美对象的。只是在以后,它的感性形式才逐渐独立地具有审美价值,成为人们的审美对象,并逐渐扩展开来。例如,原始人以狩猎为主要生产、生活方式,人和动物的躯体结构的对称对他们具有直接意义,因而他们在装饰、审美中重视横的对称甚于竖的对称。而随着生产范围的扩大,自然界更为复杂的对称形式才对人们具有审美意义。又如,农民在插秧时是从农作物的生长条件来确定秧苗的距离,秧苗行距和株距的均衡、整齐的审美意义,最先是与它们的功利内容不可分的,但均衡、整齐等自然形式反复经由人们的掌握、熟悉,这些特征逐渐从具体的自然对象中分化和概括出来,成为一种形式美。不但秧苗的间隔本身的整齐、均衡是美的,而且自然事物中类似的整齐、均衡,也都是美了。自然美也就由前一种比较狭窄的范围而逐渐扩展到后一种相当广泛的领域。在这个广泛领域的美,因为它的内容已是比较概括,所以表现在具体自然对象上,便可以呈现为不很确定的多方面的意义。同是属于整齐、均衡，在不同的自然对象上，结合其他条件，可以呈现为不同的审美特点，例如严肃、庄重等等。从另一角度看来，它又是带确定性的。由于它在人的实践中形成和人的特定关系，它的内容又不是无规定性的，所以整齐、均衡的体现形态可能是雄伟的，也可能是呆笨的。

三、自然美的产生

自然美之所以是美学领域的难题，归根结底主要的分歧集中在如何认识自然美的本质这个关键性的问题上。对于这个问题，美学界众说纷纭、莫衷一是。有的认为，自然美就是自然事物本身所固有的属性；也有的认为，自然美是某种客观精神的外化和体现的产物；还有的认为，是由自然事物的某些属性符合人的主观意志而造成的。我国当代美学界广泛采用"自然的人化"说来解释自然美的产生。

"自然的人化"说的主要依据是马克思在《1844年经济学哲学手稿》中的一段论述："不仅五官感觉，而且所谓精神感觉、实践感觉（意志、爱等等），一句话，人的感觉、感觉的人性，都只是由于它的对象的存在，由于人化的自然界，才产生出来的。"①

马克思认为，劳动是人类的本质，人类把自己的本质力量凝聚和体现在作为劳动产品的自然对象身上，使自然界打上人类活动的印记。通过以劳动为基础的实践活动，人类社会和自然发生了广泛的联系，使自然界和人类的关系发生了根本性的变化，使两者的关系从异化和疏远的状态开始变得彼此接近和相互融合。正是劳动才使自然界成了"为我"的对象，成为人类"无机的身体"。正如马克思所说："通过这种生产，自然界才表现为他的作品和他的现实。因此，劳动的对象是人的类生活的对象化：人不仅像在意识中那样在精神上使自己二重化，而且能动地、现实地使自己二重化，从而在他所创造的世界中直观自身。"②因此，按照马克思的观点，人们称这种与人的劳动相联系和被改造过的自然为"人化的自然"或"自然的人化"。

近代德国很多哲学家都有"人化"观念，最具有代表性的是费尔巴哈和黑格尔。费尔巴哈认为，对象是人类显示出来的本质。黑格尔认为，人类要在直接呈现于他面前的外在事物上刻下自己内心生活的烙印。马克思对费尔巴哈和黑格尔都进行了批判，他认为，费尔巴哈虽然创立了真正的唯物主义和现实的科学，但他根本不了解社会实践的作用和意义；黑格尔虽然看到了劳动的作用，并把它看成是人的本质，但他把劳动看成是抽象的精神劳动，现实世界只是人类自我意识所设定的东西。马克思的"人化"观念是建立在人类社会实践基础之上的，特别是建立在物质生产劳动基础之上的。所以，按照马克思的观点，美学界一般认为"自然的人化"造就的是具有社会客观性的"人化的自然"，而不是"客观世界的主观化"。

---

① 马克思：《1844年经济学哲学手稿》，人民出版社，1985。
② 马克思：《1844年经济学哲学手稿》，人民出版社，1985。

"自然的人化"是自然美产生的重要基础。按照李泽厚的理解,"自然的人化"指的是人类征服自然的历史尺度,也就是人类通过实践活动根本上改变了人类和自然的关系。人类从诞生之日起,便努力学习处理与自然的关系,这从中西方流传下来的神话传说中就能见出一二。西方的希腊神话就表达了人类对自然的最初认识,这就是要战胜自然、征服自然。但由于智力、认识能力和生产力的低下,人类无法对抗强大的自然,古希腊人只能凭借想象中的神灵去征服令他们感到恐怖和困惑的自然界,所以古希腊人创造了奥林匹斯山上众多的神灵,像宙斯、阿波罗等等。这正如马克思所说,希腊神话就是人们借助想象去征服自然力。中国神话中的女娲补天、后羿射日、精卫填海等神话,同样反映了先民对于自然的恐惧心态。马克思曾指出,对野蛮人来说,"自然界起初是作为一种完全异己的、有无限威力的和不可制服的力量与人们对立的,人们同它的关系完全像动物同它的关系一样,人们就像牲畜一样服从它的权力"[1]。当自然界作为完全异己的、有无限威力和不可制服的力量与人们对立时,只能是令人恐怖的对象,根本不可能成为人们的审美对象。这就告诉我们,人类要认识自然的美、理解自然的美,必须建立在实践基础之上,只有在具体的社会实践中,人们认识和掌握了自然界的客观规律,实现了对自然的支配、改造,使自然成为"人化的自然",自然物才会成为人们审美的对象。总之,人对自然美的发现和感受,是"自然的人化"所产生的结果。

人们在对自然的审美中不仅仅欣赏"人化的自然",还对一些没有经过人类改造的自然物也产生了浓厚的兴趣,比如大海、沙漠、荒山、野林等。那么,"自然的人化"又怎么来解释这种现象呢?这就涉及人们对于"自然的人化"内涵的理解。李泽厚认为,"自然的人化"可以分为狭义和广义两种含义:狭义的"自然人化"指的是通过社会实践改造过的自然对象;广义的"自然人化"是一个哲学概念,狭义的"自然人化"是其基础,这其实也就是说人们在社会实践中认识和掌握了客观的自然规律,在心理上具备了战胜自然的心理优势,所以能够以审美的心态去面对自然物的感性形式。社会越发展、生产力水平越高,人类越能欣赏暴风骤雨、荒山野林等没有经过人类改造的自然。这种自然环境带有原始古朴的情趣,特别能满足现代人摆脱尘世喧闹、舒缓生活压力的需要,所以备受青睐,成为人们心灵的栖息地。因此,"并不只是被直接改造过的自然物,才是'人化'了的;也不只是直接为人类所支配的自然物,才有'人化'的意义;许多自然物,正是在'自然的人化'与'人化的自然'的总体意义上,获得了'人化'的属性。这种自然对象,同样显示了其特有的审美价值"[2]。

其实,"自然的人化"并不能完满地解释自然美,在"自然的人化"基础上,人类还要将自然艺术化。"自然的人化"是自然美产生的必要条件,没有人类的社会实践,人类的存在和发展都会受到威胁,更谈不上审美的问题了。"自然的人化"可以用来解释人类历史

---

[1] 马克思、恩格斯:《德意志意识形态》,人民出版社,1961。
[2] 刘叔成等:《美学基本原理》,上海人民出版社,1984。

发展的一切文化形态,人类社会的进程都可以以此为根据,它并不仅仅对审美发生作用。从另外一个层面说,倘若人类不"按照美的规律来建造",凝聚了人类本质力量的自然物未必会成为审美的对象。我们环视一下四周,满目疮痍的山丘足以说明这个问题。倘若人类缺少"林泉之心",处处以科学的眼光来审视自然,那将会有怎样的结果呢?"霜皮溜雨四十围,黛色参天二千尺",是杜甫对古柏的赞美,充分体现了诗人的心灵旨趣。但是,沈括却以科学家的眼光来批评该诗,他经过详细的计算得出结论:四十围是直径七尺,而高是二千尺,此古柏"无乃太细长乎"?这里虽然体现了沈括认识事物本质的能力,但哪里还有一丝美感呢?可见,"自然的人化"只是自然美形成的必要条件,而不是充分条件。朱光潜认为:"所谓艺术化,就是人情化和理想化。"[①]只有在"自然的人化"基础上赋予自然人情和理想,自然美才具备了生成的充分条件;只有将自然乃至宇宙生气化和人情化,才能从一草一木中见出美来。朱光潜认为,人们对待一个事物大致可以分为实用的、科学的和美感的这样三种态度。对待一棵古松,木商会从实用的角度考虑古松的商业价值;植物学家会从科学的角度分析古松的属性;画家会从审美的角度感受古松的美。由此可见,人们对待自然事物的态度不同,形成的感受也就有所差异。马克思也曾经说过,因为缺少"感受形式美的眼睛",贩卖矿物的商人只看到矿物的价值,而看不到矿物的美和特性。面对丰富多彩的自然,只有审美的眼睛才能看到自然的美,也只有将自然艺术化的人才能感受到真正的自然美。在自然艺术化的过程中,移情作用是一个重要的要素:"大地山河以及风云星斗原来都是死板的东西,我们往往觉得它们有情感,有生命,有动作,这都是移情作用的结果。比如云何尝能飞?泉何尝能跃?我们却常说云飞泉跃。山何尝能鸣?谷何尝能应?我们却常说山鸣谷应。"[②]

20世纪90年代中期以来,随着生态美学和环境美学的兴起,对自然美的关注又成为美学界的热点。但这一次对自然美的关注和传统美学有着明显的区别:自然美借助生态学的理论资源从美学的边缘走向中心;研究的核心问题不再纠缠于自然美的本质问题,而是把它看作一个具有合法性、不言自明的美学形态。由此,传统美学体系中一些关于自然美的难题也被解决了。

四、自然美的特征

自然界是丰富多彩的、变幻无穷的,自然美和其他美学形态相比有着独特的美学特征。

1. 自然美侧重于感性形式的美

绿水青山、红日彩霞、滔滔江水,丰富多彩的自然界是以直观的形式呈现在人们面前的,自然美的第一个特征就在于它直接呈现给人们的形式美。自然事物本身所固有

[①] 朱光潜:《朱光潜全集》第2卷,安徽教育出版社,1987。
[②] 朱光潜:《朱光潜全集》第3卷,安徽教育出版社,1987。

的形、音、光、色等属性,以及这些要素的组合,是构成自然感性形式美的重要条件。鲍桑葵在《美学史》中曾经援引过4世纪基督教神学家尼萨的格雷果里的散文:"当我看到每一座山头、每一座山谷、每一座绿草丛生的平原,再看到一排排各种各样的树木以及脚下那些既被自然赋予美妙的香气、又被自然赋予美丽的颜色的百合花的时候,当我们看到流云飞向远方海洋的时候,我的心中就产生了一种糅合着幸福感觉的忧郁之感。"[①]对自然美的沉醉,在中世纪是不为基督教所提倡的,但是神学家在面对自然的时候,还是被自然的感性形式所感动,在心中升腾起"糅合着幸福感觉的忧郁之感"。

如果把审美对象看成形式和内容的统一体,自然美的形式美就要胜于内容的美。比起自然美在形式上的鲜明、清晰,自然美的内容是朦胧的、模糊的。人们在欣赏自然美时往往能够自觉地抛弃功利的束缚,比如蝴蝶,它的幼虫对农作物的危害很大,但是人们面对它的时候往往会被它色彩斑斓的外在形式所吸引,而忘记了它的危害性。甚至连"梁祝"的凄美爱情故事,也是以"化蝶"为结局的。一只癞蛤蟆尽管它对人类是有益的,但人们见了它都不会引起美感,原因正在于它外形的丑陋。由此可见,感性形式的美是自然美的重要特征。

虽然自然美侧重于感性形式,其内容的美是朦胧的,但这并不能否认自然美的内容或者其社会性。在具体的审美活动中,人们往往会把自然美的外观形式和人类社会的某些精神、品格和操守联系在一起,赋予自然美的形式以社会性,从而给予欣赏者情感的陶冶和精神的升华。中国儒家思想中的"比德"说,就是以自然景物的某些特征来比附、象征人的道德情操。中国人素来称松、竹、梅为"岁寒三友",又称梅、兰、竹、菊为"四君子",并且通过不同的艺术形式来表现它们,甚至将其融入日常生活之中,正如苏轼诗中所写"宁可食无肉,不可居无竹"。人们之所以赞赏它们,就是因为这些植物的外在形式契合了人类的某些品质:松的傲然挺立,象征了人的高风亮节;竹的虚空和有节,象征了人的谦虚和气节;梅的悠远孤清,象征了人的高洁;菊的凌霜盛开,象征了人的坚强与傲骨。随着文化的发展和传承,这些自然物的审美价值不仅仅是其外在的形式美,而且蕴涵了社会性内容的"有意味的形式"。

2. 自然美的易变性

在不同的环境、条件下,自然事物由于其自身属性和形态特征,极易发生变化,这就决定了自然美相对于其他美学形态具有易变性的特征。所谓"自然美的易变性"主要是指大自然瞬息万变、气象万千的景色美。

自然界的内部规律是导致自然美多变性的一个重要因素。自然界是一个多元统一、永恒运动的物体。四时变更、时序交替是自然规律,自然界受到自身内部规律的影响,会呈现出不同的特征,这就在一定程度上导致了自然美的易变性。即使是同一自然事物,受到自然规律的影响,也会有不同的审美特性。中西方艺术家对此都有深刻的体

---

① 鲍桑葵:《美学史》,商务印书馆,1985。

验。美国作家梭罗在瓦尔登湖畔居住了两年,在这两年内,他通过自己对瓦尔登湖的观察,用自己的笔记录了瓦尔登湖不同时间里的迷人景色。北宋的山水画家郭熙在《林泉高致集·山水训》中写道:"春山淡冶而如笑,夏山苍翠而如滴,秋山明净而如妆,冬山惨淡而如睡。"可见,由于四时变更,季节交替,同一座山的审美情态也就发生了变易,从而给人们带来不同的审美感受。

"横看成岭侧成峰,远近高低各不同"。人们欣赏的角度、方式不同,也会带来自然美的易变性。对同一景物,人们选择不同的欣赏角度会产生不同的效果,正如郭熙所说:"山,近看如此,远数里看又如此,远十数里看又如此,每远每异,所谓山形步步移也。山,正面如此,侧面又如此,背面又如此,每看每异,所谓山形面面看也。"①同是一座山,从不同的欣赏角度观看,山景也会随之千变万化,同样会带给人们不同的审美情态。古代女诗人郭六芳有一首诗《舟还长江》:

> 侬家家住两湖东,十二珠帘夕阳红。
>
> 今日忽从江上过,始知家在图画中。

诗人在家中的时候,没有充分地感受到家园的美丽,但当她与家拉开了距离,从远处观看的时候,才发现自己的家园原来是如此美丽。同是一座家园,当诗人在江中远眺的时候,家园幻化成了一幅美丽的山水图画。可见,时空的变化必然会导致自然景物的变化,也正是自然那气象万千而又生机勃勃的变幻,才给人们带来了无穷无尽、奇异瑰丽的自然美。

3. 自然美的多面性

一般来说,社会事物的审美性质是比较明确、比较稳定的,但对自然的审美却不是这样的。由于自然事物和自然现象的属性是多方面的,自然和人类之间的关系也是广泛而复杂的,因而在主体的感受层面上,自然美便具有了某种多面性、不确定性。一般认为,自然美的多面性指的是同一自然事物,有时表现为这样一种美,有时又显现成那样一种美。同一自然物,在一定条件下是美的,在另外的条件下,它又是丑的。对自然物来说,没有绝对的美,也没有绝对的丑,大部分自然物都有美丑二重性。

不同观赏主体内在的情趣差异是导致自然美呈现多面性的一个重要因素。一个海边的农夫在别人称赞他门前的海景时,他便很羞涩地回过头来指着屋后的一园菜说:"门前虽没有什么可看的,屋后的这一园菜却还不差。"为什么有的人能欣赏海景,农夫却只能欣赏屋后园里的菜?这是因为农夫总是以利害的"眼睛"去看自然,海景对他没有意义,那园菜倒是可以维持生活。我们可以推测出,海景对农夫自然不是美的,只有那园菜才是最美的。同一海景,由于主体内在情趣的差异就会呈现出不同的特征。所以,"阿米尔(Amiel)说得好:'一片自然风景就是一种心情。'景是各人性格和情趣的返照"。"物的意蕴深浅与人的性分情趣深浅成正比例……同是一个世界,对于诗人常呈现新鲜有

---

① 郭熙:《林泉高致集·山水训》,《中国美学史资料选编》(下),中华书局,1981。

趣的境界,对于常人则永远是那么一个平凡乏味的混乱体"①。观赏主体在面对自然物时的心境和精神状态也是形成自然美多面性的重要因素。在日常生活中,每个人都处于一定的情绪状态之中,当人们面对自然物时,这种生活中的情绪状态不会戛然而止,势必会影响到人们对于自然物的欣赏。自然物的某些属性契合了人们的某种积极的情绪状态,它就会获得正面的审美价值;如果契合了人们某种消极的情绪状态,它就会获得反面的审美价值。于是,"我们有时把秋夜的星星称作明珠,有时称作眼泪;有时欢呼晚霞的美,有时悲悼落日的斜晖;有时觉得月亮分外光明,有时埋怨它撩起怀人的愁绪"②。由于不同民族的文化和风俗差异,即使面对同一自然物,也会导致自然美的多面性。以青蛙为例,在中国诗人和画家的笔下,青蛙是一个可爱的精灵,它在水中游泳轻灵的动作,不仅是人们欣赏的对象,也是人们模仿的对象。中国人对于青蛙的喜爱可能和农业生产有关,青蛙的鸣叫使人们联想到丰收,辛弃疾有"稻花香里说丰年,听取蛙声一片"的传世佳句。但是,车尔尼雪夫斯基在《生活与美学》中写道:"蛙的形态就使人感到不愉快,何况这动物身上还覆盖着尸体上常有的那种冰冷的黏液,因此蛙就变得更讨厌了。"③再比如说狼,在一般人的眼中,它是凶狠贪婪的,但在罗马人的眼中,狼却象征了母爱的天性。因为,在传说中,罗马城的祖先罗缪洛斯是一头母狼哺育长大的,所以狼成了罗马人尊重并喜爱的对象。

总之,自然美的多面性根源于人类社会生活的多样性与复杂性。离开了丰富多彩的人类生活,我们也就无法对自然物进行审美评价;离开了自然与人类社会生活的密切联系,我们理解自然美的多面性也就失去了客观依据。

第二节 社会美

人们总要接触一定的社会事物,经历自己的社会生活,这使得人们感受到现实美的主要方面——社会美。在日常的社会经历中,人们所直接创造的、契合社会规范和法则规律并对人类有所裨益的各种文化现象,因为符合人类自身的实践水平、主观需要和社会文化语境,所以具有了审美属性,作为审美评价的内容,成为社会美。在社会生活领域,现实美集中表现在作为一定时代、阶级的社会先进力量、先进人物的身上,在他们的性格和行为中得到了突出的体现。这也正是社会美在进步艺术创作的领域中经常占有重要和主导地位的原因。

---

① 朱光潜:《朱光潜全集》第3卷,安徽教育出版社,1987。
② 转引自缪朗山:《西方文艺理论史纲》,中国人民大学出版社,1987。
③ 车尔尼雪夫斯基:《生活与美学》,人民文学出版社,1957。

一、社会美的含义及其特征

西方的艺术家罗丹曾说过:"生活中不是缺乏美,而是缺乏美的发现。"可见,社会生活中美是无处不在的,人的本质力量作为审美对象直接体现了社会美。在现实生活中,哪里有人的生活、有人改造世界的实践活动,哪里就能显示出人的创造力量,显示出丰富多彩的社会美。社会美既有属于个人的心灵美、形体美,也有属于人类社会关系中的语言美、行为美,更有人们生产实践成果的美。

社会美的第一个特点是,它表现为直接的物质实践性。社会美包括社会生活状态、社会主体、实践行为、实践条件(狭义的劳动物质条件)、劳动产品的美。马克思指出,"社会生活本质上是实践的",首先,这种实践是物质性的。劳动产品本来就是"经过形式变化而适应人的需要的自然物质"。劳动条件也是如此,社会生活状态、社会主体、实践行为等同样是物质形态的客观存在。其次,社会美与实践的关系又是直接的。劳动产品是生产实践的直接结果,劳动条件一方面直接影响着劳动效率,另一方面,它本身也是通过物化劳动创造出来的;社会主体是实践活动的完成者;实践行为则是实践本身。

美来源于社会实践,与人类社会实践有着密切联系,但是,各种形态的美与社会实践的关系,并不都是一样的。自然美与社会实践的关系比较间接,它们的美,是人类通过自己的生产实践在改造自然的过程中,审美能力不断增强后的结果。所谓"人对象化"、"自然人化",只能说人通过实践与整个自然界建立起对象性关系,并非主体对每一具体对象都进行直接的加工改造。因此,自然美与社会实践的关系比较间接,特别是那些未经人们改造过的自然物所显示的美,更是如此。艺术美虽在一定程度上也与物质实践相关联,如雕塑等艺术形式,也包含选材、刀削、打磨等物质实践工作,但其最终的实践成果却是要从物质形态上显示实践主体的精神创造和精神智慧。

社会美的第二个特点是,它更注重功利性的内容。我们知道,人类的社会实践是有目的的、自觉的活动,是为了满足特定的需要而从事的活动,这种活动及其结果的功利性就构成了社会美的基础:就社会总体而言,美在于符合历史前进的方向;就社会个体而言,美在于高尚健全的心灵和有益于社会公众的行为;就实践条件而言,美在于有一个有利于人们进行创造性活动和有利于人们身心健康的物质环境;就劳动产品而言,美在于能满足人们的物质需求。中国和西方的古代哲人所坚持的美善统一观大都是从社会角度着眼的。荀子认为:"形相虽恶而心术善,无害为君子也;形相虽善而心术恶,无害为小人也。"托马斯·阿奎那也说:"身体美在于五官端正和色泽鲜明;精神美和可敬的善是一回事。"[①]荀子强调人之美在于心术善而不在于"形相"善;托马斯·阿奎那则强调精神美有着与人体美不同的标准,那就是善。中西方二位哲学家都强调的是社会美的内容层面的善。

---

① 北京大学哲学系美学教研室:《西方美学家论美和美感》,商务印书馆,1980。

社会美的第三个特点是,它具有时代性特征。从历史观点看,社会美具有鲜明的时代性,自然美则是相对恒定的,而艺术美、科学美表现为时代性与恒定性的统一。列宁指出:"判断历史的功绩,不是根据历史活动家没有提供现代所要求的东西,而是根据他们比他们的前辈提供了新的东西。"[①]不但历史活动家是这样,整个社会也都是如此。历史唯物主义告诉我们,特定社会的美丑只有在其历史地位和作用中才能鉴别。封建社会取代奴隶社会,资本主义社会取代封建社会,都是新制度战胜旧制度,也是美对丑的胜利。在同一制度中社会也呈现出阶段性的变化,奴隶社会、封建社会的初始阶段和鼎盛阶段都曾推动过历史前进,促进生产力的发展,因而具有美的品格,但在它们趋于没落时,则阻碍历史前进,遏制生产力的发展,因而进入丑的阶段。各历史阶段还可以作更具体的划分,比如我国封建社会上升阶段,不同朝代的审美就显示出不同的风貌:汉代的粗犷壮阔,魏晋的清峻通脱等。物质生产同样具有鲜明的时代性。以工具为例,石器是原始时代的标志,青铜是奴隶时代的标志,铁器是封建时代的标志,蒸汽机则是资本主义时代的产物。现代社会生产工具日新月异,更新换代的周期不断缩短,社会美更呈现出丰富多样的形态,从时装潮、流行音乐、旅游观光、汽车文化到"超女"现象等等,都构成了现代社会的审美时尚。

二、社会美的当代形态及特征

首先,社会美在当代社会中呈现出消费性的特征。

当代社会正呈现出很多新的时代特征,很多理论家认为,消费社会的出现是当代最重要的社会转型,它从根本上改变了人类文化的基本生存景观。生产劳动是人类最基本的实践活动,也是社会美最主要的形态。但在当代社会,人们的社会实践活动被纳入了消费的社会经济活动中,曾经是"按照美的规律来建造的"人类自由的创造性劳动,也变成了社会经济活动整体链条上的一个环节。一方面,人们这种创造性的生产实践处处体现出美的特质;另一方面,这种创造美的行为被有计划、有预谋地设计成其中的一个环节,纳入了社会整体经济运营的范畴,如大规模的现代审美文化产业群:影视业、书报业、流行音乐产业、时装业、广告业等。从生产的角度看,人的一切审美需要,情感、情绪、风格、诗意等种种意义需要,都被精确地设计和操纵,以便被客观化、度量化、规模化地生产为可以销售的商品。如当你步入家具城时,映入眼帘的是大量"人性化"的广告词、精心设计和精美包装的市场环境和亲切可人的美女销售人员,这些更可能让你在"审美"的表象下被套入商家的利益追求中。每当你打开电视机,总会有许许多多的情感伦理片让你潸然泪下,殊不知,这种种丰富多彩、感人至深的情感背后正包含着商家精心打造的商业煽情而获得的巨大利润,这种被包装的商业色彩的情感被有些理论家称为"后情感"。总之,每一种生产行为都同商业消费相连。对作为生产实践的主体——商

---

① 《列宁全集》第2卷。

家而言,经济上的盈利考虑是其一切创造活动、生产实践的第一原则。因此,这种消费性特征的社会美从生产的角度看,必须受经济利益的支配和制约。从生产成果的角度看,生产者的智慧和力量仍然可以在产品中表现出来,特别是在当今高度现代化的科技条件下,这种美显得尤为瞩目。无论是花园式的洋楼别墅、流线型的高档汽车,还是高雅端庄的服饰、包装精美的礼品,它们的美都具有强烈的刺激效果。然而,人们在其中的审美活动的实现必须依赖于经济上的支付与购买。你必须进入到这一消费活动关系中,先购买商品,然后才能消费商品中的审美价值。享受花园式自然景观,你必须付出高档社区所需费用;穿上美丽时尚的名牌服饰,你必须付出相应金钱;甚至享受清新空气和野外的散步,对大都市的人来说也变成了一种消费。从社会化意义上讲,消费作为一种基本的生活形式,把人的绝大部分生产实践需要和需要的满足统统囊括在其中。由此,当代生活中的种种社会美实际上已经被规定在经济消费网的关系中。

其次,社会美呈现出日常化、世俗化的特征。

在当代社会,社会美更多地融入日常生活中,审美渗透到人们生活的各个层面。在这个时代中,那些群体性和宏大性的社会美,那些曾一度感动过我们的事物,都逐渐丧失或磨损了那种应有的伟大生存体验和感受。在这里,那些辽远的崇高和大写的情感,那些字正腔圆的腔调和英雄主义的拯救,那些据说可以救人于水火中的教化启蒙,也逐渐褪色和空洞。无论解放战争中的伟大胜利,还是葛洲坝的精心施工及其胜利合龙;无论是人造地球卫星的研制和发射,还是竞赛场上的运动员的顽强拼搏等等,这些曾经激动人心的社会美,如今只是人们记忆中的激情体验和精神回复。现实生活中,那些宏大情怀的社会美创造已延伸到形形色色、丰富无比的个体性、休闲性的日常审美活动中。当代社会美正显现出日常化、大众化的崭新姿态。从家居用品到服饰,从城市建筑物到各种公共设施,从电子产品到图书文具,从交通工具到超级市场,这些日常生活中人们随处可见的任一领域的事物,无一不显现出和谐的造型、飞动的线条、绚烂的色调,以及充满想象力的图案,甚至发出悦耳的声调。人们在日常生活中,不仅满足着自己功利性的实用需要,而且随时随地感受到审美的愉悦。比如手机,最早的"大哥大"早已被淘汰,现在的手机已经越来越像一个小巧的精美的玩具。生活在现代工业技术构筑的世界中的当代人,在借助技术物品满足自己的物质需要的同时,也追求技术物品带来的审美效果。显现了审美效用的技术物品在现实生活中将人重重包围,使得当代社会中的人的日常生活染上了审美色彩。英国学者麦克·费塞斯通在《消费文化与后现代主义》中将这种现象称为"日常生活的审美呈现"。德国学者沃夫冈·韦尔施写道:"在我们公共空间中,没有一块街砖,没有一柄门把手,的确没有哪个公共广场,逃过了这种审美化的蔓延。'让生活更美好'是昨日的格言,今天它变成了'让生活购物交流和睡眠更加美好'。"①

---

① 沃夫冈·韦尔施:《重构美学》,上海译文出版社,2002。

我们可以从人类的文化发展史上看"日常生活"与"审美化"。在漫长的农业社会里，审美不但走进日常生活，甚至还曾经造就过一定规模的"文化市场"，即类似于今天的休闲、娱乐、健身等消费场所的酒楼、茶肆、书场、庙会、勾栏、戏院、武馆、妓院。就艺术消费而言，明清市井中的俗曲时调"挂枝儿"、"八角鼓"、"马头调"类似当今的流行歌曲；苏州古代园林的"环境设计"，显然已把唐诗宋词里的审美意境在"房地产开发"中发挥运用到了极致；明代的文震亨、李渔谈论起"居室"与"器玩"来，其审美趣味并不比当今哪一家装修公司的老板差，《物志》、《闲情偶寄》也可以看作"日常生活审美化"的普及版读本。当今中国社会的日常生活也受到审美化的影响。以电视和网络为典型表征的文化形态已经成形。电视广告，在凸显商品审美价值的同时反仆为主，往往以亮丽的包装掩饰内容的空洞。网络上游戏和文化产品的销售也日益火爆，即便普通大众，对花园豪宅、香车美人的快感也不再陌生。因此，"日常生活审美化"命题在现行的历史时期不带有特定阶段的特殊性，只不过它表现得更为突出和丰富。

第三节　科学美

科学美是一种特殊的美，因为科学美的形式是极其抽象的，与一般的生动的具体的形式是不同的。唯其抽象，这种形式又是最具有包容性、阐述性和想象性的，指向广袤无垠的对象世界。

一、科学美的发展历程

在大多数人的印象中，美是一门关于感性的学问，而科学是提倡理性的，故而在现实生活中，一般人往往认为科学和艺术是两种不同的学问，艺术存在美毫无疑问，而科学是否具有美就值得商榷了。

而实际上，对于科学美的探索由来已久。在古老的中国，春秋时期的庄子就曾说过"原天地之美而达万物之理"，汉代董仲舒认为"天人合一"是美的最高境界。不论是道家还是儒家，这些素朴的观点都可以看做是中国的学者对自然界的探索和审美认识的一种结合。在西方美学史上，早在公元前500年的古希腊，毕达哥拉斯学派就在综合运用自然学家和美学家的眼光来看待世界。毕达哥拉斯本人运用他在数学方面的研究，提出一切事物的本质是由数构成，数的原则是一切事物的原则，整个宇宙是各种对立力量之间按照数学比例构成的和谐，并把这种数的和谐原则应用到对天体运动的研究方面，甚至还广泛地应用于音乐、建筑和雕刻等各种艺术形式上，对后世的科学家和艺术家们都产生了深刻的影响。从古希腊经由中世纪到文艺复兴这一漫长的历史时期，自然科学与美学之间并没有任何明确的分界线，二者浑然一体，许多伟大的科学家和艺术家都曾经阐释过科学美的思想。古希腊伟大的哲学家柏拉图认为，对美有面对大海凝神观照得到贯通以及从认识人世间个别的美开始逐步上升到最高境界的美两种认识方式,这也就是把美学中的美和科学研究中的美合为一种。文艺复兴时期的著名画家达·芬奇不仅是雕塑家和工程师,还对生物学上的人体解剖非常着迷,解剖学上的知识也成为达·芬奇能创作出如《蒙娜丽莎》那样的世界名画的知识源泉。

进入20世纪以来,自然科学发展迅速,积累了大量自然科学理论中有关美的材料,很多著名科学家如彭加勒、爱因斯坦等人,从他们的科学研究实践活动中发现了科学理论所具有的审美价值。以他们为代表的许多科学家开始思索对科学与美学的重新定位,呼吁二者的重新融合,并把科学美提高到非常显著的地位,如物理学家狄拉克称赞爱因斯坦的相对论,信任这个理论的真正理由就在于这个理论本质上的美。我国的物理学家钱学森、数学家陈省身也都对科学美高度肯定。与此同时,一些著名美学家也开始意识到,如果美学不向科学靠近,那么它的发展道路将会越来越狭窄,美国学者托马斯·门罗指出,现代美学令人失望的原因是由于科学还没有对美学领域进行勘察,当代法国美学家于斯曼甚至表示,美学"要么沉入浮夸之中,要么变成为一门科学","如果美学拒绝成为严密的、精确的、实证的,它就不能存在下去"。[①]

在历史的某个时期把科学与美学分裂开来,实际上是夸大了科学技术与艺术之间的区别,其实二者之间并不存在尖锐的对立。科学是对自然规律的总结,艺术是对自然美典型的概括,同样是面对作为一个统一整体的自然界,这二者之间必然存在着某些内在的联系。科学与艺术在对自然界的实践基础上形成一个整体,自然系统的发展本质地受到美的规律的制约,科学理论的产生也总是按照美的规律进行,科学家要尊重这种审美意义上的属性;而艺术美也同样必须建立在拥有一系列科学知识的基础上,科学的不断发展也会对艺术家的创作产生潜移默化的影响。科学家的发明创造固然含有科学美,德国数学家高斯用圆规和直尺画出了正17边形,在他死后,正17边形被刻上他的墓碑,成为科学美的高度象征;艺术家的艺术创作同样也含有科学美的因素,早在文艺复兴时期的意大利画家腓力普就曾经运用几何学的原理去创造画面的立体感。而古希腊数学家欧几里得《几何原理》中的黄金分割原则更成为对美的认识的伟大成就。

从以上科学美发展的历史以及科学与艺术的相互关系中,我们可以看到,科学美不仅早就被认识,而且还被证明其重要性。它的发展是一个历史的过程,并日益发展成为一种趋势,有越来越多的包括科学工作者和美学工作者在内的有识之士正汇合到这种潮流中来。在新时期把对科学美的认识推向深入,也就成为历史赋予我们的使命。

二、科学美的内涵

"科学美"这一概念早在古希腊哲学家亚里士多德的思想中就已经提出,亚里士多德认为求真的诸多自然学科与美和善密不可分,科学美是科学家在进行科学研究活动

[①] 于斯曼:《美学》,商务印书馆,1995。

过程中所感受到的一种客观存在的美。后世很多哲学家和科学家都曾从各个角度来对"科学美"进行定义,这也证明了科学美的发展经历了一个漫长的不断充实和完善的历史过程。我们认为,科学美来源于自然,是为理智所能领悟的自然界内在结构所显示的和谐、秩序、简单、统一的美,是审美者通过理解、想象、逻辑思维一系列过程所体验到的美。科学美的实质在于揭示自然界的规律并反映自然界的和谐。自然界在外观上纷繁复杂,但在实质上有内在统一的规律性,揭示出这种规律的科学理论不仅仅是"真"的,还是"美"的。在对自然界内在规律的探索过程中体现出的美,是需要理智去领会的一种和谐,科学美绝不是自在之物,更多地体现一种科学精神,科学的最高境界便是这种真与美的高度统一。

一般来说,科学美是社会美的一种,它与自然美、艺术美相并列并与之有着密切的联系。以科学美为核心范畴的科学美学是一门新兴的美学分支,它对于科学以外的文学艺术同样起着不可忽视的有益作用,并且对生产劳动、社会生活,总之社会实践的一切方面都有指导作用。彭加勒曾说过:"科学家研究自然,是为了从中得到乐趣,而他得到乐趣是因为它美。如果自然不美了,它就不值得去了解,生命也就没有存在的价值。"[①]因而他把美当成是检验科学的一个标准。科学家可以从科学是否美的角度检验衡量科学成果,对科学成果进行审美的完善化处理,以科学成果的真和美的统一为追求目标,不断美化科学成果。科学美学探求科学理论中隐含的审美意义,力求探寻自然界的内在规律与科学理论统一于审美感知的过程,并寻求科学理论和对科学理论的审美活动统一于审美感知的过程。

三、与科学美相近的几个概念

科学和美学是科学美的两个母体学科。作为一门综合学科,它还与各门具体的自然科学及把美学应用于技术领域的技术美学有着十分密切的关系。

美学和科学美。科学美跟自然美、社会美和艺术美一样,是一种相对独立的审美形态。传统意义上的美学研究的是自然界和社会生活中客观存在着的美也即现实美,以及对现实美作出能动反映的艺术美。科学美学同样也研究自然界,不同的是,自然界的审美价值中形式方面的内容是传统美学的任务,而内容方面的审美价值即科学美是科学美学的任务。自从鲍姆嘉通提出"Aesthetic"概念之后,对美的研究才开始由混沌状态变得"科学"起来,这种科学的美学不等于科学美。20世纪以来从美学这一母体中产生出许多如符号论美学、现象学美学等美学的分支学科,并试图从各个不同的角度对美进行全方位的分析,这种运用科学的系统方法进行研究的美学分支也同样不等于科学美。而托马斯·门罗所提倡的"自下而上"的美学,认为美学应该通过观察和归纳"自下

---

① 彭加勒:《事实的选择》,《科学与哲学研究资料》1983年第1期。转引自徐纪敏《科学美学》,湖南出版社,1991。

而上"地进行判断,而不要通过形而上学的演绎"自上而下"地进行研究[①],也被人们称为"科学美学",而实际上不过是对注重形而上的哲学思辨的传统美学的一种反叛,实际指的是运用相应的自然科学的方法去进行美学研究。

科学学和科学美。科学学把作为认识整体的科学作为研究对象,自然界和社会都具有各自的规律性,与此相对应的自然科学和社会科学就是对这种规律性的系统化的总结,它们强调的是现实美的认识功能。然而在这些严密的科学体系中还存在着另一层次上的审美功能,对这些审美功能进行探究,正是科学美存在的意义。不仅如此,科学本身的美学结构以及科学理论按照怎样的审美原则所构建也被纳入到科学美学的范畴中来。许多伟大的科学家在揭示自然界本质的时候,一开始往往都是运用一种审美意义上的自觉进行大胆猜测,继而用严密的科学体系进行论证,如毕达哥拉斯学派认为平面中最美的图形是圆形,立体中最美的图形是球形,整个宇宙按照这个结构原则应该是最美和最合理的,地球也应该是球形,宇宙中的各种物体的运动都应是匀速圆周运动。这就打破了当时占据统治思想的"天似苍穹地如船"的宇宙模型论,虽然这种推断只存在于理论阶段,然而被两千年后哥伦布的环球航行所证实。许多科学家也是实践上的美学家,这也更证实了科学当中美的客观存在,科学与美学并非截然对立。

自然学科与科学美。自然学科从数学、天文学、生物学等具体方面来揭示自然规律,科学美不是任何一门自然学科研究的范畴,它实际上属于社会科学领域。但由于它的特殊性,与各门具体自然学科都有着非常密切的联系。如果离开了自然科学的实践活动,关于科学美的理论体系将虚妄不实。对科学美的研究紧紧跟随各门具体自然科学的发展,正是有了自然科学对自然界越来越接近本质的揭示,才使科学美随之得到纵深的发展。可以说,科学美是随着20世纪以来自然科学的迅速发展而形成的,并越来越清晰地存在于人们的生活中,成为一门专门的新兴学科。

技术美和科学美。技术美学是把美学和技术相结合,把美学应用于技术领域的一门新兴学科,主要研究人在一切生产劳动过程中以及与此相关的一切技领域中有关美的问题。由于科学与技术经常联在一起使用,所以很容易把科学美与技术美相混淆甚至等同起来。二者同样都是随着近代科学技术整体化发展起来的历史产物,传统美学中的基本原理对这两门横向交叉学科都具有指导作用,因而是它们共同的母体学科。科学美与技术美的关系非常密切,人们常将它们结合在一起进行研究,称之为"科技美"。然而科学美的独立性要强于技术美,它具有更强的抽象性和形而上思辨意味。技术美可以通俗地解释为美学加技术,而美学加科学仍是美学,是科学的美学,却不是科学美学。

四、科学美的特征

经过以上对照,我们可以总结出科学美的如下特征:

[①] 托马斯·门罗:《走向科学的美学》,中国文艺联合出版社,1984。

1. 真理性

科学的实质与核心是求真,追求真理是科学持续进步的动因和生命的源泉。科学美闪耀着理性的光芒,满足人们渴求真理的精神需要。求真是科学美区别于艺术美的主要特征之一。正是由于人类在世世代代的认识活动过程中确立起来的了解和掌握客观世界的本质规律这一认识目的,使人们认识到仅仅靠感官获得的经验认识是不可靠的,还需要运用理性思维去加以分析。一旦离事物的本质越近,人们就越能体会到一种揭示真相的快感。这种快感伴随着认识过程,而且被理性有意识地引导。科学的"真"寻求的是人类的内心尺度和外部世界尺度的高度一致。

爱因斯坦说过:"科学就是一种历史悠久的努力。力图用系统的思维,把这个世界中可感知的现象尽可能彻底地联系起来、说得大胆一点,它是这样一种企图:要通过构思过程,后验(posterior)地来重建存在。"[1]对自然界的伟大和神秘感到惊奇直接源于人对自然秩序的感触和理性体验,促使人们致力于科学的精神状态并非来自深思熟虑的意向或计划,而是来自一种"激情",科学美感的产生正是源于对真理认识的这种激情。

科学美是一种思维性的情感,它体现了情感与思维的契合,由于理性思维的参与,这种情感具有更大的容量和更深的思想内涵。它们都能使人得到精神的享受和情感的愉悦。科学美既表现在科学研究的对象之中,又表现在科学理论的形式与结构之中。但它不是仅仅给感官带来表面的刺激,而是如彭加勒所说的是一种"深奥的美、理智的美",它来自于审美主体的心智通过抽象思维对客体内在美的感觉。当科学家揭示了自然界的内部结构和规律时,科学所呈现的世界图像的那种和谐、简洁和秩序感,作为人的理智成果和逻辑力量的展示,可以唤起人的"一种庄严感、一种神圣感、一种初窥宇宙奥秘的畏惧感"(杨振宁语)。

2. 简洁性

科学的任务是从千头万绪的现实世界中找出最本质的规律性的东西,透过现象看到的本质都是简明而清晰的。科学美追求简洁,客观现象如乱麻一般是不美的,把事实分解得越简明清晰,人们就越能从整体上来把握世界。宇宙万物都是按最简单的原则构造出来的,正如爱因斯坦所说,一切科学的伟大目标是"要从尽可能少的假说或者公理出发,通过逻辑的演绎,概括尽可能多的经验事实"[2]。那些能够从混沌中解释出规律的科学理论毫无疑问被认为是美的,因为它们反映出了自然界本身的统一与和谐,这些简洁的理论被自然界本身深层复杂的内涵所决定。当人们透过现象了解到这一切的时候,就会感觉到一种无上的喜悦。

宇宙按照一种最优化的路线和最简单的原则构建,并在发展的过程中不断摒弃那些束缚自身发展的因素,任何事物的发展都是由它自身的选择和影响它的环境共同决

---

[1] 爱因斯坦:《科学和宗教》,《爱因斯坦文集》第三卷,商务印书馆,1979。
[2] 《爱因斯坦文集》第一卷,商务印书馆,1979。

定,从而产生一种简洁的美。科学理论常被比喻为艺术品,不是因为它有多么复杂和深奥,而是因为在它简洁的形式之下隐藏着世界的奥妙。一花一世界,一鸟一天堂,这种简洁完全不同于一般意义上的简单,而是指合乎事物发展的规律只能是最简明的,是去粗取精、去伪存真后的科学总结。因而是一种高度凝练的质朴的美,是一种最真实的存在。元素周期律正是以它的和谐统一高度概括了千变万化的元素世界,以少概多的形式表现其丰富的内涵,在帮助人们认识自然界的同时又带给人们美的享受。

3. 规则性

和谐是美的构成方式之一,在历史上有不少美学家曾提出或认同过"美是和谐"这样的观点,按和谐的方式构成的美必然具有某种合规律性。这种规律是对于美的认识的规律,同样也是科学的原则。宇宙万物按照一定的秩序构成和谐,如天体按照万有引力这一秩序做永无休止的有规则的运动,人类社会按照生产关系一定要适应生产力的发展这一秩序进行自身的调整。这种维持万物生存和发展的秩序并不是凭空想象的,它实际上是来自于宇宙本身。

按照简洁的规律构建成的美的世界,并不是杂乱无章的,整齐不仅意味着整体和完整,还意味着规则和秩序。如牛顿力学和相对论这些伟大的科学理论在本质上都是整齐和合规则的,从整齐出发去发现不整齐的地方,又必将推动科学的进一步发展。从整齐到对整齐的突破形成杂乱,再对这种杂乱进行整理,是科学发展的规律。

此外,还有对称的美,科学理论的对称性来源于自然界物质形态及其运动图景所具有的广泛对称性。人体是左右对称的,毕达哥拉斯学派所认为的最美的圆和球都是中心对称,正是在对事物对称的美的追求中,科学才逐步向前,数学中最美的形式的方程是左右对称,中国传统美学中的阴阳八卦也是对称的,这些对称共同构成了一种奇妙的美。

科学家发现自然的本质规律,这种规律必然是规则的,门捷列夫的元素周期律能唤起人们特定的感情,唤起观赏者的联想,使人受到了强烈的感染。和谐与统一是元素周期律的美的最基本的要素,也是它的美学价值的概括和总结。如果门捷列夫在探索元素周期律的过程中,只注意它的真理性而忽视它的简洁、和谐与统一这些内在规则的美学价值,那就很难使科学家接受和承认。

4. 新奇性

人类对自然界的探索永无止境,在人类认识自然界的过程中,始终有一种好奇心在支撑着人类的行为。对现象的不断追问是科学发展的动力。凡是新的不平常的东西,都能给人带来一种乐趣。这种乐趣前所未有,使人们的心灵得到一种精神上的满足,这也是科学家对美不断追求的结果。

我们都知道,"熟悉的地方没有风景",这句话在科学美中体现得尤为突出。每天做同样的事情极易让人感觉厌倦,再美的东西如果一成不变也会让人感觉疲劳。许多伟大的科学家投身于科学实践,并不一定是由于他们主观上有多么崇高的愿望,而有可能是未知世界的神秘永远在召唤着他们前进。爱迪生在发明灯泡的时候试验了几百种材料仍然劲头十足,每一种材料的失败都能让他产生一种新的希望,永远有那一种成功的新奇感在吸引着他不断追求。

创新是一个民族的灵魂,发展是一切事物的本质特征,世界上没有一成不变的东西。科技发展日新月异,每一次科技大发展都会给人类生活带来巨大的变化,在改造自然、利用自然的征途中,科学带给我们的新奇的美感也大大丰富了人类的情感体验。

五、科学美的分类

从不同形态来分,科学美可分为科学现实美、科学理论美和实验美。

所谓的"科学现实美"就是现实世界包括自然界和社会生活中客观存在着的内容方面的美,也即现实世界自身的本质规律。对于一般人来说,客观存在着的科学事实并不能引起特别的美感,然而科学工作者却能从里面感觉到一份特殊的惊喜。与一般的美不同,科学的现实美是优于感性的,而且往往直观感受不到,它是一种内在的理性美。

"科学理论美"指的是对现实美进行概括得出科学理论中蕴含的美,也即用严密的理性思维对现实世界自身存在和发展本质规律做出的抽象总结,并通过言语、文字等一系列载体表述出来的审美内容,这些理论对认识自然现象具有普遍意义。同时,由于科学理论本身往往就含有美的形式,从而也能成为审美的对象。

"实验美"是一种特殊的科学美,这是传统美学所不具备的。一方面,实验是运用科学的理论知识对现实世界的一种模仿与再现,通过实验,科学家可以还现实世界以本来面目,并可以任意控制,漫长的宇宙形成过程可以在实验室里花半个小时观看,原子的瞬间裂变也可以分解成上百个动作来完成;另一方面,实验也是一种独特的创造活动,正如艺术家创造出一件奇特的作品一样,在实验室里诞生了许多原本我们所不知道的或者根本就不存在的新的物质。现在的高科技手段使我们可以通过天文望远镜观测到遥远的星系里奇特的美景,也可以在电子显微镜下欣赏到细胞产生的过程。

从具体学科来划分,科学美又可分为数学美、物理美、化学美、生物美等等,主要集中于自然科学学科。数学历来被称为"美的王国",正如英国数学家罗素所说的那样,"数学如果正确地看它,不但拥有真理,而且也具有至高的美"。数学中的美,集中体现在数、形和比例的美,以及数学学科特有的精确、抽象和秩序上的美。数学以简洁优美的形式使人感受到逻辑的力量,并有力地推动了各门自然科学按照它的模式建立自己的体系,成为科学美中当之无愧的皇后。物理美和化学美同样首先表现在现象上的美,如雨后阳光折射产生的彩虹的美和镁在氧气中燃烧时产生的炫目的光芒,但更深层次的还是它们各自揭示的物理世界和化学世界中的规律美。这些规律在变化中求整齐,在杂乱中求秩序,归纳成极具抽象性的简单的规律,从而构成和谐的美的形式,如牛顿力学被称作科学美的优秀典范。生物美体现的是对生命运动规律的总结,自然界中的一切生物体都是按照某种规律构造出来,经历从低级到高级发展的过程,如斑马身上的条纹是在进化过程中为躲避天敌而适应周围环境的变化而逐渐形成的,而进行过程中所体现"物竞天择,适者生存"的规律同样也是合乎美的。因此,不论是哪一门自然学科,都包含着现象和本质上的双重美感。

六、为什么要提倡科学美

科学美显现自然界的和谐之美,然而它并不是自然界本身存在的具体事物,而是科学家运用理性思维对自然界的发现、领悟和感知。科学理论的创造过程,是科学家通过自然界来探究内容美的审美感知过程,然而这并不意味着科学美仅仅是科学家或者是掌握大量高级科学知识的专门人才的事,如果是这样的话,那么它将无法获得更广阔的发展前景。事实上,所有的人通过必要的学习都可能感受到科学美,只不过他们所感受到的层次不一样。

作为一门新兴边缘学科,毫无疑问,科学美学在社会生活中日益发挥着越来越重要的作用。我们之所以要提倡科学美学,主要是因为:

(1)随着社会文明的进步,各学科之间的联系也日益紧密,出现了很多综合性很强的边缘、新兴学科,科学美学的提出和专门化是大势所趋。历史上曾有漫长的科学和美学融为一体的阶段,提倡科学美学的建立,也可以说是对传统的一种回归,同时专门的科学美问题的提出也是对这种传统的一种发展和创新。

(2)长期以来,人们对科学美没有一个正确的认识,本属于科学美的内容被人为地归到单纯的美学或单纯的科学范畴,对科学美的是否存在在认识上含混不清,甚至依据某些理论简单地加以否定。对这种情况有必要加以澄清,提倡建立专门的科学美学来研究科学美问题。

(3)科学家很有必要学一些美学,美学家也很有必要掌握一些科学,这对于各自学科的发展都大有好处。作为青年学生,就更应该如此,德智体美全面发展,正说明了人的发展是多方面、全方位的。掌握科学美的知识,能使我们更好地揭示自然界的真实面目,同时又能开阔视野、陶冶情操和对心灵进行美的培育。

(4)科学美真正将真、善、美三者完美结合在一起。对自然界的探求不仅有客观规律的真,同时还有认识上的美。建立在符合美的规律基础上的科学,将更能深刻地反映自然界的真;建立在科学探索基础上的美,将更能深刻地反映自然界的美。掌握符合真和美的规律又是为了符合人类社会善的主观愿望,它们都是为了更好地为人类的认识和实践活动服务。

科技的高速发展,促进了生产力的极大提高,现代科学技术丰富和扩大了审美手段,把人们对世界的认识推向纵深。按照美的规律把握世界的过程是无止境的,在科学和美学相互融合共同发展的今天,我们的科学工作者应该努力加强自己的美学修养,自觉运用科学美推进自己的科学探索、科学研究,以取得更大的科学成果。

时至今日,我们对科学美的认识也越来越清晰,作为一门新兴学科,它也就需要更多的人加入进来,把对科学美的认识不断推向深入。青年学生是未来世界发展的中坚力量,应该从现在开始扎实打好科学文化知识基础,并不断提高美学修养,为社会文明的进步贡献出自己的力量,也为自身的全面发展进行不懈努力。

第四节　艺术美

艺术美在美的形态中占有重要的地位。因为就艺术来说,它的主要目的和价值就在于它能给欣赏者提供审美享受。一件艺术品如果不能给人以美的享受,就很难说它是一件真正的艺术品。艺术的魅力就在于它具有艺术的美。所以,历来美学家们和艺术家们都把艺术美作为关注的焦点,对艺术美进行研究也就成为他们的重要任务。

一、艺术美的概念

什么叫艺术美?要弄清这个问题,我们先要看看什么叫艺术,艺术是什么。这个问题看似简单,其实很难作出一个众人皆同意的答案。

从艺术发展的历史过程来看,"艺术"(Art)这个词无论在中国还是在外国,都与技术和技艺有关,是指人们在生产实践和生活实践中对自然规律的熟练掌握和运用。在古代,物质生产和艺术生产很难严格区分,物质产品往往也是艺术产品,劳动工匠往往也是艺术家。从这个角度来说,艺术是指人类在生产和生活实践中运用人工技艺创造的一切物质产品和精神产品以及这一创造过程自身。这是广义上的"艺术"。当人类的精神生产从物质生产中脱离出来时,在精神生产中就出现了一种专门满足人类审美需求的艺术生产,这时的艺术产品已经不是作为实用的目的而存在,而是作为满足人类精神需求,专供审美观照的一种物质存在。从这个角度来说,艺术是指人类为了满足精神需要而进行的审美创造活动及其创造的艺术品,如文学、绘画、音乐、舞蹈、戏剧、雕塑、电影、电视等。这是狭义上的"艺术"。一般来说,我们所说的"艺术"通常是指狭义上的"艺术"。我们所说的"艺术美",也主要是指狭义上的"艺术美",即指艺术作品所具有的审美属性或审美价值形式。它是艺术家有意识、有目的地按照美的规律创造出来的、用以表达人类审美理想的美。当代美学家宗白华曾写过一段自己聆听音乐时获得美的享受的文字:"尤其是在夜里,独自睡在床上,顶爱听那远远的箫笛声,那时心中有一缕说不出的深切的凄凉的感觉,和说不出的幸福的感觉结合在一起;我仿佛和那窗外的月光雾光溶化为一,飘浮在树梢林间,随着箫声、笛声孤寂而远引——这时我的心最快乐。"[①]这就是箫笛声所具有的艺术美,它能给欣赏者带来美妙的审美享受。艺术美是艺术家人为的、有意识的审美创造的产物,因而比自然美、社会美、科技美更具有理想性、集中性和创造

---

① 宗白华:《美学散步》,上海人民出版社,1981。

性,它是美的高级形态。

二、艺术美的本质、特征

1. 艺术美的本质

人们对艺术美本质的认识,可谓仁者见仁、智者见智。我们从实践的观点认为,人类的一切活动都是人的本质力量对象化的过程,艺术家的审美创造活动作为一种特殊的精神生产活动,也是人的本质力量对象化活动,而艺术美是艺术家审美创造活动的产物,因而,艺术美在本质上来说,也是人的本质力量在艺术作品中的一种体现。对此我们可以从两个方面来理解。

首先,艺术家的审美情感、审美意识虽是艺术家主观心灵的产物,但从根源上来说,它的产生是离不开客观现实世界的。如果艺术实践主体离开了人类社会实践活动,不能对社会现实生活进行审美认识、审美体验和审美观照,也就不能创造出艺术来,艺术美也就无从谈起了。从人类的艺术实践史上来看,艺术从其产生之时起,就与人类的社会生活实践紧密相连。原始社会的艺术如岩画、舞蹈、音乐、装饰、雕刻等等,都以表现和再现原始社会生活、生产活动内容为主。随着人类社会的发展,艺术的种类和形式逐渐增多,艺术美也随之变得丰富。人类的社会实践活动在艺术领域得到越来越多的表现和再现,社会实践主体的本质力量也在艺术中得到丰富的表现,艺术美也就成为人的本质力量在艺术作品中的一种体现。

其次,艺术美也是艺术实践主体自身的本质力量在艺术作品中的体现。艺术美不仅是艺术家对客观现实生活的反映或再现的结果,而且还是艺术家主体生命能动性展现的结果。歌德说:"艺术家对于自然有着双重关系:他既是自然的主宰,又是自然的奴隶。"① 这就是说,艺术家不仅要认识现实生活,反映或再现现实生活,还要充分调动自己的主观能动性,对从中汲取来的创作素材,进行选择、加工和提炼,同时也把自己对现实生活的认识、体验和感受等融进艺术创作和艺术作品中,表达自己对生活的审美评价和审美态度。黑格尔说:"这外在的方面并不足以使一个作品成为美的艺术作品,只有从心灵生发的,仍继续在心灵土壤中长着的,受过心灵洗礼的东西,只有符合心灵的创造品,才是艺术品。"②

在黑格尔看来,只有经过心灵化的作品才是艺术品。他所说的"心灵化",也就是艺术家的主观能动性在艺术创作中的投注。因此我们说,艺术不仅是艺术家对客观现实世界的再现,也是艺术家对自身的本质力量的表现,艺术美也就成为艺术实践主体自身的本质力量在艺术作品中的体现。

总之,人类的艺术活动是艺术家对客观再现与主体表现的统一。在艺术实践活动

---

① 伍蠡甫主编:《西方文论选》上卷,上海译文出版社,1979。
② 黑格尔:《美学》第1卷,商务印书馆,1979。

中,人的本质力量在艺术实践活动中得到丰富的表现。艺术美作为人类艺术实践活动的产物,归根到底,在本质上也是人的本质力量在艺术作品中的一种体现。

2. 艺术美的特征

艺术美作为美的高级形态,有着不同于社会美、自然美、科学美和其他形态的美的独特特征。

(1)典型形象性。现实生活中的美是丰富多彩、千姿百态的,如名山大川的旖旎多姿、英雄美人的英俊娇柔、飞禽走兽的威猛矫捷,但与艺术美相比较而言,它们并不是彼此协调地在一起,而是处于分散的、独立的状态,因此,它们并不是处于完美的状态。人类自身由于处于狭小的空间和短暂的时间中,天生就有着一种对完美的强烈追求和渴望,人类创造艺术美正是满足对完美的渴求。因为艺术美是典型的美、集中的美,是艺术家的审美理想的集中体现。北京清华园中的荷塘因朱自清的写景散文《荷塘月色》而著名。在作者笔下,那曲折的荷塘,田田的荷叶,如出浴美人般的荷花,花和叶下脉脉的流水,还有那清风、明月、灯光、蛙鸣等等,一切都是那么美丽动人,那么富有诗情画意。其实,去过清华园欣赏过荷塘月色的人,往往很难能够把现实中的荷塘与作品中的荷塘对等起来,总觉得现实中的荷塘月色远远不如艺术描绘中的荷塘月色美丽。这就说明艺术美高于现实美。毛泽东说:"人类的社会生活虽是文学艺术的唯一源泉,虽是较之后者有不可比拟的生动丰富的内容,但是人民还是不满足于前者而要求后者。这是为什么呢?因为虽然两者都是美,但是文艺作品中反映出来的生活却可以而且应该比普通的实际生活更高,更强烈,更有集中性,更典型,更理想,因此就更带有普遍性。"[①]这就说明艺术美是典型的美、集中的美和理想的美。艺术作品是离不开艺术形象的,艺术美就是通过艺术形象来体现的。当然这并不是说,任何艺术形象都具有典型性,只有那些具有典型性的艺术形象才更能展现艺术美。像《红楼梦》中的贾宝玉、林黛玉、薛宝钗,《西游记》中的唐僧、孙悟空、猪八戒,达·芬奇的《蒙娜丽莎》中的女主人公,古希腊的断臂维纳斯雕像等,都是典型的艺术形象。这些艺术形象具有无穷的艺术魅力,也就具有艺术美。总之,典型形象性是艺术美的特征之一。

(2)永久稳定性。现实美常常是处于一种变动不居的状态中,它们很容易消失,不留下一点痕迹。花有开有落,人有生有死,社会在发展,自然界在运动,那些美好的事物最后会消失改变。因此,人们常借助于艺术美来把这些事物的美永久稳定地留存下来,使它们成为永恒的记忆。没有人类艺术史上留下的那么多艺术瑰宝,我们后人又怎么能够知晓和欣赏到人类历史上曾经有过的那些如火如荼的岁月、激动人心的时刻和美好的人和物呢?因此,永久稳定性就成为艺术美区别于其他形态的美的又一个独具的特征。春秋时卫庄公夫人庄姜是个绝世美人,她那"手如柔荑,肤如凝脂。领如蝤蛴,齿如瓠犀。螓首蛾眉,巧笑倩兮,美目盼兮"的国色天香之美,经过诗人形象细致的描绘,被永

---

① 毛泽东:《在延安文艺座谈会上的讲话》,《毛泽东选集》(第2版)第3卷,人民出版社,1991。

远定格下来,成为后世人们永恒的欣赏对象。达·芬奇的名画《蒙娜丽莎》中的主人公也是一个温柔美丽的女性,她那在现实生活中稍纵即逝的神秘而轻盈的微笑,却在画家的笔下,永远凝固在画面上,成为永恒的美留存下来。马克思说希腊艺术和史诗,"仍然能够给我们以艺术享受,而且就某方面说还是一种规范和高不可及的范本"①,就是因为希腊艺术和史诗具有的艺术美可以穿越时间和空间,具有永久稳定性。当然,艺术美也是时代美在艺术中的反映。也许随着时代的变迁、时尚的改变、人们审美观念和欣赏水平的不同,反映特定时代美的艺术作品和艺术美会受到不同的评价。然而,作为人的本质力量在艺术作品中的体现,艺术美是不会随着时代的变迁而失去其魅力的。像古希腊的神话和史诗、达·芬奇的绘画、米开朗琪罗的雕塑、李白与杜甫的诗歌、曹雪芹的小说等等,都具有永久的艺术魅力。总之,艺术美具有永久稳定性的特征。

(3)新颖独创性。艺术美还具有新颖独创性的特征。现实美可以在生活中重复出现,比如江南水乡的自然美景可以仿建在其他地方,人们同样觉得它美。但是艺术美却很难雷同和重复,它往往是第一次的。在戏剧创作领域,莎士比亚的《哈姆雷特》较早地运用"戏中戏"的故事情节,这种独特的表现手法富有新意和独创性,很具有艺术美。但是,后来的许多戏剧创作也模仿莎翁的"戏中戏"表现手法,就显得雷同、造作,使观众感到腻味,这就很难说具有艺术美了。别林斯基说:"在真正艺术的作品中,所有的形象都是新颖的,独创性的,没有任何形象重复其他的形象,而是每个形象都有其各自的生命。一个艺术家的作品尽管如何多种多样,他在任何一部作品或任何一笔线条上都不会重复自己的。"②

唐代诗人张若虚仅以两首诗流传后世,就博得"大家"的称号,其《春江花月夜》以其独具的艺术美,使无数的读者为之倾倒,成为千古绝唱。这首诗在结构上就很有新颖独创性。诗歌紧扣诗题分别对"春"、"江"、"花"、"月"、"夜"五种事物进行描绘,又以"月"作为线索贯穿全诗:月出→月升→月明→月照→月徘徊→月华流→月斜→月沉→月落。从月出起到月落结,月亮随着时间的推移和空间的转移,在天空中画了一道优美的弧线。这一切都是那么美,难怪倾倒无数读者。李清照的《声声慢》(寻寻觅觅)开篇就很有独创性地连用十四个叠字,把主人公内心深处的孤独感和失落感,淋漓尽致地表现了出来,从而具有动人心魄的艺术魅力。

新颖独创性是艺术美的重要特征,也是艺术美的构成要素,历来艺术家都十分重视艺术作品的独创性。不过艺术独创性要从艺术真实出发,要能表现艺术家的真实自我,而不是艺术家主观地任意虚构和凭空杜撰。

---

① 马克思、恩格斯:《马克思恩格斯选集》第2卷,人民出版社,1972。
② 别林斯基:《别林斯基论文学》,新文艺出版社,1958。

三、由现实的美与丑走向艺术美

1. 艺术美是对现实的美与丑的重构

艺术美是指艺术作品的美,它是艺术家的审美意识通过艺术技巧、艺术概括创造形成的物态化形式。艺术美虽是艺术家审美意识的产物,但它不是艺术家纯主观意识的凭空捏造,它的真实基础是现实生活。艺术美是现实生活在艺术家头脑中的能动反映的产物。现实生活中不仅充满了美的现象和事物,也充满了丑的现象和事物。不仅现实美可以成为艺术美,现实丑也可以成为艺术美。艺术美实际上是艺术家运用审美创造手段对现实生活中的美与丑进行重构的结果。现实生活中有许多美好的现象和事物,当这些现象和事物进入创作视野和审美意识中时,艺术家就会深深地触动他们的艺术情思,产生强烈的情感体验和审美感受,他们就会借助于艺术形象来实现,从而创造出具有艺术美的作品来。比如,那阳光明媚的初春时节,四野一片碧绿,溪水潺潺地流动,惠风和畅,百花竞放,紫燕穿飞,风送花香。这一片生机勃勃、春意盎然的景象,触动了多少文学艺术家的创作情思,成为他们永远讴歌的主题。当唐代大诗人杜甫居于四川成都草堂时,面对着浣花溪这一带明净秀丽的春景,深深地陶醉在其中,不禁动情地吟道:"迟日江山丽,春风花鸟香。泥融飞燕子,沙暖睡鸳鸯。"可见,现实美在文学艺术家的笔下可以成为艺术美。

当然,现实生活中美好与丑陋并存,高尚与庸俗同在,积极与颓废相伴。那些美好的、高尚的、积极的事物可以进入艺术领域,现实美可以成为艺术美。那些丑陋的、庸俗的、颓废的事物是不是就不能进入艺术领域呢?现实丑是不是就不能成为艺术美呢?当然不是。在现实生活中,现实丑总会引起人们情感上的厌恶、不快和难受,人们总是痛恨、排斥、摒弃它。但是,在艺术领域,现实丑可以通过艺术家的审美创造,在艺术作品中重构为艺术美。比如,一沟死水可以成为诗人讴歌的对象,一支残荷可以成为画家描绘的主题,令人伤痛的往事、不堪回首的爱情,都可以成为作家艺术家倾诉的心声和回忆。所以,康德说:"美的艺术正在那里面标示它的优越性,即它美丽地描写着自然的事物,不论它们是美还是丑。狂暴、疾病、战祸等等作为灾害都能很美地被描写出来,甚至于在绘画里被表现出来。"①雕塑家罗丹说:"在自然中一般人所谓'丑',在艺术中能变成非常的美。"②又说:"一位伟大的艺术家,或作家,取得了这个'丑',或那个'丑',能当时使它变形……只要用魔杖触一下,'丑'便化成美了——这是点金术,这是仙法!"③他的著名雕塑《欧米哀尔》,就是"化腐朽为神奇",把现实生活中丑陋的东西带进艺术领域,化现实丑为艺术美。欧米哀尔曾是一个在爱情场上风流一时的年轻美貌的妓女,过分的纵欲和备受摧残使她在衰老之时,身体失去了生命的活力,变得丑陋不堪。雕塑中的欧米哀尔

---

① 康德:《判断力批判》上卷,商务印书馆,1964。
② 罗丹述、葛赛尔著:《罗丹艺术论》,人民美术出版社,1987。
③ 罗丹述、葛赛尔著:《罗丹艺术论》,人民美术出版社,1987。

面容憔悴、低头、弯腰、踞坐着,她那曾经饱满、高挺的乳房如今已是干瘪地下垂着,富有弹性光洁的腹部也皮肉松弛,胳膊上的青筋暴起,一道道皱纹布满了形同枯木的身躯,昔日的青春美丽随同逝去的岁月一去不复返了。如此丑陋不堪的形象,在展出时,一群妇女看后惊叫道:哎呀!太丑了。罗丹把现实生活中年老色衰的妓女形象塑造成艺术形象,就这个艺术形象本身来说,它并不能给人以美感。但是,我们说它具有艺术美,是因为他塑造了一个人体丑的典型形象,并把自己的思想、情感融会其中。通过这个典型形象,我们可以清楚地认识到那个把她逼到如此境地的社会的丑陋,了解妓女们悲惨的生活遭遇,感受到艺术家对她们悲惨命运寄予的深切同情,从而引起心灵的震撼,唤起强烈的审美痛感和愉悦感,最后得到思想情感上的升华,获得美的享受。至今《欧米哀尔》都被普遍评价为人类艺术史上"化丑为美"的艺术杰作。

我们说现实丑可以进入艺术领域,成为艺术美,是经过了艺术家的审美创造,熔铸了艺术家的审美情感。艺术家表现现实生活中的丑,是为了揭露丑,鞭挞丑,否定丑,从而弘扬美,赞扬美,肯定美。然而近些年来,艺术领域内出现了一种怪现象,赤裸裸地展示丑、欣赏丑的作品出现火爆的现象,这或许迎合了少数人的低级趣味,一时引起轰动,但它们终究只是昙花一现,必当遭人唾弃和遗忘。艺术作品必须展现艺术真实,符合审美理性,具有人文关怀精神,如果失去了这些,作品就失去了艺术美,自然也就谈不上具有永久的艺术魅力了。其实,在现实生活中,有些现实丑可以转化为艺术美,还有许多现实丑是不能够转化为艺术美的。鲁迅早就指出过:"世间实在还有写不进小说里去的人。倘写进去,而又逼真,这小说便被毁坏。""譬如画家,他画蛇,画鳄鱼,画龟,画果子壳,画字纸篓,画垃圾堆,但没有谁画毛毛虫,画癞头疮,画鼻涕,画大便,就是一样的道理。"[①]这就明确地说明,并不是一切现实丑都可以进入艺术领域的。

2. 艺术美的形成

(1)艺术家的审美情感的渗入。艺术来源于生活,现实生活中许多美好的事物可以进入艺术领域,转化为艺术美,我们暂且不论。为什么像秋风扫落叶、痛失爱妻这一类事一旦进入艺术领域,也可以成为艺术美呢?或者说这一种艺术美是怎么形成的呢?我们的回答是,是艺术家的审美情感渗入了艺术作品当中,使作品具有了艺术美。比如,秋风乍起,树叶飘零,山川萧瑟,本是不具有美感的自然景象,可是,这种自然景象一进入宋代文学家欧阳修的写景名篇《秋声赋》中,就具有了艺术美,成为文学史上描绘秋声秋色的千古绝唱,具有永久的艺术魅力。这是因为作家把他的情感深深地融入作品中去的结果。欧阳修写这篇散文时,已经年过半百,"苍颜白发",近三十年的宦海浮沉使他清醒地认识到人生、世事的艰难。秋风乍起,秋声骤至,自然感物伤怀。因此,在对秋声、秋色的描绘和对秋情、秋感的抒写中寄寓着他的感慨和情怀。苏轼的悼念亡妻之作《江城子·乙卯正月二十日夜记梦》又何尝不是饱含着词人对亡妻"十年生死两茫茫。不思量,自难

---

① 鲁迅:《且介亭杂文末编·半夏小集》,《鲁迅全集》第6卷,人民文学出版社,1981。

忘。千里孤坟,无处话凄凉。纵使相逢应不识,尘满面,鬓如霜"的深深思念之情呢?正是这些作品中融入了审美主体的深情,当审美者对它们进行审美欣赏、观照时,就会通过作品中的艺术形象体验到审美主体的情感,并产生情感上的共鸣、心灵上的震撼,从而获得审美的艺术享受。总之,审美主体在艺术创造时把自己的审美情感融入艺术作品当中,使得作品具有震撼心灵的力量。

其实,情感是艺术具有生命力和价值的所在,很难设想一件真正的艺术品没有融入艺术家的情感体验。古今中外的文论家和艺术家高度重视情感在艺术创造中的重要作用。《毛诗序》说,诗是"情动于中而形于言";陆机《文赋》中说"诗缘情而绮靡";刘勰在《文心雕龙·情采》篇中主张"为情而造文",反对"为文而造情";李贽在《焚书·童心说》中说:"夫童心者,真心也……夫童心者,绝假纯真,最初一念之本心也……天下之至文,未有不出于童心焉者也。"浪漫主义文学家汤显祖也是个唯情论者,他主张文学创作要表现人的真情、至情,"世总为情,情生诗歌"。19世纪英国浪漫主义诗人华兹华斯在《抒情歌谣集·序言》中说,"诗是情感的自然流露";俄国现实主义作家列夫·托尔斯泰甚至把审美情感体验作为艺术活动的本体,他说:"(艺术家)在自己的心里唤起曾经一度体验过的感情,在唤起这种感情之后,用动作、线条、色彩、声音以及言词所表达的形象来传达这种感情,使别人也能同样体验到这种感情——这就是艺术活动。"①这些都说明审美情感在艺术创作中的重要作用,它是形成作品艺术美的重要因素之一。所以,我们不会把动物学课本上只具有理性认识价值的动物图形当作艺术品来欣赏,哪怕它们非常形象逼真,因为这些动物图形没有融进艺术家的审美情感体验,因而不能感动人,不具有艺术美。

(2)艺术家的艺术概括手段的运用。我们知道现实生活中的人和事是纷繁复杂的、杂乱无章的,是"个别"的存在。而艺术创造就是创造主体通过对这些"个别"的审美感受、审美体验和审美认识,来反映现实生活中具有的普遍意义,形成具有艺术美的艺术作品。这就需要艺术家进行艺术概括。所谓"艺术概括",就是审美创造主体对审美客体进行感受、体验和认识并予以加工、改造,创造出既具有独特个性又带有普遍性的艺术形象。南朝文论家刘勰在《文心雕龙·物色》篇中说"以少总多,情貌无遗",就具有这样的意思。王国维在《人间词话》中说:"诗人对宇宙人生,须入乎其内,又须出乎其外。入乎其内,故能写之。出乎其外,故能观之。入乎其内,故有生气。出乎其外,故有高致。"②

这就是说,诗人要能够深入到现实生活中去,了解和熟悉现实生活,从现实生活中汲取创造的灵感和素材,即"入乎其内";但是又要能够在深入其中的基础上,再走出去,站在更高的层次上,对现实生活进行审美体验和观照,对汲取来的创作素材进行概括、

---

① 列夫·托尔斯泰:《艺术论》,人民文学出版社,1958。
② 王国维:《人间词话》卷上,上海古籍出版社,1998。

加工,即"出乎其外"。只有这样,创造出来的艺术作品才会"有生气"、"有高致"。王国维的这段话说明了艺术概括在艺术创造中所起的重要作用,它是形成作品艺术美的重要因素。鲁迅在谈到文学创作时说"杂取种种人,合成一个"①,也是在强调作家要在占有大量创作材料的基础上,对其进行艺术概括,创造出典型形象来。他笔下的人物形象"没有专用过一个人,往往嘴在浙江,脸在北京,衣服在山西,是一个拼凑起来的脚色"②。

　　元代文学家马致远的小令《天净沙·秋思》,是描写"秋思"的名曲,被誉为"小令一绝"、"秋思之祖"。王国维高度评价此词说:"寥寥数语,深得唐人绝句妙境。有元一代词家,皆不能及此也。"③为什么这首小令备受称赞呢?那是因为它具有永久的艺术魅力,而这种艺术魅力得力于词人高超的艺术概括手段的运用。"秋思"是一种萧条、寂寞、悲凉的情思。写"秋思"首先要写好"秋",秋天的景色、景物很多,不可能一一写来,如何在短小的篇幅内写它?词人就从纷杂、凌乱的秋景中精心选取、概括出"枯藤"、"老树"、"昏鸦"等最具有特征性的秋景。如何写"思"?词人就选取、概括出"古道"、"瘦马"、"断肠人"、"天涯"等最能勾起人思乡情怀的人物、景象,并把这些片景残段有机地组织成一个人与物、景与情交融在一起的自足境界。总之,这首小令具有巨大的艺术感染力,给读者带来美的享受,归因于词人创作中艺术概括手段的运用。

　　(3)艺术家的艺术技巧的使用。艺术美的形成还与艺术家的艺术技巧的使用关系密切。艺术既有一定的法度,又无一定的法度,要在法度之内出新意,就得依靠技巧的运用。大凡具有永久艺术魅力的艺术作品都与艺术技巧的使用分不开,所以历来艺术家都非常重视艺术实践中艺术技巧的使用。据《汉书·外戚传》记载,汉武帝的宠妃李夫人之所以得幸,则靠了她哥哥李延年的一首名震京师的佳人歌:"北方有佳人,绝世而独立。一顾倾人城,再顾倾人国。宁不知倾城与倾国?佳人难再得!"短短的一阕,居然令拥有众多后宫佳丽的汉武帝闻后心动神移,发出"世岂有此人乎"的叹息。为什么它具有如此的魅力呢?这当然得力于诗中艺术技巧的使用。在这首短歌中,诗人没有像《诗经·硕人》那样去描写佳人的风姿绰约,而是用"倾城"、"倾国"的夸张手法来表现佳人的顾盼之美。这种美既令人生畏,又令人心往神驰,具有摄人魂魄的吸引力。最后用欲擒故纵的手法,警示国君不可为佳人倾城倾国,却又替国君惋惜佳人之难得,从而愈发催人去交接佳人。正是这首短歌具有动人魂魄的艺术魅力,才使得汉武帝快速作出抉择。白居易《琵琶行》有一段对琵琶女演奏琵琶的精彩描写:"轻拢慢捻抹复挑,初为《霓裳》后《六幺》。大弦嘈嘈如急雨,小弦切切如私语;嘈嘈切切错杂弹,大珠小珠落玉盘。间关莺语花底滑,幽咽泉流冰下难;冰泉冷涩弦凝绝,凝绝不通声暂歇。别有幽愁暗恨生,此时无声胜有声。银瓶乍破水浆迸,铁骑突出刀枪鸣。曲终收拨当心画,四弦一声如裂帛。"琵琶女先用各种指法弹奏出舒缓、和谐的曲调,然后继之以大弦的高亢、激烈的曲调,再用

---

① 鲁迅:《且介亭杂文末编·〈出关〉的'关'》,《鲁迅全集》第6卷,人民文学出版社,1981。
② 鲁迅:《南腔北调集·我怎么做起小说来》,《鲁迅全集》第4卷,人民文学出版社,1981。
③ 王国维:《人间词话》卷上,上海古籍出版社,1998。

小弦来缓和、放松,直到作一次间歇,最后再用剧烈的声响来收曲。如此美妙的琵琶曲,使得"满座重闻皆掩泣"。琵琶曲具有如此艺术魅力完全是由于琵琶女弹奏技巧的熟练。

在绘画艺术领域,艺术技巧的使用也是形成艺术美的重要因素。比如,我国古人画龙,从不把龙完整地画出来,总是画出一大团浮云,从云层中露出龙的"一鳞半爪"。这种虚笔的运用使得画面充满生气,仿佛整条龙嬉戏在云层之间,从而具有巨大的艺术魅力。齐白石的名画《蛙声十里出山泉》也是因使用高超的艺术技巧而著称。"蛙声十里出山泉","蛙声"是声响,在画面上怎么表现呢?齐白石就画出一抹远山,勾出一些乱石,石缝中流出汩汩的泉水,再在水中点上几只小蝌蚪。这就使人们立即联想到十里大山蛙声一片的生机盎然的景象,仿佛能听到那鼓噪的蛙声,真是此无蛙声胜有声,从而使这幅画具有无穷的艺术魅力。达·芬奇的名画《最后的晚餐》为了将美与善集中在耶稣身上,将丑与恶集中在犹大身上,就把耶稣的面容画得很平静,而他的弟子除犹大外,都处在光明之中,只有犹大处在阴影当中。画家正是用对比的艺术手法和技巧,来表达自己的审美理想和思想情感。

总之,艺术技巧的使用是形成作品艺术美的重要因素,但艺术技巧的使用要恰到好处,不能弄巧成拙,不能为了艺术技巧而艺术技巧。艺术技巧的使用还要不留痕迹,达到"天工"之美。

四、艺术美的层次性

艺术美并不是单一地存在,我们对其进行细致分析,就会发现它有多种层次,只不过这些层次浑然一体地融入艺术美的整体性中,较少被发觉罢了。

1. 形式美

形式美集中体现在艺术品的内在结构和感性外观形态之中,它主要是指色彩、形状、声音等物质的自然属性及其组合规律所呈现出来的审美特征,可以单独脱离内容成为一种具有相对独立性的审美对象。就单一体而言,形式美是人的感官能直接感受到的事物的自然属性的美,色彩、形状和声音等都是其中重要的部分;就组合体而言,形式美体现在形式要素的整齐划一、对比调和、比例尺度、对称均衡、节奏韵律的多样统一之中。

任何艺术作品都是由一定的物质媒介构成的物态化形式。当我们欣赏艺术品时,首先直观到的就是诸如质料、形状、色彩、线条、声响、节奏、语言符号等物质媒介形式,是它们首先作用于我们的审美心理,引起心理效应。比如,我们听到节奏快的音调或者看到色彩鲜艳的画面,就会情绪激动兴奋;听到节奏舒缓的音调或者看到色彩柔和的画面,就会心情冲淡平和。这就是说,艺术作品的形式最先成为我们观照的对象,并对我们产生一定的影响。如果这些形式具有一定的美感,就会使我们感到愉悦和震撼,就会吸引我们进一步地去欣赏。因此,形式美是艺术美的第一个层次。古今中外的许多优秀的艺术作品都具有形式美。比如,汉乐府民歌《江南》中写道:"江南可采莲,莲叶何田田。

鱼戏莲叶间。鱼戏莲叶东,鱼戏莲叶西,鱼戏莲叶南,鱼戏莲叶北。"这首非常质朴、稚拙的民歌从内容上来说,并无多少可取之处,但它却具有形式美。就这么简简单单地东、南、西、北一路写来,却让你仿佛看到鱼儿倏忽往来、轻盈灵巧地穿梭在荷叶之间的神态。

形式美是艺术美非常重要的层面,历来被艺术家和艺术理论家、批评家所重视。英国艺术批评家克莱夫·贝尔认为,艺术美就是形式美,艺术美就是"有意味的形式"。他说:"在各个不同的作品中,线条、色彩以某种特殊方式组成某种形式或形式间的关系,激起我们的审美情感。这种线、色的关系和组合,这些审美的感人的形式,我称之为有意味的形式。"①奥地利音乐美学家爱德华·汉斯立克也认为,美仅仅是形式,音乐美"是一种不依附、不需要外来内容的美,它存在于乐音以及乐音的艺术组合中"②。贝尔和汉斯立克把形式美等同于艺术美的观点,当然是不完全对的,但是它却说明了形式美在艺术美中的重要作用。许多艺术家的创新作品并没有在内容上有突破,而是依靠改变艺术品的形式来获得成功的。某些内容很平淡的小说,改编成电影后却深受观众的喜爱;传统的京剧唱词用流行歌曲的曲调演唱,却也有一种独特的韵味;二胡曲《二泉映月》用小提琴演奏,也有独特的风韵。

形式美虽然是艺术美的最表面的层次,但它却是艺术美不可或缺的部分,是艺术美存在的最普遍的形式,它也是形成深层艺术美的基础。

2. 形象美

艺术是通过塑造形象来反映社会生活,表现作者思想感情,体现作品的审美价值和审美内涵的。在艺术世界里,充满着具体生动、鲜明可感的形象。这些形象是艺术家运用一定的物质媒介,把通过艺术构思形成的审美意象传达出来而形成的结果,它们是艺术家审美理想和审美情感的集中体现。曹雪芹笔下的林黛玉是这样的形象:"两弯似蹙非蹙罥烟眉,一双似喜非喜含情目。态生两靥之愁,娇袭一身之病。泪光点点,娇喘微微。闲静时如姣花照水,行动处似弱柳扶风。心较比干多一窍,病如西子胜三分。"这段文字把林黛玉的娇美、聪慧、病态、柔弱的形象具体生动地表现了出来,因而具有动人心魄的艺术魅力,令无数读者为之倾倒叫绝。因此,形象美是艺术美中最重要的层次,有了它,艺术作品才有根本的审美对象和存在的价值。只有通过它,才能对艺术美的更深层次——意蕴美,进行感受、体验和把握。所以,历来文学艺术家和文艺理论家重视对形象的创造和对形象美的发掘。高尔基说:"在诗篇中,在诗句中,占首要地位的必须是形象。"③高尔基虽然是在强调诗歌中形象的重要性,但它也同样说明一切艺术作品中形象具有重要作用。

艺术作品的形象美是局部性和整体性的结合,这就好比一朵鲜花,它的每一片花瓣都是美的;但是作为一朵整体的花,它也是美的。北宋末叶风俗画《清明上河图》,就以精

---

① 克莱夫·贝尔:《艺术》,中国文联出版公司,1984。
② 爱德华·汉斯立克:《论音乐的美——音乐美学的修改刍议》,人民音乐出版社,1980。
③ 高尔基:《文学书简》上卷,人民文学出版社,1962。

致的工笔描绘了宋徽宗时代都城汴京城内城外及汴河两岸的建筑和风土民情。画中绘有众多的人物形象,他们衣着不同,神态各异,各自具有独特的形象美。但是《清明上河图》作为一个有机整体,构图疏密有致,富有节奏和韵律,笔法细致巧妙,又具有整体上的形象美。

3. 意蕴美

形式美和形象美还只是作品的表层特征,艺术作品是以含蓄蕴藉的方式指向更深层次的美——意蕴美,意蕴美才是艺术家追求的最终目的。意蕴是什么?黑格尔说:"意蕴总是比直接显现的形象更为深远的一种东西。艺术作品应该具有意蕴,也是如此,它不只是为了某种线条、曲线、面、齿纹、石头浮雕、颜色、音调、文字乃至于其他媒介,就算尽了它的能事,而是要显现出一种内在的生气、情感、灵魂、风骨和精神,这就是我们所说的艺术作品的意蕴。"[①]意蕴就是渗透和蕴藉在形象后面的一种更为深沉的情感体验、一种对人生的感悟和价值追求。它是艺术品的灵魂所在,失去了意蕴,艺术品也就失去了生气和活力。有些艺术品也许可以轰动一时,但很快就会被时间所淘汰;有些作品欣赏了以后,就不再具有吸引力。为什么呢?原因就是这些作品中缺少内在的意蕴。只有那些具有深层意蕴的作品,才能经得起时间的检验和人们反复长久的欣赏和品味,才能成为人类世世代代的永久的精神财富。所以,意蕴成了艺术家创作的最终目的和追求,意蕴美也就成了艺术美的最深层次的美。

大凡伟大的艺术作品给予欣赏者的不仅是形式美和形象美的艺术享受,更主要的是意蕴美的艺术享受。陆游的《卜算子·咏梅》描绘了驿站断桥旁边独自承受风雨、自开自落的梅花形象。读者在欣赏时绝不仅仅只是感受到梅花的形象美,更主要的是感受到诗人那种不愿意与投降派同流合污、坚强不屈的高尚情操和冰清玉洁般的高洁品质。19世纪法国画家米勒的名画《拾穗者》真实生动地描绘了当时法国农村的一幅生活图景。在这幅画中,画家描绘了三个劳动妇女的形象,她们穿着粗布衣裳和破旧的鞋子,正在弯腰低头,捡拾着麦地里的麦穗,她们的身后是几个麦秸垛和一望无际的麦地。整幅画的画面以暖色调为主,色彩和谐柔和,风格淳朴浑厚,令人赏心悦目。但人们在欣赏时,感受到的绝不仅仅是它的形象美,还会体会到蕴藏在作品中的深层次的意蕴美,比如,画家投注在作品中的对农民们的悲惨命运和境遇的深切同情等等。

由于艺术作品中的深层意蕴是艺术家的情感体验、人生感悟、生活认识等渗透在作品中形成的,这些东西本来就是不确定的,这就给审美欣赏留下了许多空间余地,欣赏者可以根据自己的人生体悟、情感体验去想象、去品味、去补充。这不但不会使作品失去审美价值,反而会给欣赏者留下审美想象、体味的空间余地,从而会获得更大的审美享受。

---

① 黑格尔:《美学》(第2版)第1卷,商务印书馆,1979。

【请你思考】

1. 什么是自然美?
2. 什么是社会美?
3. 什么是科学美?
4. 什么是艺术美?

第四章
各具特色的艺术美

艺术美作为一种美的形态,必须通过具体的艺术作品体现出来。艺术作品由于其媒介材料及表现手段的差异,呈现出各具特色的形式特征,给予欣赏者不同的审美感受。从美学上对艺术进行分类,是因为各类艺术都有其不同的审美特性和审美规律。研究艺术美的类型,就是要从特性和规律上认识各类艺术,揭示出各类艺术之间的联系和区别,寻找和发现它们的审美特征。这对艺术创作和艺术欣赏来说,有着非常重要的意义。

第一节 艺术美的分类

怎样从美学上对艺术分类,分类的原则是什么?对艺术分类可以有各种各样的原则,而对艺术作美学的分类,理所当然应以各类艺术的审美特性及特殊的审美效果为原则。从不同角度用不同方式对艺术进行分类,有助于认识艺术的特殊规律,有利于人们对各种艺术创作的指导。并不否认分类上的主观任意性,但这并不等于抹杀艺术分类的客观标准。

一、美学史上的艺术分类

在中外美学史上,艺术的分类问题,很早便为人们所注意。

中国古代的思想家,对于艺术的种类和体裁的划分问题,提出了一些重要的意见。如《毛诗序》中,就对诗、歌、舞的联系和区别作过论述。到了魏晋南北朝时期,一些文艺理论家和文学批评家对文学的各种体裁的分类作了相当细致的探讨。自唐代开始,随着诗歌、书法、绘画、舞蹈、音乐的不断发展,这些不同门类的艺术之间的联系和区别,更加受到艺术理论家的重视,也对其进行了不少有价值的探讨。特别是对于诗与画,从"有形"与"无形"、"有声"与"无声"上论述了两者的区别,同时又深刻地指出了两者的互相渗透的关系。

在西方美学史上,亚里士多德是最早比较系统地提出艺术种类问题的哲学家。他在《诗学》中,一开头就提出划分艺术种类的原则。亚里士多德细致地考察了悲剧、喜剧和史诗的联系和区别,从内容和形式各个方面揭示了它们的特点。18世纪德国启蒙运动的代表莱辛进一步提出了诗和画的界限,语言艺术和造型艺术的区别问题。在《拉奥孔》中,莱辛从艺术模仿自然这个基本原则出发,从艺术媒介、题材和作品的艺术效果三个方面,论证了造型艺术与语言艺术的区别。由康德奠基的德国古典美学,第一次用系统的哲学观点来考察艺术的分类问题,企图对各门艺术的特点和发展作一番总结,找出它们各自最本质的特征。康德把艺术的审美特性归结为想象力和知性的自由游戏,并以这种概念来说明艺术的分类问题。他以人的语言表现的三个组成因素作为标准,把艺术区分为:词——语言艺术,包括文学、雄辩术、修辞学等;姿态——造型艺术,包括绘画、雕塑、建筑等;音乐——感觉游戏的艺术,包括色彩装饰、音乐等。黑格尔在他的《美学》中,大部分篇幅是研究各艺术种类的本质和历史发展的。黑格尔根据理念内容和物质形式相统一的不同形态和阶段,提出了象征艺术、古典艺术与浪漫艺术三大类别的著名理论。

美学史上关于艺术种类的多种看法表明,人们是可以从不同的角度进行研究,对艺术作出各种不同的分类。因为任何事物都具有多方面的意义,所以应当承认,这些从不同角度对艺术种类问题的研究,都有助于揭示艺术作品内容与形式的复杂性,揭示其多方面的特点,对于认识各门艺术的特殊规律、对于指导艺术创作,都是有益的。即使是现在,为了特定的研究目的,从一定的角度去考察各门艺术的特点,也是完全必要的。前人研究的成果不一定都很科学,对这个问题不应该绝对化;但否认从不同角度研究艺术种类问题的必要性,未必有利于艺术的发展。

二、艺术分类的美学原则

艺术领域中多样化的种类和体裁,是客观存在着的事实,这个事实是人们仅仅通过知觉就可以觉察得到的。然而在美学研究中,却不能停留于罗列这些事实,也不能满足于从一个方面加以研究。重要的是,如何给这些多样化的形态的形成和发展以理论上的说明,这才是问题的本质所在。从这个观点出发,我们认为研究艺术种类的问题,必须考虑艺术作为审美意识的集中化和物质形态化的表现这个基本问题。

审美意识是现实美在人们主观上的反映,它要转化为供人观赏的艺术作品,需要运用一定的物质手段,以构成可以通过感官把握的艺术形象。在这整个转化过程中,包含着三个必要环节或因素,即现实美、感受、反映的途径或方式以及物质手段。显然,一件完成了的艺术作品呈现出什么样式,必然要受这三者(特定的现实美存在形态,特定的感受、反映途径和特定的物质手段)的共同制约,从而形成一种特殊的内容与形式相统一的表现方式。每一种艺术种类的特点和规律,都需要从三者的统一中去把握,但这并不妨碍对它们分别地从其中的某一特点加以考察,而且这种分别的考察常常很有必要。例如,从现实美的特定存在形态去考察,就可以从空间与时间、静与动等角度进行分类研究,从审美主体的感受、反映的途径或方式去考察,就可以从视觉、听觉、想象等角度进行分类研究;从特定的物质手段角度去考察,就可以从形体、色彩、线条、声音、语言等不同材料的特点进行分类研究。然而不难看出,单纯从任何一个角度去考察,都不能充分地、完全地掌握各种艺术的特点和规律;只有把它们综合起来,从内容与形式相统一的表现方式的整体上去考察,才能得到比较全面的判断。

从这个观点出发,我们认为艺术分类的标志强调各门艺术所使用的物质手段也是合理的。因为艺术作品是审美意识的物化形态,它们的实际存在的形态上的差别,自然要以其各自所使用的物质手段的特点为转移;而这种特定的物质手段既与现实美的特定存在形态有关,又与感受、反映的途径或方式有关,它只有与这二者相适应,才能够传达出作为现实美的反映的审美意识。因此,掌握它的特点,就不难推知它所传达的现实美的存在形态的特点以及感受、反映方式的特点;而且以它为分类的标志,跟我们通过知觉就可发现的艺术样式客观存在的事实状况也是完全一致的。此外,这也并不妨碍从别的角度、以别种特征为标志对现有的艺术种类再作各种各样的归纳。

三、艺术美的类型

对艺术进行美学分类,就要从艺术作为审美活动这一事实出发。从人类的审美活动看艺术的本质,应承认艺术既不是客观现实生活的机械反映或简单再现,也不是艺术家纯粹主观心灵的表现,而是客体的再现与主体表现的对立统一。当然,不同的艺术种类,对立双方往往是有侧重的。如有的侧重于再现,即侧重如实地描写客观事物的形态,如电影、电视;有的侧重于表现,即侧重于表现主体、艺术家对客体的内心感受,如中国戏曲。或者主体由于外物触发的情感活动。据此差别,就可把艺术分为再现艺术和表现艺术两种。这是依据创作过程中审美意识的特点及物化的形式、物化的方式所作的分类。此外,还可按创作所获结果的存在形式来分类。因为这成果进入欣赏过程之后,由于其存在的形式的差别,就会产生不同的审美效果。任何艺术一旦作为成品出现,它们就在一定的时间中、一定的空间中存在。但是由于它们构成艺术形象所依赖存在的物质材料的不同,那么有的是依赖静态的方式并列地呈现于空间之中;有的则以动态的方式而呈现于一定的时间之中。以艺术形象存在、呈现的方式作为分类的依据,就可把各种艺术分为空间艺术和时间艺术两大类。

这两种分类,既考虑到艺术的形式,又考虑到艺术的内容,即按照艺术形式来分类,可分为空间静态的艺术和时间动态的艺术两大类;按照艺术的内容来分类,可以分为再现和表现艺术两类。把二者综合统一起来,大体可将艺术分为三大类五小类:一、空间艺术,其中包括:1.表现性的空间艺术,即工艺、书法、建筑等;2.再现性的空间艺术,即雕塑、绘画等；二、时间艺术，其中包括：1.表现性的时间艺术，即音乐、舞蹈等；2.再现性的时间艺术，即戏剧、电影、电视等；三、语言艺术，即文学。这三类艺术中，语言艺术有其特殊性，因它兼具表现、再现的特性，而对不同的文学样式来说又有所侧重，如抒情诗侧重于表现，叙事诗侧重于再现。另外，文学形象本身并不具有物质形态，它只存在于欣赏者的想象之中，如说文学形象也具有时空的存在形式，那这时空也只是想象中的时空。

以上三大类五小类的分类方法，比历史上分类更加符合艺术的审美本质，既考虑到人类艺术活动中审美意识的特点及物态化的方式，又考虑到艺术活动成果的存在方式及其在审美活动中的效果。

第二节 空间艺术的审美特征

一、表现性空间艺术的审美特征

所谓"表现性空间艺术"，是说在内容上它侧重于表现主体——艺术家的内心感受和情感活动，侧重于表现人的内心感受和情感活动。而在形式上它们以静态的方式并列地呈现于一定的空间之中，所以叫"表现性空间艺术"。它包括工艺、书法、建筑等。

1. 工艺的审美特征

工艺品既具有实用价值又具有审美价值，它指的是在造型和色彩上具有美学特性的日常生活用品。包括日用器皿、家具、服饰、环境布置等，这都属于实用工艺。工艺作为一门独特的艺术，具有自身特殊美的规律。

(1)适用性与审美性的有机结合是工艺的首要特征。工艺与人们的衣食住行有着极其密切的联系。从某种意义上来说，工艺品首先是适用的，然后才是美的。不能照明的台灯、不能书写的钢笔，无论其外形装饰多么精美，也是没有审美价值的。正因为这样，许多陈设工艺在设计上也就向适用的方向发展，如可兼作挡风和分隔大型厅堂的屏风就是一例。但这并不否认单纯装饰用的工艺品的存在与发展。从广义上说，装饰用的陈设工艺其装饰功能的发挥，即是它的适用性的一种体现。由此看来，日用工艺品的审美价值主要是通过适用性的发挥才得以完美体现的。

(2)工艺形象的象征性特征及有关因素。工艺品主要以色彩、结构和形体造型来表现一定时代民族的宽泛而朦胧的情感气氛。它一般不是再现、模拟客观对象，即使以现实对象造型，也是把对象当作情感的外在形式而已，所以说工艺品是人的本质感情对象化的产物。因此，我们只有透过工艺形象的外在形式去理解作品的内在情感，才能找到领悟象征意蕴的基本途径，品鉴作品的崇高美。工艺形象的象征性与艺术类型的变化发展有关，而这种变化和发展又使工艺形象的崇高美有了展现的依据与可能。在象征主义艺术产生和发展中有这样一种情况：人们将对神的崇拜这一精神内容与表现神的物质形式混在一起,如牛、猴子、蛇都被当成神来崇拜。只有从各个不同的方面,联系历史的、社会的、民族的诸方面的因素,才能更好地认识工艺品的象征意蕴,领悟通过这种意蕴所表现出来的工艺品的崇高美。

2. 书法的审美特征

同样属于表现性空间艺术类。书法由汉字的笔画构成,是一种借线条、形体结构来表现人的某种气质、品格、情操的艺术。书法所表现的不在于书法内容,而在于人的情感、气质、个性等,所以它属于表现性艺术。

(1)线条美。线条是书法的基础、灵魂,是书法赖以延续生命的重要媒介,也是书法家表情达意媒介,精神、气质和学养得以流露的媒介。书法线条的审美特征主要体现在以下几个方面:①力量感。这里所谈的"力量感",是书法中的一种巧力,是掌、指、腕、臂在人的意识协调和控制下且融合了书写者审美观念、书写经验的自然运动。富有力度的书法艺术作品之所以美,是因为它能使观赏者在这种凝固而静止的字形中领略到生命的风采、心灵的律动。②立体感。线条本身是平面化的存在,根本不可能符合三维空间的物理标准。但是一幅书法作品如果缺乏立体感,线条就单薄乏味,不耐看。真正的立体感应是沉着、浑厚的并能让人感受到线条中蕴藏的丰富信息。③节奏感。我们从书法作品的节奏感里可发现一种活力,然后在活力里面体验到了生命的价值。

(2)结构美。汉字虽然早已不是原始的象形文字了,但由"象形"发展而来的汉字形体,却仍具有造型的意义,形象的艺术。字的结构之美离不开五个方面:①平正。它是书法形式美的一个基本要素。它能给人以稳定感、舒适感和完整感。②匀称。就是字的笔画之间,各部分之间所形成的合适感、整齐感。③参差。事物还以参差错落为美。在书法方面,即使是法度较严的隶书、楷书,也强调结字、布白要有参差错落之美。④连贯。指一字的笔画之间,各组成部分之间的照应、映带,甚至要衔接在一起。连贯能使字的各部分更加成为一个有机的整体。⑤飞动。不但能创造出静态的美,还能生成动态的美,似乎还看到生气勃勃的有生命之物,听到旋律美妙的乐声,生成种种联想和想象。

(3)章法美。字与字之间、行与行之间、幅与幅之间的结构问题,是古人所谓的"章法"的问题。章法美之要领可以归纳为体势承接,虚实相成,错落有致。①体势承接。它所追求的是字与字、行与行间的贯通和秩序。②虚实相成。书法中的实主要指有线条、有字之处;虚就是字间、行间的空白处。③错落有致。这是一种在法度中求突破,于缤纷中求奇趣,于变易中求和谐的章法。

(4)意境美。在书法中,古人称之为"神"、"神采"、"神气"、"精神",等等,都是讲书法的意境美。书法意境美的创造离不开以下三个方面:①神采。它是对在书法创作活动中个性的强调。它的对立面,是外观的形。中国古代艺术理论早就有形神兼备的提法。神采,就是书家个性美在作品中的成功表现。②韵趣。如果说在书法的书写者与作品最基本的创造关系中,"神采"偏于精神的人的个性显示的话,那么"韵趣"则是偏于精神的作品格调的展开。它的对立面,是标准的形。韵是指比较平和、比较内含、比较蕴藉的自然形态的一种格调。③诗情。书法中意境的审美内容明显地向诗靠拢。"诗情"多面多维的审美意识的结构,给我们提供了书法意境的丰富内涵。

3. 建筑的审美特征

建筑是人类创造的最值得自豪的文明成果之一。人类自从脱离了穴居、野巢原始居住状态,按照生活的需要建筑房屋以来,使建筑具有了审美的观念。可以说一切与人类物质生活有着直接关系的产品中,建筑是最早进入艺术行列中的一种。建筑的审美特点,是以其特殊的物质材料和形体结构所体现的造型美而体现出来的。

(1)物质功能性与审美功能性相结合。建筑的物质功能性是指建筑的实用性、群众性、耐久性。所谓"实用性",即是说,建筑的目的首先是为了"用",而不是为了"看"。即使是纪念碑、陵墓也要考虑举行纪念仪式时活动的具体要求。其他各类艺术,美可以是唯一目的或主要目的,而建筑却必须和实用联系在一起。建筑的实用性特点,影响着人们的审美观。即是说,建筑物对人类生活的影响,往往决定着人们观感的美与丑,因而建筑的审美意义,依赖于实用意义。一座通风不良、噪声震耳、光线幽暗的车间,打扮得再花哨,也不会引起工人的美感;一栋华贵高大的楼房,如果风一吹就要倾倒,那么无论色彩怎么鲜艳,装饰多么精美,住在这栋楼房里的人也不会觉得它美。相反,如果实用功能处理得好,住起来很舒适,即使外形简单一般,也会给人以美的感受。即使是追求艺术性的建筑,比如展览馆、歌剧院、大会堂、高级酒店、园林,如果用起来让人别扭,也会被认为"华而不实"。建筑的实用性是艺术性的基础,而艺术性中也常常包含着实用性。建筑的物质功能性还表现在它的群众性上。没有一个人能离开建筑而长久生活,建筑的审美是带"强制性"的。人们可以不听音乐,不看戏剧,不欣赏画展,不读小说,但却不可能不住房子,不可能对矗立在自己眼前的建筑视而不见。因为它是物质存在,是实实在在的东西。不管你自觉还是不自觉,有兴趣还是无兴趣,都会经常面临着各种类型、不同形式的建筑物,这些建筑都会"逼迫"人们提出自己的审美评价。

(2)空间延续性和环境特定性相结合。建筑是个空间环境,它要占据一定长、宽、高的位置。那么,人们在一定的视点上,不可能一下子看到全体,只能看到它的一部分。比如,看一座坡屋顶的房子,在室外人们只看到三个面。如在室内,人们最多也只能看到它的五个面。人们要想看到全部的面,就要移动自己,才能陆续地把所有的面看完。即是说,人们在任何一点上欣赏建筑,感觉都是不完整的,只有在各个位置,从远而近,从外而内,从上到下,从前而后,围绕建筑走遍,才能获得完整的感觉。如果是一个建筑群体,那就更复杂,更需人们不断地变换观赏位置。人们就是在这种位置的不断变换中,也就是空间的不断延续中获得了审美感受。

(3)正面抽象性与象征表现性相结合。建筑艺术在空间里塑造的永远是正面的抽象的形象。说它是正面的,是因为建筑所反映的社会生活只能为一般的,而不可能出现什么悲剧式的、颓废式的、讽刺式的、伤感式的、漫画式的形象。就建筑形象本身而言,也分不出什么进步的或落后的,革命的或反动的。天安门过去是封建王朝的正门,今天却是国徽上的图案,是伟大祖国的象征。万里长城本来是民族交往的障碍,是刀光剑影的战争产物,现在却成了中华民族的骄傲,是闻名世界的游览胜地。同时,它塑造的这个正面形象又是抽象的。是由几何形的线、面、体组成的一种物质实体,是通过空间组合、色彩、质感、体形、尺度、比例等建筑艺术语言造成的一种意境、气氛,或庄严,或活泼,或华美,或朴实,或凝重,或轻快,引起人们的共鸣与联想。人们很难具体描述一个建筑形象的具体情节内容。所表现的时代的、民族的精神也是不明确、不具体的,是空泛的、朦胧的。它不可能也不必要像绘画、雕塑那样细腻地描摹、再现现实;更不能像小说、戏剧、电影那样表达复杂的思想内容,反映广阔的生活图景。正因如此,建筑艺术常用象征、隐喻、模拟等艺术手法塑造形象。比如,巴黎明星广场上的凯旋门,建造的初衷,则是象征了拿破仑一世军威、强权、傲世的特点。北京的天坛公园的双环亭、南京天王府的双亭,则象征了亲密无间的挚友关系。由此可见,建筑艺术的正面抽象性和象征表现性构成了它的又一审美特征。

工艺、书法、建筑都属于实用艺术,它们的实用价值和审美价值都是统一在一起的,它们在内容上都侧重表现人的主观情感、主观世界,表现人的品格、精神情感等,在形式上它们都占据着一定的空间,所以将它们归为表现性空间艺术。

二、再现性空间艺术

造型艺术主要包括雕塑、绘画两类。雕塑、绘画的共同性特点,都是通过静止的和固定的物质材料作为媒介来表达人们的审美感受。二者的不同点在于,雕塑是在三度空间(即立体中)表现对象,绘画在二度空间(即平面中)表现对象。

1. 雕塑的审美特征

雕塑是以实体性的物质材料为媒介,塑造占有三度空间的立体形象,它属于造型艺术的一种。雕塑侧重于再现客观物体的形象,特别是人体的形象。因而能产生强烈的空间效果。人们可以从不同的距离、角度来欣赏同一作品,从而获得不同的感受。雕塑艺术的审美特征可归纳为以下几个方面:

(1)雕塑的形体。雕塑作为三维空间的实体,给人的感觉,首先来自它的形体,形体美是雕塑形式美的灵魂。雕塑的形体要比例匀称,结构严谨,通过形体展示形象的动势、情绪与生命力。其次是雕塑的"影像"效果,就是通过作品形体大的起伏呈现出总体轮廓。这个"影像"可能给人以或是宏伟崇高,或是宁静沉重,或是升腾飞跃,或是一种形体结构的美,这是形体"影像"传达出的作品内容信息之一,也给人们带来各种感受。再次是雕塑在各方面的表现力,通过强调主观精神、审美理想等方面的表现意向,使雕塑形体更具表现力。最后是雕塑的体积有一种力量感,它直接影响着观赏效果与主题的表达。

(2)雕塑作品的象征性和寓意性。雕塑作品不可能像绘画那样进行复杂的精细描绘,因而形象单纯,所以通常赋予形体和体积以象征性和寓意性来表达主题。一般多借助于人体来象征某种思想,表达某种思想感情和审美观念。

(3)注重作品的材质与内容的关系。雕塑材料的不同和对材料运用的如何,直接涉及作品内容的体现。如:利用洁白的大理石表现纯洁与高雅,用青铜铸造与深沉的内容相吻合,用木材使人感到亲切和具有乡土气息。雕塑家还注意作品显示材质的美感,使材质自身的审美价值得以体现。各种材料在雕塑制作上都能体现作品内容和材质的美感。

(4)雕塑作品与环境的协调统一性。雕塑作品大多是为某一特定环境制作的,置于室外就要与日影、天光、地景、建筑等发生关系,并受其制约。因此,雕塑作品与环境的协调,使作品作用于环境,并使环境成为作品的组成部分,共生出新的景观,所以在欣赏雕塑作品时应从以下几个方面去分析研究:①注意作品与场景的适应性。不同的公共场所的场景,有不同的文化心理与文化背景,纪念雕塑应当庄严、肃穆。②注意与建筑形式的关联性。雕塑风格应与建筑风格相协调适应,一般来说,现代建筑前的雕塑就应具有现代风格,古建筑前的雕塑应与古建筑相适应。③注意借景构成关系。借用环境和景物来丰富作品的表现力。④注意心理诱导的作用。雕塑的大小、形体、置放的位置与底座的高低等均具有不同的心理诱导作用。

2. 绘画的审美特征

绘画的定义。绘画是一门运用色彩、线条、形状在二度空间再现和描绘人物形象及社会自然物象的艺术。绘画在描写人物的形貌、神情、姿态、动作方面,在刻画自然景物、生活场景乃至对象的细节方面都有其独特的表现力。这是因为绘画虽只能在二度空间展开,但通过透视、色彩、光影等艺术手段,可以表现事物的纵深和各个侧面,可以造成视角上的立体感和逼真效果。特别是绘画不像雕塑那样只能利用外来的光线,造成物象的明暗对比,而可以通过色调的浓淡直接把光线表现在画面上。因而它在再现物象方面有极大的确定性和质感。由于有这些优点,绘画在造型艺术中居于首要的地位。

(1)绘画是二度空间的艺术。绘画,是运用色彩、线条和构图,在二度空间内(即平面内)反映现实美,表达人们的审美感受的造型艺术。它与其他的造型艺术如雕塑、工艺美术、建筑艺术等有着共同的特征,这就是都是通过静态的视觉艺术形象来反映社会生活,表达审美感受。但是,绘画的造型,是在平面上,如画布、纸等上面进行的,而雕塑、工艺美术的一部分、建筑等造型是立体的,在三度空间进行,具有实际的长度、宽度、高度。由于绘画是在平面上描绘具有一定形状、体积、质感和空间感觉的二度空间造型艺术,因而,就有它自己独特的审美意义。绘画的造型并不是实体的直接再现,也不是单纯的外形模仿,而是线条、色彩、明暗、透视等对人们造成的一种错觉。因此,绘画较之雕塑等造型艺术的题材更为广泛,能够广阔、自由地再现人物及事件之间的关系和发展过程,能够细致地表现艺术形象活动的环境。

(2)绘画是瞬间的艺术。绘画艺术表现的是静态的视觉艺术形象,因此,表现人物和事件的发展过程,不像小说、诗歌、电影、戏剧等艺术形式那样自由舒展,往往受到画面的局限,只能选择最富于表现力的一瞬间来反映现实生活,表达人们的审美感受。因而,绘画对艺术形象的概括和提炼，要求更为集中、凝练和巧于构思。

(3)绘画是可以突破时空限制的艺术。绘画与摄影艺术都是瞬间艺术。但是，摄影作品画面上的艺术形象，只能是在相机镜头"视野"之内的、按下快门那一瞬间的情景。绘画，就没有这种局限。绘画作品所表现的，可以是已经过去的一瞬间，可以是正在发生的一瞬间，也可以是运用想象对未来一瞬间的描绘。绘画不但可以描画可见的具体的事物，也可以表现抽象的不具体的事物，比如人的精神、思想等。当然，摄影作品也能在摄影中加以体现，然而却没有绘画这样自由，这是毫无疑问的。绘画可以突破时间、空间的限制，从而达到画里传神，画外有画的美妙境界。

第三节 时间艺术的审美特征

一、表现性时间艺术的审美特征

表现性时间艺术，即表情艺术，主要包括音乐、舞蹈。音乐、舞蹈有着密切的联系，它们都是以表达人们的思想感情为主要特点的艺术样式。音乐通过有组织的乐音所形成的艺术形象来体现艺术美；舞蹈则是经过提炼、组织和艺术加工的人体动作的律动所形成的艺术形象来体现艺术美。

1. 音乐的审美特征

音乐是一种表现性的艺术，是人的内心世界的直接表露。音乐还是一种动态的时间艺术。这是由音乐所使用的媒介及其所表现的内容所决定的。音乐艺术的审美特征主要表现在以下几个方面：

(1)音乐是声音的艺术。作为音乐艺术素材的声音，按高低顺序排列起来，构成音列。将不同的音高、音质、长短、声部、声种、乐器等方面组织起来，就构成了丰富多彩的音乐种类。如人声为声乐，用乐器来演奏就是器乐。声乐还可分女、男、童声音乐，男女声又分高中低音，还可以有独唱、重唱、齐唱、合唱等。乐器也如此，如西洋管弦乐组；木管组：长笛、单簧、双簧、大管；铜管组：小号、长号、大号、圆号；弦乐组等。它们之间又分若干声部，可分为独奏、重奏、合奏等，更大型的、复杂的叫"交响乐队"。经过人们的不断实践，不断地加工选择，便形成了能够震撼人心、怡情养性的，多姿多彩、庞大精深的音乐天地。从而表达了思想感情，被人理解和接受。

(2)音乐是时间的艺术。音乐艺术的展现要在一定的过程中完成。和空间艺术比较，空间艺术的艺术形象是直观的，建筑在生活中有实用功能，是一个具体的东西，绘画与雕塑对动态的瞬间进行静态的表现，借助的也是直观的形象，而音乐与文学中的形象不是具体直观的，音乐只能在时间中展现与消失，没有时间的过程，就没有音乐的存在，就没有音乐的展现。比如读《梁山伯与祝英台》可以投入进去想象，但当二人感情受到阻碍时,他们的相见,其如泣如诉、恋恋不舍、生离死别的过程,只能是读者自己去想象、感受,而音乐则可以感受过程,在音乐的发展过程中一同去"经历"、"体验"。

(3)音乐是表现的艺术。"音乐形象"是经过联想而形成于人们头脑中的艺术形象,是感情化、性格化的形象,是表现性与再现性的互补。音乐形象不是静止的,不是呆滞的,而是变化的、发展的形象,这种形象有鲜明的、强烈的感染力量。从形象角度讲,音乐刻画不是一般的、具体的、事物的、外在的形象,音乐不可能进行具体描绘,即使是一些描绘性的、造型性的音乐作品,其音乐的描绘也只是相对的。音乐艺术是作家对生活、自然景色有一种感悟,将感悟变成心灵的声音,表现出来,使你得到相应的感受。音乐刻画形象不是具体的某一事物,只是表现而已。

(4)音乐是再创造的艺术。音乐的表现有稳定性的一面,又有演绎性的一面。演奏演唱的过程是对音乐的一次再创造。同是一首乐曲,感受不同的演奏家在不同的生活阅历下,对作品有不同的解释,或丰富多彩或旖旎迷人。任何两位表演艺术家都不会表现得相同,没有创造就没有艺术。音乐非常敏感,小小的变化就可以改变乐曲的表现。任何艺术都没有音乐这样丰富的表现和演绎空间。特殊的手段——变奏,以及由此手法作为主要手法,写的变奏曲,一个旋律奏完后,再奏一遍,是原来的,又不是原来的,是在原来基础上变化的,这是其他艺术没有的。用原来的作品,重新改编,包含新的创造。

2. 舞蹈的审美特征

舞蹈与音乐同属表情艺术,但在表达、激发人的情感的强度上,舞蹈比言语、音乐更加淋漓尽致。因为舞蹈使人的心理反应与生理运动、美感娱乐与感观享受以及运动快感结合在一起,所以可以达到最高的感受强度。在艺术的形成史上,舞蹈是起源最早的艺术之一,它曾雄踞艺术活动的中心地位。

(1)人体是舞蹈艺术的物质基础。舞蹈,与其他的艺术有着密切的联系又有着明显的区别。根本的区别在于舞蹈采用直接的、有生命的、运动中的人体作为构成形式美的物质手段。人体,是舞蹈美的物质基础。雕塑的人体是没有直接生命的、静止的;绘画中的人体是虚拟的、静止的,没有直接的生命;电影中的人体虽是运动的,却不是直接的。它的另一个区别就在于舞蹈主要不是模拟生活,而是抒发感情。它与音乐,虽然同样是抒发感情,但音乐直接诉诸听觉,而舞蹈则直接诉诸视觉。它与戏剧,虽然同样以人体动作为传达手段,但戏剧中有对白等表现手段,可以直接通过对话来说明人物和地点的名字;而舞蹈主要是让观赏者从人体的舞姿、旋律中感受和联想情节和故事。戏剧人物动作强调模拟生活,要求服从于一定人物性格和规定情景,而舞蹈则更重视强调形体美,所服从的主要是情感方面的规律。舞蹈是用人体作为表演的物质手段,通过有节奏、有韵律的连续运动的优美的形体动作,即用经过提炼、组合和美化了的人体动律来抒发感情、反映生活的艺术。

(2)长于抒情,拙于叙事。舞蹈就其本性来说是抒情的艺术。从表演的形式来说,舞蹈往往采用象征、比拟的手法,通过优美的人体动作去抒发感情,让观众从中去体味这种感情,而不是靠台词、靠讲述复杂曲折的故事去感染观众。舞蹈家用美妙的舞蹈手段、优美的人体动作、诗一般的激情、绘画似的意境、音乐般的旋律,创造出有血有肉的形象,来抒发难以用语言表达的强烈感情,显示出美的魅力。舞蹈没有台词,一般只有音乐和场景的烘托和配合。这就使得舞蹈有了更加广阔的表现感情的天地。

(3)虚拟象征性和直观即时性相结合。虚拟性、象征性是舞蹈的主要表演手法,是舞蹈审美的重要特征。首先,用人体的动作、姿态来代替日常生活中的言谈话语,用"音乐——舞蹈台词"作为人物交往、刻画性格的台词,这本身就是一种虚拟象征。这种虚拟和象征是以生活为基础的,能概括而凝练地反映生活的本质,因而得到广大观众的承认和赞赏。试想,在现实生活中,有谁见过少女用脚尖走路,小伙子用托举抒发对恋人的倾慕?什么劈叉、旋转、圆场在现实生活中几乎可以被认为是发疯的行为,但在舞台上不但被承认,而且被认为是美的象征,可以产生强烈的艺术效果。其次,舞蹈的虚拟象征性还表现在它不同于体操和杂技。舞蹈、杂技、体操同是以人体为主要物质基础,但体操与杂技以展示人体美,让观众观赏人体的矫健、灵巧为最终目的。而舞蹈却是把人体美作为一种手段,或者叫媒介,通过人体美,目的在于向观众表露人的一定的思想感情,反映一定的主题思想,而不是单纯为了炫耀技巧。舞蹈、杂技、体操都强调形式美。但是,杂技、体操是直接通过形式美使观众获得美感,而舞蹈却是永远要把动作和舞姿置于情感逻辑的统帅之下,形式必须服从内容,否则,为形式而形式,片面追求形式美,就会破坏形式与内容的统一,就会失去舞蹈的真实性。舞蹈一方面靠虚拟和象征手法表现舞情,另一方面又要求通过人体此时此刻的表演直观地展现出来,让观众看个一清二楚。这里一是强调"直观",即向观众展现可视的形象;二是强调"此时此刻",即舞蹈的"即时"性。就是说,舞蹈在表演中,一般尽量避免过去时和将来时。假如实在必要,非要交代往事和未来(回忆、梦境、理想等等)不可,那么,就只好煞费苦心地安排整场戏来做说明或采用特殊的舞台表现手段,如转换场景的表演等等。

二、再现性时间艺术的审美特征

再现性时间艺术,即综合艺术。通常综合艺术是指戏剧、电影、电视等艺术。这类艺术以再现客观生活为主,同时也包含有表现的成分,例如有音乐、舞蹈的成分。这类艺术基本属于动的时间性艺术,但也包含有静的、空间艺术的成分,如有建筑、绘画、舞台美术的成分等等。我们把它们归于再现性的时间艺术一类,是就其主要艺术特征而言的。

1. 戏剧的审美特征

戏剧是一种综合艺术,除了演员的表演以外,还包含有文学、美术、音乐、舞蹈成分等。但戏剧不是各种成分的简单相加,这些成分在戏剧中构成的是一个统一的有机整体,从而使戏剧成为一种独立的艺术。在戏剧的各种成分中两种最主要的成分是戏剧剧本和舞台表演。戏剧的基础是剧本,但戏剧之所以成为一种独立的艺术样式,则主要在于它创造了一种独特的舞台艺术形象。戏剧的艺术形象是以演员的表演为中心,综

合多种艺术手段,在舞台上塑造行动中的人物形象。戏剧艺术的审美特征如下:

(1)剧本的语言要表现人物性格。剧本的语言包括台词和舞台说明两个方面。剧本的语言主要是台词。台词,就是剧中人物所说的话,包括对话、独白、旁白。独白是剧中人物独自抒发个人情感和愿望时说的话;旁白是剧中某个角色背着台上其他剧中人从旁侧对观众说的话。剧本主要是通过台词推动情节发展,表现人物性格。因此,台词语言要求能充分地表现人物的性格、身份和思想感情,要通俗自然、简练明确,要口语化,要适合舞台表演。舞台说明,又叫"舞台提示",是剧本语言不可缺少的一部分,是剧本里的一些说明性文字。舞台说明包括剧中人物表,剧情发生的时间、地点、服装、道具、布景以及人物的表情、动作、上下场等。这些说明对刻画人物性格和推动、展开戏剧情节发展有一定的作用。这部分语言要求写得简练、扼要、明确。这部分内容一般出现在每一幕(场)的开端、结尾和对话。

(2)空间和时间要高度集中。剧本不像小说、散文那样可以不受时间和空间的限制,它要求时间、人物、情节、场景高度集中在舞台范围内。小小的舞台上,几个人的表演就可以代表千军万马,走几圈就可以表现出跨过了万水千山,变换一个场景和人物,就可以说明到了一个全新的地方或相隔多少年之后……相隔千万里,跨越若干年,都可通过幕、场变换集中在舞台上展现。剧本中通常用"幕"和"场"来表示段落和情节。"幕"指情节发展的一个大段落。"一幕"可分为几场,"一场"指一幕中发生空间变换或时间隔开的情节。剧本一般要求篇幅不能太长,人物不能太多,场景也不能过多地转换。初学改编短小的课本剧,最好是写成精短的独幕剧。

(3)反映现实生活的矛盾要尖锐突出。各种文学作品都要表现社会的矛盾冲突,而戏剧则要求在有限的空间和时间里反映的矛盾冲突更加尖锐突出。因为戏剧这种文学形式是为了集中反映现实生活中的矛盾冲突而产生的,所以说,没有矛盾冲突就没有戏剧。又因为剧本受篇幅和演出时间的限制,所以对剧情中反映的现实生活必须凝缩在适合舞台演出的矛盾冲突中。剧本中的矛盾冲突大体分为发生、发展、高潮和结尾四部分。演出时从矛盾发生时就应吸引观众,矛盾冲突发展到最激烈的时候称为高潮,这时的剧情也最吸引观众,最扣人心弦。

2. 影视的审美特征

电影、电视,是吸收了多种艺术因素,如绘画、摄影、音乐、舞蹈、建筑、雕塑、戏剧等多种艺术因素,并且利用现代科技成就,逐步形成和发展起来的一门综合性艺术。影视在本质上是由一种动的图象组成的视觉艺术,即影视是由一系列流动的画面,来展现变动中的人生与自然,诉诸人的视觉艺术。影视有巨大的表现力,它们同戏剧在表现方式上有许多相同的地方,即都具有动作性,都作用于观众的听觉和视觉。但戏剧中观众只能面对舞台空间,只能看到舞台全景,而且观众总是从一个固定的距离、固定的方位和角度去看舞台上的表演。影视在这方面打破了戏剧的局限。它们不仅能让观众看到舞台全景,而且能让观众看到由许多细节画面组成的完整场面,在屏幕上交替出现的远景、中景、近景、特写等,都改变了观众的视觉同画面的距离,摄影、摄像机方位、角度的变化,又改变了观众看物象的视角。所以与戏剧相比影视有更大的表现力。它们扩大了空间领域,增强了观众的视觉广度。影视艺术的审美特征如下:

(1)高度的综合性。影视艺术的综合性可从两方面看:一方面,它是多种科学技术的综合。影视的发展史就是科技的发展史,因为它充分利用了物理学、机械学、声学、光学、化学、电子学等现代科技成就。科学技术发展速度越快,成就越高,影视艺术的发展也越快。今天影视中的快镜头、慢镜头、特技、超动感设计等,五花八门,比真实现象要好看得多。这些艺术手段的实现就要仰仗现代科技的发展。另一方面,影视是各类艺术的综合。影视比起戏剧来,其综合性更强。它综合了艺术的各个部类:其中有文学成分,涉及文学中的诗歌、散文、小说各文体的特点,有小说的人物故事,有诗歌的意境,也有散文的神韵;有戏剧成分,讲究紧张激烈的矛盾冲突,构成强烈的戏剧性;有音乐成分,有主题音乐和背景音乐,尤其是背景音乐几乎自始至终少有间断,比戏剧中的音乐成分多多了,甚至还有音乐电影;有绘画成分,每一个拍摄成功的镜头就是一幅画;雕塑和建筑艺术的成分在影视中也表现得很明显;摄影艺术就更不用说了,这是影视拍摄的一个主要手段。

(2)高度的逼真性。影视可以调动起各种手段,表现出和生活一样的真实感,而且可以直接让观众感受到。在所有艺术中,影视是最生活化的艺术。用屏幕把生活画面映现在观众面前,每一个细枝末节都要经受观众眼睛的考察。稍微有点虚假,观众就会提出抗议。如当代演员吴海燕演西施,人们一看就觉得胖了点,因为西施是瘦美人;而林芳兵演杨贵妃,大家又觉得瘦了点,因为杨贵妃是胖美人。又如电视连续剧《水浒传》有一个镜头,其中隐约可见一辆现代的小轿车。诸如这些,观众都可能提出严肃的批评。影视不像戏剧。戏剧的表演是虚拟性的,观众对其真实性的要求较宽松,你尽可以虚拟、假定。大家在看戏时心里很清楚,戏就是假的。所以,在戏剧中一些舞台腔、一些程式动作,哪怕与生活完全不同,观众都能接受。观众却要求影视中的表演像生活的原态一样随意、自然、真切,是表演却不能露出表演的痕迹,是假的却要做得像真的一样,要给观众一种亲临其境的感觉。这样才能为观众所接受。当然,电影的逼真性并不是要求电影中的一切都应该是真实的。首先,只要是艺术就都是虚幻的。其次,就电影手法来说,也是以假乱真。电影的道具、特技等都是假的,如魔术一样。再次,表现生活必涉及生活中的一些隐秘领域,对隐秘的生活现象的表演就不可能真做,而只能是仿做。

(3)奇妙的蒙太奇。"蒙太奇"一词来源于法国,本是建筑学术语,原意是指建筑中的装配、结构、构成。在电影里,蒙太奇被称为"电影思维",尽管从技术的角度主要指电影镜头的组接。正因为影视剧作的创作是运用蒙太奇思维来构思和结构的,所以,蒙太奇被看做影视的灵魂,电影也因此被称为"蒙太奇艺术"。"蒙太奇"手法在影视中具有重要的艺术作用:一是创造音画一体的具体视觉形象。离开了一个个具体的镜头也就谈不上蒙太奇了,而一个个镜头就是一个个伴随着声音的画面。突出的画面感是任何其他非造型艺术所无可比拟的。二是高度简练的叙述。蒙太奇结构可以省略掉许多过程、细节的交代,而创造出电影自己的时间、空间。比如叙述一个人从桂林到上海只要拍两个镜头就够了:一个镜头是进桂林站,一个镜头是出上海站。观众一看就明白是从桂林到了上海,无需繁琐地交代他是怎样坐火车才到的。三是不同的镜头组接可以产生完全不同的含义。有这样一个经典的试验:拍摄四个镜头,第一个是一位演员毫无表情的面部特写,第二个是一盘汤,第三个是躺着一具女尸的一口棺材,第四个是一个小女孩在玩一只玩具狗熊。当第一、二个镜头连接时,就如演员在对着盘子沉思;当第一和第三个镜头连接时,演员对着女尸显出沉重悲伤的神情;当第一和第四个镜头连接时,演员看着小女孩露出的是喜悦的神色。苏联著名艺术家普多夫金和库里肖夫所做的这个试验,充分说明镜头的组接方式具有很强的意义再生性。所以,苏联著名电影艺术家爱森斯坦曾说,两个蒙太奇镜头的对列,不是两数之和,而更像两数之积。

第四节 语言艺术的审美特征

　　语言艺术是指文学这一艺术样式。文学艺术具有艺术的特殊性,它是唯一的仅仅运用语言符号来创造艺术意象体系、形成艺术作品的艺术。语言作为表意符号,是一种声音与意义结合的系统,理解语言艺术,必须大量读解具体文学作品。由于文学艺术以语言作为媒介和手段,使得语言艺术形成了许多自身独具的审美特征,集中体现在间接性与广阔性、情感性与思想性、结构性与语言美等几个方面。

　　(1)间接性与广阔性。文学运用语言来塑艺术形象,传达审美情感。由于文学语言必须通过读者的想象才能感受到艺术形象,因此,文学形象具有间接性。这种间接性既是语言艺术的局限,也是语言艺术的特长和优势,因为它使得文学形象具有其他艺术无法相比的广阔性。

　　文学形象的间接性,可以说是文学区别于其他一切艺术的重要特征之一。无论是建筑、实用工艺艺术,还是绘画、雕塑等造型艺术,以及音乐、舞蹈等表情艺术和戏剧等综合艺术,都通过塑造艺术形象来直接作用于人们的感官,这些艺术形象不仅可以看到或听到,甚至有些还可以触摸到。唯有文学这门语言艺术所描绘的形象例外。在阅读作品的过程中,通过积极活跃的联想和想象,在自己的头脑中呈现出活生生的形象画面来,这就构成了语言艺术形象的间接性,因而人们把文学又称"想象的艺术"。文学形象虽然不能通过读者的感受器官来直接把握,但它通过语言的中介,激发读者的想象,同样可以使得如闻其声,如见其人,产生如临其境的审美效果,使文学形象活灵活现、栩栩如生地呈现于读者的面前。文学天地的广阔性,同样来自语言媒介的特性。用语言来表现现实生活,具有广泛而深入的表现能力,几乎很少受到时间和空间的限制,有着最大的自由,具有极大的容量,真可以说是"观古今于须臾,抚四海于一瞬",能够突破客观时间,实现时间和空间的自由延伸,全方位、多角度地展示广阔而复杂的社会生活。

其次,文学的广阔性更表现在它不仅能描绘外部世界,而且能够深入到人的内心世界,直接揭示各种人物复杂的、丰富的精神世界。向人的内心世界的深处发展,无疑使文学的天地变得更加广阔,而这一点,恰恰是其他艺术种类难以达到的。文学作品不仅可以通过描绘人物的音容笑貌、服饰风度、言行举止等来展现人物的内心世界,而且可能通过直接抒情或叙述的方法深入展示人物细腻复杂的感情。

(2)情感性和思想性。任何文学作品都包含着作家的主观情感。文学的情感性越浓烈,越能感染读者,就越富有艺术魅力。抒情诗、抒情散文等情感类文学自然离不开情感性,小说、报告文学、叙事诗等叙事类文学同样离不开情感性。作为叙事类文学的小说和报告文学等,同样蕴藏着作家炽热的感情,只不过在这类作品中一般不常由作者出面来直接抒情,而是往往将作者的主观情感深深蕴藏在文学形象之中,通过形象描绘来传达情感。文学由于采用语言作为媒介,在表现人物的内心情感世界上,具有得天独厚的优势。正是由于文学作品能够深入到人的精神世界,直接披露出人物最复杂、最丰富、最隐秘的情感,使得语言艺术作品塑造的人物形象更加真实、更加深刻。

语言艺术的思想性在深度和广度上也远远超过了其他艺术形式。虽然所有文艺作品总会在不同程度上表现作家、艺术家的审美意识和对生活的认识,从而具有一定的思想性,但在各类艺术中,还是语言艺术的形象最富有深刻性和思想性。语言艺术之所以具有这种优势和特长,同样是与它采用语言作为媒介分不开的,因为只有语言才能直接表达人的思想,在直接披露人的思想认识、评价判断方面具有最强的艺术表现力。

在文学作品中思想性和情感性二者的关系极为密切。从一定意义上讲,文学作品的思想性总是被情感所包裹并通过艺术形象表现出来的,只有将情感渗透在思想里的作品才能具有震撼心灵的艺术魅力,使读者在激动不已的同时去深入领会作品蕴藏的思想内涵。另一方面,文学作品的情感性也离不开思想性,因为这种情感往往是在理性思想指导下具有特定爱憎情感的倾向性。所谓"倾向性",其实就是作家的爱憎褒贬体现在文学作品中的思想艺术属性。显然,文学作品中的思想性和情感性二者相互渗透、相互融通,成为一切文学作品所不可缺少的要素。

(3)结构性与语言美。文学作品的结构与语言具有特殊的地位和作用,它们不仅是构成文学作品的重要艺术手段,而且本身也具有审美价值。文学作品作为一个有机的整体,就必须需要利用结构这个重要手段来完成。对于文学作品来讲,结构具有极其重要的作用,甚至直接关系到整个作品的成败得失。

依据语言艺术的含义,其代表性种类主要有:诗歌、小说、散文、戏剧文学四种样式。

①诗歌。按照性质和塑造形象的方式不同,可分为抒情诗和叙事诗;按照诗歌的语言有无格律,又可分为格律诗和自由诗。诗歌艺术具有自己鲜明的审美特点。首先,诗歌在反映生活、表达思想感情方面具有高度的集中性和概括性。其次,诗歌往往包含着强烈的感情和丰富的想象。再次,诗歌语言洗练,韵律和谐,节奏鲜明,具有音乐美,甚至

具有建筑的结构形式美。

②散文。散文的种类丰富多样,一般将其分为抒情散文、叙事散文和议论散文三大类。散文的重要特征是形散而神不散。也就是说,散文的审美特征就在于:主题、题材丰富多样,表现手法丰富多彩,篇章结构灵活自由。散文是以自由灵活的形式,达到"形散而神不散"的审美特色。

③小说。小说是一种以叙述故事、塑造人物形象为主的文学体裁,特点是在生活素材的基础上用虚构的方式来再现生活。人物、情节和环境是小说的三要素。文学即人学。小说由于运用语言作为媒介,较之其他艺术种类有着更大的自由,它可以吸收各种艺术的表现手法来全方位地刻画人物。小说可以详细描绘人物的外貌、举止,也可以表现人物的对话、行动,还可以通过不同的视角,从其他人物的眼中来观察和表现这个人物,并且可以把笔触伸入人的内心世界,通过深层心理描写来塑造有血有肉的人物形象,细腻深刻的心理描绘,是小说独具的艺术特色,也是其他艺术门类难以企及的境界。特别是小说还可以把人物放在错综复杂的社会生活中来描写,从而塑造出具有较高审美价值的、复杂丰满的圆形人物或典型人物。创造鲜明生动的人物形象,历来是小说的首要任务。小说艺术的审美特征主要表现在:突出的虚构性;多方面多视角地刻画人物;表现较完整复杂的故事情节;细致入微的描写,人物性格与环境的完整呈现等。

④戏剧文学。戏剧文学一般指专供戏剧舞台演出用的剧本,戏剧文学——剧本,是"一剧之本"。一般有"案头本"与"演出本"之分,前者一般文学性较强而可演出性较差;后者一般文学性和可演出性兼而有之。其一般有三个特征:一是完整的综合性;二是形象的直观性;三是高度集中性。

总之,文学采用语言作为媒介和手段,从而与其他艺术在性质上产生了重大的区别。由于文学以语言作为媒介和手段,使得语言艺术形成了许多自身独具的审美特征,集中体现在情感性与思想性、间接性与广阔性、结构性与语言美等几个方面。

【请你思考】

1. 空间艺术的审美特征是什么?
2. 时间艺术的审美特征是什么?
3. 语言艺术的审美特征是什么?

第五章
千姿百态展现美

目前,将优美、崇高、悲剧、喜剧、丑、荒诞等视为审美的基本范畴或基本形态,已成为我国美学界的共识。研究审美的基本范畴或基本形态,既有利于深入揭示美的本质和审美规律,也有利于自觉从事美的创造、欣赏和教育活动。本章将相近或相反的范畴放在一起进行对比分析,形成范畴之间的相互阐释与比较,从而加深对优美、崇高、悲剧、喜剧、丑与荒诞等审美基本范畴或基本形态的理解与把握。

第一节 优美与崇高

一、本质内涵及其历史演变

(一)优美的本质内涵及其历史演变

优美,也称"秀美",是最基本、最常见和最生活化的审美形态,很早就为人类所感受与认识。狭义形态的美,就是优美。优美的对象具有清新、秀丽、柔媚、娇小、纤巧、精致、幽静、淡雅、素静、轻盈等形式特征。这是一种优雅的、柔性的、舒心的、和谐的形式美。它在自然界侧重于优美的形式,在社会领域侧重于优美的内容,在艺术世界则是优美的内容与形式的和谐与统一。通常又有纤细美、阴柔美、典雅美之别称。

在中国古代美学史上,人们常常把美与和谐、统一、阴柔等特征相关联,并自然而然地把"和"当作美的首要与必要条件。《易经》"地道之美贵在阴与柔",实为中国美学史上阴柔美的开山之论。公元前800年,郑国的史伯就有"声一无听,物一无文,味一无果,物一不讲"(《国语·郑语》)之论,认为事物的构成要素如果过于单"一"或单调,那么它所产生的感觉效果与心理效应就难以为佳。只有不同的形、色、味、声的有机组合与和谐统一,才会产生美。美是多样统一之后"和"的结果。"和"与"中"密不可分。《尚书·大禹谟》所谓"人心惟危,道心惟微,惟精惟一,允执厥中",就是对"中"——"执其两端而持其中"——这一行为准则的政治阐释。到了汉代,"中"成了"中庸之道"。这是中国古典最根本的思维模式,有人称之为"中庸辩证法"[①]。"中"是不偏不倚,恰到好处。"和"即在对立、冲突中彼此相互吸收、相互转化、和平共处而同趋最佳状态。"乐而不淫,哀而不伤"(《论语·八佾》),几乎成为后世诗评思维范式的母本。这种"和"后来上升到"天地之和"、"天人合一"的高度。这种中和之美到了魏晋南北朝逐渐发展成为意境理论,到唐宋逐渐成熟,直至清末民初的王国维集其大成。姚鼐在继承《周易》坤卦"阴柔"美取向的基础上提出了"阳刚之美"与"阴柔之美"。王国维借用康德、叔本华等人的美学思想,首次以"优美"论之。这里值得申明的是,中国古典美学中只有"美"的概念,而没有"优美"的概念。"优美"的内涵略近似于古典之"美"。

在西方美学史上,有关优美的理论探讨更加丰富与深入。希腊罗马时代对优美的探讨比较零碎,优美往往被当作美的整体,并与美等同。毕达哥拉斯从音乐层面把美分为粗犷英武的男性美和温柔甜美的女性美(即优美)。柏拉图认为,优美不夹杂痛感,是单纯的、绝对的美。西塞罗直接把美分为"男性美"和"女性美"两类。托马斯·阿奎那认为,美有完整、和谐与鲜明之要素。英国哲学家培根认为,秀美合度的动作之美才是美的精华与实质。英国画家荷加兹认为,蛇形线、波动线是最美的线条。由此可见,在古代西方美学家眼中,美或优美与节奏、对称、和谐等属性密不可分。

近代美学家博克认为,优美的事物应当具备较小的、光滑的、变化的、圆融的、柔细(和)的、明快的、冲淡的等七种品质,使人感到轻松愉快。康德认为,与崇高相比,优美是人性的美丽,激发人的感情,表现为可爱迷人,给人的快感属于鉴赏判断而不会给人任何压抑。斯宾塞主要从运动的耗力最小原则来探讨优美,愈不费力愈优美。这种论点难以概说静态物的"优美"。

(二)崇高的本质内涵及其历史演变

崇高,是指在矛盾双方的冲突对立中显现出来的令人惊心动魄的美。它的审美对象常常具有粗犷博大的感性形式、强健的物质力量和威严的精神力量,以不可阻挡的雄伟气势令人心灵震撼,使人在鼓舞与振奋中油然而生景仰与赞佩之情,在不知不觉中深化认识、提升境界。与优美相对应,崇高是一种雄壮与刚性的美,与宏伟、雄浑、壮阔、豪放、强健、热烈、浓郁、奇特等相关联。崇高与人们的生存紧密相关,存在于自然界、社会生活与艺术作品之中。

在中国古典美学中,与崇高相近但又有重大区别的审美范畴是壮美,即阳刚之美。其中与崇高有关的审美范畴是儒家的"大"或道家的"大美"。"子曰:'大哉尧之为君也!

---

① 陈慰中:《中庸辩证法》,学苑出版社,1989。

巍巍乎！唯天为大，唯尧则之。荡荡乎，民无能名焉。巍巍乎其有成功也，焕乎其有文章！'"（《论语·泰伯》）这里的"大"有"伟大"，"巍巍"有"崇高"之意。① 实际上，二者可以互文，都是指伟大而崇高。"可欲之谓善，有诸己之谓信，充实之谓美，充实而有光辉之谓大，大而化之之谓圣，圣而不可知之之谓神"（《孟子·尽心下》）。所谓美是指好处充满于自身，所谓"大"是指好处充满自身并闪光地表现出来。② "天地有大美而不言"（《庄子·知北游》）；"美则美矣，而未大矣"（《庄子·天道》）；"天地之道，阴阳刚柔而已"（《复鲁絜非书》）。"大美"或"大"在姚鼐那里为阳刚之美，王国维那里为宏壮，李大钊那里为壮伟。实际上，壮美与崇高的相通在于雄伟壮阔，区别在于含有丑、恐怖与神秘因素的崇高是一种矛盾的对立，只有单纯的雄伟或壮阔的壮美仍属于和谐美。壮美予人以单纯的昂扬振奋之感，而崇高则予人以恐怖感、痛感或神秘感。

在西方美学史上，最早涉及崇高内容的为古希腊的毕达哥拉斯。他认为具有男性阳刚之气的作品粗犷尚武、振奋人心。朗吉纳斯的《论崇高》首次将崇高与优美平行对举。他认为崇高只是演讲震撼与穿透人心灵的伟大风格。崇高语言的主要来源有五个，其中高尚的心胸最为重要。崇高就是"伟大心灵的回声"，"思想深的人，言语就会闳通；卓越语言，自然属于卓越心灵"③。漫长的中世纪，崇高只属于上帝。朗吉纳斯的回声只有在近代伟大的心灵中去寻找。《论崇高》被布瓦洛译成法文后，"崇高"这一审美范畴才在一千五百年后引起关注。

崇高作为美学范畴之所以能进入近代人们的视野，是因为此时优美、和谐与多样统一的合法性受到质疑，崇高、丑以及稍后的荒诞已开始粉墨登场。当求知理性转变成分析理性或工具理性之时，人与事物之间的家园感、一体感和存在感被疏离感、肢解感与分裂感所取代。在分析理性的暴力征服下，一切美好的事物皆因被分解得支离破碎而变得丑陋不堪。同时个体—主体性还有抗争与质疑的勇气和力量，于是就有崇高与悲剧的理想，就有敢于直面丑恶、批判丑恶与展示丑恶的冲动。而一旦主体被彻底异化成无根的漂萍和虚空的符号，剩下的就只有荒诞可玩味。博克的《论崇高与美》主要从人的生存与安全需要两大本能入手，认为前者导致优美感，后者产生崇高感。只有当这种危险或威胁处于某种安全距离之内或仅仅成为一种精神象征时，这种痛楚的情绪方能转化为愉快的感觉。崇高的事物与丑有着天然的联系。

而真正把崇高作为现代美学范畴来研究的是康德。他继承和发展了博克的研究成果，认为世间存在两种有意义的形式，可以把握的有限的优美形式和无法把握与抗争的无限的崇高形式。崇高有数学的崇高与力学的崇高。真正的崇高与人的主体性和本质力量密切相关，更与人的生命体验不可分离。"真正的崇高不能含在任何感性的形式里，只涉及理性的观念，这些观念虽然不可能有和它们正恰适合的表现形式，而正由于这种

---

① 李泽厚：《论语今读》，安徽文艺出版社，1998。
② 杨伯峻：《孟子译注》下，中华书局，1960。
③ 伍蠡甫主编：《西方文论选》上卷，上海译文出版社，1979。

能被感性表现的不适合性,那些理性里的观念才能被引动起来而召唤到情感的面前"[①]。崇高阻碍生命力,引起生命力的强烈爆发与抗争,克服与战胜生命力的障碍,产生快乐与喜悦。崇高的最大特点,创造反合目的性的形式之"意蕴"——对合规律性与合目的性相统一的反动。

席勒认为,一切外在感性事物都可能引起我们的两种基本本能:即表象/认识本能与自我保存本能。两种本能使人们对自然形成双重依赖并建构出两种崇高:在认识上依赖自然的理论崇高和在实践上依赖自然的实践崇高。一个是自然的无限性对人智力的挑战,一个是自然的危险性对人体力与心力的考验,都是对人的本质力量对象化的确证。一座巨大的高塔或高山可能是认识的或理论的崇高,当它俯瞰我们时就变成了信念的或实践的崇高。理论的、认识的伟大仅仅扩大了我们表现的范围,而实践的、力学的伟大则增强我们的力量。只有通过实践的、力学的伟大,我们才能确证对自然的独立性。崇高在实践中表现为作用力与反作用力的巨大冲突与张力。而一旦完全为自然力所征服,则成为恐惧与可怕;完全为人力所征服,也不再是崇高。崇高与"可怕"相关,但可怕的并不一定是崇高的。只有在没有实在的痛苦、没有真正的攻击、安全感不受到威胁、仅仅处在一种想象的危险的自由游戏等条件具备时,崇高才得以产生。战胜可怕之物的人是伟大的,即使自己失败也不害怕的人才是崇高的。普罗米修斯是崇高的。人在幸福中可能表现为伟大的,而只有在不幸中才能表现为崇高。优美只能使人沉溺于感性的游戏而难以自拔,唯有崇高才能使人想起自己的尊严。只有二者结合起来,人才能成为自然的完善公民,具备"美的性格"的人才是美德的化身。由此可见,席勒的崇高观不仅是对康德的继承、深化与发展,而且在黑格尔与马克思那里似乎都能找到相应的回声。

黑格尔和车尔尼雪夫斯基的崇高观皆无足观,在此从略。

二、审美特性及其形态特征

(一)优美的审美特性及其形态特征

一般说来,美是人的本质力量在对象世界的感性显现,是人的本质力量对象化的物态化存在与呈现。而优美是主体人的本质力量与客体的客观属性之间的和谐统一在对象世界中的感性显现。

1. 优美的审美特性是和谐

"美在于和谐"是东西方人们对优美所达成的共识。和谐之所以能成为优美的特性,是因为人们在对象世界中发现主体在实践过程中经由矛盾的对立而逐渐达至矛盾的解决,进入统一、平衡与和谐的状态。需要补充的是,优美并非没有激烈冲突,也不否定激烈冲突,而是在激烈冲突过后对由对立走向统一和谐之后的成果或结果的静观与静赏。

---

① 康德:《判断力批判》上卷,商务印书馆,1964。

而对激烈冲突过程的动态呈现与欣赏却是崇高所予以聚焦的对象。这也许是在科学技术极不发达、生产力极为落后的生存环境下,人们在面对恐怖的自然强力或饱经血与火的种族暴力洗礼之后,心灵对自然宁静的追求使然。这样,和谐、宁静的优美率先进入人们的审美视野。而只有随着科学技术的发展、社会文明的进步,人们心智功能与审美知觉的逐渐成熟,人的本质力量对象化程度的逐步提高,在心理与情感上足以能够承受并欣赏激烈冲突时,以激烈冲突为特征的过程美或动态美类型的崇高,方才正式进入人们的审美世界。康德曾说过,欣赏崇高比欣赏美(优美),需要更高的道德水平和文化修养。而事实确实如此:只有在17、18世纪,崇高才真正作为美学范畴而进入美学家的视野。对于具有崇高特征之物,心智功能不全的儿童畏惧之、无知无识的成人厌恶之。优美广泛地存在于自然界和社会生活中。面对暴风骤雨后的彩虹、风平浪静时的海景、严冬过后柳梢上的嫩绿鹅黄、破土而出的茸茸春草、杏花春雨江南、桂林山水、西湖美景、莺歌燕舞、鸟语花香、红梅报春、花好月圆、淳朴的笑颜等等,正常人都会怦然心动,油然而生内心的喜悦和自然的微笑。这优美的景象与环境,令人感到恬适优美。

优美的和谐体现为主体与客体、合目的性与合规律性、内容与形式的统一。这在艺术作品中表现得尤为明显。绘画中达·芬奇的《蒙娜丽莎》、安格尔的《泉》,雕塑中古希腊的《米洛的维纳斯》、米开朗琪罗的《昼》《夜》,文学中杜甫的《绝句》、王维的《鹿柴》,音乐中的《百鸟朝凤》、《二泉映月》,舞蹈中的《孔雀》、《阿细跳月》,电影中的《庐山恋》、《罗马假日》等无不如此。作为一种艺术风格,优美与婉约派风格相近,在诗、词、曲、散文、小说、绘画、舞蹈、音乐等古典艺术中不胜枚举。

2. 优美的形态特征表现在如下几个方面:

(1)优美在量上的特征为"小"。小即小巧、娇小、微小、弱小等。优美的事物一般形体轻巧,力量较小,所占空间较小。如嘤嘤鸣叫的燕雀、牙牙学语的幼儿、澄澈见底的一泓清水、精致玲珑的案头工艺品等,都是优美的。优美的事物还表现为运动变化的轻缓,在时间上呈现为缓慢、安静。如皎皎月光、徐徐清风、粼粼波光、濛濛细雨、依依惜别等,皆因其缓慢、安静而优美可人。同时优美的对象还因力量弱小而显现为温和。如"池塘生春草,园柳变鸣禽"(谢灵运);"暖暖远人村,依依墟里烟"(陶渊明);"流连戏蝶时时舞,自在娇莺恰恰啼"(杜甫);"竹喧归浣女,莲动下渔舟"(王维)。另如温顺的小鹿、可爱的鸽子、柔美的身体,无不表现出力量的弱小与性格的温和。

(2)优美在形式上的特征为规则与柔和。优美的事物一般符合对称与均衡、比例与匀称、节奏与韵律等形式美的规则,其表面较为光滑圆润,多呈现为曲线、弧线、圆形与椭圆形,隐藏棱角,转折过渡较为和缓;色泽较为鲜明柔和而不强烈,音调较为和谐甜柔而不刺耳。优美之物如摇曳多姿的柳条,玲珑剔透的美玉,婀娜温婉的少女,宛转悠扬的画眉鸟等。优美的艺术品往往情感细腻、形式精美、结构均衡、节奏柔和,如拉斐尔的圣母像、约翰·施特劳斯的圆舞曲、杨丽萍的舞蹈等。优美自身虽不包含丑,但却通过与丑的对比与映衬显示出来。

(3)优美在状态上的特征是静态美。优美的事物从不表现主客体激烈的冲突过程,而展现对立冲突后的平衡、统一与和谐。因此在本质上渐趋协调与平和,倾向于静,是以神采、气韵与意境见长的阴柔美、静态美。如万籁俱寂的月夜、诗情画意的生活、一望无垠的碧野、清新淡远的诗画以及静谧肃穆的雕塑,都是十分优美。所谓"静态"仅就实质特征而言,若从表面现象来看,优美的事物也离不开运动,如小桥流水、和风细雨、轻歌曼舞、花间蝴蝶等,其运动的态势与走向却是舒缓的、平稳的、柔和的、内敛的,整体趋势为"静态"的。

(二)崇高的审美特性及其形态特征

1. 崇高的基本特性是严峻冲突

崇高是人的本质力量与客体的客观属性之间的严峻冲突在对象世界中的感性显现。在崇高中,人的本质力量在对象世界里与客体存在着尖锐的冲突与对立。客体以冲决、统治一切的气势与力量要压倒、征服主体,而主体却以生命的意志力和原始力等本质力量奋起抗争并试图征服或最终征服客体。正是在这种严峻的冲突中,人作为万物灵长的本质力量才能得到更加充分、鲜明、集中和典型的体现。如为建设红旗渠,林县人民进行数年艰苦卓绝劈山开路的创业历程,为建立新中国中华儿女前仆后继、舍生忘死与旧势力所进行的殊死搏斗,《伊利亚特》所表现的希腊与特洛伊两个民族惊心动魄的十年战争等等,都是崇高。正如黑格尔所说,人格的伟大和刚强只有借矛盾对立的伟大和刚强才能衡量出来。正是在改造自然、社会与人生所进行的严酷斗争中以及表现这些斗争的艺术中,人类为了捍卫自己的生命意志与神圣尊严所表现出来的伟大力量和刚毅品格才得到淋漓尽致的表现。可以说,主体所承受的压力愈大,挑战愈严峻,挫折愈酷烈,斗争愈残酷,就愈能激发和显示人类自身的本质力量,愈能产生崇高感。

2. 崇高具有如下形态特征

(1)崇高在量上的特征为"大"。大即巨大、强大、伟大、重大等。崇高的事物在自然界往往以体积巨大、力量强盛为特征。自然物质性的崇高,多表现为体积庞大、力量巨大,如无边无际的海洋、高耸入云的山峰、一泻千丈的飞瀑、奔腾千里的江河、雷鸣电闪的暴风骤雨、气势逼人的海啸狂潮和惊心动魄的大地震等无不体现了自然物的巨大威力。这是使审美主体崇高感得以形成的物质基础。这些事物仅具崇高的可能性,若转化为现实性,则离不开主体本质力量确证的社会实践。只有当自然客体与人类认识、改造与征服自然威力的社会实践发生关系且不危及人的安全,而主体在不感到真正的恐惧与担忧之时,崇高感才能油然而生。社会生活是崇高存在的更为广阔与重要的领域。凡是能够直接表现实践主体的无限力量以及为进步事业而斗争的坚强意志、博大情怀、勇敢壮举和非凡才能等高尚而伟大的思想品格者,皆属崇高之列。索福克勒斯的《俄狄浦斯王》、乔万尼的《斯巴达克斯》、海明威的《老人与海》、杨益言和罗广斌的《红岩》、欧仁·德拉克洛瓦的《自由引导人民》、贝多芬的《命运交响曲》等,无不表现出其实践主体强大的生命力、伟大的生存意志、百折不挠的抗争精神和不可战胜的崇高而神圣的生命尊严。

(2)崇高在形式上的特征为粗犷、奇特。崇高事物的另一特征是无规则、无限制与无形式。在自然事物上常常突破或违背形式美法则,表现为粗糙、怪异、多直线与折线,给人以不协调、丑怪乃至惊骇之感。如挺拔皱裂的古松、狰狞怪异的山石、新疆克拉玛伊的"魔鬼城"、美国科罗拉多大峡谷的"死亡谷"等。在艺术中多表现为内容大于形式的"反形式"。如米开朗琪罗的雕塑、罗丹的《巴尔扎克》与《欧米哀尔》、贝多芬的《命运交响曲》与柴可夫斯基的《天鹅湖》等,皆是为了突出内容的崇高而牺牲形式的典范。再如我国汉代石刻的《马踏匈奴》、《伏虎》、《卧牛》等以整块巨石雕刻而呈现出的浑厚、古朴与稚拙,唐代诗人李贺、韩愈诗作的怪异、狞厉与生僻,清代"扬州八怪"画作的怪怪奇奇和难以名状,皆近似古朴美与崇高。

(3)崇高在状态上的特征为动态美、流动美、过程美。崇高体现了主体与客体之间由于力量的不平衡而产生的矛盾冲突、尖锐对立和动荡曲折的过程,它既是主体与异己力量的交战历程,也是主体生命意志与尊严在时空中的全面展开。它是以力量、气势与意志取胜的阳刚美、过程美与动态美。在自然与社会中,崇高表现为艳阳高照或彩虹飞架前的电闪雷鸣与暴风骤雨、恢复平静之前海面的倒海翻江与阴风怒号、黎明前的黑暗与恐怖、太平盛世前的混乱与斗争、成功前的愈挫愈勇与百折不挠等等。在艺术作品中,《拉奥孔》、《俄狄浦斯王》和《老人与海》表现的是人对异己力量的抗争与永不屈服的崇高精神。

三、美感特征与审美价值

(一)优美的美感特征与审美价值

一般而言,感觉源于所感受对象的外在特征与内在特性。建立在审美对象基础之上的审美感受从根本上说也是由所面对对象的审美特性来决定。

1. 优美具有如下美感特征

(1)优美给人单纯平静的愉快感。面对优美的事物,主体与客体处于和谐统一状态,双方彼此面对,平等交流,相互移情,相互召唤,因而客体给主体生理与心理的刺激较为温和、平静、稳定,令人无拘无束、平和自然、悠然自得、赏心悦目。优美感是所有美感中最基本、最常见、最单纯的情感,其核心要素为愉快美满。优美感产生之时,审美主体的身心处于最佳状态:肌肉放松、血脉流畅、面带微笑、心跳如常。这是一种令人轻松愉快、恬适优雅的状态。此时的心旷神怡、宠辱皆忘既是一种状态,更是一种境界。

(2)优美的事物令人喜爱与亲近。优美的事物由于其自身娇小、精巧、秀雅和惹人怜爱等特点,因而给人以亲切、亲近与亲爱之感。如自由嬉戏于膝下的小猫小狗令人喜欢,玲珑温润的美玉令人把玩,诚实质朴的朋友令人倾心,天真活泼的儿童令人爱怜,曲径通幽的园林令人流连,情节优美的小说令人忘餐。

2. 优美具有如下审美价值

(1)让生活充满乐趣,有益于身心健康。优美的自然、生活、工作与学习环境,常常令人心身平衡,神清气爽。经常欣赏优美的自然景物与艺术作品,会使人心情舒畅,自由和谐的心境可以使人远离丑恶与疾病,更有益于工作、生活与学习。马克思终生在繁重的革命工作之余,总要尽可能地抽出时间和家人一起:或阅读文学名著、聆听优美乐曲,或去郊外领略大自然的旖旎风光。即使在困居伦敦之时,每逢星期天仍步行一个多小时前往汉普泰斯小山幽谷游玩,以放松紧张的神经。贝多芬每当耳病来势凶猛之时,他都要前往保护人的乡下森林别墅去疗养,沐浴在大自然优美的怀抱中,使身心得到平衡与疗养,返回之后就会迎来又一个音乐创作的高峰。这也是优美事物具有"治疗"功效的突出表现。

(2)常受优美事物的熏陶,可使人品性纯洁、风度优雅、感情细腻、待人和蔼。歌德一生酷爱自然风景与古典艺术,虽为魏玛公国的高官,但在闲暇之余常到国内外的风景名胜区去欣赏、体验、朝拜。他的足迹遍布大半个欧洲,一生曾两次长时间去意大利欣赏美景与瞻仰古典艺术,获得灵感与生命力,以促使《浮士德》的最终完成。拜伦、雪莱、普希金等浪漫主义诗人更是如此:向自然美神与艺术女神学习,是他们的成功秘诀之一。鲁迅一生足迹遍布日本和祖国的大江南北,即使在兄弟失和、政治压力极大之时,也依然沉浸在汉魏碑帖、绘画木刻与嵇康诗文的艺术世界,使自己涵泳其中而不至于精神崩溃,以更充分的心力与精力投身于文学事业。

(3)使人向善爱美求真,达到全面发展与自我实现。孔子虽以教育家、思想家名世,但他的音乐水平却让后世惊叹。作为哲学家、科学家和伦理学家,亚里士多德对古希腊艺术有深刻的了解与爱好,写出《诗学》、《修辞学》等不朽名著。达·芬奇既是卓越的工程学家、解剖学家,又是伟大的艺术家。歌德集文学家、色彩学家和植物学家于一身。以精神分析学家闻名的弗洛伊德对欧洲的伟大艺术传统的研究造诣很深。爱因斯坦的小提琴演奏水平绝不亚于专业人士。马克思、恩格斯、列宁、毛泽东对古典文学艺术具有浓厚的兴趣。事实证明:在终极处,真善美是高度和谐统一的。

(二)崇高的美感特征与审美价值

1. 崇高具有如下美感特征

(1)崇高的事物给人以突兀感、惊惧感、叹服感、庄严感、自豪感和神圣感等,它是一种复杂、强烈、持久的兴奋感。崇高感因对象外形的巨大、力量的强大和不规则等给人的印象十分强烈与刺激。在激烈的冲突中,人们透过崇高对象硕大、狂野、粗犷与怪陋的表象,看到客体的强大和主体的顽强,常常陷入深沉的思索:由心理的震惊、恐怖,到情感的压抑、郁闷,再到生理的紧张、焦虑,在惊魂甫定之时突然感到自己的平庸、卑微、渺小和无能,随着理性思索的深入、生命意志的勃发和情感参与的强烈,主体欲摆脱平庸与渺小的巨大生活勇气与人格力量,要和对象一比高低的生命体验油然而生,最后获得的是叹服、庄严、升华与超越。由此精神获得强烈、复杂而又持久的满足感、成就感和兴奋感。

(2)崇高的事物让人产生崇敬、爱慕之心。崇高之物因其雄伟、强壮、威武、剽悍而使人既兴奋又刺激,顿觉非凡与神奇,从而产生崇敬、爱慕之心。崇敬中含有爱戴与仰慕,从而激起"虽不能至,心向往之"、"会当凌绝顶,一览众山小"等自我实现的冲动。见贤思齐,是人类追求卓越的人格动机与心理需求。视对方为楷模和偶像,就会化作实际行动。面对浩渺的大海与巍峨的高山,我们自然会有"世界上最宽广的是大海,比大海更宽广的是心灵"、"欲与天公试比高"、"泰山不让抔土故能成其大,河海不捐细流故能成其深"和虚怀若谷等情怀!吟诵岳飞的《满江红》,我们由衷地敬佩精忠报国的武穆公而产生爱国成仁的豪情;诵读于谦的《石灰吟》,顿生"要留清白在人间"的豪气;吟咏文天祥的《指南录后序》,为文山先生可与日月争辉的爱国情怀所震撼;欣赏陶铸的《松树的风格》,油生"心底无私地天宽"的浩气!

2.崇高的审美价值主要有

(1)调节情感,消除忧愁,振奋精神。崇高的事物往往给人以强烈的情感冲击与视觉刺激——如果你不被击倒吓怕的话,你将会激发昂扬的斗志,树立自我振作的信心,走出心理阴影,让心灵绽放出勃勃生机与活力。苏轼因"乌台诗案"被放逐到江边小城黄州,长江雄伟壮丽的景色和三国赤壁故地的玄思令他更加豪迈、豁达与乐观,从而使《念奴娇·赤壁怀古》成为励志壮气、流传千古的浩然之作。

(2)崇高给人鼓励,使人心胸开阔,情操高洁,无私无畏,心生豪气。崇高之物令人敬爱仰慕,让人看到自己与对象间的较大差距,激发重塑自我的强烈斗志,使之迈上新台阶、进入新境界。面对大海,心生纯洁,名利富贵,皆不足取。面对艺术世界中的英雄,无论是刮骨疗毒的关云长、倒拔垂杨的鲁智深,还是赤手毙虎的武松、身残志坚的保尔·柯察金,都会产生弱者强、怯者勇、薄者敦、卑者高的审美效果。当面对现实生活中的高士其、吴运铎与张海迪等身残志坚的传奇人物时,无不为他们旺盛的生命力和顽强的意志力所折服,令身心健全者"卑"喜交集:卑而生惭,愧而生志;喜遇奇人,视为表率。

(3)崇高能够打破现有的宁静,激发趋优意识,使人产生新的皈依感与卓越感。崇高的对象往往以巨大的反差、激烈的冲突和强烈的抗争给观赏者以警醒与震撼:原来生活竟可以是这样的!生命的奇迹竟可以这样产生!读了海伦·凯勒的《假如给我三天光明》,你会惊奇地发现:奇迹的创造重新证实了人的生命尊严。霍金的经历再次确证上帝造人的伟大:心灵的博大与人格的尊严同样可以沐浴神的光辉,彰显出崇高的力量!阅读名人传记,每当读到"不愿当将军的士兵不是好士兵","与天斗,其乐无穷;与地斗,其乐无穷;与人斗,其乐无穷",无不为拿破仑的强悍、毛泽东的伟大而心生神往之情。于是在不知不觉中重新确立人生的宏伟目标,使自己在人生境界、道德情操等方面"更上一层楼"。

第二节 悲剧与喜剧

一、本质内涵及其历史演变

(一)悲剧的本质内涵及其历史演变

悲剧,作为美学范畴或美的特殊表现形态,又可称为悲、悲剧性或悲剧美。它不仅存在于狭义上的悲剧之中,还广泛地存在于其他各种艺术样式及历史和现实社会生活之中。

悲剧的特点是悲。现实生活中的悲剧或惨剧很难让人采取审美观照的态度,只能令人悲痛哀伤。只有作为反映形态的悲剧艺术才能作为审美对象。美学范畴的悲剧研究,常常以艺术中的悲剧为主要对象。悲剧不同于日常生活中所说的悲哀、悲惨、悲伤或天灾人祸等所导致的不幸,后者唯有在显示出人格的伟大与高尚时才具有美学意义。美学的悲剧是指现实生活或艺术中那些肯定性的社会力量在矛盾斗争中遭受不可避免的苦难或毁灭,能够激发人们在同情与悲愤中探求真理、在强烈的情感激荡中奋发向上的审美对象。悲剧在本质上与崇高有相通之处,特别是社会生活中的崇高通过悲剧性的冲突表现出来之时。在某种意义上,悲剧是一种崇高的美,是崇高的集中形态。康德认为,悲剧是崇高加美。崇高还存在于自然之中,它引起的是痛感而非悲痛,这是它区别于悲剧之处。属于悲剧范畴的审美对象令人悲痛,但却不令人悲伤。它给人的是比悲痛更有力量的悲壮感、令人振奋的激昂感和提升境界的愉悦感。

古希腊是西方悲剧艺术和悲剧理论的发源地。西方悲剧是在古希腊酒神颂歌的基础上产生与发展的。作为西方第一个悲剧理论家,亚里士多德认为,"悲剧是对于一个严肃、完整,有一定长度的行动的模仿;它的媒介是语言,具有各种悦耳之音,分别在剧的各部分使用;模仿方式是借人物的动作来表达,而不是采用叙述法;借以引起怜悯与恐惧来使这种感情得到陶冶"[①]。悲剧中的主人公应该是介于至善的好人与极恶的坏人之间、与观众"相似"的人。至善的好人不应受到惩罚,极恶的坏人不配惩罚。由于他与我们接近或稍好一点,在艰苦的环境中遭受到不应遭受的磨难与厄运,所以才会引起我们的悲悯;又因他与我们在某方面的相似性而引起我们的恐惧与同情,使我们具有同类性质的情绪在他身上得以宣泄,结果是恐惧与同情的情感使我们的心灵得以净化与陶冶。在《诗学》中,亚里士多德的悲剧理论主要表现为重视行动的情节论和重视悲剧效果的"净化论"。

---

① 亚里士多德:《诗学》,人民文学出版社,1962。

亚里士多德之后,真正把悲剧作为美学范畴来探讨并取得实质进展的是黑格尔。他提出了矛盾冲突说,标志着西方悲剧理论进入了一个新阶段。他认为个人的偶然过失和性格弱点绝不是悲剧的原因,悲剧的真正原因在于两种社会义务、两种社会现实的伦理力量之间互不相让的冲突所致。冲突各方所代表的伦理力量是既合理又片面。双方各持己见互不相让,各以片面性损害对方的合理性,最终两败俱伤,最后的胜利者为"永恒的正义"。两种善的斗争必然引起悲剧的冲突与悲剧的结局:片面性得以克服,合理性得以抵消,没有赢家,同归于尽。正是在克服与显示中,人们获得一种审美的快感愉悦。他以索福克勒斯的《安提戈涅》为例,否认了现实的矛盾和斗争。这种将悲剧主人公各打五十大板的做法表现了他庸俗的调和观和不彻底的辩证法。当然,他的悲剧观还含有乐观主义倾向。

叔本华的悲剧本质论是以"意志"说为核心范畴、悲观主义的人生观为基础,是他悲观主义唯意志哲学的反映。在《作为意志和表象的世界》,他认为世界的本质就是意志(欲望),欲望因难以满足而生痛苦,人生的本质即"痛苦"。作为诗的艺术顶峰,悲剧就是痛苦的暗示与呈现。人生之所以痛苦就在于他之有生。有生就是人类的"原罪":生存即痛苦。解脱痛苦的方式有两种:或否定生命而自杀,或压抑生命转移痛苦而进行审美观照和艺术创造。最震撼人心的悲剧乃是表达这种生存即罪的痛苦,要解脱人生之痛唯有"退出"人生舞台。这是非常消极乃至绝望的悲剧观。

尼采一改叔本华悲观绝望的悲剧观,在《悲剧的诞生》中表达了自己独特而乐观的悲剧美学观。他从日神精神和酒神精神的辩证关系出发,认为日神和酒神是两种心理状态、两种文化艺术的象征。感性酒神的受难与理性日神的光辉之有机融合便促成了悲剧的诞生。世界固然充满着痛苦,但酒神精神却使人意识到原始状态的快乐。"明知山有虎,偏向虎山行"。这种"知其不可为而为之"的乐观精神,使主体对痛苦的观照转化为审美的快乐。因此日神艺术和酒神艺术皆可成为人们逃避现实人生痛苦的途径与庇护所。作为两种精神统一的悲剧,却可以使人在审美观照中忘却现实的痛苦而体验到生命的永恒与快乐。

车尔尼雪夫斯基认为,悲剧乃艺术的最高体现。他强调悲剧源于社会生活,是人的伟大痛苦或伟大人物的灭亡;批判黑格尔关于悲剧主角皆有罪过以及悲剧冲突的必然性所包含的宿命论,认为伟大人物的苦难与毁灭没有必然性;必然性既不是悲剧令人感动的基础,也不是悲剧的本质。然而他既抛却了黑格尔悲剧论中的合理内容,也混淆了现实生活的"悲剧"与审美范畴的悲剧之间的区别。

中国古代一般认为悲剧在于传达"人间苦情"。悲剧又称"苦情剧"。但中国的悲剧观与西方的悲剧观不同。其中最明显的差异表现在:西方的悲剧是一悲到底,中国的悲剧却强调"团圆之趣"。中国真正对悲剧理论予以形而上思考的是秉承叔本华思想的近代学者王国维。

在《致斐·拉萨尔》的信中,恩格斯认为悲剧的本质为"历史的必然要求和这个要求的实际上不可能实现之间的悲剧性的冲突"。可以说,这不仅代表了马克思主义的悲剧观,而且也代表了悲剧理论的最高水平。"历史的必然要求"是指那些符合社会发展规律并代表历史的正义与光明的进步趋势或高贵品质,是代表真善美的崇高力量。"这个要求的实际上不可能实现"是指在特定的历史时空中一切暂时占优势、代表假恶丑的邪恶势力,阻碍着代表真善美理想信念的追求与实现并使之遭受暂时的挫折、失败乃至毁灭,使这种代表历史进步的合理要求难以实现。二者的矛盾冲突便是悲剧的本质。这一理论说明了悲剧冲突是特定历史条件下社会矛盾的反映,悲剧的结局必将是肯定性的或具有某种合理性的社会力量遭受不可避免的苦难或毁灭。人们从中看到的却是肯定性力量的合理性和必胜趋势,从而产生崇高感。鲁迅先生的"悲剧是将人生有价值的东西毁灭给人看"这一著名论断可以看成是对恩格斯悲剧观的进一步补充。

(二)喜剧的本质内涵及其历史演变

作为美学范畴的喜剧又可称为喜、喜剧性或滑稽。狭义的喜剧是戏剧的一种类型,而广义的喜剧则是与悲剧相对应的一种美的独特表现形态,可涵盖社会生活与艺术世界中凡是荒谬悖理、滑稽可笑的一切事物。当它与崇高相对出现时往往被称为"滑稽"。滑稽在某种意义上与喜剧性是一致的。

喜剧的基本特征是笑,当然并非所有引人发笑的事物都是喜剧。但凡那种无聊的、低级趣味的玩笑和纯生理反应的笑是不具备喜剧性的。《礼记·礼运》认为:喜、怒、哀、惧、爱、恶、欲是七情,生、死、耳、目、口、鼻是六欲。可见喜剧之笑如同悲剧之悲一样,也是人们正常的生理与心理需求,其形式虽然多种多样,但却不同于美的愉悦。喜剧之笑标志着明显的不平等与不和谐:主体自以为在智慧与品德等方面明显高于可笑的对象。如果说悲剧是失败者的悲哀与悲歌,那么喜剧则是优胜者的快乐与幽默。喜之所以成为审美对象,是因为喜的对象常常戴着假面具把自己的本质伪装起来,误把反常当正常。假面一旦被戳穿,希望与失望、严肃与滑稽、期待与落空之间的巨大反差刹那间化为乌有,喜剧效果便随之产生。卓别林说过,智力愈发达,喜剧愈成功。可见欣赏喜剧需要丰富的心灵、高尚的情趣和较高的智慧。喜剧之笑是一种包含着滑稽、幽默、讽刺与巧智等内容的复杂情感与审美范畴。

美学史上对于喜剧本质的探讨,早在古希腊时即已开始。柏拉图认为,自以为美、自以为智和自以为富等三种虚伪观念的表现即形成喜剧性,引起人们的讪笑。它是一种快感与痛楚的混合。滑稽和可笑大体是一种缺陷,缘于多数人在心灵品质等方面所犯的错误:过高估计自己、自以为是与妄自尊大,仅仅停留于言辞而不付诸行动,于是就产生了滑稽与可笑。亚里士多德则认为,喜剧是对于较坏的人的模仿。这种坏是指丑而言,滑稽就是其中之一,这是指某种错误或丑陋,不致引起痛苦或伤害。他们未能从矛盾冲突入手去辨析矛盾双方的合理性与缺陷不足,距现实生活与艺术创作较远。

真正从心理效应等方面进行深度研究的是康德。他认为喜剧乃主体的理性对喜剧对象的一种自由轻松的嘲笑,笑是喜剧的效果。"在一切引起活泼的撼动人的大笑里必须有某种荒谬悖理的东西存在着……笑是一种从紧张的期待突然转化为虚无的感情"①。比如一个印第安人看到打开啤酒坛喷出泡沫而大为惊呼时,其惊呼的原因却是:那泡沫是如何装进去的。一个雇人哭丧者的困惑是:为何给钱愈多,受雇者笑得愈开心。这令人"紧张的期待"未能得出庄重的结果,最终变成逆向思维轻松的一笑——紧张的期待顿时化为虚无。这是智慧的胜利。当然,真正的喜剧并不限于心理范围,更与实际人生实践息息相关。

黑格尔则从绝对理念出发,认为喜剧是感性形式压倒理性内容、外在表象压倒内在本质,从而表现出理性内容的空虚与无用。喜剧人物常常自命不凡,却又在不知不觉中暴露出自己的空虚与可笑,从而呈现出内容与形式的背离与分裂。并无实质内涵的内容与庄重恰切的形式的"疏离"往往导致内容的毁灭,这恰恰是喜剧的主要特征所在。"把一条像是可靠而实在不可靠的原则,或一句貌似精确而空洞的格言显现为空洞无聊,那才是喜剧的"②。

喜剧的本质在于:毫不客气地指责与嘲弄一个人或一件事如何在自命不凡中暴露出自己的空虚可笑和愚不可及。作为喜剧性的一种,滑稽是用一种极为夸张的形式来表现较为实在的内容。如拿宰牛刀去杀鸡,用好几个连的兵力荷枪实弹地去抓手无寸铁的阿Q等,都让人深感滑稽可笑。

车尔尼雪夫斯基从唯物主义出发,较为深刻地揭示了喜剧的本质。他认为滑稽的真正领域只存在于人类社会生活领域,其本质与本源在于丑。并非一切现实丑都可成为滑稽可笑的对象,只有丑力求自炫为美的时候,那个时候丑才变成了滑稽。③当丑具备荒唐性和矛盾性时,才会给人以滑稽可笑之感。当然由于他未能科学地理解社会生活的本质,因此也难以从根本上认识喜剧的真正本质。

马克思站在历史唯物主义和辩证唯物主义的高度,辩证而又深刻地揭示了喜剧的真正本质,使喜剧理论达到了一个空前的高度。在分析19世纪40年代德国封建制度的社会性质时,他明确地指出:"现代德国制度是一个时代错误,它骇人听闻地违反了公理,它向全世界表明旧制度毫不中用;它只是想象自己具有自信,并且要求世界也这样想象。如果它真的相信自己的本质,难道它还会用另一个本质的假象来把自己的本质掩盖起来,并求助于伪善和诡辩吗……世界历史形式的最后一个阶段就是喜剧……历史为什么会是这样的呢?这是为了人类能够愉快地和自己的过去诀别,我们现在为德国当局争取的也正是这样一个愉快的历史结局。"④这段话对于我们理解喜剧的本质有许多指导性的启示。历史总是如此按照自己的理性规则前进:第一次在悲剧阶段诞生崭

---

① 康德:《判断力批判》上卷,商务印书馆,1964。
② 朱光潜:《朱光潜全集》第13卷,安徽教育出版社,1990。
③ 车尔尼雪夫斯基:《车尔尼雪夫斯基论文学》中卷,上海译文出版社,1979。
④ 《马克思恩格斯选集》第1卷,人民出版社,1972。

新的社会制度与生活方式,第二次在喜剧阶段埋葬陈旧的社会制度与生活方式。同时旧事物总是不甘心自己的灭亡命运,总是自欺欺人地想象自己有能力掩盖其虚弱到不堪一击的本质。究其实质,成为喜剧的决定性原因是本质与现象、内容与形式、目的与手段、动机与效果的矛盾与背离。

中国古代虽然不乏喜剧之作,但由于强大的实践理性之故,喜剧理论同样贫乏。到了近代王国维正式采用"喜剧"或"滑稽剧"这一概念,与"悲剧"对举。他认为喜剧总是嘲笑被笑者,是一种优胜者的快乐。这种理论尚未脱离康德的影响。鲁迅先生的"喜剧是将人生无价值的东西撕破给人看"似更深刻。

二、类型及其表现

(一)悲剧的类型及其表现

人们对悲剧本质特征的看法直接决定着悲剧的分类法。亚里士多德将悲剧分为复杂剧、苦难剧、性格剧和穿插剧四种类型,体现出重行动与重情节的倾向。黑格尔则把悲剧分为古代与近代两类,以古希腊为代表的古代悲剧表现的是两种实体性伦理力量的冲突,最符合悲剧的要求。以莎士比亚为代表的近代悲剧表现的是受个人情欲支配的苦难,已失去了悲剧意味。叔本华采用三分法,即以《查理三世》为代表的大恶人的悲剧、以《俄狄浦斯王》为代表的命运悲剧和以《哈姆雷特》、《浮士德》为代表的由人物所处地位所造成的悲剧。西方较流行的是传统四分法:以古希腊为代表的命运悲剧,以中世纪为代表的受难或灾难悲剧,以文艺复兴时期为代表的性格悲剧和以易卜生为代表的社会悲剧。

根据悲剧冲突的性质与形式,我们倾向于将悲剧作如下分类:

(1)表现进步力量和英雄人物的悲剧。从历史与现实来看,体现了历史的必然要求的进步力量在产生时力量较为薄弱、经验尚不丰富,甚至还难免有这样或那样的缺点与错误,因此在正面冲突与较量时它还远远不是旧恶势力的有力对手,结局必然以悲剧而告终。然而悲剧的结局却给人以希望与力量。因为它深刻地揭示了社会发展的必然趋势,作为进步力量的悲剧主人公勇于为真理而奋斗,为民请命,不畏强暴,敢于赴难,视死如归的精神激励着人们,代表着未来的希望。谭嗣同敢为天下先、置生死于度外的英雄气概,俄狄浦斯关心民生疾苦、不屈服命运的硬汉精神,安提戈涅不畏强暴、反抗专制的刚烈壮举,都反映了历史的必然要求与这个要求实际上不可能实现之间的悲剧冲突,令人荡气回肠,顿生崇高与敬佩之心。

(2)表现私有制下普通事物的悲剧。私有制社会,是人类历史上极不平等、权力与资本极为异化的社会。有钱有权有势的富贵者横行霸道,而无钱无权无势的卑微者却连正常的基本生存都难以维持。生存、劳动、爱情、自由、尊严、安全等基本需求因邪恶势力的干涉难以实现,普通小人物的悲剧就不可避免。刘兰芝、焦仲卿追求恩爱夫妻生活而不得,梁山伯与祝英台饮恨九泉化彩蝶,窦娥善待婆婆遭暗算,使人在悲痛之余油然而生昂扬向上、坚忍不屈的崇高之情。当然,现实生活中更多的是善良温顺而又胆小怕事、委曲求全乃至苟延残喘的生存者,缺少抗争邪恶势力的勇气和追求崭新生活的理想。他们在生存线下拼命挣扎、想做奴隶而不得,终被邪恶势力所吞噬。鲁迅的《祝福》《孔乙己》,果戈理的《外套》《狂人日记》,契诃夫的《小公务员之死》《万卡》等作品中的主人公都是些可怜的"小人物",其结局几乎都是"无事的悲剧"。他们的悲剧却发人深省,促人激愤,使人为合理的社会与理想的生活而奋然抗争。

(3)表现旧事物旧制度的悲剧。旧事物、旧制度的灭亡是一个从量变到质变的漫长过程。如封建社会取代奴隶社会、资本主义取代封建主义,作为新生事物一旦掌管社会统治大权就开始逐渐拥有私有制下的所有权力、财富与罪恶,随着其优点、先进性的渐次展开,其缺点、落后性、自私性、残忍性与邪恶性也逐步暴露无遗。"当旧制度本身还相信而且也应当相信自己的合理性的时候,它的历史是悲剧性的。当旧制度作为现存的世界制度同新生的世界进行斗争的时候,旧制度犯的就不是个人的谬误,而是世界性的历史谬误,因而旧制度的灭亡也是悲剧性的"①。这充分说明旧制度还有合理性,其代表者还有自信,在悲剧主人公身上还有某些正面性。崇祯皇帝励精图治,梦想成为中兴之主,终成悲剧性的帝王之一。光绪皇帝欲挽晚清帝国大厦之将倾,启用进步士人进行戊戌变法,终因顽固派的凶残而成为中兴失败的帝王之一。正因为他们作为一个真正的人而积极作为,所以他们的失败与不幸的结局才令人扼腕叹息、慨叹讴歌!

(4)表现社会主义时期的悲剧。社会主义的初级阶段性是社会主义悲剧产生的客观基础与必然前提。例如,由于无视社会主义经济建设规律而狂热冒进、一味蛮干而导致的三年"自然灾难",由于个人崇拜极端严重、封建思想死灰复燃而导致国家与民族灾难的"十年浩劫"等人间悲剧。其中人们对爱情的渴望,对真善美的追求,对正义、公平与财富的追求等正常合理要求遭到封建邪恶势力的压制而导致人间悲剧。张弦的《被爱情遗忘的角落》、张一弓的《犯人李铜钟的故事》、高晓声的《李顺大造屋》等揭示的正是这类人间悲剧。另外如遇罗克对血统论的质疑、李九莲与张志新对"四人帮"的质疑都遭到残酷的镇压。事实上,社会主义时期悲剧产生的实质仍然在于"历史的必然要求与这个要求的实际上不可能实现之间"的矛盾。旧社会的悲剧是全局性、时代性和不可避免的,而社会主义初级阶段的悲剧则是局部性、暂时性和可以避免的。随着社会主义制度的逐步发展、巩固与完善,产生悲剧的根源将逐渐消灭。

(二)喜剧的类型及其表现

喜剧的分类多种多样,总体上不外两种标准:即内容的或形式的。从内容上我们可以将喜剧分为否定型与肯定型两类。否定型喜剧是以否定性事物为对象的喜剧,通过

---

① 《马克思恩格斯选集》第一卷,人民出版社,1972。

对旧事物丑的本质直接进行无情的揭露与嘲笑以真正突出人的本质力量。一般说来，旧事物即将灭亡之时往往借用美的形式来遮盖丑的内容以苟延残喘，作徒劳的挣扎与无效的努力。如张勋复辟与袁世凯称帝，皆是逆历史潮流而动的丑行，是历史前进中的滑稽插曲。而肯定型喜剧则是以肯定性事物为对象的喜剧。其之所以令人发笑，是因为它借用丑的形式表现美的内容，通过对肯定性事物某些非本质、非主流的丑予以善意的嘲讽和调侃以真正突出人的本质力量，从而肯定和颂扬生活中的美和理想。《杨家将》中的焦赞、孟良，《水浒传》中的李逵、时迁，《七品芝麻官》中的唐成，《徐九经升官记》中的徐九经等本是正直善良仗义、赤诚之辈，却因言语乖谬、行为粗鲁、长相丑陋等因素致使丑的形式与美的实质构成逆反与张力，令人忍俊不禁，在含笑接纳其可笑外表的同时也充分肯定了他们优秀闪光的品格。可以说，可笑的外表是肯定性内容的调味剂与润滑油。肯定型喜剧在社会主义文艺中逐渐增多，因为它更适合表现人民内部矛盾：带有轻度的善意嘲讽以解决那不协调的矛盾，从而营造出误会、巧合、意外等喜剧效果。如《五朵金花》、《杨光的快乐生活》等效果皆不错。

否定型喜剧还可以分为两小类：一类是对反动的旧事物、旧制度、旧势力、旧秩序及其代表人物进行无情的否定和嘲笑；一类是对人民内部旧思想残余影响的否定和嘲笑。前者如莫里哀的《伪君子》对答尔丢夫宗教性说教的虚伪性与欺骗性进行了辛辣的讽刺与直接的揭露。后者常采用相声等形式对日常生活中不正之风、陈规陋习等进行善意的讽刺。相比较而言，肯定型喜剧的产生要晚于否定型喜剧，它是用笑声来直接颂扬、赞美正面性与肯定性的事物，需要更加清醒的理性反思力和自我批判力。

此外还有一种迥异于单纯的肯定或否定型的喜剧，称为"含泪的喜剧"。它包含着悲剧或本身就是悲剧。其主人公惨遭不幸，使人悲悯同情；同时又有许多以喜剧形式表现出来的缺陷引人发笑、受人嘲讽。如《阿Q正传》，其主人公终年劳碌不得温饱、受人凌辱任人宰割、稀里糊涂革命终被稀里糊涂枪毙，这悲剧性的一生确实令人"哀其不幸"；愚昧麻木自我吹嘘、"精神胜利"苟且偷生，其荒诞不经的言行又使人"怒其不争"。这"含泪的笑"使喜剧性与悲剧性达到了有机的统一。

若从形式上分，喜剧还有滑稽、幽默、讽刺、诙谐、揶揄、荒诞、机智、反讽、趣剧、闹剧等。由于篇幅限制，此处从略。

三、美感特征及其审美价值

（一）悲剧的美感特征及其审美价值

1. 悲剧所引起的审美情感被称为悲剧感，而悲剧感的最主要特征是"悲"

尽管不同形态的悲剧会引起不同类型的悲，如悲哀、悲悼、悲叹、悲伤、悲愤、悲愁、悲怆等，但核心都离不开悲。悲剧感之悲是由多种情感因子构成的，其主要成分是怜悯和恐惧。二者的共性是"痛苦"。怜悯是看到可怕、痛苦的灾难落在不该受难者的身上而引起的痛感,恐惧是由足以招致痛苦或毁灭的当前印象所致。凡是我们认为恐惧的事一旦发生在别人身上就会引起我们的怜悯,而一旦想到他所怜悯的人所遭受的苦难有可能落到自己或自己的亲友身上时就会产生恐惧感。这就是我们在欣赏悲剧时所发生的联想与移情等心理活动所致。值得注意的是,悲剧感所引起的绝不是单纯的"悲"感,其中混合着强烈的正义感和崇高感。剧中反面角色的倒行逆施、戕害天良与草菅人命,丑对美的摧残、压迫与残害,都会促使接受者超越恐惧与怜悯,激起其反对邪恶的愤恨之情和伸张正义的强烈要求。尤其是其中的英雄人物或普通人物在遭受荼毒与苦难之时所表现出来的永不屈服的崇高品格和大义凛然的高贵精神,皆会催人奋发、促人上进、令人思考,并化悲痛为义愤、豪迈、振奋、崇敬、抗争等积极向上的更高的审美愉悦感。

2. 悲剧审美价值的主要表现

(1)能够净化人的感情,使人尽可能地避免悲剧主人公的缺点或改正自己的性格弱点,使自己的人格更加完善。如欣赏了《奥赛罗》之后,我们会在同情奥赛罗、憎恨伊阿古之时,认识到褊狭的情感所产生的致命影响:嫉妒使奥赛罗盲目轻信,亲手杀死了美丽多情的苔丝德蒙娜;嫉妒使伊阿古损人利己、挑拨离间、嫁祸于人,将奥赛罗及其幸福的婚姻一起送上断头台。试想,嫉妒有如此危害,我们能不警醒吗?我们会更加仰慕心胸开阔、虚怀若谷、海纳百川的精神境界,并将身体力行之。

(2)能够增强人的理性,提高人的历史意识,使人更加珍惜来之不易的美好生活。如果你对太平天国运动有了深入的了解,你会为其"其兴也勃,其亡也忽"的历史悲剧而痛惜:为何起义领袖在草莽之时能够同甘共苦及至发迹又是那样飞扬跋扈,比封建社会帝王还酷烈,幸福的承诺、平等的理想都变成了历史的谎言,从而明白历史是复杂多变的,历史人物更是难以捉摸,历代农民起义运动的失败,偶然中寓有必然。今天的平凡生活是多么来之不易,我们应该倍加珍惜!

(3)能够激发人的意志与斗志,为理想、正义和真善美而战。悲剧人物有自己的伟大理想与生活目标,他们为真理、理想而奋斗,置生死于度外,充满着崇高的革命精神。谭嗣同甘为中国改革而流血的壮举令人斗志昂扬,顿生凌云之志。李大钊、方志敏、刘胡兰、闻一多、张志新等革命烈士的英雄壮举以及为真善美而慷慨赴难的崇高精神,令人荡气回肠,成为激励人们奋勇前进的"永远的丰碑"。

(4)使人具有丰富的生命体悟。悲剧感是一种升华后的沉重而又轻松的愉悦感。看了鲁迅、果戈理、契诃夫等伟大作家的作品,为其笔下卑微小人物的悲剧命运流下同情之泪,同时令我们在沉痛之余心生博爱情怀。假如我们的情感再丰富些、心肠再慈悲些、爱心再宽广些,这许多悲剧还会发生吗?至少有许多可以避免。"让世界充满爱"更应落实在行动上:从我做起、从今天做起!狄德罗早就说过,一个坏人在包厢看戏时落泪,当他走出剧院时已不那么坏了。一个坏人尚且如此,更何况一个好人呢?他必将严格要求自己,善待他人,使自己思想行为日臻完善。

(二)喜剧的美感特征及其审美价值

1. 喜剧对象所引起的美感为喜剧感

它是由喜剧对象的滑稽、幽默、讽刺、夸张给人以轻松、愉快、欢乐的情绪体验,"笑"是其突出的美感特征。

喜剧所引起的笑是心理性、审美性和社会伦理性的,甚至包含有智慧与理性。优美之物令人会心微笑,而喜剧之物给人的笑乃是一种理性感悟,即突然发现对方的可笑而引起由衷的开怀大笑,带有情绪性、突发性与刺激性。不同类型的喜剧所引发的笑也不尽相同。否定型喜剧引发的笑含有轻蔑、激愤、优越、自信与胜利感等。肯定型喜剧引发的笑包含有惊异、荒谬、机智、同情、自尊感等。滑稽之物因内容与形式的巨大反差,一旦揭秘则令人大为诧异,因而引起的笑也是突发性的。总之,喜剧所给人的笑是人的优越感、理智感和尊严感的充分表现,也是人的本质力量的真正显现。雨果称滑稽丑陋为戏剧性的最高度的美,马克思也认为喜剧高于悲剧,是因为理性的幽默高于理性的激情。由此可见,喜剧作为特殊的审美范畴有着非同寻常的意义。

2. 喜剧与滑稽具有重要的审美价值

(1)喜剧寓庄于谐,在惩恶扬善、是是非非等方面有着十分重要的效用。莫里哀曾经说过,人宁做恶人也不愿做滑稽人。霍布士也认为人们都不喜欢受到嘲笑,因为受嘲笑即是受轻视。由此可见,受到嘲笑关系到人的尊严受损、人格受伤,这是一种触及灵魂的伤害。悲剧人物尚有力量抗争以捍卫自己的尊严。而喜剧人物则无力招架只好装腔作势、一味虚伪,结果崇高就变成了滑稽,悲剧就变成了喜剧。悲剧人物是失败的英雄,虽败犹荣;喜剧人物则是耍赖的狗熊,虽胜犹辱。有篇名为《袭警》的小说,说的是"我"与警察老张喝酒,酒酣耳热之际,老张有急事错拿了我的衣服,而"我"直到结账时才发现老张那件没装分文的警服。正在难堪之际,酒店经理急中生智,恭喜"我"成为第一百位顾客,全部免单并欢送我出门。此时的"我"真是幸运之极:坐出租车免费,还受到空前的恭维。"我"看到妻子慌张出门又乘车尾随至医院,以为孩子生病,原来是老张缠着绷带躺在病床上。都是这件警服惹的祸:一向享受它好处的老张因此而落得吃饭、乘车被打被揍的不幸下场;我则因此而享受到空前的优待与荣耀!原来天上并未掉馅饼,人们"怕"的是警服而非未穿警服的警官。这对于警界的不正之风是较好的针砭与讽刺!

(2)喜剧是对社会生活矛盾的审美反映,令人大笑之后而悟出人生的哲理、社会的真理、自然的真谛。有一则这样的笑话。张三拉车上坡,看见戴"红卫兵"袖章的李四说:劳驾,请毫不利己!李四说:对不起,请自力更生。第二天,李四家墙倒,李四被压在墙下,看见张三,哀求道:劳驾,请为人民服务!张三则说:对不起,请愚公移山!这是对"文革"时期空喊口号、不见行动、自私自利、心灵空虚等精神缺钙病的极大讽刺。

(3)喜剧能使人心情舒畅、神清气爽、乐观向上。常言道:笑一笑,十年少。西方有谚语:一个小丑进城,胜过三车药物。可见笑对人的重要性,它更有利于人的身心健康与精神和谐。科研发现,笑可以激活大脑使之产生一种生化激素"茶酚胺",能够消除各种病痛而无任何副作用。由喜剧产生的"笑"果可使人轻松愉快、解除负担、减缓疲劳、益智长寿。据说科学家法拉第因科研忙碌过度而患头痛病,他听取医生的建议,经常安排时间欣赏音乐与喜剧,结果病症不治而愈。西方兴起许多以笑为业、旨在精神治疗的文化机构。有事实证明,短短几分钟健康有益的笑可以使人消除紧张与疲劳,远胜于长时间消极静态的休息。幽默与笑话既可以减缓紧张与恐怖,又可以增强体力与信心,激发人的意志与尊严,提高人的耐力和毅力,终将战胜任何艰难险阻。

第三节 丑与荒诞

一、丑与荒诞的本质内涵及其历史演变

(一)丑的本质内涵及其历史演变

丑与荒诞代表或标志着社会人生的负面价值,是对美好事物的否定与歪曲,是与美相对应而存在的生活标志,是对人的本质力量的异化性、创伤性、扭曲性或变态性反映。表里不符、荒唐矛盾是它们的共性。但二者又有着不同的内涵及其历史演变。

丑,即丑陋、难看,指事物在外表上奇形怪状、张牙舞爪、扭曲变形、不合规则等给人视觉上的刺激感、心理上的不适感和情感上的厌恶感。如果说,优美是古代审美文化的核心,那么丑则继崇高成为近代审美文化焦点之后而入主现代审美文化的殿堂;如果优美是人的本质力量对象化的反映,是一种和谐的、肯定性的价值的话,那么丑则是人的本质力量变异化和扭曲化的反映,是一种不和谐或反和谐的、否定性的价值。丑在形式上常常是不和谐、失比例、不匀称、无秩序的;在内容上则是恶的形象显现;在情感上则使人厌恶、痛苦、反感、鄙弃;在心理上则给人以消极感、压抑感。总之,丑就是美的反面和对立面,是美的错位与背叛。由于它在外形上的独特,因而丑常与崇高、悲剧、怪诞、荒诞等密切相关。它不仅在自然、社会中广泛存在,而且高度集中地体现在艺术尤其是现代艺术中。它对了解近现代资本主义文化尤其是现代资本主义的文化逻辑具有重要的审美意义与价值。

丑与优美几乎同步产生,但受到的重视程度却大相径庭。赫拉克利特认为,最美的猴子比起人来还是丑,而与神相比,无论在智慧、美丽等方面,最智慧的人仍像一只猴子。这揭示了美丑的相对性,充满了辩证精神。智者学派也认为没有东西是绝对的美与绝对的丑,这是因为美丑既因人而异又因具体场合与对象而有所区别。乐善好施、跑在前面、杀人等品德与行为,如果面对的分别是朋友、竞争对手与敌人,那么它们就是美德;如果面对的分别是敌人、朋友和公民,那么它们则变成丑德。苏格拉底也认为,同一事物同

时既是美的又是丑的,只因参照系的不同而各异。因为美是适用,适用与需要则因人因时因地而异。一件事物若是美与善的,其反面必然是丑与恶的。知识即美德即实用,没有实用意义与价值的艺术一定是丑的。柏拉图也认为丑就是羞耻、粗鄙、虚伪,是可笑的德行、小丑的言行和喜剧的模仿对象。亚里士多德认为喜剧模仿的坏人之"坏"不是指一切恶,而是指"丑":丑是一种可笑的滑稽事物,具有丑陋、丑怪而不致引起痛苦与伤害等特点;它是恶的一种但又不等于恶,是一种不造成伤害和痛苦的恶。自然、生活的丑经艺术加工创作可以转化为艺术美并予人以审美愉悦。总之,古希腊人认为丑就是对和谐美的越界,是对合适尺度的跨越,就是无秩序、不匀称、不适合的表征。

古罗马时期,普鲁塔克认为在现实或艺术中,丑仍然是丑而难以变成美;正如现实中的蜥蜴即使进入绘画中也不可能变成美女。当然,作为模仿品的艺术,若能酷肖原型就会超越模仿对象的美丑,同样可以给人以快感,受到人们的喜欢。其中最为关键的是艺术家的模仿技巧。中世纪圣·奥古斯丁认为,在神所塑造的整体美的感性世界里,丑虽较为低级但也能成为美的条件并起着反衬和烘托作用。美是绝对而丑为相对。如在形体美上人高于猴子,但猴子的"美"(即丑)也会含有和谐对称等美的因素。猴子外表上虽不如人美,但其内在机理或机体构造却是和谐、均衡的,自然符合美的形式规律,只不过它与人相比稍微低级而已。

近代,随着崇高成为人们审美关注的焦点,丑也受到人们更加充分的关注。休谟认为快乐之情是美的本质,而痛苦之情则是丑的本质。这种经验主义的美丑论既混淆了美感与快感、美与丑的区别,流于相对主义的泥淖,同时又否认了美丑存在的客观性,陷入主观主义的臆断。荷加兹则认为,丑为自然的属性,适宜产生美,不适宜产生丑。战马与赛马各具有不同的美,就因为适宜;倘若交换使用则会因"不适宜"而变丑。有组织的变化可以产生美,否则就会因混乱而变丑。沃尔夫也认为,产生快感的为美,否则即为丑。鲍姆嘉登认为,具有完善的、令人喜爱外形的对象就是美,否则就是丑。丑的事物本身可以被想象为美,美的事物也可以被想象为丑。他还把认识论意义的美丑与审美活动中的美丑进行了区分,并给予后者中丑的价值以充分肯定。斯宾诺莎则认为,最美的手若在显微镜下看也会显得很可怕而变丑。谷鲁斯认为,丑的外形会给人不快感。莱辛认为,丑可以入诗,但绝不能进入造型艺术。艺术家可以利用丑来加强艺术中的某种混合情感,丑的存在是为了更好地突出美。康德认为,艺术能将自然丑或令人作呕之物加以美的描述即改造,从而获得高于自然美的价值。黑格尔认为,"真正的美"是艺术,而丑则属于艺术美的范围。

进入19世纪,丑日益被美学或审美实践所重视。而在19世纪初,丑尚未从审美中独立出来转变为审丑,它的价值与意义仅仅局限于转化为美或对美起映衬与强化作用。雨果认为,丑就在美的旁边,滑稽丑怪作为崇高优美的配角和对照,算是大自然所给予艺术的最丰富的源泉。里普斯认为,凡是投进了对生命无价值、冲突、缺陷、匮乏的东西,就是丑;丑的主要功能就是作为美的陪衬。另外如司汤达、梅里美、巴尔扎克、福楼拜、左拉等具有现实主义倾向的艺术家一方面将丑作为描写的重要题材,一方面则高度赞扬无情的真实并以科学的态度描写生活的真实。这就肯定了艺术应当描写丑和丑在美学中应占重要的地位。但基本上都没有超出古典范围:丑不像美那样可以成为歌颂的对象,却可以成为描写的对象帮助人们了解、克服丑。总之,近代的丑之作用有二:它既创造了丑怪与可怕,又创造了可笑与滑稽。

1853年,新黑格尔主义者罗森克兰兹《丑的美学》专著的发表成为西方美学史上一件划时代的大事。鲍桑葵认为该书的主要贡献有:其一将丑明确地与美对立并列起来,使之成为独立的概念;其二,丑已脱离了陪衬地位被接纳到艺术中来;其三,艺术不能忽视对丑的描绘,当丑出现在艺术中时虽不能被美化,但却可以使之理想化,即用美的一般法则突出丑的一般特征;其四,考虑到了艺术表现丑的效果,就有可能削弱、削除丑的令人不快感。这部著作不仅是第一部研究丑的专著,而且也标志着丑与美分庭抗礼、真正成为独立的美学范畴,使美学史上的审丑研究进入一个新时期。

20世纪中晚期,是丑受到推崇、偏爱、歌颂并大行其道之时。以陀思妥耶夫斯基、波德莱尔等为代表所开创的现代主义文艺一反崇美抑丑的古典传统,高唱丑的赞歌、力倡丑的美学。陀思妥耶夫斯基笔下有病的人、凶狠的人、犯罪的人乃至"白痴"皆成为他所称颂的绝对完善的优秀人物。而溃烂的腐尸、垂死的老人、可怕的老妓、被弃的贱民,无聊、痛苦、孤独、绝望等消极意象皆为波德莱尔献给巴黎的"忧郁之歌"与"病态之花",也是他以丑为美、化丑为美理论的艺术实践。追求感官刺激与直觉夸张,强调潜意识冲动,创造反和谐、非逻辑、非均衡的音乐结构和尖锐、剧烈与刺激的音乐风格,直接成为20世纪初欧洲乐坛上表现主义的追求,这就是现代意义上的丑。马奈被称为"色情的母猩猩"、"丑八怪的艺术"的《奥林匹亚》、杜尚"长胡须"的《蒙娜丽莎》、达利的《带抽屉的维纳斯》以及毕加索的《阿加威农的少女》等,都是现代绘画审丑的结果。艺术只有表现性格才是美的,自然中的丑往往比美更能暴露性格。因此,艺术愈能表现这种丑,其审美价值就愈大。这是罗丹的艺术主张之一,他的许多雕塑作品如《巴尔扎克》、《加莱义民》、《欧米哀尔》等正是这种主张的形象展现。可以说进入20世纪,丑渗透到了文艺及审美的各个领域,并与荒诞一起分别替代了崇高与滑稽而成为审美领域的新宠。

(二)荒诞的本质内涵及其历史演变

荒诞就是极不真实、极不近情理。这是汉语辞书常有的含义。英语absurd,在《牛津现代高级英汉双解辞典》(1984)中有"不合理的、愚蠢的、可笑的、荒谬的"等义项。《简明牛津辞典》(1965),对"荒诞"一词作如下界定:①音乐中的不协调;②同理性或常态不和谐;现代用法,彻底反对理性,意为荒谬的、愚蠢的。由此可见,荒诞更多地体现为:形式上的不和谐;内容上的违反常理、荒诞可笑和极端的反理性。它是一种人类深层次的自我反思之后的体验状态,是对人的本质力量的纵深化肯定与异常化反映。如果说丑是一种不和谐,那么荒诞则为一种虚假和谐;如果说丑是一种否定性的价值,那么荒诞则是肯定性与否定性价值的混合、失落与错位。丑广泛存在于自然、社会与艺术之中,荒诞则只存在于社会生活与艺术创作之中。荒诞与丑、怪诞密切相关。随着社会的极大发展与理性的畸形进展,荒诞逐渐成为现代与后现代审美文化的主角,对资本主义现代文化的反思和后现代文化的烛照具有重要的审美意义与价值。

荒诞的历史演变相对较为简单、直接,直到20世纪才真正作为审美范畴而受到空前的重视。古希腊时代,柏拉图虽为荷马史诗所深深打动,但每当看到天神被描绘得与普通人一样具有嫉妒、贪婪与报复心等性格缺陷时,荒诞感便油然而生。这更坚定了他将荷马式的诗人与文艺驱逐出理想国的决心。他的荒诞感既源于理式与自由的矛盾,也源于爱和诗在现实生活与理想境界中的巨大反差。在中世纪,荒诞常常表现为极端的禁欲主义与极度的纵欲主义、禁欲的教义与纵欲的僧侣之间的矛盾而构成的巨大反讽和落差。薄伽丘的《十日谈》就是其形象的表现。文艺复兴后,理性在使人成为万物灵长之后并没有为人的健康发展做出更多更有益的论证与贡献,反而在科学技术领域与实用工具领域获得了突飞猛进的长足发展。随后科技理性、工具理性或经济理性逐渐吞噬并取代人文理性,生产关系更加现代化、自动化与流水线化,人这个"万物之灵长"被紧紧地套在了理性机器上而被无情地压榨与剥削,从而成为以理性为代表的机械文明的奴隶与牺牲品。私有制绞尽脑汁的盘剥与资本唯利是图的本性,使人被金钱、权力、商品逼得走投无路与极度绝望;启蒙主义者承诺的理性王国的美妙神话无影无踪,随之而来的是现象与本质、动机与效果、手段与目的、人与自然、人与社会、人与人、人与自我等一系列环节的分离与相悖所造成的异化感与荒诞感。随着异化与非理性倾向的普遍化,荒诞感更加普及与深入。在叔本华那里,痛苦的生命就构成了巨大的荒诞感。尼采用积极、乐观与直面的态度来战胜荒诞,比叔本华更为可取。两次世界大战促进了非理性主义的盛行。对科学理性的反思和对人的生存状况的关切,催化了存在主义等人本主义哲学的繁荣。海德格尔的存在主义认为,世界与人的存在都是荒诞的。上帝死了,存在的个体各有自己的思想、意志与欲望,各是自己行为法则的裁判者与上帝。而这种与别人无法沟通的主观性就导致了一系列冲突与矛盾:人与人的冲突催生了"他人就是地狱"的人际关系,人与自然的冲突导致了无限索取、毁灭性开发的人为灾难,人与社会的冲突造成了全面异化的人文"荒原",人与自我的冲突导致幻觉即真实的人格分裂。这样外在于个体的自然与社会就成了个体存在的"阻力",丑与恶到处竞赛:世界成为无中心、无主体、无理性的虚无荒原,个人成为没有信仰、没有追求、没有希望与没有目标的孤独流浪者,在荒诞而又冷酷的环境中倍感痛苦绝望而又无能为力。即使是死亡与永生也已变得毫无意义。萨特以"存在先于本质"和自由选择抵抗荒诞。加缪以世界的本质与人生的意义是荒诞来面对、反抗和战胜荒诞,并不再荒诞。这些都是存在主义思想的衍生与流变。加缪的《西西弗斯神话》《局外人》,萨特的《恶心》《可恶的妓女》,卡夫卡的《变形记》《判决》,以及以贝克特、尤奈斯库为代表的荒诞派戏剧和约瑟夫·海勒、塞林格为代表的黑色幽默(又称为荒诞派)小说等,都是这种思潮复杂而又集中的审美表现。

二、丑与荒诞的类型及其成为审美范畴的原因

(一)类型

1. 丑的类型

丑的类型大致可分为自然、社会和艺术三类。自然界中丑的事物往往具有不合规则的形态或无法言说的形状,如丑石、怪鸟、枯藤、老树、昏鸦、蟾蜍、毒蛇、病毒、残疾者、垂死者、衰老者、颓败者、生理怪胎与麻风病人等。而社会生活中丑的事物多指摧残、迫害、毁灭善良美好的事物而又做垂死挣扎的腐朽势力。如昏庸残忍的慈禧太后之杀害"戊戌六君子",张勋、溥仪的复辟回潮,袁世凯的丑恶称帝,日本侵略者的兽行,"四人帮"的厚颜无耻以及一切反对势力的倒行逆施等。艺术中对丑的事物的表现,通过艺术天才的加工与改造,可将生活丑创造性地转化成为艺术的对象,并使之散发出惊人的艺术光辉与审美魅力。如雨果笔下的伽西莫多、八大山人的诗画、"扬州八怪"的艺术、陀思妥耶夫斯基的卡拉玛佐夫兄弟、巴尔扎克的拉斯蒂涅、波德莱尔的《恶之花》、莫泊桑的杜洛阿、韩愈以文为诗的怪作以及苏州留园透漏瘦皱的怪石等。

2. 荒诞的类型

荒诞因为不存在于自然界中,所以只有两种类型:即社会生活中的荒诞与艺术中的荒诞。荒诞是对人的本质力量扭曲化、变态化的反映,常常表现为对真善美的压抑与蹂躏。因此在社会生活中,就有德国法西斯在种族优越论的邪恶实践中,成千上万优秀而无辜的犹太人被残忍杀害。德国许多公民一窝蜂地为希特勒这位战争狂人所折服、洗脑,仿佛整个德意志民族都陷入巨大的催眠梦幻中,心甘情愿地充当这位举世罕见的混世魔王的工具和牺牲品。这对于具有睿智、冷峻、善思传统的德意志民族既是一次空前的悲剧灾难,更是一个巨大的讽刺与荒诞!完善的理性与完善的非理性、绝对的理性与绝对的非理性是如此和谐统一,此乃虚假的和谐统一。荒诞就是这样一种生存状况:当时难以觉察、众人皆信以为真,只有在事后经过反思方才发觉。若当时发觉并全力抵抗,荒诞就不会发生。只有少数睿智者、先知者在拼命反抗,绝大多数人都陷入难以自拔与情不自禁的迷狂与疯癫之中。通常的情况是:不以荒诞为荒诞、视邪恶为忠诚、视残忍为正义,此乃真正的荒诞!倘如此,那整个世界就会变成巨大的荒诞与垂死的疯狂!作为对社会生活审美反映的文艺,尤其是在现代艺术与后现代艺术中,荒诞得到集中而又突出的审美展示。表现主义小说、荒诞派戏剧与黑色幽默小说等则是其主要的艺术阵地。贝克特的《等待戈多》以如此简单的剧情和如此荒诞的事件,对人生不知为何等待却又必须等待的无奈与荒诞进行形象呈现与冷静反思。尤奈斯库的《秃头歌女》以骇人听闻的荒诞展现当代人交流的困难。

（二）成为审美范畴的原因

1. 丑成为审美范畴的原因

丑之所以成为独特的审美形态的原因大致有两点：首先，它是异化与扭曲人的本质力量的社会现实的必然反映。自1853年之后，丑耀眼地上升为美学的主要关注对象，并逐渐结束了优美的霸主地位。这是现实生活的巨大存在与有力召唤。资本主义历史充满了血与火的残忍与征服。即使在福利待遇提高、生存条件改善之后，广大人民也仍然受制于工具理性的压迫：人成了无所依凭、无法依凭的"空心人"，"活着"的意义已大打折扣，"人"的危机令人无所适从。对外残酷掠夺、戕害无辜生灵。海外扩张、军备竞赛、世界大战、核恐阴云，令人极度不安。审丑取代了审美，使人从感觉的麻木与幻象的欺骗中猛醒。其次是西方哲学美学发生了巨大变化，反理性、反思辨与语言论转向使美学告别黑格尔，走向叔本华、尼采等，强调非理性、个别性、偶然性和经验性，否定理性和主体性，抽离美的永恒性，模糊诗意世界与现实世界的差距，并使现实世界的丑恶狰狞面目"凸显"了出来。因而在美学理论与艺术实践中，丑得到集中而强烈的展现。丑不仅被看成是人的本质，而且更是艺术的重大主题，在诗歌、小说、戏剧、绘画、音乐、雕塑、影视等领域得到广泛表现。由此可见，丑之所以成为一种独特的审美形态是西方社会现实与社会思潮等综合作用的结果，是西方美学告别古典、走向反传统的必然选择。

2. 荒诞成为审美范畴的原因

荒诞之所以成为一种特殊的审美形态，原因有如下两个方面：其一，它是现实生活中人的本质力量遭到戏弄、嘲讽、异化、蹂躏而产生荒诞现象的普遍反映。现实生活中如果荒诞现象还不普遍，荒诞就很难进入人们的审美视野。唯有进入20世纪的现代主义与后现代主义时期，叔本华、尼采的孤独呐喊与先知预告才在世人心中引起热烈的响应和普遍的共鸣。资产阶级所预期的完善生活与完美社会不但没有出现，反而被理性的战车横冲直撞地带进繁荣、非理性与迷狂的晚期资本主义时代。矛盾丛生、危机四伏、美善缺位、丑恶盛行，分裂与异化司空见惯，荒诞感、焦虑感、幻灭感如影随形，成为人们挥之不去的心灵阴影与情感煎熬。当人们受到荒诞现实的感染与召唤时，荒诞便顺理成章地改写着美学史并成为独特的美学景观。其次是人们反思意识的深入与审美认识的深化。人作为万物之灵长的根据是理性，人成为万恶之首的依据也是理性。可见理性是件双刃武器，可以为善可以作恶，可以生美亦可生丑。善恶美丑的倾向全在于心灵的掌控。没有理性或理性不发达，人与禽兽只有本能冲动；理性太发达或太过理性化即理性被滥用到无所顾忌的地步，人可以超过禽兽，无论在真善美或者假恶丑上皆是如此。在科技理性至高无上、物欲横行霸道、人文斯文扫地、享乐万寿无疆的前提下，人将永远是欲望的奴隶、残缺的灵魂、异化的产物和荒诞的主角。正因为人们意识、反思并试图改变人类的生存处境时，荒诞便不可避免地进入理论家与艺术家的视野，分别在哲学、美学、伦理学、心理学、文学、艺术等领域开花结果，蔚为壮观。可见荒诞之所以成为独特的审美形态也是社会、历史、思想等因素综合较量的必然产物。

三、丑与荒诞的审美特征与审美价值

（一）丑的审美特征与审美价值

丑和荒诞作为资本主义社会中、晚期独特的审美范畴与审美形态，二者在审美特征上的相似性可以概括为陌生感、惊异感与震惊感。其审美价值也缘此而生。

首先是其外形特点给人的综合印象是：陌生的、刺目的、惊异的与震撼的。因而在审美特征上，丑以其粗糙生硬与怪陋狰狞的外形引人注目，而荒诞则以荒唐、怪异与惊骇的情节与内容骇人听闻。但二者又有区别，丑令人触目惊心，荒诞则令人在惊心动魄之余幡然醒悟。

丑的外形给人以"触目"之感。奇丑无比的形貌令人震惊，使人在强烈刺激之余进而观察、思考与研究，及至发现其不同凡响之处，进而触及心灵，达到"惊心"的审美效果。其审美价值就在于令人"惊心"与思考。进入雨果的《巴黎圣母院》，最为触目的是伽西莫多那不堪入目的丑陋。随着情节的进展，人物的心灵世界逐渐向你打开，对他的了解逐渐加深，他那丑陋的外表下掩藏着一颗善良、柔软而又倔强的心：为了保护他敬爱的美丽无比的姑娘而不惜生命，最后爆发出惊人的抗争力。此时他的丑已为美与可爱、同情与敬佩所取代。他那外丑与内美的奇怪结合，反比那外美内丑的法比、道貌岸然的克洛德和内外皆美的爱斯梅那尔达更具心灵震撼力，其丑的审美价值也在此得以充分表现：使人在艺术的"借镜"中得以反观社会与自身，令人警醒与思考；也可从中体会到丑的力量和作家创作艺术丑的高明。徜徉在苏州留园中，当你领略到那由透漏瘦皱之丑所构成的完美景观给人以审美愉悦时，无不为艺术家别具匠心与巧夺天工的创造力所折服。

（二）荒诞的审美特征与审美价值

荒诞常常以其情节的悖理、内容的怪异而给人以匪夷所思的惊异感。其审美价值也表现为：人们在为其审美特征所"抓住"之余，逐渐反思，抛开幻觉，认清人生与世界的真面，从而获得幡然醒悟之感。人们常常沉浸于世俗事物之中，其理性与反思能力常常为名利权势等各种欲望所遮蔽，因而常处于"自动化"的无意识状态之中，这也是一种非理性状态。对于世界与自身的反思更是吉光片羽。一旦我们进入作家天才的想象与惊人的虚构所组成的艺术世界之中，其中的世界景观与人生境况更是骇人听闻：原来生活与世界竟是这样的！及至认真反思之后，确认我们的生活和世界就是如此，只是被各种无端之欲与盲目之物所"遮蔽"，我们一直在心灵的黑暗中盲目摸索；是艺术家的天才创造才使我们和世界逐渐"敞亮"起来，得以进入"澄明之境"。我们应该感谢艺术家对世界的贡献和对我们的馈赠。贝克特的《等待戈多》在1957年大获成功，令美国昆士丁监狱的犯人热泪盈眶，知道消极等待是无望的，只有积极改造才是应该的。尤奈斯库的《秃头歌女》在巴黎开演时据说观众只有作者和妻女三人,几年之后却获得空前成功,由此他也于1970年荣获法兰西学院院士称号。这巨大的"隔膜感"不就是人类生存的现状吗?美国当代哲学家托马斯·内格尔说得好:我们的荒诞性并不是那么多苦恼或挑战的理由。荒诞性是有关我们的最人性的事情之一,它表明我们最高级最有趣的特征;它之所以成为可能,正是因为我们在思想上超越我们自己的卓识与能力。它产生于一种理解我们人类的局限性的能力。它未必是一件痛苦的事,除非我们使它成为痛苦。它也未必要激起对命运的无礼的蔑视,好让我们为自己的勇敢而自豪。这类戏剧性的行动也表明人们未能充分领会处境其实毫不重要,我们可以用嘲讽而非英雄主义的绝望的态度对待我们的荒诞的生活。①

【请你思考】

1. 优美与崇高的区别与联系是什么?
2. 悲剧与喜剧的区别与联系是什么?
3. 丑与荒诞的区别与联系是什么?

---

① 托马斯·内格尔:《人的问题》,上海译文出版社,2004。

第六章
不可小视的形式美

形式美是美学研究的重要内容。早在古希腊,美学家就对形式美的问题进行理论的探讨。毕达哥拉斯学派认为:"一切立体图形中最美的是球形,一切平面图形中最美的是圆形。"他们提出的"美是和谐与比例"的观点,对后世美学家研究形式美影响很大。亚里士多德认为,美就在客观事物本身。他说美的主要形式是"秩序、匀称与明确"。这些观点,只关注形式,不注重内容。在黑格尔的"美是理念的感性显现"的观点里,我们不仅看到了形式美具有相对独立的意义,而且认为美的形式与美的内容具有密不可分的联系,美的形式就是"显现"理念的感性形象。他说美的要素可分为两种:一种是内在的,即内容;另一种是外在的,即内容所借以现出意蕴和特性的东西。他的形式美的观点体现了深刻的辩证法思想,但是,形式美所体现的内容不是社会实践意义上的规定,而是一种客观唯心主义的"绝对精神",所以不能对形式美给予科学的揭示。18世纪英国画家荷迦兹认为,最美的线条是曲线,忽略了内容与形式的关系。英国现代美学家克莱夫·贝尔等提出美是"有意味的形式"的命题,带有唯物主义思想,发展了形式美的理论,但他的"有意味"的内容和黑格尔的"理念"一样,也脱离了社会实践。

形式美的研究离不开美的形式、离不开具体事物的内容、离不开人类的社会实践活动。

第一节 什么是形式美

当前我国美学界对形式美的性质界定有四种不同的理解:一种看法是将形式美作为审美范畴;一种看法是将形式美作为一种独立的审美形态;一种看法认为不存在独立的形式美,它依附于其他美的形态中,既不能作为审美范畴,也不能作为审美形态;一种看法是形式美与自然美、社会美、艺术美等审美形态并立,同时又包含在这些审美形态之中。不管哪种看法,都不能忽视形式美的存在。任何事物都是以应有的形式呈现在我们的视野之中,表现了应有的形式规律。因为鲜艳的红色、悦耳的鸟鸣、优美的曲线、匀称的体型等无不通过感性的形式展示事物的美,激发人们的审美情趣。

一、什么是形式美

形式美是指自然界、社会生活以及艺术中各种形式因素(色彩、声响、形体、线条等)及其有规则的组合所呈现出来的相对独立的审美特性。它包含外在的形式因素和内在形式因素(整齐、对称、节奏、比例、和谐等)的组合法则两个方面。

二、形式美的特征

认识形式美,首先要注意区分形式美与美的形式的区别与联系,形式美不完全等同于事物的形式。一般来说,美的形式与内容相联系,它很难脱离内容而独立地体现审美价值;而形式美不直接显示具体的美的内容,它具有相对的独立性、抽象性和符号性。但同时,形式美也离不开美的形式,形式美是从诸多具体的美的形式中抽绎出来的"共同的美",形式美与美的形式之间应是共性与个性、一般与特殊的关系。相比较而言,形式美具有以下特征:

1. 形式美具有独立的审美意义

形式美是就形式本身及其有规则的组合而带来的审美感受,是人类在长期的审美创造和欣赏活动中,对各种具体的审美对象的形式的共同特征的抽象概括和典型反映,是人类联系具体事物总结的结果,也是人类长期社会实践的结果。因此,形式美可以成为独立的审美对象,欣赏者可以在纯形式的触发下通过想象、联想,直接获得相应的审美感受。例如颜色的鲜艳明朗、声音的悦耳动听、线条的柔和婉转、形体的匀称协调和比例的合意舒适、节奏的起伏变化等。

2. 形式美离不开具体事物的美的形式

人们在长期的审美活动中,对美的感受往往都是由形式直接引起的。因为美的事物都具有美的形式,是具体的、形象的、生动的。有人认为真正具有美的形象的事物,它的外部形态必然放射着能够吸引人、感动人和耐人寻味的美的光辉。假如雅典娜的神殿巴特农不是大理石筑成,王冠不是黄金制造,星星没有亮光,它们将是平淡无力的东西。美有着具体物质形式的客观形象,它可以用感官直接感知,可以给人直接带来美感。它可以表现为怪石嶙峋、飞瀑直下的山水,也可以是草芽萌发、春意盎然的大地;可以是金黄色的麦浪,也可以是银白色的棉海;可以是健康匀称的运动员的体态,也可以是银发秃顶的科学家的风采;可以是现代化人工智能的电脑,也可以是手工操作的理发师的技艺;可以是令人捧腹的相声,也可以是催人泪下的悲剧等。形式美的法则是人们在审美活动中对现实中许多美的形式的概括反映。比如对称的美,是生物体自身结构的一种合规律的存在形式。古人在狩猎和农耕时代,就发现了动物体、植物叶脉的对称规律。

3. 形式美与具体事物的内容、社会生活实践密切相关

形式美是抽象的,就内容而言,具有朦胧的、隐晦的、间接的和不确定的审美意味。然而,形式美不是孤立于内容之外的,形式美也蕴含着丰厚的社会内容,美的事物总是内容和形式的独特的统一体。

人除了形体的外在美,还具有精神、思想、品质和生命等具体内容;哥特式教堂高耸入云的塔尖,体现着通向天国的含义。

在色彩中,一般认为红色是一种热烈兴奋的色彩,黄色是一种明朗的色彩,绿色是一种安静的色彩,白色是一种纯洁的色彩。人们对不同色彩所产生的不同感受是有一定生活根据的。因为在生活中红色常常使人联想到炽热的火焰、节日的彩旗、红润的笑脸等;绿色常常使人联想到幽静的树林、绿荫的草地、平静的湖面等;黄色常常使人联想到明亮的灯光、皇帝的龙袍等。

我国考古学家对于古代陶器文饰的研究表明,图案文饰大多数来源于对生活中的各种生物的模拟,如鱼、鸟等。它们是由写实而逐渐抽象化的演变的结果,其中凝聚着新石器时代社会生活的丰厚内容。像我国象形文字一样,我国的图案语言是朴素、单纯、富有生趣的。如太极图案:"用相反相成的S形,把画面分成两个阴阳交互的两极,这两极围绕一个中心回旋不息,形成一虚一实、有无相生、左右相倾、前后上下相随的一种核心运动……这样的对立而又和谐的美,正是五千年前为中国的劳动人民所认识而表现出来的朴素的宇宙观。"它深刻地体现了表现形式上阴阳相生、对立统一的规律,给后来的图案创造开辟了广阔的天地。

第二节　形式美的外在形式因素

形式美的构成因素主要包括两个方面:一是构成形式美的自然属性,即外形式,主要有色彩、声音、形体和线条等四种;一是构成形式美的物质材料的组合规律,也被称为"形式美法则",即内形式,主要有整齐、对称、节奏、比例、和谐等,也就是外在形式因素内在组合规律的美。形式美的外在形式因素具有显著的审美特征。

一、色彩

物体在光的照射下都有其颜色,与物体的形状一起作用于人们的视觉,人们经过大脑的综合分析,留下色彩的印象,并形成可以离开形体的色彩概念。色彩作为外部世界最普遍的属性,它的物理学意义就是波长不同的光。由于不同的波长刺激人的视觉神经,人就会感觉到不同的色彩。一般来说,从光谱上400到760纳米之间,人们依次可以看到赤、橙、黄、绿、青、蓝、紫等七种颜色,将七种可见波长的光混合起来,人们就会看到白色。

color是与大千世界联结在一起的,是美的构成部分。马克思说:"色彩的感觉是一般美感中最大众化的形式。"由于世间万物都有色彩,所以处在现实生活中的人们触目便皆是色彩。在绘画中,红、黄、蓝三原色及其调和色,可以产生复杂的审美效果。英国画家荷迦兹说:"色彩美,是指各种颜色及其浓淡变化在对象上的这样一种配置,这种配置在任何构图中都是既明显多样的,又是巧妙统一的。"色彩的审美特征主要有:

1. 色彩能产生视觉效果

色彩作为视觉对象,其物质属性差异,可以对人产生不同的视觉效果。如青、蓝、绿色,可以引起人冷的感觉,而红、橙、黄色,可以引起人热的感觉。根据这样的视觉感觉,人们在建设生活、布置环境、点染画面时,则可以有意识地创造某种视觉效果。在医院的病房,为了使患者解除精神负担,所有的陈设都是以白色、蓝色为主;而法庭里,则是庄严的深绿色。中世纪欧洲的哥特式的教堂,采用各种色彩的玻璃,镶嵌在窗子上,组成几何图形花样,以及《圣经》中的场面,阴暗的教堂中,透过彩色的玻璃,射进了色彩缤纷的光线,给人一种难以形容的神秘感觉。

2. 色彩能造成感情联想

本来,从色彩的物质属性而言,人对其并没有特定的感情色彩,但是色彩却是能激发人类感情之物。古语云:"物之动,心亦摇焉"、"物色相照,人谁获安?"色彩是引端,人的心理条件把色彩变成属于人的有意味的色调。色彩的感情效果,体现为人对色彩的好恶感。人对色彩的感情反应,与人的生活实践经验有着密切联系。比如深蓝色使人感到沉着安静,红色使人感到热情喜气,这都是人类生活中历史积淀的结果。对于特别使个人所喜所悲的色彩,可以称之为"主观色彩"。王昌龄《闺怨》中写少妇是"忽见陌头杨柳色,悔教夫婿觅封侯";《西厢记》中送别的莺莺有"晓来谁染霜林醉,总是离人泪";色彩引起的主观感情效果因心理因素不同,差异很大。闻一多有一首题为《色彩》的诗表达了他的生命怎样从一张没有价值的白纸,被生活中的各种色彩赋以情致的成分:"自从绿给我以生命,红给我以热情,黄教我以忠义,蓝教我以高洁,粉红赐我以希望,灰白赐我以悲哀,再完成这帧彩图,黑还要加我以死,从此以后,我便溺爱于我的生命,因为我爱它的色彩。"诗中有些感情色彩是人所共同的,有些乃是特殊的主观色彩。色彩能迅速激起人的情感,影响人的心理。西方实验美学派通过实验发现:"情绪欢快的人一般容易对色彩起反应,而心情抑郁的人则容易对形状起反应。"他们得出结论:"色彩产生的是情感经验,而形状相对应的反应是理智的控制。"有个足球教练,总是让人把足球队员休息时去的更衣室刷成蓝色,以便创造出一种安静轻松的气氛;但当他对队员们作最后的鼓励讲话时,则让队员走进涂着红色的接待室,以便创造出一种振奋人心的背景。

3. 色彩具有象征意义

人类在长期社会实践中,依据色彩本身的某些特性,及其与人的生活的某些联系,使某一色彩被赋予一种社会意义,变成具有代号意义的象征色。比如,红色总是与火、血联系在一起。从原始时代的狩猎、战争等活动中,人们就感觉到血与勇敢、坚强、功业联系在一起；而火与热和光又联系在一起。因此，红色便产生了它的多重象征意义：光荣、崇高、热烈、忠诚、光明等。由于时代、历史、民族、地域不同，人们赋予色彩的象征意义，往往也很不相同。我国古代服饰以绿为贱色，在元代为乐户服色；而在西方"诺亚方舟"的传说里，橄榄绿象征着和平与希望，现代成为许多国家邮政的象征色。色彩的象征意义有时与具体有形之物联系在一起。如红色灯笼的喜庆象征，与灯之形不可分；红色的汽车用于消防，红色的十万火急的意义与车这个有形之物是分不开的。因此，要了解色彩的象征意义，应与特定的环境条件联系起来，才能看到它的多义与转义。我国传统戏曲中的脸谱就大多以色彩来区分人物的类型：白色表奸诈，红色表忠义，黑色表憨直，金色表神异，蓝色表刚强，黄色表勇猛残暴等。

另外，色彩的象征意义有集体的共通感，也有个性的偏好。不同性格的人对色彩往往各有所爱：活跃、豪放、富有同情心的人喜欢红色，深沉冷静的人喜欢蓝色，轻浮的人多喜欢米黄色，古板的人多喜欢青色等。西方许多画家都有自己偏爱的颜色，并成为他们独特画风的重要因素：荷兰的画家凡·高喜欢用黄色作为基色，意大利的画家提香被人称作"金色的提香"，荷兰的画家伦勃朗偏爱金褐色，意大利的画家委罗奈斯被称为"银色的委罗奈斯"。个人可以根据联想，以某种色彩为某一意义的象征。如有位叫陈辉的烈士写有一首名为《献词——为伊甸园而歌》的诗："也许吧，我的歌声明天不幸停止，我的生命，被敌人撕碎，然而，我的血肉啊，它将化着芬芳的花朵，开在你的路上。那花儿呀——红的是忠贞，黄的是纯洁，白的是爱情，绿的是幸福，紫的是顽强。"诗中的花的色彩所具有的象征意义纯属于诗人自我的。

二、声音

声音是由物体振动而发生的波通过听觉所产生的印象。声音可以分为自然发生的声音和人按美的规律创造的音乐的声音。自然发生的声音是自然而然出现的，如雷鸣、风吼、虎啸、猿啼、莺啭、虫吟、人喊、马嘶等。乐音能表现人的感情，也能激发人的感情。如《琵琶行》描写音乐："大珠小珠落玉盘"、"银瓶乍破水浆迸，铁骑突出刀枪鸣"、"曲终收拨当心画，四弦一声如裂帛"。苏轼《赤壁赋》："其声呜呜然，如怨如慕，如泣如诉；余音袅袅，不绝如缕，舞幽壑之潜蛟，泣孤舟之嫠妇。"声音作为形式美的因素，能以其音响对人的感官产生直接、迅速的刺激，而引起人们即时的情绪波动和情感反应，与色彩、形体相比较，声音是与人类情感联系最为密切的形式符号。

1. 声音有情绪意义

《乐记》中说："凡音者，生人心者也。情动于中，故形于声；声成于文，谓之音。"这说明乐音与创造主体相关。又由于人心对物之所感的心境不同，故会产生带有不同情绪意义的乐音。一般来说，高音显得激昂亢奋，低音则深沉凝重；强音坚定有力，富有鼓动性，弱音柔和细腻，富有抒情性；纯音优美醇正，悦耳动听，噪音繁杂吵闹，令人不快。《乐记》又写道："是故其哀心感者，其声噍以杀；其乐心感者，其声啴以缓；其喜心感者，其声发以散;其怒心感者,其声粗以厉;其敬心感者,其声直以谦;其爱心感者,其声和以柔。"古代希腊人也从七种乐调中,分析出情绪表现的差别,认为 E 调安定,D 调热烈,C 调和蔼,B 调哀怨,A 调高扬,G 调浮躁,F 调淫荡。以上说法并不完全科学,声音与情感的联系不能一概而论。不过与色彩相比,声音美更具有普遍性、大众性,个性差异较小。

2. 声音有色彩感

由听觉引起人生理上的通感,发生视觉作用,产生色彩效果。据朱光潜在《近代实验美学》中介绍,美国学者梵斯华兹和贝蒙等进行试验:一班学图画的学生听两曲乐调不同的乐曲,让他们随时把音乐引起的意象画在纸上,结果发现,各人所画的图画情景虽别,而情调和气象却十分相似——乐调凄惨时各图画的色调都很暗淡,乐调喜悦时各图画的情调都很生动。这被称作"着色的听觉"。还有学者实验表明,高音产生白色感觉,中音产生灰色感觉,低音产生黑色感觉。但是应该看到,这与人的心理经验有很大关系,正是因为听觉的"着色"与人的心理经验相关才造成了"着色"的不固定性。

3. 声音有意象感

声音虽然视不可见,但由于声音在自然现实中,总是与一定的事实形态联系在一起,与人的一定的生理、心理反应联系在一起,所以人听到一定的声音总是造成并非只有声音一种存在的综合反应关系,这种关系在人的头脑中呈现为以声音为起点和中心的连锁网络式的意象形态。这时的声音虽然还是形式的,但却与一定的内容联系在一起,转化为有依存内容的形式。这种意象的造成,是对声音综合创造的结果,其中有主体的想象和移情。有人认为,赋予音乐以意象,不是欣赏音乐本身,而是玩味音乐所激起的幻想。刘鹗《大明湖听美人绝唱》中写白妞声音的无穷变化、美妙难以言说之处,用泰山、黄山的景色加以形容:"如一条飞蛇在黄山三十六峰半山腰里盘旋穿插,顷刻之间周匝数遍。"又用众多事物和诗文妙喻,曲尽形容之能事,"余音绕梁,三日不绝"。美好的音乐形象跃然纸上,令人难忘。

三、形体

形体是指物体存在的空间形式,是构成形式美的重要因素。一般来说,凡是美的事物都具有一定的形体,如图画、雕刻、建筑、人物、风景等。形体的美是人的视觉所能感知的审美对象空间性的美,它也具有表情达意的审美特性。比如,正方形含有方正刚直的意味,圆形常用来表示完满、圆转、生命、周而复始等意义,三角体给人昂扬向上、稳定牢固感。形体的构成要素包括点、线、面、体四个层次的元素,其中线在构成形体美的诸要素中占有特殊的地位,形体的轮廓是由线来表示的。因此关于形体因素,主要放在线条因素里理解。

四、线条

点的轨迹就是线,有形体的事物离不开线条。线条在人类的多种审美活动,特别是在艺术作品中有明显的体现。书法、绘画和建筑等艺术类型,线条是其重要的艺术符号。线条不同所体现的情感也不同。直线、曲线、折线是最基本的线条类型,它们各有一定的美学特性:直线表示力量、稳定、生气和刚强;曲线表示优美、柔和、运动感;折线表示突然、转折、断续。在线条组合中,其美学效果非常突出:三角形会造成稳定、庄重和安全感;锯齿线能给人以艰难痛苦的印象;圆形柔媚平静;方形显得刚直强健。历史上有许多美学家对线条的运用及其构成的形体美进行过揭示:如英国的荷迦兹说蛇形线是最美的线条;美国的帕克认为水平线传达一种恬静的情感,垂直线表示庄严、高贵和向往,扭曲线条表示冲突与激烈,弯曲的线条带有柔软与鲜嫩的性质。

建筑风格的变化就是以线条为中心的,在西方,希腊式建筑多用直线,罗马式建筑多用弧线,哥特式建筑多用相交成尖角的斜线。

中国书画艺术历来重视线条,利用线条造型来抒情传意、沟通天人,成为中国书画艺术的审美追求和重要传统。中国书法艺术可以说是"线的艺术",根据书法家的经验,凡属表示愉快情感的线条无论其状是方圆粗细,其墨迹是燥湿浓淡,总是一往流利,不主顿挫,转折也是不露圭角的。凡属表示不愉快感情的线条,就一往停顿,呈现出一种艰涩的状态,显示出焦灼和忧郁感。书法艺术是体现生命节奏的艺术形式。线条是绘画艺术的主要语言符号,通过线条的起伏、流动、粗细、曲直、干湿、轻重、坚柔、润涩等的变化,传达出画家心灵的焦灼、畅达、甜美、苦涩等情绪。线条的审美特性在于它能够传达出画家的生命情调和审美体验,反映出画家的风格、志趣和精神需求。因此,中国古代画家都特别讲究线条的造型美,所谓"曹衣出水"、"吴带当风",就是画家以缕缕线条妙造自然,巧夺天工,勾勒出性灵和诗意。"曹衣出水,吴带当风"主要是指古代人物画中衣服褶纹的两种不同的表现方式。"曹衣出水"——一种笔法刚劲稠叠,所画人物衣衫紧贴身上,犹如刚从水中出来一般。曹仲达,(北齐)曹国人,最称工,能画梵像。他画过许多佛陀、菩萨,可惜没有作品流传下来。不过这个风格却在龙兴寺的出土佛像上得到表现了。1996年10月在山东青州龙兴寺遗址发现了窖藏的400尊佛教造像。时代跨越从北魏至于北宋,跟敦煌藏经有大致相近的时间跨度与最后的封藏时间,一样具有不解之谜。龙兴寺北朝作品,体现了画史上著名的"曹衣出水"样式。"吴带当风"——一种笔法圆转飘逸,所绘人物衣带宛若迎风飘曳之状。吴道子,是个道士,又名道玄。吴道子所画的人物颇有特色,与晋人顾恺之、陆探微不同,以疏体而胜顾、陆的密体,笔不周而意足,貌有缺而神全;他还一变东晋顾恺之以来那种粗细一律的"铁线描",善于轻重顿拙似有节奏的"兰叶描";突破南北朝"曹衣出水"的艺术形式,笔势圆转,衣服飘举,盈盈若舞,形成"吴带当风"的独特风格,风行于时,被称作"吴家样"。吴道子善于把握传神的法则,注意形象塑造的整体,故所画《执炉女子壁画》,达到"窃眄欲语"的地步,十分传神生动。晋代画家顾恺之以其绘画线条的简约娴静,映衬出画家的淡远、宁静的风神雅趣。

第三节　形式美的内在形式法则

一、单纯齐一

单纯齐一，即整齐，是最简朴的形式美法则，是指各种自然物质因素按照同样的方式组合而成，是量的关系的一致性，就是同一色彩、同一形体、同一声音等重复出现而无明显差异和对立，从而构成整齐划一的形式美。如仪仗队的队列、集体舞蹈表演、排列整齐的农田、连续鸣放的汽笛、新打扫的教室、广播体操比赛、水立方的外形等。整齐法则能体现一种统一有序的洁净美、严肃美，给人以单纯感、庄重感、规整感，有时还能表现出一定的气势。由于其缺少变化，也会给人以单调感、沉闷感。古代书法艺术所谓"声一无听，物一无文"，是指（传为）东晋书法家卫夫人所著的《笔阵图》论书法美时，说的"平直相似，状如算子，上下方正，前后齐平，此不是书"，就是批评过于整齐呆板的书法弊病。黑格尔说"整齐一律主要地适用于建筑，因为建筑的目的在于用艺术的方式去表现心灵所处的本身无机的外在环境"。因此，在建筑中占统治地位的是直线形、直角形、圆形以及柱、窗、拱、梁、顶等在形状上的某些一致。但现代建筑已不完全这样，如水立方和鸟巢的建筑样式形成对立美。

二、对称均衡

对称律包括对称与均衡两个方面。对称是指事物的外在形式和内在质量都以一条线为中轴而形成两侧均等的状态。这是一种"天平"原理，要有中心点或中轴线。均衡是对称的变体，它是指物体中心点的两面或多面呈现出外在形式的不同而内在质量大体均等的状态。这是一种"杠杆"原理，如表现运用在绘画色彩搭配、园林艺术等方面。

在长期的生活实践中，人们认识到对称法则对于人的劳动、生活等有着重要意义，不但挑担、走钢丝等需要对称，而且许多生产工具、交通工具、建筑物的结构也需要对称。

对称法则在生活中运用得相当广泛，能给人以稳定、宁静、协调的心理感受。

三、节奏韵律

节奏与韵律是指审美对象的各部分在反复运动中有强弱、次序变化或时间、空间变化的组合方式。节奏与韵律是具有动态特征的形式美的法则，也是形式美的普遍法则。自然界的日月升沉、寒来暑往、潮涨潮落、花开花谢等，都有节奏；社会生活中人的饮食起居、劳动生活、体育运动等，也要讲究节奏；诗歌、音乐、绘画、书法、舞蹈等艺术与节奏的关系更为密切。

节奏和韵律相连接，一般能产生飞动感、递进感、韵味感等。如配乐诗朗诵、层峦叠嶂的山脉等。

四、比例关系

比例源自于数学,是指事物的形式因素在局部与局部、局部与整体之间的恰当的数量的关系。比例法则要求人们在审美创造过程中必须按照对象的内在尺度来确定整体性的比例关系,同时根据创造意图突出个别的比例关系。比例法则不仅表现在自然事物上,而且被人们广泛运用在建筑、绘画和实际生活当中。一般认为,符合黄金分割律的比例最有美感效果,A+B与A之比为1.618:1或5:3。如巴黎圣母院、法国埃菲尔铁塔、一些书本等都是按照黄金分割律设计的。达·芬奇的绘画理论中提出了比较细致的人体结构比例图;中国古代画论中有"立七坐五盘三半,一肩三头怀两脸"的说法;我国古代山水画中所谓"丈山、尺树、寸马、分人",体现了绘画艺术对人体结构和各种景物之间的比例关系的合理安排。

比例法则能给人以舒适感、协调感。

五、多样统一

多样统一就是和谐,是形式美的最重要的一条法则,是形式美中最高级的表现形式,是指事物之间,或一个事物本身各部分之间的一种协调一致的组合关系。和谐法则,要求审美对象各组成部分之间既矛盾对立又相互协调的状态,它既包含了对称、平衡、整齐等和谐统一的方面,又容纳了比例、节奏等变化多样的方面,它避免了只讲整齐统一的呆板、单调,又避免了只讲变化多样的杂乱。使人感到既丰富,又单纯;既活泼,又有秩序。和谐法则包括两种类型:一是非对立因素间的统一,属于调和型,如相近颜色的搭配、古民居、音乐中的和声、杨万里的诗句"接天莲叶无穷碧,映日荷花别样红"所描写的景观等;二是对立因素间的统一,属于相反相成型,如苏州园林、鸟巢与水立方、王维的诗句"明月松间照,清泉石上流"所描写的景致等。多样统一使形式的美丰富而有变化,具有内在的张力。孙过庭的《书谱》写道:"违而不犯,和而不同;留不常迟,遣不恒疾;带燥方润,将浓遂枯;泯规矩于方圆,遁钩绳于曲直;乍显乍晦,若行若藏;穷变态于毫端,合情调于纸上。"描述了书法艺术的多样统一的特征。

第四节 形式美的审美价值

一、形式美具有审美符号价值

形式美是审美活动中的符号体系的一种,它不必依附于任何一种理性的内容而独立存在,是人与对象世界的沟通中介物,它促使审美主体与意象世界之间的交流融合,成为统一的意义整体。从一定意义上说,形式美就是艺术再现生活的感性媒介,它是建构艺术作品形式外观的造型符号。色彩、线条等是绘画的造型符号,线条是书法的造型符号,形体是舞蹈的造型符号,旋律和节奏是音乐家的情感符号。平面设计就是现代美术设计中运用形式美符号进行创造的典型。平面设计是抽象出形式美本质的符号艺术,它舍弃了事物的现实形态,精取事物美的形式,把组成图像的基本单位归纳为点、线、面。由点、线、面的大小、色彩、方向、形状、疏密等等的不同产生基本元素的变化,这些基本元素按重复、近似、渐变、发射、对比、密集等不同的法则组成千变万化的构图,整体章法的美又证明了和谐、节奏、对称、均衡等这些美的法则。各类商品的商标、各种盛会的徽标、各国的国旗等都是形式美法则的运用。法国的顾拜旦设计的奥运会五环旗,体现了运用形式美符号所进行的平面设计,图案简洁,意味深远。会旗中蓝、黄、黑、绿、红色的五环分别代表欧洲、亚洲、非洲、大洋洲、美洲,白色为底色,象征纯洁,整个图案表明五大洲的团结,全世界的运动员以公正的比赛和友好的精神,在奥运会上相聚一堂。

二、形式美具有情意积淀价值

形式美不仅是建构艺术作品形式外观的造型符号,也是表达艺术家性灵世界的情感符号。克莱夫·贝尔提出的"有意味的形式"理论是一个极富启发性的美学命题。他认为艺术的本质就在于"有意味的形式",艺术作品各部分、各要素之间以独特方式组合起来,它体现了艺术家独特的审美情感,也能唤起受众类似的审美情感,这就是"意味"。在长期的社会实践中,自然现象和社会事物的形式不断地作用于人们的生活,人们也在不断地认识它们的过程中把它们主观化、情感化、心灵化,久而久之,这些形式就成为人类情感与意识的较为固定的表现;因此,当它们从现实的具体事物身上分化出来而成为独立的、具有稳固性的审美对象时,它们都能与人们在长期社会实践中形成的审美经验和审美心理结构相对应,因而能给人们以"有意味"的审美感受,从而达到情感上的交流。克莱夫·贝尔的"意味"颇似中国古典美学中所谓"景外之景"、"象外之象"、"韵外之致",是一种言有尽而意无穷的审美体悟。形式美的审美意蕴,首先与形式美的历史生成有密切的关系,如图腾崇拜中的中国龙、巫术活动中的狩猎仪式等;其次表现为形式美的组合具有特定的象征意味,如阴阳八卦图象征中国古代的哲学精神、色彩和线条本身所具有的象征意味等。

三、形式美具有审美超越价值

形式美的重要价值还表现为对形式感的无尽追求和不断超越。比如俄国形式主义美学的代表人物什克洛夫斯基提出的"陌生化"的审美理论,就是一种艺术欣赏的形式的创新。他在《作为手法的艺术》一文中指出:"艺术之所以存在,就是为使人恢复对生活的感觉,就是为使人感受事物,使石头显示出石头的质感。艺术的目的是要人感觉到事物,而不是仅仅知道事物。艺术的技巧就是使对象陌生,使形式变得困难,增加感觉的难度与时间长度,因为感觉过程本身就是审美目的,必须设法延长。艺术是体验对象的艺术构成的一种方式;而对象本身并不重要。"什克洛夫斯基的"陌生化"的审美理论主张有两点值得注意:一是认为,艺术的根本目的不是要达到对对象的一种日常认知,而是要达到审美感受,这种审美感受过程就是目的。二是认为,审美效果的强弱与审美时间的长短成正比,陌生化手段的实质就是要设法加大欣赏者对艺术性形式的感受的难度,延长欣赏的时间和审美过程,这样欣赏者的审美感受就越强烈,审美效果就越集中。文学艺术的创作就是要不断地更新形式,才能使人不断地走向审美超越的境界。法国作家法朗士在《乐图之花》中曾经说过这样一段话:"书是什么?主要的只是一连串小的印成的记号而已,它是要读者自己添补形成色彩和情感,才好使那些记号相应地活跃起来,一本书是否呆板乏味,或是生气盎然,情感是否热如火,冷如冰,还要靠读者自己的体验。或者换句话说,书中的每一个字都是魔灵的手指,它只拨动我们脑纤维的琴弦和灵魂的音板,而激发出来的声音却与我们心灵相关。"

【请你思考】

1. 形式美的外在形式因素有哪些?
2. 形式美的内在形式法则有哪些?
3. 形式美的审美价值有哪些?

第七章
人类的审美活动

"爱美之心,人皆有之",在人类的生存活动中,审美活动是人类的一种重要的精神活动,甚至是不可或缺的精神活动。正因为如此,中外美学史上历来关注对人类审美活动的探讨,其中最为重要的就是人类审美活动的发生问题。审美活动虽是在人类社会的很早时期就已经产生,但它并不是动物式的本能活动,而是有一个发生、发展的过程,因此,有必要揭示出人类审美活动的发生的条件、原因和方式等。而人类审美活动的发生又是与人类审美意识的产生有着密切的关系;审美活动又不同于人类的其他精神活动,而是一种价值活动;审美活动也有着自己的意义和特征,等等。这些都是我们讨论人类的审美活动时必须面对和探讨的问题。

第一节 审美活动的发生

人类的审美活动在人类的历史上究竟是如何发生的,历来人们对它的探讨作出了许多不懈的努力,提出了许多重要的观点,但都存在着一些缺陷,直到马克思主义美学诞生,提出了艺术(审美)起源于劳动说,这一问题才得到根本的、科学的解决。当然,人类的审美活动是在人类的劳动实践中产生的,并不排除其他因素的促推作用。今天越来越多的学者、理论家在肯定劳动起源说的基础上认为,人类的审美活动的发生也具有多源性因素。

一、审美发生理论的历史回顾

在中外美学史上,对于审美发生(艺术起源)理论的探讨,早在古希腊时期和中国的先秦时期就已经开始了。两千多年来,许多不同时代的哲人和学者都一直在思考、探讨这个问题,也提出了许多有价值的见解和观点,但由于时代的局限和对人类审美活动的认识和了解不一而莫衷一是。这里,我们主要介绍几种美学史上影响较大的审美发生理论观点,其他的(诸如"性本能说"、"异性求爱说"、"神造说"、"符号说"等)就不再介绍。

1. 模仿说

模仿说亦可写作"摹仿说"。它是古希腊时期哲学家们关于审美与艺术发生的理论观点。这种观点认为,人类的审美活动发生于人类对大自然的模仿,比如,大自然中有许许多多奇妙的声响,如虫鸣鸟叫、泉水叮咚、树叶沙沙等。这些美妙的声响不断地激发着远古人们的情绪和想象,他们从中得到启示,模仿它们,就创造了音乐。古希腊哲学家德谟克利特就说:"在许多重要的事情上,我们是模仿禽兽,作禽兽的小学生的。从蜘蛛我们学会了织布和缝补;从燕子学会了造房子;从天鹅和黄莺等歌唱的鸟学会了唱歌。"在他看来,音乐就是人类从对天鹅和黄莺的歌声模仿中创造出来的。而对模仿说作进一步的阐述和发挥的是亚里士多德,他认为诗艺和最初的知识都起源于人类的模仿。他说:"作为一个整体,诗艺的产生似乎有两个原因,都与人的天性有关。首先,从孩提时候起人就有摹仿的本能。人和动物的一个区别就在于人最善摹仿并通过摹仿获得了最初的知识。其次,每个人都能从摹仿的成果中得到快感。……摹仿及音调感和节奏感的产生是出于我们的天性。"[①]人类和动物不同,模仿是人类的本性,人类在模仿中获得一种快感和满足感,这就是最初的人类审美活动。

继亚里士多德之后,"模仿说"成了西方美学史和文艺理论史上经久不衰的审美发生说理论,文艺复兴时期的达·芬奇、法国启蒙思想家狄德罗、俄国的车尔尼雪夫斯基等都是持这一观点的。模仿说从人类对大自然的模仿来说明审美活动的发生,承认审美活动的根源在于客观的自然事物和社会生活,这是一种朴素的唯物主义观点,具有一定的合理性。但是,模仿说只是从人的本能、天性出发去解释人类的审美发生,脱离了社会实践、生产实践来解释模仿的契机,而且也没有揭示出人类为什么会有模仿的天性和行为,因而模仿说没有能够正确地、科学地揭示审美发生的根源问题。

2. 巫术说

巫术说这一观点认为,人类的审美活动发生于原始巫术活动中,而原始巫术又与原始宗教密切相关,故巫术说又叫"宗教说"。巫术说是20世纪西方流行的且有巨大影响的审美发生理论,其来源是英国著名的人类学家爱德华·泰勒和詹姆斯·弗雷泽的原始巫术文化理论。

泰勒最早奠定了巫术说的理论基础,他在《原始文化》一书中提出了原始人巫术观念的核心——"万物有灵"论。他认为,山川草木、鸟兽虫鱼在原始人看来都是有灵的,并且都可以与人交感,巫术活动就是控制和影响外在事物的手段之一。弗雷泽则进一步对原始巫术活动进行研究。他在《金枝》中提出了原始巫术的两条原理:"第一是'同类相生'或果必同因;第二是'物体一经互相接触,在中断实际接触后还会继续远距离地相互

---

① 亚里士多德:《诗学》,商务印书馆,1996。

作用'。前者可称之为'相似律',后者可称作'接触律'或'触染律'。"①在"相似律"原理上产生"顺势巫术"或"模拟巫术",在这种巫术中,巫师仅仅通过模仿就能实现任何他想做的事情。例如,当奥吉布威印第安人企图施害于他的仇人时,只要按仇人的模样制作一个木偶并用针或箭刺入木偶的身体某个部位,他们就会认为仇人的身体相应的某部位就会疼痛起来。而在"接触律"原理上则会产生"接触巫术",在这种巫术中,巫师通过对某人曾经接触过的物体施行巫术来对某人施加影响。例如,在南斯拉夫人那里,姑娘常把印有她喜爱的恋人的脚印下的土取出,放在花盆里并种上金盏花,花儿长大开花,永不凋谢,那么她的情人也会永远地爱她而不背弃她。

泰勒和弗雷泽的巫术理论和对原始文化的研究,对研究和理解人类的审美发生理论有着重要的意义和作用。一些原始洞穴岩画上的动物身上为什么插有利箭或刺有长矛,如果用巫术说来解释,就是对动物施加影响以使在实际射猎中顺利地猎获动物。许多学者据此认为,艺术与巫术具有同源性,或认为艺术是在巫术活动中孕育而生的,艺术最初也只是适应巫术活动而产生的。美国当代美学家托马斯·门罗说:"在早期村落定居生活的阶段,巫术和宗教得到了发展并系统化了,我们现在称之为艺术的形式,被作为一种巫术的工具用之于视觉或听觉的动物形象、人的形象以及自然形象的再现,经常是用图画、偶像、假面和模仿性舞蹈来加以表现,这些都被称之为交感巫术。……巫术总是能鼓励艺术的发展。"②也是持这一观点。

另一方面,原始人在举行巫术宗教活动时,常常要取悦万物神灵,祈求神灵的庇佑,他们认为发出悦耳动听的声音,做出协调的肢体动作就可以达到这一目的,因此,就尽情地酣歌狂舞,原始乐舞艺术也就慢慢地产生了。中国哲学美学家李泽厚说:"身体的跳动(舞)、口中念念有词或狂呼高喊(歌、诗、咒语)、各种敲打齐鸣共奏(乐),本来就在一起。……它们既是巫术礼仪,又是原始歌舞。"③晚清学者王国维在《宋元戏曲史》中说:"歌舞之兴,其始于古之巫乎?巫之兴也,盖在上古之世。"④也认为原始音乐舞蹈起源于远古时代的巫术宗教活动。而大量的史前艺术材料也证实了原始巫术宗教与审美活动、原始艺术密切相关。

由此可见,人类的审美活动的产生最初确实是与巫术活动有着密切的联系,但审美发生于巫术的理论又并不准确。一是大量的事实也证明在人类的巫术活动之前,就已经有了人类的审美活动。二是原始巫术活动和原始人类的生产劳动是密切联系在一起的。原始社会的生产力低下,人类的早期认识水平不高,人们无法把握自身,也无法支配自然界,于是便寄托于巫术。因此,从归根结底上说巫术活动与原始社会的日常生活和生产劳动密切相关。与巫术活动密切相关的审美活动最终还是归结于人类的社会实践

----

① 弗雷泽:《金枝》,中国民间文艺出版社,1987。
② 朱立元:《现代西方美学史》,上海文艺出版社,1993。
③ 李泽厚:《美的历程》,中国社会科学出版社,1984。
④ 王国维:《宋元戏曲史》,百花文艺出版社,2002。

活动。人类的审美活动发生于巫术活动的这一观点也就并不十分准确了。

3. 游戏说

游戏说这一理论认为,人类的审美发生于游戏。最早讨论这一观点的是德国美学家康德。康德认为艺术是一种想象力与意志力的自由活动,艺术与手工艺是不同的,艺术是自由的游戏,而手工艺是追求利润和报酬的行业。

游戏说虽然理论基础在康德那里,但从理论上较系统地阐述游戏说并对后世产生深刻影响的是德国美学家席勒,他因而被认为是"游戏说"的代表人物。席勒在《美育书简》中认为,人类的审美活动的发生是游戏冲动的一种结果,而这种游戏是人类在摆脱了各种外在束缚或强制后的一种真正的自由活动。这种自由活动只对事物的外观或事物的形象本身进行观赏,而不带功利目的。因此,这种游戏和审美活动是相通的。而人为什么会产生游戏的冲动呢?那是因为人有着和动物一样的"剩余精力"。席勒说:"当狮子不受饥饿所迫,无须与其他野兽搏斗时,它的剩余精力就为本身开辟了一个对象,它使雄壮的吼声响彻荒野,它的旺盛的精力就在这无目的的使用中得到了享受。"① 狮的嘶吼、狗的撒欢就是动物发泄"剩余精力"的游戏。人的"剩余精力"也需借助于自由的游戏来发泄,但人的自由的游戏与动物的本能游戏还有着本质的区别。动物的游戏只局限于身体本身的运动之内,而人的游戏则根本上是一种想象力的游戏。席勒说:"想象借助于这种游戏,企图创造一个自由的形式,就最后一跃为审美的游戏了。"(第二十七封信)这种审美的游戏也就是艺术活动,艺术与审美也就产生于想象力的游戏。

19世纪英国哲学家斯宾塞也提出了游戏产生于"剩余精力"的观点。斯宾塞以生物进化的观点从生理学和心理学的角度来解释"剩余精力"理论。他认为,低等动物把全部的精力都维系在保持生命上,而高等动物除了维持生命外还有过剩的精力和能量。这些过剩的精力和能量需要释放,并在自由宣泄中获得快感,这就产生了游戏。而当这种游戏与生活的功用相脱离,成为一种纯粹的自由活动时,游戏就成为一种审美活动了。因此,斯宾塞也认为人类的审美活动发生于游戏。

审美发生于游戏这一理论试图从生物学、心理学和生理学的角度揭示审美发生的奥秘,无疑包含着深刻的见解。它揭示了人的自由本质和审美的自由、游戏的自由三者之间的内在必然联系,对理解审美的本质和艺术活动的本质,有着重要积极的作用。同时它也揭示了人的审美的游戏和动物的本能的游戏,既有共同的动物性的生理基础,也有本质上的区别,这是符合生命进化论思想的。但是,游戏说也有明显的缺陷。游戏说从生物学、心理学的角度来阐释游戏的产生和审美发生,忽视了更为重要的社会因素,把审美活动仅仅归结为"本能冲动"或者"天性",而没有解释这种"本能冲动"或"天性"与人类的社会实践活动密切相关,特别是与人类劳动的关系,因而难以从根本上揭示审美发生的真正原因。正因为如此,后来,俄国文艺理论家普列汉诺夫批驳了游戏说,确立了

---

① 席勒:《美育书简》,中国文联出版公司,1984。

艺术起源于劳动说。普列汉诺夫认为，从社会的个体生命来说，游戏可以说是先于劳动的，但从社会群体来说，生产劳动总是先于游戏，也是先于艺术的。孩子在幼小时期的游戏虽是先于他在成年后的劳动，但实际上幼时游戏活动的内容与方式，都是他们父母活动的戏剧性的再现。因此，劳动先于游戏，游戏是劳动的产儿，艺术发生于游戏，艺术也就发生于人类的劳动。为了证明这个结论的正确性，普列汉诺夫还以巴西的原始民族的原始舞蹈、布什门人的原始岩画证明是直接来源于原始民族的劳动生活的。无疑，普列汉诺夫对游戏说的批驳是正确的。

4. 情感说

情感说又叫"表现说"。这种观点认为审美发生于人的情感表达的需要。因为在所有的高级生命中，人是最富有感情的，而人又处于丰富多彩的大自然和纷繁复杂的社会关系中，难免会被深深触动，自然情感上要有所表达，这样审美情感和审美活动就产生了。对此，中国古人早就认识到了。比如，音乐就是这样产生的。《礼记·乐记》说："凡音之起，由人心生也。人心之动，物使之然也。……乐者，音之所由生也，其本在人心之感于物也。"就明确地说明了音乐是由于人心受到外物的触动而产生，并用它来表达情感的。《吕氏春秋·音初》中记载了"四音"（东音、南音、西音、北音）产生的传说，都说明了音乐是由于人要表达情感的需要而产生的。比如，"南音"是涂山氏之女因思念大禹而把她的情感表达出来产生的，"禹行功，见涂山之女，禹未之遇而巡省南土。涂山氏之女，乃令其妾，候禹于涂山之阳，女乃作歌，歌曰'候人兮猗'，实始作为南音"。荀子也肯定乐的产生是因人的感情而起，不过他是从另一个角度来说的。《荀子·乐论》说："夫乐者，乐也，人情之所必不免也，故人不能无乐。乐则必发于声音，形于动静，而人之道，声音动静，性术之变尽是矣。故人不能不乐，乐则不能无形，形而不为道，则不能无乱。先王恶其乱也，故制雅、颂之声以道之。"在荀子看来，乐的产生是由于人的情感受外物的触动，会引起惑乱，从而圣王制乐以泄导人情的结果。总之，审美的发生是与人的情感表达的需要相关。

中国古人的这一认识到了19世纪后期在西方终于有了呼应。19世纪后期，西方的一些理论家和作家从心理学的角度认为，情感的表现是文艺的本质和产生的根源。自此，审美起源于"表现"的观点，在西方文艺界越来越具有影响。从西方现代主义文艺思潮来看，强调艺术应当"表现自我"、"表现情感"已成为其主要理论基础，这就显示出了这种理论的巨大影响力。俄国作家列夫·托尔斯泰在《艺术论》中说："在自己的心里唤起曾经一度体验过的感情，在唤起这种感情之后，用动作、线条、色彩、声音及言词所表达的形象来传达这种感情，别人也能体验到同样的感情——这就是艺术活动。艺术是这样一项人类的活动：一个用某种外在的标志有意识地把自己体验过的感情传达给别人，而别人为这些感情所感染，也体验到这些感情。"[①]就主张艺术起源于人类情感传达的需要。

---

① 列夫·托尔斯泰：《艺术论》，人民文学出版社，1958。

"表现说"在意大利美学家克罗齐那儿得到了系统的理论阐述,他认为艺术在本质上是直觉,或者说直觉就是艺术,为此他提出了著名的美学观点"艺术即直觉,即表现"说。在克罗齐看来,艺术是心灵的赋予形式的活动,在这种心灵的活动中,情感得到了表现。英国艺术史家科林伍德进一步发挥了克罗齐的"表现说",他认为艺术不是再现和模仿,"真正的艺术"是表现情感的,审美艺术就是艺术家的主观想象和情感的表现。

"表现说"从人的情感表达需要这一角度把审美发生归结为"表现",有一定的合理性,但是它脱离开人类的社会实践和生产实践,单纯从人的心理需要和生理需要来讨论审美发生原因,仍然是把现象当作本质,没有揭示出问题的实质,同样不能科学地阐明人类审美活动的发生问题。

二、马克思主义的审美发生理论——劳动说

人类的审美活动发生于人类的生产劳动,这一观点是审美发生理论中最有影响的,也是科学的理论,它被称为马克思主义的审美发生理论。为什么这么说呢?因为人类的生产劳动是人类的一切其他活动的前提,作为精神活动的审美活动也是在物质生产活动的基础上产生的,即是说人类的审美活动是以物质生产活动为前提条件的。

1. 人的审美能力是在劳动中形成的

恩格斯曾在《劳动在从猿到人转变过程中的作用》一文中说:"手不仅是劳动的器官,它还是劳动的产物。只是由于劳动,由于和日新月异的动作相适应,由于这样引起的肌肉、韧带以及在更长时间内引起的骨骼的特别发展遗传下来,而且由于这些遗传下来的灵巧性以愈来愈新的方式运用于新的愈来愈复杂的动作,人的手才达到这样高度的完善,在这个基础上它才能仿佛凭着魔力似地产生了拉斐尔的绘画、托尔瓦尔德森的雕刻以及帕格尼尼的音乐。"[①]在人类的生命进程中,人类起初并不本来就优于其他动物,而是在漫长的进化过程中,人类通过劳动不断地锻炼自己,把自己的前肢解放出来,并演化为灵巧的、完善的人之手,这样的手才可以绘画、雕刻和拉琴。因此,人类从事审美活动的手是在劳动中产生的,是劳动的产物和结晶。同样,人类传情达意的语言、辨别音律感的耳朵、欣赏形式美的眼睛等都是人类劳动的产物。尤其是劳动锻炼了人的大脑,使大脑高度发展,使人具有了想象力。而人类的审美活动离不开想象这一"人类的高级属性"的发展,正如马克思在《摩尔根〈古代社会〉一书摘要》中指出的:"在野蛮期的低级阶段,人类的高级属性发展起来。……在宗教领域中发生了自然崇拜和关于人格化的神灵以及关于大主宰的模糊观念;原始的诗歌创作,共同住宅和玉蜀黍面包——所有这一切都是属于这一时期的。……想象,这一作用于人类如此之大的功能,开始于此时产生神话、传奇和传说等未记载的文学,而已给予人类以强有力的影响。"由此可见,劳动创造了人本身,锻炼了手、眼、耳、脑等人体器官,并使这些器官高度发展起来,成为具有审美

---

① 《马克思恩格斯选集》第三卷,人民出版社,1972。

能力的器官。因此,人的审美能力是在劳动中形成的。

2. 人类的审美活动是在劳动中产生的

原始人类的生产力十分低下,生存环境恶劣,人们要想生活下去,必须共同生活,协同合作,集体劳动。在集体劳动中,人们为了协调彼此的动作,减轻疲劳,于是一道出力,一道呼号,节奏和呼号就在劳动中慢慢产生了,原始歌舞也就慢慢产生了。鲁迅先生曾说:"我们的祖先的原始人,原是连话也不会说的,为了共同劳作,必需发表意见,才渐渐的练出复杂的声音来,假如那时大家抬木头,都觉得吃力了,却想不到发表,其中有一个叫道'杭育杭育',那么,这就是创作……是杭育杭育派'。"①而这种抬木头时发出的有节奏的呼号在我国汉代的《淮南子·道应训》里即记载为"举重劝力之歌",它是原始人在抬大木时,为了协调彼此的动作,"前呼邪许,后亦应之",而渐渐形成的。由此可见,在原始人类的集体劳动过程中,逐渐产生了节奏、呼号、跳跃等,在此基础上逐渐产生了最原始的歌舞等,人类的审美活动也就在劳动中逐渐产生。

3. 人类早期的审美活动是以劳动生活为主要内容

人类早期的审美活动究竟是以什么为主要内容?这在中外原始艺术史上已经有了明确的答案。从中外原始民族的历史遗存作品来看,其内容大多是关涉原始劳动生活的。普列汉诺夫继承了"劳动"说理论,并在《没有地址的信》中研究了原始绘画、原始舞蹈等艺术的产生,考证了原始民族的原始艺术是以其劳动生活为主要内容的。他说:"原始狩猎者的艺术活动的性质十分明确地证明了,有用物品的生产和一般的经济活动,在他们那里是先于艺术的产生,并且给艺术打下了最鲜明的印记。楚克奇人的图画描绘的是什么东西呢?——是狩猎生活的各种不同的场面。很明显,楚克奇人最初从事狩猎,后来才在图画中再现了自己的狩猎。同样,如果布什门人描绘的几乎完全是动物,如狒狒、象、河马、雁等等,这是因为动物在他们的狩猎生活中起着巨大的决定性的作用。"②原始民族的图画之所以描绘动物形象或狩猎场面是因为原始民族的狩猎生活已成为人们的审美对象和审美再现的内容。不仅绘画是如此,原始民族的舞蹈、诗歌等也是以劳动生活为表现对象的。相传为我国上古帝尧时代的《击壤歌》就描写了原始时期农耕民族的生活境况:"日出而作,日落而息。凿井而饮,耕田而食。帝力于我何有哉?"由此可见,无论在中国还是在外国,人类早期的审美活动都是以劳动生活为主要内容的,而且,也只有原始民族的劳动生活才能成为人类早期审美活动的对象。

总之,"劳动"说认为审美发生于劳动,是建立在马克思主义的实践论基础之上的,是把劳动创造世界、劳动创造人类、劳动创造美的理论用于审美发生理论上的,因而,"劳动"说较之于其他审美发生理论更具有合理性、科学性,也更普遍被人们认可和接受。

---

① 鲁迅:《门外文谈》,《鲁迅全集》第 6 卷,人民文学出版社,1959。
② 普列汉诺夫:《论艺术〈没有地址的信〉》,生活·读书·新知三联书店,1964。

三、多源性——审美发生理论的科学解释

人类的审美发生从根本上来说,是以人类的劳动为基本前提的,因为只有在劳动中人类的审美能力才能形成,只有原始劳动的需要才产生审美活动,原始艺术的诸多材料也证实了人类的审美活动直接产生于生产劳动。因此关于人类的审美的发生问题,在根本上只能以马克思主义关于劳动在人类的生活和生产中的基础地位为基本前提来解释和讨论,离开此前提,则失去了根本基础,会偏离历史唯物主义的方向。

但是,人类的审美活动的发生是非常复杂的,并不是仅由某一种因素决定所致。我们强调原始劳动在人类的审美发生中的决定作用,也应看到其他因素的助推作用。随着中外学者对原始艺术和原始审美活动的不断深入研究,审美发生是多源的而非一源的,这一观点逐渐得到普遍认可。匈牙利美学家卢卡奇说:"人类的审美活动不可能由唯一的一个来源发展而成,它是逐渐的历史发展综合形成的结果。"[①]这就是深刻的理解和认识。就原始巫术活动来说,它原本是作为原始人类的原始宗教活动和带有功利实用意义的社会性活动,但在举行巫术活动仪式上,那种又歌又舞的形式或在洞穴岩壁上描绘动物的形象,都具有审美性质。因此,原始巫术活动对人类的审美活动的发生具有巨大的推动作用。同样,人类的审美并非发生于游戏,但游戏追求一种自由和快乐,和审美是相通的。游戏在心理机能上为审美活动及审美快乐提供了某些方面的准备。因此,人类的审美活动就发生学意义上来说,并不是一源的,而是多源的。那些依据某种理论来解释审美发生的模仿说、巫术说、游戏说、情感说等都具有某种合理性,各种活动都对审美发生具有推动和催化作用,人类审美活动的发生是各种具有不同力量的因素共同作用的结果。但是,立足于马克思主义唯物史观的劳动说理论,始终是各种审美发生理论中最深刻的理论,也是理解其他发生理论的基础,人类的原始劳动依然是解释人类审美活动发生的基础和决定性因素。

第二节 审美意识

人类的审美活动的发生是一个复杂而又漫长的历史过程,它与人类的审美意识的产生有着密切的关系,甚至可以说,人类早期的审美意识的产生是判定审美活动产生的重要依据之一。正因为如此,我们有必要对审美意识有一些了解和认识。

一、审美意识与人类原始意识

所谓"审美意识"是指人类在漫长的历史过程中形成的客观外在事物对于人的审美

[①] 卢卡奇:《审美特性》(上册),中国社会科学出版社,1986。

第七章　人类的审美活动

意义并在头脑中形成二者的审美价值关系的各种意识形式。一般来说,审美意识有广义和狭义之分。广义上的审美意识包括审美意识活动的各种表现形态,如审美愿望、审美趣味、审美能力、审美理想、审美观念等。狭义的审美意识是指审美感受,是审美客体和审美主体相互作用后,审美主体内心产生一种包含着感知、理解、想象、情感诸多因素的特殊心理现象。

人类生活在世界上,如若保存生命个体和延续种族就必须满足各种需要,人的需要是人的本质的一种内在规定性。和动物只满足于维持和延续个体生命的物质需要不同,人类在满足物质需要的同时还有精神需要。审美需要便是人类的精神需要之一。当审美需要被人类清醒地认识到,并被迫切地转化为一种动力时,便会推动着审美活动的发生。而审美需要与审美意识的关系十分密切,审美意识实际上是审美需要的心理表现。因此,要探讨人类的审美活动,必然要探寻人类的审美意识的性质及其根源等问题。

那么人类的审美意识又是从何而来的呢?对此我们认为,审美意识是从人类的一般意识分化而来的。当人类在漫长的进化过程中从古猿发展到直立猿人时,直立行走使他们解放了双手,双手得到了锻炼,身体其他器官也发生了改变,尤其是脑颅增大了容量。他们从利用自然界中的石块、木棒等天然工具发展到有意识地加工石块、木棒,制造出自己需求的工具,这是人和动物相区别的最重要的标志。这时,人类开始把自己从自然界中分离出来,而把自然界当作改造劳动的对象,并把劳动作为一种自觉自为的行为活动。人类成了劳动的主体,而自然界成了人类劳动的客体,人类逐渐形成了认识世界、改造世界的原始意识。

人类的原始意识是人类意识的发端与最初阶段,与后期的人类意识相比,它具有混沌性、模糊性与浑一性,它包括人类的各种意识形态,如宗教意识、道德意识、伦理意识,也包括人类早期的审美意识。当人类的实践活动不断扩大,人类"逐渐地了解自然的现象、自然的性质、自然的规律性、人和自然的关系;而且经过生产活动,也在各种不同程度上逐渐地认识了人和人的一定的相互关系"[①]。随之而来的是人类的主体意识越来越强,最终致使原始意识解体和分化,人的审美意识就从原始意识中分化和显现出来了。当然,人的审美意识从原始意识中分化出来,从本质上说,是人的审美需要慢慢地超越实用需要而产生出来的结果。当人类脱离动物界,开始有意识地使用工具改造自然时,就在使用工具的过程中对那些粗糙、丑陋、使用效率低的工具越来越不满意,而逐渐认识到工具的刃口要锋利、把手要光滑牢固、外观看起来要顺眼等,于是便对那些工具进行改造。"他要在劳动中实现自己的目的。他按照一定的目的改造世界,使之更符合自己的心意。当客观的世界符合了主观的心意,于是就产生出一种满足感和愉快感。这种满足感和愉快感,就是人类最早的审美意识"[②]。因此,人的审美意识从原始意识中分化

---

① 毛泽东:《毛泽东选集》(第2版)第1卷,人民出版社,1991。
② 蒋孔阳:《美学新论》,安徽教育出版社,2007。

出来是源于人的审美需要。

二、审美意识是人类社会实践的产物

马克思曾在《1844年经济学哲学手稿》等著作中精辟地论述了人的特性和人的本质。他指出，人是有意识的社会存在物，人的本质特征是人能自由自觉地进行包括物质活动和精神活动的各种社会实践活动，而人的这种本质恰恰又是人类自身社会实践的产物。由此可见，属于人类精神活动的审美实践活动也是人类自身社会实践的产物，而人的审美意识是对社会生活的一种审美的反映形式，是社会审美实践的产物，因此也是根源于人类的社会生活，是人类社会实践的产物。

在中外艺术史上，大量的原始艺术材料证实了人类的审美意识产生于生产劳动的基础上，受制于人类的生产实践和社会实践。普列汉诺夫曾以狩猎民族的审美特点来说明这一观点。他说，原始狩猎民族，例如布什门人和澳洲土人，虽然住在花草极为繁盛的地方却从来不用鲜花装点自己，而只以动物作为审美对象，因为狩猎的动物直接关系着他们的生存与生活。因此，"原始狩猎者的心理本性决定着他一般地能够有审美的趣味和概念，而他的生产力状况、他的狩猎的生活方式则使他恰好有这些而非别的审美的趣味和概念"①。而到了农耕社会，植物花草的美就进入了原始民族人们的审美视野中。像原始狩猎民族对待动物一样，农耕民族的生活中，花草成了审美对象和艺术描写的对象。这在世界各地的原始艺术中都可以得到见证。像我国史前时代的西安半坡人，处于渔猎阶段，他们欣赏的对象就是鱼、羊、鹿、猪等动物，在彩陶器上常见的也是这些动物形象，而较少有植物形象。著名的彩陶盆"人面含鱼纹盆"就是突出的例子。朱光潜先生对此作过精辟论述，他说："在起源阶段，美与用总是统一的。从石器时代起，自然事物就已出现于艺术品（主要是手工艺品如生产工具、斗争工具、生活日用品、装饰品之类），而这些在艺术品中出现的自然事物，总是与作者所属部落的生产方式或职业有关。渔猎民族的艺术运用自然事物为'母题'时，那些事物总是与渔猎生活有关。"②而我国江苏连云港的将军崖岩画却有类似于植物的图案。这些岩画上部是一个看似植物叶子的圆形图案，下面是类似禾苗的线条与大地相连，底部还有三角形的根部。很明显，这是反映我国原始农业部落社会生活的石刻岩画。由此可见，人类的审美意识的产生与人类的生产实践密切相关，是根源于人类的生产实践与社会实践的。

当然，自然物和事物的美具有潜在的审美价值，可以独立于社会而存在，但是它的潜在的美只有在社会实践中才能显现出现实的美，离开了社会实践，离开了人，自然物和事物的美也就毫无意义。像毛嫱、丽姬这样的美人，鱼儿见了她们却潜入深水，鸟儿见了她们却振翅高飞，麋鹿见了她们却逃遁。可见，审美离不开人类社会实践，审美意识的

---

① 普列汉诺夫：《论艺术〈没有地址的信〉》，生活·读书·新知三联书店，1964。
② 朱光潜：《朱光潜全集》第10卷，安徽教育出版社，1993。

产生也是在社会实践中产生的。

总之,社会存在决定社会意识,审美意识是对审美对象的能动的反映,它和一切社会意识一样都是社会实践的产物。因此,从根源上说,人类的审美意识产生于人类的社会生产实践,但是,促使审美意识的产生还有其他因素,审美意识对社会存在的反映也不是对等的。这就需要我们既要认识到审美意识最终取决于社会实践,也要认识到审美意识自身的相对独立性。

三、审美意识的同一性与差异性

马克思主义认为,人类的生活具有社会性,个人总是生活在一定的社会群体中,在共同的生活中,人们的心理总是相近、相似甚至相同的,人类的意识也总是体现着社会群体和人的族类的共同的理想、愿望、趣味和感受等。审美意识作为人类的意识之一,是对社会生活的一种特殊的反映,也总是体现着人类共同的审美需求,表现出共同的审美愿望、审美趣味、审美理想、审美感受等。因此,在一定程度上,人类的审美意识具有同一性。

正因为如此,体现着人类审美意识结晶的文学艺术可以跨越时间和空间,在不同时代、不同地区可以广为人们接受和喜爱。中国古代的文学作品《诗经》《楚辞》在今天依然是后人赞颂的艺术瑰宝;产生于西方世界的贝多芬的交响曲、安徒生的童话故事在东方世界依然广受人们欢迎,而中国的古典名著《红楼梦》也被翻译成多种文字,被许多国家的人民所喜爱和赞赏。这正如黑格尔所指出的:"真正不朽的艺术作品当然是一切时代和一切民族所能共赏的。"[①]当然,人类的审美意识具有同一性,这是在一定程度上来说的。而在实际审美活动中,会出现非常复杂的现象。不同时代、不同民族、不同地区的人们产生的审美意识具有很大的差异性,或者说人类的审美意识会随着时间和空间的变化而变化。就是在同一时空条件下,由于审美个体的审美心理具有差异性,也会产生不同的审美意识,如面对一片风景,有人觉得它美,也有人觉得它不美。甚至同一个人在不同的时间地点、不同的心境下对同一片风景也会表现出不同的审美欣赏体验。因此,审美意识并非只是具有同一性,审美意识也具有差异性。

比如,就审美意识中的审美理想来说,既有同一性,也有明显的差异性。古今中外对理想中的女性美的认识就是如此。在西方社会,"维纳斯"是女性美的象征,但在中世纪时,基督教徒却把她看做是"女妖",企图加以消灭,直到文艺复兴时代,"维纳斯"才又被人们所赞美,成为人们心目中的理想的女性美。在中国,对理想中的女性美在不同时代、不同阶级的人们看来,也有明显的差异。唐代人心目中的女性美在体态上以丰腴为美,而现代人却以女性身材苗条为美。就是在同一时代,因人们的生活不同、经济地位不同,对理想中的女性美的看法也大不相同。鲁迅先生曾在《"硬译"与"文学的阶级性"》一文

---

① 黑格尔:《美学》第一卷,商务印书馆,1979。

中说:"贾府上的焦大,也不爱林妹妹的。"林黛玉是一个美丽、聪慧、纤弱而又多愁善感的少女,符合封建时代大家闺秀的美,黛玉之美也是封建上层社会对女性美认识的理想之美,但在下层普通劳动者眼中,黛玉之美并不是他们的审美理想。在贾府的下人焦大看来,理想的女性应是体格强壮、面色红润、能劳动做活,具有这样特点的女性才是美的,显然黛玉的美并不是他心目中理想的美。俄国美学家车尔尼雪夫斯基也有类似的观点。他说,"青年农民和农家少女都有着非常鲜嫩红润的脸色",这是"美的第一个条件",但是"上流社会的美人就完全不同了","纤细的手足"、慵倦的容颜、苍白的肤色是她们美的标志,也是理想的美。① 由此可见,生活条件不同、经济地位不同,导致人们的审美理想差异很大。

而不仅仅是审美理想具有差异性,审美意识系统中的审美感受、审美愿望、审美趣味、审美观念、审美感悟等等也都具有差异性,这就决定了审美意识具有差异性。当然,审美意识的差异性并不否定审美意识的同一性,实际上,审美意识的同一性和差异性并不是绝对的,而是相互包容、相互渗透的,这点需要我们认识清楚。

第三节 审美价值

一、价值与审美价值

价值产生于外界物对人的有效性以及人对外界物的需求。马克思说:"'价值'这个普通的概念是从人们对待满足他们需要的外界物的关系中产生的。"②

人为了满足自身的需要,从事社会实践活动,由此产生价值,所以价值是人的社会实践活动的产物。价值一经产生就是一种客观存在。它既与因时因地变动的"价格"不同,也与不同人在不同的环境对价值的"评价"有所区别。"价格"与"评价"更多地带有人的主观色彩,而价值由社会实践产生,受社会实践制约,人的实践活动不管有多少人的意识参与,它都必然要遵循自然和社会的客观规律,正是社会实践成了价值的客观确定者。斯托洛维奇说:"价值作为实践关系的产物是客观的,对于主体它具有客观意义……而评价则是主观的。"③

随着主体人的社会实践活动的深化,新的价值被不断发现、不断产生。有些外界物虽然没有经过人的社会实践改造,由于人的本质力量对象化的确定,人的内在生理、心理机制的丰富发展,外界物的价值必然越来越深地被认识与"属人的占有"。

价值是人与对象互动的产物,也是人类有意识活动的出发点与目的。在价值利益

---

① 北京大学哲学系美学教研室:《西方美学家论美和美感》,商务印书馆,1980。
② 马克思:《评瓦格纳的〈政治经济学教科书〉》,《马克思恩格斯全集》第19卷,人民出版社,1963。
③ 斯托洛维奇:《审美价值的本质》,中国社会科学出版社,1984。

的驱动下,人的社会实践活动愈趋复杂,人的需求日渐提高,外界物的多方面的价值也就日益被发掘,于是审美价值就逐渐摆脱实用功利价值的束缚而独立地发展起来,并日益受到人们的青睐。人类的审美活动也同样基于审美价值的引发。人类的活动都是对象性的活动,是主体与客体互动的产物,而客体对象能介入主体的审美活动成为人审美观照的对象,其自身必然体现着主体的人所需求的审美价值。

马克思说:"整体,当它在头脑中作为被思维的整体而出现时,是思维着的头脑的产物,这个头脑用它所专有的方式掌握世界,而这种方式是不同于对世界的、艺术的、宗教的、实践——精神的掌握的。"①

这段话的意义,在于明确肯定了审美的方式是人类掌握世界的一种相对独立的方式。人类的社会活动主要是科学认识活动、实践功利活动和审美活动。它们分别出自不同的需要,担负着不同的任务。人在客观世界中生活,必然要认识客观世界,掌握它的规律;人的物质需要取自于客观世界,于是要对客观世界进一步加以改造、利用;这就有了科学认识活动和实践功利活动。同时,人在认识和改造客观世界的活动中,又把"人化的自然"作为欣赏观照的对象,这就产生了审美活动。这三大活动的最根本目的都在于摆脱人的动物性,摆脱人对自然的依附关系,使人获得最终的自由。随着人类实践活动的深入,人的理智功能、意志功能、情感功能便逐步独立而又互相促进地发达起来,从而进一步导致了人的理智的、意志的、审美的等不同掌握世界方式的产生。《新亚美利亚百科全书》的"美学"条目写道:"最可靠的心理学家们都承认,人类的天性可以分作认识、行为和情感,或是理智、意志和感受三种功能。与这三种功能相对应的真、善、美的观念。美学这门科学和感受的关系,正如逻辑学和理智、伦理学和意志的关系一样。逻辑学确定思想的法则,伦理学确定意志的法则,美学确定感受的法则。真是思想的最终目的,善是行为的最终目的,美则是感受的最终目的。"由此可见,审美活动是人类不可缺少的、有着重要意义的一种掌握世界的方式。

三种不同掌握世界的方式产生三种不同的价值。理智地掌握世界的方式主要产生认识价值,意志地掌握世界的方式主要产生功利价值,而审美地掌握世界的方式主要产生审美价值。即它们分别产生以真、善、美为主体的价值。

人们对审美价值独立意义及其特点的认识是比较晚的。

最早,人们是把审美价值归于认识价值或功利价值之中。众所周知,西方的认识论比较发达,远在古希腊时期,人们就提出了世界本原的命题,并依靠整个心灵的各种功能,积极地去认识、发现、把握世界。所以,西方民族多强调美与真的一致,普遍地以认识价值置换审美价值。中华民族的文化、心理结构是"建立在血缘基础上,以人情味(社会性)的亲子之爱为辐射核心,扩展为对外的人道主义和对内的理想人格","伦理学的探讨

---

① 马克思:《〈政治经济学批判〉导言》,《马克思恩格斯全集》第46卷上,人民出版社,1963。

压倒了对本体论或认识论的研究",①由此重视的是美与善的结合,审美价值往往为功利价值所取代。总之,审美价值的独立意义很长时期被忽视了。

这种现象的产生有其深厚的历史原因。人类初期,社会生产力低下,人们不得不尽全力从事物质生产以图生存,在这样的社会实践中产生的价值当然首先是有物质功利性的使用价值。认识的目的、伦理关系的建立,主要是为了直接的物质利益,人们最初也就以功利的眼光看待一切社会活动。马克思说:"人的感觉,感觉的人性,都只是由于它的对象的存在,由于人化的自然界,才产生出来的。"②

而"自然'人化'的过程首先应看作满足人的物质需要对自然物质的改造和利用"③。因此,"功利价值是人类社会中产生的第一种价值形式"④。以后,随着生产力的发展,生产所得有了剩余,加之,"那些能成为人的享受的感觉"⑤也产生出来,人们才开始自觉地追求使用价值以外的其他价值,以促使人的各种内在器官进一步"人化"。正像审美情感是理智与意志关系的产物一样,审美价值也是在认识价值与功利价值中产生的,人们对审美价值的理解始终摆脱不了直接使用价值的束缚,总是习惯于以急功近利的眼光看待审美价值。例如,作为审美价值重要载体的文学艺术,人们往往让其负载更多的功利价值,而让审美价值退居次要地位乃至完全抹杀。人们或是要求通过艺术形象再现生产、战争的场面,获得认识的目的;或是企图用艺术的形式,图解政治概念,传经布道,以实现"善"的意图。总之,认识价值、功利价值往往成了审美价值的替身,人们总是自觉不自觉地用认识价值、功利价值衡量艺术作品的优劣,这实际上就否定了审美地掌握世界这一方式的独立存在。

审美价值是与认识价值、功利价值一样存在的价值。审美价值既然是价值的一种,它就具有价值的共性。

首先,审美价值和其他价值一样是一种客观存在,具有不以人的意志为转移的客观性。价值产生于客体和主体的相互作用,但主体并不等于主观,正如斯托洛维奇所说:"无论社会的还是个体的实践活动,虽然没有主体就不会存在,但仍然是客观的过程。"⑥

在这一客观过程中,虽有着人的主体的意识和意志的参与,但为了达到实践活动的预期目的,人的意识和意志都不能随心所欲,而必须从自然和社会的客观规律出发,而从社会客观规律出发的意识和意志活动产生的价值也就必然地以是否切合自然和社会的客观规律,是否促进自然的"人化"进程为准则决定其真伪大小。对价值同实践联系的认识,正是理解价值客观性的基础。"价值作为实践关系的产物是客观的,对于主体它具

---

① 李泽厚:《中国古代思想史论》,人民出版社,1986。
② 马克思:《1844年经济学哲学手稿》,《马克思恩格斯全集》第42卷,人民出版,1963。
③ 斯托洛维奇:《现实中和艺术中的审美》,生活·读书·新知三联书店,1985。
④ 斯托洛维奇:《审美价值的本质》,中国社会科学出版社,1984。
⑤ 马克思:《1844年经济学哲学手稿》,《马克思恩格斯全集》第42卷,人民出版社,1963。
⑥ 斯托洛维奇:《审美价值的本质》,中国社会科学出版社,1984。

有客观意义"①。

诚然,不同阶级、不同社会集团的人都有着自己的价值观,价值观是人对价值的主观评价。价值的主观评价,绝不能同价值的客观性混为一谈。同样,审美价值也是客观的。客观性同样来源于社会历史实践的制约,人们审美地把握世界方式必然产生客观的审美价值。

这种客观性一方面是由于作为审美价值载体的审美对象如自然景观、艺术作品乃至劳动产品等,都是一种具体的客观存在,审美价值绝不可以离开审美对象而抽象存在。另一方面,人的审美需要也是社会实践的产物,它是人在客观的社会生活中,在自然的"人化"中不断丰富发展起来的,它不依个人意志为转移,具有人的普遍性,是被社会生活客观决定的。再加上审美价值的客观标准,即"在历史运动过程中成为全面和谐发展的个性的社会的人,是最高的审美价值,而对这种人的关系则是审美价值的客观标准"。② 这一切,必然构成了审美价值的客观性。

其次,任何价值都具有对人的有效性,审美价值也同样如此。价值的有效性规定价值要能满足人的需要,都对人本身的发展有意义。虽然"在现实世界中没有一般的效用,像没有一般的合适、可爱等一样"③,但真正的价值永远能够帮助人类社会升到更高的水平。尽管价值的效用是相对的,即由一定的历史条件决定,但它们必然是有效用的,对人的成长、人类的进步是有作用的。也就是说,真正的价值在推动人类社会进步、促进"人化"的历史进程中,必然存在着作用,否则它就没有价值。尽管某些价值在一定的历史阶段中没能发现,但作为价值,它的潜藏意义始终存在,也一定会在人的社会实践中被人认识与发掘,从而发挥它应有的作用。价值在人的社会实践中必然体现出它的积极意义,认识价值能帮助人认识客观规律,更有效地改造客观世界;功利价值则直接满足人的衣食住行的功利需求。人在认识价值、功利价值之外还需要审美价值,正在于审美价值有着认识价值、功利价值不能替代的作用,这种作用就是愉情悦性、净化心灵、满足人的审美需求、促进人的内在器官进一步的"人化"。

当然,审美价值作为一种特殊的价值,也有着与其他价值的不同之处,主要表现为以下几点:

第一,审美价值主要满足人的精神需求,它产生较晚。正如前面所说,审美价值是一种客观存在,在作为价值这一点上,它与认识价值、功利价值等都一样,具有效用性,即真正的价值永远能够帮助人类社会升到更高的水平。但审美价值不同于功利价值,虽然审美价值在功利价值的基础上产生,然而最终却成为"它的辩证对立面"④,"对象的功利

---

① 斯托洛维奇:《审美价值的本质》,中国社会科学出版社,1984。
② 斯托洛维奇:《审美价值的本质》,中国社会科学出版社,1984。
③ 杜波夫:《艺术》,1962年第2期。
④ 斯托洛维奇:《审美价值的本质》,中国社会科学出版社,1984。

价值"是"对象满足人的物质需要的意义"①。审美价值的作用,主要是陶冶人们的精神,塑造人们的灵魂。认识价值与功利价值都是一种使用价值,具有直接的功用性;而审美价值虽然有一定的效用,在最高层次上服从于社会功利的目的,但它是产生于功利价值之中,而又远离功利价值,是一种无私观照的价值。

第二,认识价值与功利价值侧重于事物的物质效用的满足,对形式的完整性从不过问,审美价值侧重于事物外部形式给人精神上的享受,体现的是感情、感受可以接受的对象独特的完整形式。正因为审美价值主要满足人的精神需求,使人愉情悦性,陶冶净化心灵,所以审美价值载体必然具有赏心悦目的形式。正因为审美价值体现于对象独特的完整形式,因而审美价值不像功利价值那样为人独占而是能与他人共享。

第三,审美价值的产生与享用必得与人的自由本性相一致。审美价值远离直接功利价值,"以摆脱直接物质的某种自由为前提"②,因而审美价值的产生依附于人的自由想象的天性。一旦受制于直接功利目的,审美价值的产生就会大打折扣,而且审美价值的作用只有在人的自由观赏中实现。正如鲁迅所说,北京捡煤渣的老太太是不会种兰花的。拮据的经济压力,使得捡煤渣的老太太失去观赏审美价值的闲情逸致。同样,商人的眼光倘为功利束缚得太紧,也难以用审美的态度观赏松树,发现松树的审美价值。

二、审美需要与审美价值

价值产生于外界物的有效性以及人对外界物的需求,审美价值也是如此。

人类的活动都基于人类的需要,"正是需要推动人以一定的方式在一定方面的活动"③。人类的需要是在人的社会实践中,随着"人化"的进程不断丰富发展起来的。马斯洛在1943年提出了需要层次说。他从心理动力学理论出发,指出人的需要是循序递进的层次系统,它们依次为以食、色为基础的生理需要,自我保护的安全需要,爱及威望自尊的需要,自我实现的需要,审美的需要。审美需要是人所独有的高层次的需要,它建立在生理需要满足的基础上,所谓"食必常饱,然后求美;衣必常暖,然后求丽;居必常安,然后求乐"④。

马斯洛同时正确地指出,虽然高级需要必须等待低级需要满足后才产生,但"人们在满足了高级需要,并获得了价值和体验之后,高级需要会变得具有自治能力,不再依赖低级需要的满足"⑤。这就是心理学上的"功能自主"原理。"饥者歌其食、劳者歌其事"现象的产生正说明审美需要具有相对独立的功能自主性质。

审美需要是人的高级需要之一,它在实用需要的基础上产生,经过巫术礼仪的洗

---

① 斯托洛维奇:《审美价值的本质》,中国社会科学出版社,1984。
② 斯托洛维奇:《审美价值的本质》,中国社会科学出版社,1984。
③ 彼德罗夫斯基:《普通心理学》,人民教育出版社,1981。
④ 《中国美学史资料选编》,中华书局,1980。
⑤ 转引自弗兰克·戈布尔:《第三思潮:马斯洛心理学》,上海译文出版社,1987。

礼,伴随着"人化"的进程,逐渐剥离为相对独立而又十分重要的精神需求。

审美需要的原动力是什么?美学史上众说纷纭。其中的弗洛伊德的性本能说影响最大。弗洛伊德把美的对象看作性的对象,故而认为审美需要就是基于"力比多"宣泄的需要。

弗洛伊德主要以无意识和性本能为研究对象。他认为人的精神世界可分为意识与无意识,意识是心灵的外表,无意识才是心灵的核心。无意识不仅是精神病的病因所在,也是人的人格主宰。无意识里躁动着人的各种原始冲动和本能,最主要的是性本能。性本能不仅仅是生殖活动,还包括一切欲望冲动。它是人的一切行为的动机和基础,是人的基本的心理能源,是人的心理需求的原动力,它常驱使人去追求自我实现。弗洛伊德明确指出:"正是这些性的冲动,对人类精神的最高的文化、艺术和社会成就做出了其价值不可能被估计过高的贡献。"①

他给这种内在的本能潜力起名为"力比多"。由于人的精神受无意识、性本能主宰,所以人性是恶的,人天生是自私的,本质是卑劣的。弗洛伊德发现,那些不见容于社会道德、习俗、法律的本能欲望常常受到"压抑",这是十分痛苦的事,因为这些受到压抑的欲望并没有因此而消失,它们仍然留在无意识中,并"固着"在不恰当的对象上,从而造成精神失常。当然压抑的情绪经验可以转移到更适宜的境界,如审美活动或其他有益的工作,这种作用就叫做"升华",通过"升华",本能欲望便能得到变相的发泄,由此导致审美需要的产生。审美需求就是要给过剩的力比多寻求改道发泄的途径,使积压的性欲能量既能为外界现实所允许,又能得到宣泄而满足。弗洛伊德特别以作家的创作与读者的欣赏过程,说明审美需求产生的动因。他指出,正因为文学艺术能使人的本能欲望得到宣泄,才导致审美活动卓有成效地进行。他分析道:对于作家来说,整个创作过程,作家、艺术家同样有着迫于现实环境的压力、本能欲望,尤其是性本能不能直接满足的痛苦。于是他们借助于文学创作,以隐蔽的或伪装的形式,使自己生活在一个虚幻的世界里,让性欲和雄心勃勃的欲望充分发泄。这样,他既可以间接地满足自己的本能欲望,又巧妙地躲过了法律的制裁、良心的谴责。同样,读者欣赏作品也是为了满足不能见容于社会习俗的欲望,艺术作品对读者的作用同样是为使其本能欲望得到替代性满足。这样,整个艺术活动就成了作者与读者各自本能欲望变相满足的过程。再扩大到整个审美活动都是如此,人需要借助审美活动使本能欲望以隐蔽的方式得到变相的满足。这就是一切审美活动产生的终极原因,也是人的审美需求的原动力。

以弗洛伊德为代表的性欲望满足是审美需求原动力的说法显然是错误的。他完全剥离了人的社会属性,把人仅仅看作生物学上的人。从动物本能需要来寻找人的精神需求的深厚原因,这就必然陷入审美需求的唯性论泥坑。

人由动物进化而来,人是自然界的一部分,他必然具有一定的自然属性。但人不同

---

① 弗洛伊德:《精神分析引论》,商务印书馆,1984。

于动物的根本之处在于,人是在一定社会环境中生活的,人是社会关系的总和、是有理性的高级动物。人性作为区别于动物的根本特性,就在于他的社会性、他的理性。因而人的需求绝不等同于动物的需求,特别是人的审美需求。人是高度社会化的动物,具有理想性和文明性。人的一切行为都不仅仅受本能驱动,更是按照人的理想与道德,即按照理性、按照改造主客观世界的需要进行的。

审美需要是人的精神需要,是在社会实践中丰富发展的。它不是认知与功利需要,而是内在情感的需要。内在情感的需要,是人的"人化"必然结果,而人的"人化"只能在社会实践中进行。马克思说:"对于没有音乐感的耳朵来说,最美的音乐也毫无意义。"[1]音乐感的耳朵是"人化"的耳朵,"人的感觉,感觉人性,都只是由于它的对象的存在,由于人化的自然界,才产生出来的"[2],所以审美需要与动物性无涉。

审美需要是内在情感的需要,内在情感绝不等于生理的快感,而是积淀了理性内容的高级审美情感。它摆脱了低级的性欲的束缚,经过理性的洗礼,辉映着审美理想的光彩。而且,审美情感也是自由观照的情感,因而审美需要不同于功利欲望的需要,也不是科学理智的需要。它不是如物质功利方式那样,对对象起直接的实用欲望,并通过利用对象的客体存在来实现功利目的;也不是如科学理论方式那样,把"感性的具体东西转化为一种抽象的思考的东西",审美需要就是在对感性对象的自由观照中,获得身心愉悦的审美享乐,审美情感是一种无私的、自由的、积淀人的理性内容的高级情感。正是从这个意义上,我们也可以说,审美需要是对人自由本质肯定的需要。

审美需要不仅是一种审美情感的需要,还是一种只对对象形式观照的需要。黑格尔说:"艺术观照和科学理智的认识性的探讨之所以不同,在于艺术对于对象的个体存在感到兴趣,不把它转化为普遍的思想和概念。"[3]这就说明审美需要是与对象的形式进行直接感情交流的需要,是人们对客体形式结构、秩序、规律的情感交流活动。它不占有对象,也不对对象的功能、性质、本质感兴趣,而是在对对象形式的观赏中,获得审美快乐。正像朱光潜指出,人们对松树大致有三种态度:一是商人的功利态度,一是科学家的认识态度,一是画家的观照态度。这就生动地区分了审美需要与认知、功利需要的不同。

世界上能引起人的审美需要,成为人的自由观照对象的事物都必然是个别的、具体的、体现了人的本质力量的事物。车尔尼雪夫斯基精辟地指出了这一点,他说:"我们不应忘记,美感和感官有关,与科学无关,凡是感受不到的东西,对美感来说就不存在。""美是个别的、活生生的事物,而不是抽象的思想"[4]。

审美需要是对对象形式观照的需要,这里的观照必须引起人们的审美愉悦,因而对象的形式必然是有意味的形式,体现了人的本质力量,积淀了人的理性精神。对象的秩

---

[1] 马克思:《1844年经济学哲学手稿》,《马克思恩格斯全集》第42卷,人民出版社,1963。
[2] 马克思:《1844年经济学哲学手稿》,《马克思恩格斯全集》第42卷,人民出版社,1963。
[3] 黑格尔:《美学》第1卷,商务印书馆,1979。
[4] 车尔尼雪夫斯基:《车尔尼雪夫斯基论文学·艺术与现实的审美关系》,新文艺出版社,1957。

序、匀称、规律无不体现了人的蓬勃向上的生命意志,体现了人对自身本质力量的自信态度,因而人在对形式的审美观照中,就会获得由肯定自身本质力量而引发的审美愉悦。

审美需要是以审美价值存在的前提为基础的,审美需要是一种情感交流的需要,是一种对形式自由观照、获得审美愉悦的需要,因而审美价值必然摒除了实用功利的直接目的,具有无私观照的意义。

三、真、善、美的关系

前面说过,人类社会活动主要是科学认识活动、实践功利活动和审美活动。三大活动的深入,使人的认识、行为、情感三大天性不断丰富发展起来,由此产生人的理智、意志、感受三种功能及与这三种功能相对应的真、善、美三种价值与观念。

一般来说,人的真、善、美三种观念既互相区别又相互渗透与影响,共同构成人的精神世界。

正像审美价值是从认识价值、功利价值中独立出来一样,美的观念也是从真与善的观念中分化出来的。

人由动物进化而来,早期的人类更多地带有动物的本能,这种本能首先就是生存的本能。人要生存,必得认识周边世界,尽可能地利用周边世界满足自身需求,这就逐渐产生了真与善的观念。等到生产力有所发展,劳动产品有所剩余,人们才以审美的眼光注视外物,生产工具与生活用品在不影响实用功能的前提下,原始人开始有意无意地对其进行美的装饰。故而美的观念产生较晚,而且在美的观念产生后的一段相当长的时期内,人们往往还会自觉地将美与真、善相混淆,不是由真替代美,便是美善不分。

西方人以真为美的思想较为突出。商贸活动自古希腊至近代,一直是西方国家主要的经济活动。商业性社会中的人,流动性大,独立性强,因而,他们对外界自然有一种对立的情绪,无论是畏惧自然还是要征服自然的心态,都决定着他们重视对外在自然的规律、特性的认识,倾向于看到世界万物的差异性、矛盾性,导致对事物的认识方法有较强的分析性、思辨性。因而他们发现,美就存在于外物的比例、大小、匀称、平衡上,这就强调了美的外在真实性。到了17世纪,法国古典主义美学家布瓦洛则公开亮出了,"只有真才美"的大旗,似乎美与真是同一指称,真即美,不真即不美。当然,西方也有人倡导美善结合,如苏格拉底较早地提出,善即美,善就是有用,有用就是美,粪筐因为有用,符合它的目的,因而是美的。但这种观点始终不占主流。

中国古代的农耕社会,重视血亲关系的融洽,强调的是齐心协力的合作与依赖,故而形成宗法制社会以善为美的观念。农耕社会的最大特点是聚族而居,世世代代的人耕作一块地,吃着一块地,过着日出而作、日落而息的平静生活。落后的生产方式,笨拙的生产工具使得同姓、同家、同血缘的人必须互相帮助才能得到温饱,因而中国古人十分重视人的内在情感,重视人与人的相处,竭力宣扬无私助人的善行,以此作为美的标准。中国古人不是没有以真为美的思想,如王充就要求美的诗作要"疾虚妄",认为"诗可数日不作,不可一作不真"①。不真的作品不美,但这毕竟是凤毛麟角,并非时代的主旋律。而以善为美的思想一直成为中国古人的支配观念。

孔子就宣扬"里仁为美"。孔子认为,仁是建立在氏族血缘关系上的亲情之爱,是人的本性的内在欲求,因而,近仁就为美。由于"先王之道"是仁政的体现,故孔子说:"先王之道,斯为美。"孟子同样提倡以善为核心的"充实之为美"的人格美,即美的人是善德的"充实"盈满者。故古人很强调人的内在人格修养,重视人的道德品格的高尚。所谓"吾日三省吾身","修身齐家治国平天下",都强调人格善的重要意义。儒家美学思想集大成的《乐记》,也以较大篇幅讨论"乐"的政治目的和伦理标准。它通篇流露出来的中心思想,就是关于艺术的从"善"作用,而不太注意艺术的求真规律。先秦美学中的"比德"说更是突出"美善相乐"的观念。自然美之所以美,正在于自然物象征人的某些品德,人们正是在对自然美的欣赏中,品味到人的品德美、精神美,才感到自然的美。自然美本身的比例、匀称、平衡、形状等在人的美感中不占主要地位,它的美主要在于是否让人体会到审美主体的某些美的品德。故而,人们对自然美的认识,主要视其自然物的象征意义而忽视其自然属性。"比德"说突出体现了中国古人以善为美的思想。

怎样正确认识真善美三者的关系呢?

首先,美不等于真,也有别于善。

真,主要指事物的客观规律性及其实在的存在状况,它无所谓美丑。2006年6月17日印尼海啸中357人遇难,这是真实的自然灾难,事故本身无关于美丑。同样,自然规律符合人的目的,但未必是美。勾股定理是美还是丑,就很难说。

善,指人在实践活动中实现的有益于人类意志与要求的功利活动及其成果。马克思、恩格斯的《共产党宣言》,体现了人类顺乎历史发展趋势的必然要求,是人类意志善的宣言,然而宣言本身却难给人以美的享受,除了文字精练、铿锵有力等形式因素外。同样一场充满说教味的政治报告,能给人善的指引,也很少有美的内涵。另一方面,美的事物也不一定具有善的意图,如有毒的罂粟花绰约多姿,给人美的感受,却唤不起善的联想。

故而,真、善、美的区别是显而易见的。

其次,美离不开真、善,美必须建立在真与善的基础上。美是合规律性与合目的性的统一。

合规律性就是合乎事物本质的真,体现了事物发展的必然趋势。合目的性就是人的行为意志要合乎善的目的,即有利于自然的"人化"与人自身的"人化",有益于人类的进步与社会的发展。故而,真是美的前提,善是美的灵魂。不真不善的事物、行为绝不是美的,美不能背离真与善而单独存在。正是在这样的基础上,我们认为康德说的"美是道德的象征",黑格尔说的"美是理念的感性显现",才具有合理内核。

最后,真与善要进入美的领域,必须经受美的洗礼。就是说,真与善要获得审美意

---

① 王充:《论衡》。

义,必须体现出美的三要素,即与功利性的距离、形象的形式、情感的内容,即在内容上能唤起人的审美情感,在形式上符合人的内在尺度,是按照美的规律构造的,才能被美接纳。

拿艺术作品来说,艺术的本质是美,但不排斥它同时具有真、善的内涵。

但艺术的真必须是生气灌注的情感的真。"艺术并不要求把它的作品当作现实",但它却不能违背人们的情感逻辑,不能违背人们所能接受的情感真实。我们强调文艺作品"细节的真实"、"现实关系的真实",都要在艺术作品中形成一种审美魅力的蓄势,最大限度地满足读者强烈的审美需要。

同样,艺术中的善,主要也是实现审美净化目的的善,审美动力是感性而不是思维,读者与作品的审美联系说到底也是情感联系。人们的审美情感往往由道德、理智激发而起并伴同着道德、理智的内容一起被物化在作品中,当道德理智的内容博大精深而又被赋予和谐的形式表现出来时,读者就会在获得审美感受的同时,被这种具有深刻内容的道德、理智震惊而使审美感受的强度大大加强。正如康德所说:"鉴赏因审美的愉快和理智的愉快相结合而有所增益。"①正因为此,我们才要求作品具有"较大的思想深度和意识到的历史内容"②。

当然,我们不是孤立地要求作品思想内容的进步意义,而更重视的是思想内容如何能作为增强作品审美感染力的因素而存在,就是要求道德、理智的内容如何服从审美感的规定与制约,并化为审美感的一部分。康德指出,道德观念本来不是感性的看得见的,但在美的理想中却要使它们感性地表现出来。那些不能激发读者审美情感的概念化内容,游离于作品形式的政治说教,尽管有多么重要的积极意义,但我们都必须坚决摒除。

总之,真和善要从满足读者审美需要上着眼,化为形象的形式以激发人们的审美情感,才能成为美的对象,进入美的领域。当理智、意志的心理活动剔除不能使人们进行情感交流的部分,剔除孤立、静止的纯理论、纯道德的概念因素,而以理智、道德为触发情感的媒介,引起情感的活动,并赋予适当的形式,这种理智、意志的心理因素,就成为审美情感的一部分而物化到审美作品中,成为人们审美观照的对象。

这就是真、善、美三者的关系。

第四节 审美活动

一、审美活动的意义

审美就是主体人对审美对象的审视、观赏与接受。审美活动是美的消费过程,但美

---

① 康德:《判断力批判》,商务印书馆,1985。
② 恩格斯:《致斐·拉萨尔》,《马克思恩格斯全集》第29卷,人民出版社,1963。

的消费不同于其他物品的消费,美的消费并不消灭美的对象,它是与他人共享的一种精神消费。故而,审美活动是人特有的社会实践活动,是人掌握世界的方式之一。广义的审美活动还包括审美批评,狭义的审美活动即指审美欣赏。

本节论述的审美活动主要以对艺术美的鉴赏来展开,因为艺术美比现实美更为集中与典型。

审美活动的意义,首先在于它使美得到确证,使潜在的美成为现实。美,只有在人的观赏实践中才能实现其价值。著名的捷克结构主义学者穆卡洛夫斯基把艺术品分为"人工制品"和"审美客体"两部分,认为未经观赏者观赏的艺术品只能是人工制品而非审美客体,只有经过观赏的人工制品,才能转化为真正的艺术品即审美客体。同样,史前的大自然,风景同样美好,由于未经过人的本质确证,它无所谓美丑。

人在对美的观赏中,融入了主观能动性,在美的对象上烙下个人的情感印记,使同一的审美客体呈现出不同的情感色彩,从而使自在的美成为自觉的美。例如,同登岳阳楼,有人"满目萧然,感极而悲者矣";有人则"心旷神怡","其喜洋洋者矣"。所以,人对美的观赏与接受,绝不是消极的、被动的,而是充满着主体的创造精神。人工制品正是在主体创造精神的滋润下,才成为审美客体,体现出美的韵致,实现了美的价值。

其次,审美活动也创造了审美主体,使自然的人成为审美的人。恩格斯说:"手不仅是劳动的器官,它还是劳动的产物。"[①]马克思也指出:"艺术对象创造出懂得艺术和具有审美能力的大众。"[②]人的审美能力是在观赏活动中发展起来的。"文革"中,一切高雅的审美活动被禁止,造成青年一代对美的无知,他们踏碎贝多芬唱片,砸坏维纳斯雕塑,以疯狂的武斗,展现人性的丑陋。刘勰说:"操千曲而后晓声,观千剑而后识器。"[③]人正是在审美活动中,提升了自己的精神品性,陶冶了高尚的审美情趣,树立了崇高的审美理想,不断实现人自身的"人化"。

黑格尔在《美学》中举例说:"一个小男孩把石头抛在河水中,以惊奇的神色去看水中所现的圆圈,觉得这是一个作品,在这作品中,他看出他自己活动的结果。"[④]小男孩以惊奇的神色去看水中所现的圆圈,这就是审美活动。在小男孩的审美活动中,他在"观照自己,认识自己,思考自己"[⑤]。他感到他的审美活动体现了人特有的"为自己而存在","这种自为的存在",使他实现了自身的价值,感受到自我审美意识的获得。审美活动摆脱了外在直接功利性的束缚,使人真正发现了真实的、自由的、精神的自我。

最后,审美活动能激励艺术家努力创作人民大众喜闻乐见的优秀作品。作为精神生产的艺术创作,与作为精神消费的审美欣赏是互为对象、互相促进的。满足群众审美

---

① 恩格斯:《劳动在从猿到人转变过程中的作用》,《马克思恩格斯选集》第3卷,人民出版社,1995。
② 马克思:《政治经济学批判导言》,《马克思恩格斯选集》第2卷,人民出版社,1995。
③ 刘勰:《文心雕龙》。
④ 黑格尔:《美学》第1卷,商务印书馆,1979。
⑤ 黑格尔:《美学》第1卷,商务印书馆,1979。

欣赏的要求,是艺术创作的目的。欣赏者对艺术品的由衷肯定,更能使艺术家获得再创作的动力。没有哪个艺术家的创作活动不顾及欣赏者的价值取向。欣赏者的审美活动直接影响到艺术家的艺术行为,艺术家在创造美的过程中必然会考虑到欣赏者的审美品味,以期使自己的艺术品能在欣赏者的欣赏中激起强烈反响、获得好评。为此,他就必然注意倾听欣赏者对自己艺术创造的评价,不断调整自己的创造思路。不断提高自己的创作水平。当然,艺术家的创作还担负着以自己的作品不断提升人民大众审美趣味、审美能力的使命。艺术家在满足人民大众审美需要的过程中,应以积极健康的艺术作品引导人民大众正确评价与接受美,而不是一味迎合大众低级的生理需求,钝化大众的审美评判能力。审美活动的健康开展,能够也必然使艺术美的创造者与艺术美的欣赏者之间出现良性互动,促进优秀作品不断涌现,艺术家在满足人民大众日益增长的审美需要的同时,也就提高了自己的创作能力和水平。

二、审美活动的特征

审美活动不是简单的美的观赏与接受,而是人的生命的展开,是人的本质力量对象化的实现。因而,审美活动有着如下特征:

1. 审美活动是超功利的行为

审美活动没有物质的直接功利性,不受制于直接的功利目的。

人在社会实践中改造客观世界,同时也改造主观世界,从而使人逐渐摆脱了单纯的物质需要,发展了另一种精神需求的潜能,即审美需求。审美活动是满足人的审美需求的活动。审美活动不占有对象,也不消灭对象,它只是使人获得精神愉悦,并使这种愉悦为大家共享。马克思生动地举例说:"例如,一个歌唱家为我提供的服务,满足了我的审美的需求;但是,我所享受的只是同歌唱家本身分不开的活动,他们的劳动即歌唱一停止,我的享受也就结束;我所享受的是活动本身,是它引起我的听觉的反应。"[1]审美活动既不能占有歌唱家的歌声,也不能垄断歌唱家的歌声。在审美活动中,人们得到的是精神愉悦的满足,而没有直接的功利目的。正是从这个角度,黑格尔说:"审美带有令人解放的性质。"[2]审美活动使人从自私的占有欲中解放出来,超越了物质功利的束缚,发展了人的精神追求,实现了人的本质力量对象化。人在审美活动中的愉悦,正是对自身本质力量肯定的愉悦,因而他乐于将这种愉悦与大家分享。这无疑促进了人的"人化"进程。

所以,真正的审美活动是不存在功利目的的。有些类于审美活动的行为,因带有强烈的功利性或丑陋性而当排除在审美活动之外。如盗画者为赢利目的盗走张大千的名画藏之秘处;再如怀着淫欲目的为刺激眼球,花高价观看黑剧团的脱衣舞等,都不能称

---

[1] 马克思:《剩余价值理论》,《马克思恩格斯全集》第26卷第1册,人民出版社,1963。
[2] 黑格尔:《美学》第1卷,商务印书馆,1979。

作审美活动。

区分真假审美活动的标志在于看它是否有直接的功利占有欲,是否是对美的欣赏与接受。

当然,审美活动不具有直接的功利目的,不等于它完全没有功利性。审美活动最大的功利是雕塑人的心灵,促进人的"人化",这是精神功利而非直接的物质功利。

2. 审美活动具有主体自由性的特点

审美活动的自由性表现为两点:一是审美活动是审美主体的自由参与,它拒绝强迫,也没有功利的诱惑;二是在审美活动中,审美主体充分享受自由的愉悦,正是这种审美愉悦,导致审美主体的主动介入。

人的其他实践活动,比如生产活动、科学实验活动等,虽然活动的成果会给人一定的精神满足,但参与这类活动的出发点首先是出于生存的考虑,带有很大的强迫因素。有些实践活动甚至成了异化劳动。比如,人们为了养家糊口,不得不在恶劣的劳动条件下,冒着生命危险从事超负荷的劳动,人成了工具、金钱的异化物。人参与这类活动特别是异化劳动,违背了人的自由原则,而且,人在这类功利活动中,也感受到极大的不自由的痛苦。人不能违背老板的指令、工头的分派,想干什么就干什么。即使在社会主义企业里,人也不能无视规章制度而随心所欲。诚然,人可以通过认识客观对象,掌握事物规律,获取主观能动性的自由,但这种自由是有限度的。人的任何自由都不可能突破客观规律的藩篱。相对而言,审美活动受外在限制很少,甚至可以率性而为。《世说新语·任诞》记载王子猷一时心动,夜乘小舟,观雪景、往剡访友,天明方至,竟造门不入而返。别人问其缘故,他答道:"吾本乘兴而行,兴尽而返,何必见戴。"乘兴而行,兴尽而返,这就是审美活动的自由性。在审美活动中,人们对审美对象的选择和评价都是充分自由的,"仁者乐山,智者乐水",趣味无可争辩,说得正是审美活动的自由。而且面对美的对象,人们可以自由驰骋想象的空间,不受拘囿;可以忘却世俗的功名利禄,抛却人间的忧愁烦恼,恣意接受美的熏陶,陶醉在忘我的审美愉悦中,一任美好情愫充溢心胸,这正是人们在功利活动之外需要审美活动的原因。审美活动使人的自由本性得到充分显现;对美的凝视,正是人对自身自由本质的凝视。审美活动的愉悦从某种角度说,也就是人的自由本质复归的愉悦。所以,审美活动是人的主体自由性的活动,是人独享的精神自由的活动。

3. 审美活动是审美主客体间的情感交流活动

审美活动中的主体面对美的对象绝不可能无动于衷、冷眼漠视。我们会为黛玉葬花潸然泪下,为武松打虎慷慨击节,为哈姆雷特痛斥"神"的邪恶、赞美"人"的崇高而拍案叫绝。人在审美活动中,使自己炽烈的情感外射到对象物上,从而"赋予感觉和情欲于本无感觉的事物"。这就是"移情作用"。

当然,移情并不是主体单纯的"情感外射",而是主客体双方互相对应生成的一种特殊的情感交流活动。移情产生的原因是,蕴含着普遍意义的客观对象在特定情境下,拨动了某些人的心弦,从而触动了人的情感;同时,审美主体又以更大的关注、更大的热情投向客体对象,赋予对象生命的活力,客体随着主体情感的加深,又投向主体更多的深层意味,使审美主体在情感激荡中,把感知到的信息同以往的生活经验结合起来,浮想联翩,忽惊忽喜,最终到了物我两忘的境界而如醉如痴。诚如陆游诗说:"何方可化身千亿,一树梅花一放翁。"明代有一女子欣赏《牡丹亭》竟伤心落泪、痛彻心脾地哭道:"天下亦有痴如我,岂独伤心是小青。"

移情作用的发生,主客体都有深厚的内在原因。就客体来说,审美对象必须是栩栩如生、充满生命活力的具体形象,而且这类具体形象,积淀了人的某一方面的情感内容,成为特定情感的象征物,具有一种普遍的、客观的意蕴,能触发人的某种情感的生成。就主体来说,审美主体要有感同身受的想象力、理解力。这种想象力、理解力既有先天的因素,也有后天的经验积累,从而在人心中形成一定的心理定势,造成"我们倾向于看见我们以前看过的东西,以及看见最适合于我们当前对于世界所全神贯注的和定向的东西"。①

所以一个生活阅历丰富的人,他的大脑中一定储存了较多的内在图形,一旦外界某一事物触动了他的储存信息,便会迅速产生情感效应,打开情感的闸门,与审美客体产生情感交流而进入到审美活动中。

费尔巴哈说:"感情的对象就是对象的感情……那么,当音调抓住你的时候……你在音调里听到了什么呢?难道听到的不是你自己心的声音吗?"②

康德也指出:"对自然的崇高感就是对我们自己使命的崇敬,通过一种'偷换'的办法,我们把这崇敬移到自然事物上去。"③

所以,人在审美活动中的情感交流,是自己内心深处的真实情感的流动,人通过审美活动,再度体验生命的情感激荡,由此获得审美愉悦。

三、审美批评

审美批评是比审美欣赏更为高级的审美活动,它是对美的判断与评价。

1. 审美欣赏与审美的批评的关系

审美欣赏与审美批评的关系十分密切。凡欣赏必有评价,凡评价必先欣赏。审美欣赏是审美批评的基础,审美批评是审美欣赏的深化。

审美欣赏与审美批评都面对个别的、生动鲜明的美的对象,都要经过审美主体的感受、体验的情感过程,都受着一定的主观条件的制约。

但审美欣赏更侧重于主体的审美感受,满足于个人的主观体验,它强调个人的审美

---

① 鲁枢元:《创作心理研究》,黄河文学出版社,1985。
② 费尔巴哈:《十八世纪末—十九世纪初德国哲学》,转引自《西方美学家论美和美感》,商务印书馆,1980。
③ 康德:《判断力批判》,商务印书馆,1985。

趣味，而且个人的审美体验不要求与他人一致。审美批评则要上升到理性高度，它要依据一定的审美标准，一定时代的审美风尚，对美的对象作出科学的评判。个人的审美批评应力求得到多数人的肯定，为此，对审美批评的主体往往有着更高的要求。他要掌握批评的标准、原则，懂得美的特点与规律。

2. 审美批评的作用

审美批评对艺术家来说，能公正地揭示艺术家的创作得失，提高艺术家的创作水平。艺术家对自己的作品常有敝帚自珍的偏颇。健康的审美批评运用美学理论评判艺术作品，既能揭示其不足，又能以更高的理论层面阐述其积极的审美价值，使艺术家扬长避短，以期以最好的精神食粮呈现给人民大众。批评家应成为艺术家的诤友，才能对创作发生积极的影响。

审美批评对欣赏来说，能使欣赏者正确认识美之为美、丑之为丑的所在，提高欣赏者的审美鉴赏能力。欣赏者观赏一件艺术品，会直觉艺术品的美，但美在什么地方，为什么美，却说不清、道不明，甚至对美的事物熟视无睹，或者认丑为美。审美批评就是帮助欣赏者发现美、分析美、理解美。美的对象千差万别，特别是艺术美，更需要相关的美学知识加深对美的理解。审美批评可以给欣赏者提供观赏美的新方法、新视角，帮助欣赏者提高精细的审美能力与鉴赏水平。克莱夫·贝尔说："好的批评家会使我看到一幅画中最初没有感动我而被我忽略了的东西，直至使我获得了审美感情，承认它是件艺术品。"①

审美批评还能促进健康的审美风尚的形成。

审美风尚是一个时代的审美主潮，反映了一个时代人们的审美需求。一个时代健康的审美风尚的形成，离不开审美批评的呵护与引导。审美批评影响到欣赏者对美的感知与认识，促使欣赏者积极探寻美的意味，努力培养自己感受美的能力；批评者能以敏锐的审美眼光，发现萌芽期的、有价值的审美意蕴，引领一个时代的审美导向。同时，审美批评也积极介入审美领域里的思想争鸣，批评不健康的审美风尚，如在当前经济转型的时代里，审美批评对一些下流的行为艺术以及颓废的下半身写作进行抵制与批评，就有助于纯洁人们的审美世界。由此，推动一个时代健康的审美风尚的形成。

3. 审美批评的要求

首先，审美批评必须立足于审美欣赏基础上，绝不能蹈空凌虚、捕风捉影地空发议论。

周来祥指出："艺术作为美的一种形态，是不能直接用抽象性把握的，而只能用审美观照和情感体验的艺术欣赏才能准确、恰当、细致地把握艺术在生动丰富的感情形式中的理性意蕴，失去了艺术欣赏的基础，就失去了艺术对象的特征，艺术批评也就变成为

---

① 克莱夫·贝尔：《艺术》，中国文联出版公司，1984。

一般的理论批评,而不成其为审美的批评了。"①

所以,没有欣赏的批评就像是隔靴搔痒、不着边际的胡言乱语。只有把批评完全置于健康的审美欣赏之中,才是真正的审美批评。这样的批评既能启发欣赏者,又能引导艺术家,从而较好地实现审美批评的目的。

其次,审美批评又不能仅仅停留在审美欣赏的阶段,它要求以科学的标准揭示对象美的性质、特点与根源,指导人们更为理智地欣赏审美客体。

审美批评应尽力摒弃个人的好恶情感,力求以科学的批评标准,客观公正地权衡对象的审美价值。法国著名作家莫泊桑说:"一个真正名副其实的批评家,就只该是一个无倾向、无偏爱、无私见的分析家。"只有这样的审美批评才能令人信服,才能推动积极健康的审美风尚的形成。而囿于个人好恶得失的批评,必然会丧失批评的公正性,从而,对艺术品的创作与欣赏产生有害的误导。

最后,审美批评还对批评者提出了更高的理论要求。虽然,美的欣赏对审美主体也有一定的要求,即美的欣赏者要有社会化的审美感官,具备一定的审美修养以及健康的审美观点。但批评家仅仅具有这些条件还不够,他还有更高的要求。要正确开展科学的审美批评,批评家还必须具有较高的鉴赏能力与理论水平。他能洞悉艺术品美的所在,精辟地分析其美的构成与特点,令人信服地引导人们正确欣赏,并由此获得感同身受的审美愉悦。同时,批评家扎实的美学理论还能正确评价新生的美的艺术,使之能被大众理解接受。艺术批评家罗杰·弗莱在法国画家塞尚的美术作品不被公众理解的时候,独具慧眼地肯定塞尚作品的审美价值,从而使现代美术风靡整个欧洲,欧洲的审美风尚为之一变,塞尚也被誉为"现代美术之父"。由此可见批评家的美学修养的重要。

【请你思考】

1. 何谓审美意识的二重性?
2. 审美价值与其他价值有何异同?
3. 审美活动有何特征?

---

① 周来祥:《文学艺术的审美特征和美学规律》,贵州人民出版社,1984。

第八章
美感经验描述

第一节 美感的本质

美感是人们对美的感受、体验和观照。它是外物的形式契合了内心的情感结构所产生的和谐感,是精神暂时摆脱物质束缚下的自由感。它是在人类社会实践的历史长河中逐渐产生和发展而来,具有历史性和实践性。人类的美感经验内容一直不断地在发展、在变化。当下社会随着审美疲劳、消费美学等观念的出现,在美感经验中出现和传统审美观迥异的现象。这些现象的出现在人类精神发展史上是一种进步还是一种倒退呢?这需要我们首先对美感经验做一个深入的剖析。其实,人们对它的认识和理解很早便已开始。

一、中西美学对于美感经验问题的探讨

中国古典美学对美感经验的研究开始于先秦,思想非常丰富,往往散见在一些诗话、词话、小说评点甚至是哲学书籍中。虽不像西方美学那样拥有众多结构完整、体系庞大的美学理论,但是这些精练、含蓄的语言却准确地概括出美和美感经验的特点。中国古代的美学家不仅探讨了美感经验的内容,而且还涉及对它的心理机制、心理要素、心理条件等问题的研究。

在对美感经验内容的理解上,先秦的孔子曾经指出《诗经》的作用在于"兴"、"观"、"群"、"怨"。"兴"指的是感发情感,"观"指的是观察民风,"群"指的是交流情感,"怨"指的是怨刺时弊。从广义的角度来看,这都可以看做是《诗经》的美感内容,孔子指出了美感不仅是一种个人的情感抒发,它还是一种社会性的实践内容。中国古典文论中"言志"、"缘情"之辩便由此而来。在中国传统哲学"元气论"的影响下,对美感内容的认识也

伴随着意象论和意境论的发展而产生了不同于西方美学的新思想、新观点：虚实相生、气韵生动、形神兼备、情景交融等命题被反复提及，说明中国古代学人已经深切地领悟到最高的美感经验应来自于客体与主体的统一、形式与内容的统一，以及个体生命与宇宙生命的统一。

在心理机制方面，中国古典美学首先坚持美感经验的客观基础和主体实践性质。《乐记·乐本》中曾指出音乐的缘起是："感于物而动，故形于声。声相应，故生变；变成方，谓之音。"因此美感经验的产生首先离不开外物的感召，同时也离不开主体内心情感活动。这个思想被后世的美学家所继承，如唐画家张璪提出"外师造化，中得心源"的命题，宋画家郭熙提出的"身即山川而取之"的命题，无不呈现出对这一思想的延续。其次，指出了美感经验重直觉把握的特点，唐代画家张彦远在《历代名画记》中写道："凝神遐想，妙悟自然。"一个"悟"字表达了中国古典美学对于美感经验直觉性特征的深刻理解。

对于美感经验中的心理要素的分析要数刘勰和叶燮论述得最为明确。刘勰在《文心雕龙·神思》中写道："神用象通，情变所孕，物以貌求，心以理应。"指的是美感经验中想象、情感、感知、理解等要素和谐活动的特征。清代学者叶燮在《原诗》中强调艺术要真实地反映客观的"理"、"事"、"情"。艺术的本体是审美意象，它不能像科学著作那样运用概念来说理，也不能像历史著作那样记录实事，"诗之至处，妙在含蓄无垠，思致微渺，其寄托在可言不可言之间，其指归在可解不可解之会"。所以在艺术的表现中"幽渺以为理，想象以为事，惝恍以为情"。叶燮不仅指出了审美思维的特性，而且具体到对各个审美要素功能的分析。

在中国古典哲学"元气论"的影响下，中国古典美学还对于美感经验的心理条件作了最为充分的研究，形成了中国古典美学中一个较为完备的理论形态——审美心胸理论。这一理论体系分别以"虚"、"实"两线构成和展开。"虚"的一脉肇始于老子的"虚静"理论和庄子的"心斋"、"物化"理论，经宗炳的"澄怀味象"深深影响到唐代和宋元的书画意境创构。"实"的一脉由儒家提倡，孟子所谓"养浩然之气"和荀子所谓"不全不粹不足以谓之美"，对后世美感心灵充实化的要求产生很大影响。清代石涛掲出"蒙养"与"生活"这一对概念，实际是对以上两条线索的一次理论上的总结。"蒙养"强调的是突破现实的有限，回归心灵的本真状态，才能把握宇宙本真的生命精神；而"生活"强调的是对宇宙万物活泼泼生命意态的把握。"蒙养"与"生活"，一为空灵化，一为充实化，一者为虚，一者为实，虚实结合才能有美感的产生。近代王国维提出诗人应首先"入乎其内"方能"出乎其外"的理论更进一步明确了美感心灵中空灵与充实的逻辑关系。

西方美学对于美感经验的研究从古希腊时代便已开始，但早期的这种研究更多表现为一种对美感经验的感性描述。如柏拉图曾经用"迷狂"说来描述审美活动的高峰体验。他把好的迷狂分为预言的、宗教的、诗神凭附的和哲学的四种，其中由诗神缪斯所凭附而引发的迷狂是一种欣喜若狂般的高度喜悦，诗人一旦进入这种审美的迷狂境界，就能写出其神志清醒时写不出的优秀作品来。

西方美学展开对美感经验的重点探讨是从英国经验主义美学开始,他们不仅研究了审美活动中审美主体的心理结构,而且着重通过对审美经验的分析明确对美的认识。前者如这派的代表人物夏夫兹博里提出,人天生就具有审辨善恶和美丑的能力,他称之为"内在的感官"或"内在的眼睛",即人们常说的"第六感觉",它是通过直觉来把握对象的美而不依靠逻辑推理。后者如休谟和博克,休谟曾说:"美是(对象)各部分之间的这样一种秩序和结构……这种秩序和结构适宜于使心灵感到快乐和满足,这就是美的特征,美与丑(丑自然倾向于产生不安心情)的区别就在此。所以快感与痛感不只是美与丑的必有的随从,而且也是美与丑的真正的本质。"①

休谟断言:"美不是事物本身的属性,它只存在于观赏者的心里。"②

博克研究美学所依据的主要是生理学的观点,例如他用本能、情欲去解释崇高和美的心理原因,在美学史上产生了较大的影响。经验主义的这些研究忽视了社会实践与历史发展对美感经验的影响,所以并没有真正揭示出美感经验的本质,但他们的研究在西方美学史上引起了方法论上的巨大的转折。

被誉为"现代美学之父"的德国学者费希纳,于1876年出版了他的《美学导论》一书,提出要把"自上而下的美学"和"自下而上的美学"区别开来,他把对美的哲学探讨,即从一定的哲学体系出发,经过哲学思辨和逻辑论证,用演绎的方法从一般到特殊来探讨美的本质的传统美学称之为"自上而下的美学"。他主张美学必须从哲学体系中解放出来,着重研究主体的审美感受,经过不断的归纳去寻求美的法则,他把采取这种研究方法的美学称之为"自下而上的美学"。费希纳的这个主张在20世纪的西方美学界得到了广泛的响应并产生了深远的影响。可以说,20世纪的西方现代美学因此而呈现出与传统美学完全不同的理论面貌,有人称之为一种"反叛"的美学,这"反叛"的含义中就包含对审美经验的重视与研究。

20世纪西方美学的主流可分为两条线索,一为科学主义,一为人本主义。虽然包括了众多的流派,但是审美经验问题一直作为中心问题被各派所关注。

现代科学主义的思想基础是主观经验主义和逻辑实证主义,各学派在对审美经验的研究和态度上鲜明地体现出这种思想基础。例如自然主义的代表人物乔治·桑塔耶那认为唯一可靠的是经验,提出了"美是客观化了的快感"的观点,把美的本质归结为主体的快感经验;新自然主义代表托马斯·门罗也主张美学研究应以现代的心理学为基础;实用主义代表人物杜威认为艺术是自然经验的延续与完善化,审美经验就来自于日常经验,因此只有凭借经验才能理解艺术。科学主义中,影响较大的分析美学也是通过语词的运用来分析审美经验的具体含义的。如代表人物维特根斯坦认为对"美"的理解之所以会有歧义是因为语境的不同,所以它的意义是在使用中体现出来的,我们不能对

---

① 休谟:《论人性》,转引自朱光潜《西方美学史》(上卷),安徽教育出版社,1990。
② 休谟:《论审美趣味的标准》,转引自朱光潜《西方美学史》(上卷),安徽教育出版社,1990。

"美"这样的词作静止的分析和定义。这种发展的观点还是很有价值的。

人本主义美学中影响较大的有现象学美学、精神分析学美学和解释学美学。

现象学是20世纪初由德国思想家胡塞尔创立的一种哲学思潮。他对于意识活动的分析深刻地影响到对审美经验的研究。胡塞尔指出，意识活动不是一种被动性的接受行为，而是一种积极性的构成活动。在此思想基础上，波兰美学家英伽登突出强调了主体在审美活动中的再创造能力，他把艺术作品看成艺术家和观赏者的共同创造，把艺术品的完成放在从创作到接受的动态系统中去理解，所以艺术家和接受者的美感经验及其相互关系成为其理论研究的重点："对美学这个课题内容的一定描述是指出一定的意识主体与客体、尤其是艺术作品之间的联系，主客体之间的关系将成为发展审美经验和与之相关的审美对象构成的源泉。对这种关系的分析将为美学研究揭示各种现象和本质、界定种种基本概念，它也有助于美学领域内整体统一性的研究，防止所谓'主观性'美学和'客观性'美学的片面性。"①

其后的杜弗莱纳进一步发展了他的理论，提出了富有创见性的审美经验理论，例如他指出："在审美经验中，如果说人类不是必然地完成他的使命，那么至少是最充分地表现他的地位：审美经验揭示了人类与世界的最深刻和最亲密的关系。"②

他对于审美经验的认识已超越了艺术的领域而扩展到整个人生中去，使审美经验找到了它的真正的根源。

精神分析学的创始人、奥地利心理学家弗洛伊德从他的"无意识"理论和本能理论出发，提出了"升华"说和"白日梦"理论。弗洛伊德认为审美和艺术活动在根本上乃是主体为了宣泄和转移自己的生理本能而采取的一种被社会所允许的替代方式，如艺术家的艺术创造就是将自己受压抑的性本能转移到作品中去，使其在想象和幻想中得到释放，从而确保了精神心理上的健康。他称之为是一种"升华"。在艺术欣赏中也是如此，欣赏者的本能能在这一过程中得到满足和释放，从而也获得了精神心理的健康。弗洛伊德运用这一理论去解释审美经验，提出了著名的"情结"理论。他认为，文学史上三部杰作索福克勒斯的《俄狄浦斯王》、莎士比亚的《哈姆雷特》、陀思妥耶夫斯基的《卡拉玛卓夫兄弟》都体现了一种"恋母情结"，因为它们都表现了这样相同的主题——弑父。弗洛伊德分析，之所以会出现这种情结，就是因为每个男人在少年时代都会产生对母亲的眷恋和对父亲的敌视，由于这种情感在现实中不得发泄，只好压抑于内心深处而形成情结。通过艺术和审美，人们找到了宣泄和转移这种情结的最好的方式。可以看出，弗洛伊德的这种审美经验论是把人的审美心理基础完全归结为性本能，这实际上是把人类高级的精神需要庸俗化的表现。弗洛伊德的学生荣格反对老师将创作冲动的来源归因于个人无意识本能，而认为是受一种集体无意识的操纵。荣格所谓的集体无意识"是指

---

① 转引自朱立元主编：《现代西方美学史》，上海文艺出版社，1993。
② 杜弗莱纳：《美学与哲学》，中国社会科学出版社，1985。

由各种遗传力量形成的一定的心理倾向"①。

在荣格看来,集体无意识并不是人的主观意识的产物,而是一种永恒存在的客体,它容纳着祖先留下的丰富财富,掌握着人类一二百万年的经验,超越了一切时间的变化,"它是彻头彻尾的客观性,它与世界一样宽广,它向整个世界开放"②。

虽然荣格的理论具有浓厚的神秘主义色彩,他所说的集体无意识也未能得到心理学和社会学的全面论证,但是荣格的这一理论已经融入了社会因素,对于审美经验的解释不再是停留在一种静止的生物学的理解层面上。

现代解释学美学十分重视对审美经验的研究。这派的代表人物伽达默尔把审美经验的研究作为美学研究的起点,认为从这个出发点可以去发现世界的真理。伽达默尔认为审美经验产生于人与世界的接触中,因此对审美经验的认识既实现了对世界的理解,也实现着对自我的理解,从某种意义上说,它是一种人类的生存方式。伽达默尔的审美经验论受现象学美学的影响,高度重视审美主体的主观能动性,注重从主客体的关系中去考察审美经验的本质;而且他还指出,"艺术的万神庙并非一种把自身呈现给纯粹审美意识的无时间性的现时性,而是历史地实现自身的人类精神的集体业绩"③,表现出了强烈的历史感。这些有益的思想对于接受美学产生了深刻的影响。

综上所述,我们看到中西美学对于美感经验的研究面貌虽有不同,但都在历史的发展中逐渐触摸到它的本质精神,在近现代的美学研究中出现了中西合流的趋势。

二、美感经验的本质

美感经验具有广义狭义两种含义。狭义的美感经验指的就是审美主体面对当下的审美对象所引起的具体感受。而广义的美感经验指的是审美意识,包括审美主体反映美的各种意识形式,具体指主体的审美感受、审美体验、审美理想、审美趣味、审美观点等。对美感经验的本质的研究不仅涉及狭义的美感经验,还应包括广义的美感经验。

人类的美感经验是一种高级的经验能力。这种能力是在人类长期的社会实践中逐渐培养发展而来的。实践,是人类特有的认识和改造外部世界的物质的感性的现实活动。这一活动,规定着社会生活和人的本质,也必然最终规定着美和美感的本质。人类美感经验的这种社会实践基础具体表现为主体实践性和历史实践性。

1. 美感经验的主体实践性

首先,通过主体实践,人类不仅获得了与动物相区别的社会化的感觉能力。而且这种感觉能力具有丰富、全面而深刻的内容。

动物的感觉能力虽在某些方面比人强,例如人的视觉远远比不上一些鸟类,听觉和嗅觉能力也比不上犬类。但是人的感觉能力却具有动物所没有的社会化特征,马克思

---

① 荣格:《心理学与文学》,生活·读书·新知三联书店,1987。
② 荣格:《心理学与文学》,生活·读书·新知三联书店,1987。
③ 伽达默尔:《真理与方法》(上卷),上海译文出版社,1999。

在《1844年经济学哲学手稿》中指出:"人的感觉,感觉的人性,都只是由于他的对象的存在,由于人化的自然界,才产生出来的。五官感觉的形成是以往全部世界历史的产物。"社会实践不仅仅带来了外部自然的人化——外部自然界逐渐成为人类可认识、可掌握、可利用的对象,即成为人类实践力量的象征;而内部自然也在这一过程中逐渐完善起来、发展起来,具有认识、掌握和利用外部自然的能力,这是一个逐渐摆脱动物性而走向人性的过程,我们称之为"社会化过程"。但是社会化的人的丰富而深刻的感觉能力必须通过主体实践这一过程产生、发展和不断完善起来。在这一过程中,主体不仅获得了深广的社会化内容,而且体现出独特的主体性意识,因此他的感觉是在深广的社会化内容的基础上的一种富有个性的认识和表现,展现着社会与个人的完美统一。这种感觉中不仅包含感官的愉悦,更渗透着精神性内容;不仅是独特的体验,更蕴含着普遍的规律。如面对大自然的美景,人们不仅仅感受到生理感官的愉悦和身体的舒畅,更能由大自然的勃勃生机而体悟到生命的价值和意义。这是动物永不能领略到的精神的快乐。因此这种感觉能力体现着感性与理性的高度统一,人与社会的完美和谐,是美感经验能力产生的基础。

其次,通过主体实践,人类获得了一种自由表达生命体验的最佳方式——美感经验。

人类对生命的体验可以通过科学经验、道德经验来获得,如通过科学认知我们了解了生命生长发展的规律,通过道德实践我们了解到生命生存的规则,但是这些经验方式受制于客观因素而使主体不能充分地体验到生命的自由快感。美感经验起于对象形式与主体情感相契合的瞬间,在"情往似赠,兴来如答"的经验过程中,对象获得了丰富的情感内容,而主体的情感也获得了自由表现的形式。这种自由性表现在:其一,在审美过程中,审美主体可以将自己的人生体验和生命感悟融入对于对象的观照中,从而获得独特的理解。所谓"一千个读者眼中有一千个哈姆雷特"指的就是这个意思。因此审美活动充分地尊重主体的实践经验,给予主体广阔的想象和理解的空间。其二,美感经验具有无限的生长性,它伴随主体实践认识的深入而深入,能点燃主体创造的火花,从而使主体在审美中获得前所未有的自由发挥的空间。在艺术的创作中,优秀的艺术家总会不断地从生活实践中发现新的审美价值,激发自己创作激情,为我们带来具有先锋意识的作品,这些作品有的虽然在当时不被人们所接受,但随着时代审美意识的发展,这些作品终究会被理解和欣赏,它们的审美价值也终究会得到肯定和承认。例如荷兰后期印象派画家凡·高的创作突破了西方传统绘画的原则和法则,不再把线条、颜色、光线等看作是一种艺术表现的手段,而主张给予它们在艺术表现中独立的地位,强调它们自身纯粹的画意。因此他的作品从叙述性的、思想性的、寓意性的、一般预先安排好的意义内容中解放出来,他的作品给予人们的是喷薄欲出的丰沛情感和能激发无穷想象的艺术形象。虽然他的创作理念在20世纪初的西方世界并不被认同,他的画作在其生前也未售出一幅,但今天的人们已经认识到凡·高创作的开创性贡献,他其实带来了西方艺术和审美观念的拓展和转变。

2. 美感经验的历史实践性

首先,美感经验是历史发展的产物,是人类在历史实践活动中培养起来的一种高级的经验能力。

人类的审美活动最初是与人类的实用活动结合在一起的,在日常的生活和劳作中,人们产生了实用需要得到满足后的实用感,同时在此过程中也逐渐积累了从属于实用感的形式感——即对于合乎规律的形式和节奏的追求与爱好。旧石器时代的北京人的打制石器一器多用,没有定型;而丁村人已发明了尖状刮削器、橄榄形砍斫器和球状投掷器,工具的形状已具有初步的规范性;到了新石器时代,人们研制并使用的磨制石器更为规整,造型上已有比例对称等形式美的因素。这种带有形式美因素的追求与爱好逐渐发展为后代人类丰富的形体感。在日出而作、日落而息的节律性生产和生活中,在对春秋代序、生死荣枯的深刻体验中,人们又发现了蕴藏在生命中的生生不息的节奏,这种节奏感的获得使人类的心灵趋向节奏化、音乐化的境界。就像庄子在《养生主》中所描述的庖丁的解牛,长期的劳作培植了一颗可感受节奏的心,而节奏化的心灵也使得他的劳动渐趋于一种音乐化的境界,使观者得到美的享受。可见,蕴含着审美因素的形体感和节奏感是在人类的实用活动中发展而来的,是伴随着人类的实践活动的历史而形成的。

但是形体感和节奏感还不能算作严格意义上的美感,严格意义上的美感应是包含着观念和情绪意义的形式感,即审美形式感,它已经脱离直接的社会功利目的,主体在面对这种假想的感性形式,也能同面对现实事物一样,激发情感的产生。人类从实用形式感发展到审美形式感,经历了漫长的历史实践过程,其中包含无数的中介环节,学术界普遍认为在这一过程中,原始人类的巫术和图腾崇拜活动起到了重要的催化作用。

原始人由于生产力极为低下,知识极度贫乏,难以理解种种自然现象的因果联系,因而往往将自然力人格化,把它看成像人一样是有生命、有意识、有灵魂的东西,这便产生了神和神话。原始巫术和图腾崇拜便是在此基础上发展而来的一种具有原始宗教意义和实用意义的社会性活动。它具有两重性质:一方面表现在它是通过想象和幻想出的虚拟的形象来表达人类对自然支配、征服的愿望和情感,不直接表现功利的目的;另一方面,它所寄予的情感和愿望又总是指向实践的生产活动,所以暗含着现实的功利目的。如在狩猎巫术中,人们发明了一系列的礼仪形式:从猎前用以招引猎物的舞蹈、斋戒和咒语到猎中对猎物施行的喷烟等法术,直至猎后用以安抚死去野兽的安魂礼。法国学者列维·布留尔通过深入的研究,曾为我们详细描述了这些狩猎巫术的礼仪。图腾崇拜是指原始氏族将某种自然物(动物或植物)认作自己的祖先,并将其看作本氏族的标志而加以崇拜的习俗。图腾形象的出现一方面出于标志氏族所有权的需要,如在本氏族的器物或工具上刻上此类形象以作标志。但更重要的是通过这一形象来加强对本氏族的感情以及获得本氏族祖先的庇佑,因而这些图腾形象存在的意义就在于它能激发本氏族人们相应的情感。巫术礼仪形式长期的演练和图腾形象的反复再现,都使得人们逐渐培养出一种通过想象的形象来激发情感的能力,同时也发展出一种以虚拟方式蕴含情感意义的形象,这便产生了审美的形式。因此,原始巫术和图腾崇拜在从实用形式感到审美形式感的发展过程中起着不可忽视的重要作用。

在瑞士心理学家荣格看来,原始巫术和图腾崇拜活动为人类提供的是一种"原始意象"。这种意象在感性的形式中蕴含着丰富的观念和情感内容,它普遍留存于原始人的意识中,并最终转化为"集体无意识",在后人的文化中持久地反复地呈现出来。作为"集体无意识"基础的"原始意象",其实是包含着宗教意识、科学意识和审美意识的综合性意象。随着生产力的发展,人类认识自然、征服自然的能力的提高,原始意象中原有的带有神秘主义色彩的观念意义和信仰意义逐渐地消隐,而保留下来的是一种人类可以通过虚拟形象来激发情感的形式感,即审美形式感,原始意象也因此成为美的形式被人们所欣赏。在中国传统艺术中反复出现的"龙凤"形象,最初是华夏民族的两大图腾形象而带有更多的宗教信仰的观念和意义,而在今天它们的出现唤起的却是中华儿女强烈的民族感情。因此,"龙凤"的形象已经由原始意象转变为具有审美意义的艺术形象了。经过历史实践的淘洗,人类的原始意识能分化出审美的意识,而原始意象也能够逐渐转化为一种审美的意象。独立的艺术活动便伴随着人类的审美意识的觉醒而蓬勃地开展起来。

其次,美感经验随着人类历史的发展而发展,体现出历史的变易性和生长性。

在历史实践中发展的美感经验必然受到历史因素的影响。首先表现为美感经验因历史条件的变易而带来的丰富性。在人类历史上,不同社会、不同阶级、不同民族都会具有相对独立的思想观念,这些思想观念投射到审美领域便形成了异彩纷呈的美感经验形态。西方建筑艺术风格的变异充分体现了这一点:古希腊时代的古典建筑端庄典雅,是当时浓厚的人文主义精神的象征;古罗马建筑的奢华厚重则出于其统治者好大喜功的心理;而中世纪的哥特式建筑对基督精神的阐释是完备而完美的;文艺复兴以及启蒙运动时期的古典主义建筑无不是深刻地体现着当时对人文主义和理性精神的追求,在西方近代建筑史上辉煌一时的巴洛克风格,也是以其夸张雄奇的特点表现当时新兴资产阶级积极进取、不惧冒险的精神。其次,人类的美感经验在历史的发展中还呈现出生长的特点。由简单到繁复,由不成熟到成熟,在动态的发展中指引着人类走向最高的美的境界。中国的山水画始自魏晋,发展在隋唐,繁荣在宋元,在不同历史时期表现出不同的审美趣味和审美理想。魏晋时期,人们向内发现了人格心灵,向外发现了大自然,在艺术世界中开创了山水诗和山水画的表现领域。但是当时的山水画的水平远远没有山水诗高,不但技法拙笨,山峦若土堆,树木如拳臂,而且主要是作为人物活动的背景而存在的。隋唐时期,山水画在重视线的艺术的吴道子的推动下,有了重大的发展,深刻地影响到后世的山水画的创作。但是注重现实生活的唐代画坛更多的还是在表现人物和牛马等与人事关系密切的物象,山水景物画的成熟和高峰则等到宋元时才出现。宋元时代,由于封建社会进入了后期的发展阶段,社会矛盾出现了多元化的趋势,再加上蒙古族的入侵和统治,汉族的地主士大夫们在现实社会中往往感到抑郁不得志,于是将这种情绪转化到对山水景物的游赏和山水画的创作上,这一时期的山水画体现了人与自然的亲切和悦的关系,具有超越现实的自由的精神。

第二节　美感的特征

美感经验作为一种人在自己所创造的对象世界中实现自我观照的心理活动,它与科学经验、道德经验相比,具有一系列内在的特征。美感的特征集中体现在以下三个方面:

一、个人直觉与社会理性的统一

审美活动不同于科学、道德活动的一个重要方面,就在于它首先表现为是一种个人直觉性的活动。"美学"的英文名称"Aesthetic"的原意指的就是一种心知物的最单纯最原始的活动,其意义便与"intuitive(直觉)"相近。这说明美感经验的这一特点早已被人们所认识。

所谓"个人直觉性",它包含四个方面的意思:

其一,是指这种感受的突然性。当心物相契,充溢主体胸中的美感愉悦却仿佛是来去无踪,让人无法把握。审美创造活动中的灵感现象正是这种"突然性"的典型反映,宋代诗人苏轼曾在《腊日游孤山访惠勤惠思二僧》诗中写道:"作诗火急追亡逋,清景一失后难摹。"[1]美感经验"稍纵即逝",因此艺术家必须不失时机地抓住胸中涌现的审美意象,"急起从之,振笔直遂,以追其所见"[2]。古希腊时代的柏拉图曾经形容这种感受是"打一个寒战",那对象的"美发出一道极微分子的流(因此它叫做'情波'),流注到他的灵魂里",于是这"寒战就经过自然的转变,变成一种从未经验过的高热、浑身发汗"。[3] 这些生动的比喻将美感直觉的突然性很形象地展现了出来。

其二,是指这种感受总是直接的、直观的,即审美总是要在形象、具体的审美对象的直接激发下才能实现。对于科学知识的掌握或是对于伦理道德的领会,虽然可以通过直接经验来获得,但通常都是通过间接经验来获得的。而美感经验的获得则必须依靠主体对于客体直接、直观地去体验,依赖主体对审美对象的全身心投入。名山大川再怎么壮美,如果不能身临其境,光听别人的介绍是无法获得完整的美感的。同样,去现场观看演唱会总是具有无尽的吸引力的道理也在于此。

其三,是指这种感受具有整体把握的特点。主体在直觉的瞬间感受到的是客体整体的形象,客体的各个组成部分也是以有机的形式呈现于主体眼前,而不是以某一点来

---

[1]　苏轼:《苏轼诗集合注》(上),上海古籍出版社,2001。
[2]　苏轼:《文与可画谷偃竹记》,《苏轼文集》(2),中华书局,1986。
[3]　柏拉图:《斐德若篇》,《朱光潜全集》第12卷,安徽教育出版社,1991。

使主体产生美感愉悦。因此在审美中经常会有这样的现象发生：一个人的五官分开来看并不出色，但是给人的整体感觉却很好，如名模吕燕，眯眼、塌鼻、厚唇，几乎没有一样符合标准美人的要求，但是她在演绎各式服装时的应变自如却带给欣赏者无穷的想象之美。罗丹曾经创作了一件雕有双手的巴尔扎克像，当他第一次拿出来展览时，众人都只对那双手啧啧称赞，罗丹一气之下用斧子砍掉了那双受众人追捧的手，今天我们所见到的那尊已没有了双手的巴尔扎克塑像，除了头部，巴尔扎克的整个身体都被裹于一件大袍子之中。黑格尔曾经指出："雕刻所要达到的目的是外在形象的完整，它须把灵魂分布到这整体的各个部分，通过这许多部分把灵魂表现出来，所以雕刻不能把灵魂集中到一个简单的点上，即瞬间的目光上来表现……在雕刻里个人身上内在的精神性的东西都溶化在形象的整体里，让观照的精神，即观众，从这整体里体会出那些内在的精神性的东西。"①

雕刻艺术的这一审美要求正是基于美感直觉的整体性特征，罗丹发现有着双手形象的巴尔扎克像由于没有从整体上去表现塑像内部的思想和精神，妨碍了人们对于这尊塑像的意义的把握，所以才会有后来创作上的改动。在艺术的创作中，艺术家要充分认识和利用美感直觉的这种整体性特点，使作品的美得以完整地呈现。中国传统艺术创作中极其重视的虚实相生的原则就是对这种整体性的一种尊重和遵循。

其四，是指这种感受表现出一种非逻辑性的特点，也就是说，美感经验中不存在一个理性逻辑推导的过程。听音乐时也许还没弄明白乐曲的节奏、节拍或主题但已感受到满心的喜悦；来到美丽的山水面前，还未细究美表现在何处却已是心旷神怡了。所以美感愉悦的获得不存在也不需要一个抽象的逻辑过程，甚至有时如果非要加入这个过程，美感都会因此而丧失。例如前面所说的名模吕燕的五官如果细细地去分析的话，可能人们就会失去进一步追寻她的美的兴趣了。而在科学知识的获得中，则不可能缺少这个逻辑推导过程，而且科学探索的快乐很大程度上就来自于这个逻辑过程。

但是，美感经验因个人直觉性而表现出的突然性、直观性、整体性和非逻辑性等特点只是它的外在表现形式。在美感经验的个人直觉中总是隐含着社会的理性内容。西方美学一直以来对美感直觉存在着贬低和抬高两种倾向。前者认为美感经验是一种直觉性体验，所以将美感看做是与生理快感差不多的感受。而后者则坚持美感直觉的特殊性，认为其中必然含有理性的内容。其实，直觉的心理能力是有初级形态和高级形态之分的。那种如婴儿般认识世界的感知方式是最单纯的一种心知物的方式，是一种初级形态的直觉，它当然不可能带有任何的社会理性内容。而在人们丰富的社会实践的基础上形成的一种直觉能力，它包含着主体对世界的情感、意志和认识等理解性因素。

意大利美学家克罗齐曾对直觉作了系统的研究，其中重要的一点就是他不仅明确了隐含理解性因素的直觉的存在，而且指出了在这种直觉中理解性因素存在的方式。

---

① 黑格尔：《美学》第3卷上册，商务印书馆，1979。

他说:"文明人的直觉品有大部分含着概念",但是这种直觉中的概念,已失去了概念的形式,而是"混化在直觉品里"。①

对于这个见解,在中国古典美学中很早就有人提出来。宋代著名文艺美学家严羽在《沧浪诗话·诗辨》中指出审美活动中的理性,不是一般的认知理性,而是一种"妙悟",这种"妙悟"是寓于感性直观之中的,如"空中之音,相中之色,水中之月,镜中之像,言有尽而意无穷";此外,严羽还指出"妙悟"的产生并不神秘,而是必须依靠知识文化和实践经验的积累,需要"多读书,多穷理"才能体验到它。对这个问题的思考比较深入的还有清代学者叶燮,他指出文艺创作的最高境界应表现为"含蓄无垠,思致微渺,其寄托在可言不可言之间,其指归在可解不可解之会"。所谓"幽渺以为理,想象以为事,惝恍以为情",艺术家要实现这种境界,表达这种"不可名言之理,不可施见之事,不可径达之情",只有通过审美意象的创构才能实现。叶燮不仅指出了美感直觉中的理性因素的特点,而且为我们指出了融感性因素和理性因素于一体的审美意象在艺境创作中的重要地位。严羽和叶燮的这些思考都是极为深刻的。

二、超个人功利与含社会功利的辩证统一

美感经验起于主体对于对象形式的观照而获得的一种精神性愉悦。因此表现出很明显的超个人功利的性质。

首先,美感愉悦的超个人功利是指它不等同于一般的个人生理上的愉悦。美感愉悦一般要以生理的愉悦为基础,包含着生理上的快适。但它和生理的愉悦还是有着很大的差异:首先,生理上的愉悦往往是以利用对象或消灭对象来获得的,如饥饿时需要饱餐一顿才能得到生理上的满足,寒冷时需要穿上衣服才能感到舒服;而美感愉悦不是来自于客体实用价值的实现,而是客体的形式满足了主体的情感的需要。徐悲鸿的奔马、齐白石的蔬菜小虾给人带来的美感不是因为这些艺术形象满足了人们驾骑、饮食等实用方面的需要,而是这些形象所展现出的生命的活力与精神激发了人们的审美兴趣。其次,生理的愉悦往往是私人的快感,它不要求社会的普遍认同,如饮食趣味的差异是不会引起激烈的争论的;而在审美中所获得的愉悦都体现出强烈的社会分享的特点,不仅有被普遍认同的渴望,还会出现激烈的争辩。再次,生理的愉悦持续的时间一般不长,其间一般不能容忍痛感等不舒服的感觉出现,而审美的愉悦作为一种精神性快乐,不仅持续时间长,其间还可以容忍一些痛苦的感受(如对于崇高、悲剧的欣赏),而且常忆常新,具有增值的特点。

其次,美感的非功利性还表现在美感的获得需要特定的前提条件,即非功利的审美态度的确立。对于审美态度的理解,在西方被称之为"距离"论,由瑞士美学家布洛提出,审美时主客体之间要保持一种无功利、非实用的"心理距离",否则就会得不到美感。他

---

① 克罗齐:《美学原理》,转引自《二十世纪西方美学经典文本》第1卷,复旦大学出版社,2000。

举了一个例子:在海上遭遇了海雾天气,乘坐者如果丝毫不为由海雾所带来的种种不便和安全隐患而担忧的话,那么他会发现海雾是一种极美的景象。海雾或者成为人们诅咒的对象或者成为人们欣赏的对象,这完全在于主体与客体之间是否保持着一种恰当的"心理距离",即主体是否脱离了实用的考虑。而在中国古典美学中也有与之相似的理论——"虚静"论,其最早的提出者——老子是从哲学认知的角度来强调主体把握世界本体的心理条件,当此理论被中国古典美学吸收借鉴后便演化为审美心胸理论而获得了美学上的意义。"虚"指的就是去欲,"静"指的是专注,用志不纷。这准确地概括出审美态度的基本特点。可见,中西两种理论都在强调审美中主体对现实的实用关系的摆脱和超越。没有这个前提,美感就不可能产生。

　　对于美感的超个人功利的特点,康德也曾有过深入的探讨。他在其美学著作《判断力批判》一书中分别从四个方面对审美经验进行了分析。他首先指出的就是美感是一种无利害的愉快,他认为美感与生理感及道德感是不同的,后两者都与主体的欲望或利害有关,而审美超脱了任何的利害关系,在观照中让对象保留完整独立的形象,并不因占有对象而获得一种快感。一个人在看到一棵松树时立即想到的是它的用途——可以用来盖房子或制作家具,那么心中伴随而来的喜悦感并不是美感而是实用感,因为它与人的实际的欲望紧密地联系在一起。同样,带着欲望去观看人体艺术也是无法获得真正的美感的。而在当下的审美现状中,将功利性内容和感官刺激等同于美的现象比比皆是,例如追捧奢侈品以及裸露成风的社会风尚对当下的审美观念正产生着负面的推动作用,审美趣味出现低俗化倾向,长此以往,人们的审美能力也会出现倒退。究其原因,主要是受消费主义的影响,在人们对美的认识中,经济因素成为主要的考虑因素。在生产社会,人们更多的是关注产品的物理属性、实用和使用价值,而在消费社会,人们关注的是商品的符号价值、形象价值。一个事物美不美主要不是取决于它的内容,而是它的外在形式所象征的地位和身份。因此,在消费社会人们如何正确地认识美评价美是一个十分重要的现实问题,而理解美感经验的非功利性特点对于深刻认识当下消费社会的审美观是一个重要的理论前提。

　　但是,美感经验又不是完全非功利性的,在超个人功利的表面形式下总是隐含着各种各样的功利性内容。前面已经说过,美感经验是人类在漫长的社会实践的历史过程中逐渐积淀下来的一种经验能力,它必然深深地打上历史的烙印而体现出社会的功利性内容。这种社会性的功利内容主要体现在受政治、经济、宗教、哲学等因素所影响而产生的不同时代、不同民族和不同阶级的审美理想和审美趣味上。它渗透在每个审美个体的审美经验中,从而体现为一定的功利性追求。西方中世纪时代的代表性建筑——哥特式教堂建筑以其独特的设计展现了中世纪社会对基督教精神虔诚的皈依和向往,而中国的园林建筑也处处体现着"天人合一"的哲学思想。因此,对于美感经验,我们不能采取静止的眼光去看待它,把它单纯地看成是孤立绝缘的个人感受,否则必然会失掉丰富的社会性内容,甚至会导致对于审美对象的误读。随着社会历史的发展,与以往审美观念不同的审美现象会不断地涌现,我们既不能视其为洪水猛兽而采取一味排斥的态度,也不能一味地唯新唯怪而不加辨别地全盘接受。只有在社会历史的背景下去考察这些现象,才能得出正确的结论。

在自然美的欣赏中,社会功利的表现往往很隐蔽、很朦胧。这是因为人们欣赏自然美时,似乎只是在欣赏它的形式,与社会功利没有多少联系。古今中外的游客来到黄山,都会对黄山的云海、奇松、怪石和飞瀑四大名景赞不绝口、念念不忘,表面上看似乎他们所获得的美感经验是相同的。但若仔细分析一下,还是会发现一些感受内容上的差异。在上一节,我们曾指出宋元时期的山水画创作作为封建士大夫逃避现实、寄情山水的最佳载体走到了鼎盛。而因为时代的变迁,社会政治等因素的影响,宋代的山水画与元代的山水画却表现出不同的意趣追求,自然山水在这两个时代的画家笔下获得了不同的生命展现和生命价值。宋代的山水画,尤其是北宋,注重客观地整体地去描绘自然,艺术家思想情感没有直接外露,因此自然山水得到一种比较宽泛、丰满而不确定的审美表达;而到了元代,由于蒙古族对中原的占领,大量的汉族地主知识分子受到压迫和排挤,山水画成为他们情感寄托的重要领域之一,逐渐演变成一种"文人画"的艺术形式,其中文学的趣味异常突出,艺术家创作的"重点已不在客观对象(无论是整体或细部)的忠实再现,而在精练隽永的笔墨意趣,画面也就不必去追求自然景物的多样或精巧,而只在如何通过或借助某些自然景物、形象以笔墨趣味来传达出艺术家主观的心绪观念就够了。因之,元画使人的审美感受中的想象、情感、理解诸因素,便不再是宋画那种导向,而是更为明确的'表现'了"①。因此,李泽厚将这个过程称之为是从"无我之境"到"有我之境"的转化。在这个山水意境欣赏的转化过程中,我们可以清晰地感受到一种社会功利性的内容。人类之所以能够欣赏自然美,其根源还在于人类对自然的不断认识和改造,即"自然人化"的历史成果,在此基础上,自然界从令人恐惧的对象转变为可亲可近的对象,人与自然的关系也由对立转变为和谐,因此自然物可以被情意化,这种情意化的内容总会因打上了社会历史的印迹而使我们窥见其中对功利性价值的追求。

美感经验的社会功利性还体现在审美满足了人们的精神需要这一特点上。通过审美活动,人们不仅感受到一种轻松愉快,而且在此过程中还能感受到生命的美好,增强生活的信心和力量,提升了精神的境界,从"小我"走向"大我",逐步地实现道德的自由。康德在《判断力批判》中指出,美具有"不涉及概念而普遍地使人愉快"的特点,从美感经验的角度来看,康德已认识到美感经验具有的普遍的社会功利性质,虽然他的这一观点是基于他所提出的先验的"共同感觉力",但如果撇开他的先验理论基础而从社会实践的基础上去理解这个定义的话,康德的分析是极为精到深刻的。在对崇高的分析中,康德还提出了"美是道德精神的表现"的观点,强调了审美与道德的紧密关系,道德观念的发展有利于人类的审美走向自觉,同时人类的审美自觉也会促进道德自由境界的实现。

---

① 李泽厚:《美的历程》,安徽文艺出版社,1994。

三、美感经验是一种自由的愉悦感受

美感经验是一种自由愉悦的情感体验,主体于不知不觉当中便领悟到某种精神性内容。所以美带给人的影响总是在潜移默化中进行的,丝毫没有强制性。而在科学经验和道德经验中虽然也能感受到愉快的情感,但它们在体验过程和体验成果上都表现出与美感愉悦不同的特征。

科学经验是伴随着人们对客观世界的考察和认识而产生的,它以求真为最终目的。在科学活动中,发挥主要作用的是一种逻辑理性能力,严谨的推理、客观的结论是它孜孜以求的目标。因此科学经验更多的时候是表现为一种理性的精神,情感的愉悦通常都是隐藏在理性求索背后。科学认知过程中的愉悦感受主要表现为活动之前或之中的好奇感、兴奋感和活动之后的成就感、荣誉感等,这些感受虽然强烈但是在整个科学认知的过程中并不是发挥主要作用的心理因素,理性因素还会在整个科学认知过程中有意识地压制情感因素的干扰,从而保证了成果的客观性和准确性。道德经验来自于人们对日常实践行为的体验评价,它体现出主体与一定社会道德规范之间关系的和谐或冲突,它以善为追求的目标和评价的标准。在道德经验中主体也会体验到一种愉悦的情感,但这种体验是伴随着主体的道德行为的实施而出现的。只见到"敬老爱幼"四个字是不可能带给主体道德上的满足感的,只有在现实中亲自实践或见到别人实践了这种行为后,才能使主体油然而生满心喜悦之情。所以道德经验中的情感体验是以实践行为的实施为前提,并且还要受到一定的社会理性规范的制约,不容易达到自由无拘的精神世界。

美感经验是一种自由的情感体验,情感是主要的动力因素,它诱发、引导和推动着美感的进行和发展,这使得美感经验的整个过程都以情感的愉悦为标志和特征。

首先,在美感经验的开始阶段,客体的形式正好契合了主体的某种情感需要,于是激发了主体的审美情趣,才可能有进一步的对客体审美内涵的欣赏。晋时的陆机在《文赋》中写道:"遵四时以叹逝,瞻万物而思纷;悲落叶于劲秋,喜柔条于芳春。"说明美感源于主体情感的被激发,正所谓"一见钟情"。如果主体对眼前的物象毫不动情,哪怕是一些不快的情感都没有产生,那么就不可能有美感的出现。在对崇高、丑等审美对象的观照中,主体首先产生的往往是一种恐惧、惊讶、推拒的情感,而这恰恰激发了主体去探索和征服客体的心理,在主体理性能力的帮助下,这些不快感受被逐渐淡化,最终获得一种愉悦的情感。

其次,主体与对象在情感的往复交流中可以达到一种同情共感的状态。主体往往是通过情感的移注使客观对象拟人化,客观对象也因此具有了某种情感,在主客体之间便可以产生情感上的共振和共鸣,他们之间界限消泯,不分彼此。这种物我两忘的境界能带给主体一种高度的喜悦感,但在这种喜悦中主体似乎有所悟、有所得。当我们徜徉于优美的或壮美的自然风景中,自身也仿佛化为自然的一分子,随之流转而不知所终,

心中涌起的无限喜悦隐含着对生命精神的体认和热爱。古罗马美学家朗吉纳斯在谈到崇高产生的原因时曾说过这样一段话:"大自然把人放到宇宙这个生命大会场里,让他不仅来观赏这全部宇宙壮观,而且还热烈地参加其中的竞赛,它就不是把人当作一种卑微的动物;从生命一开始,大自然就向我们人类心灵里灌注进去一种不可克服的永恒的爱,即对于凡是真正伟大的,比我们自己更神圣的东西的爱。"①

朗吉纳斯的这一观点虽带有一些浪漫的色彩,但其中他对于人类美感中包含的理性精神的赞美是极有价值的思想。在他看来,美感经验虽表现为一种愉悦的情感体验,但其中渗透着理性的认识,它寓于愉快的情感体验之中,让人于不知不觉中领悟到某种精神性的启示,因此人类的美感经验是不同于一般的快感体验的。在同情与共感的基础上,主体的美感经验获得了丰富的内容,不仅对客体有所发现,有所寄托,而且对自身也取得了新的认识,所以美感经验是一种不断生长的、自由的、富于创造性的情感体验。

美感的愉悦不是单纯感性的愉快,它超越了现实实用关系的羁绊,超越了个人私我的生理领域;同时它也不是单纯理性的愉快,不用遵循逻辑理性的思维规律,也非强制性地融入价值理性的内容。它是个体感性与社会理性协同作用下产生的一种愉快,体现为人类多种心理机能和谐自由的活动,因此,美感经验是一种自由的愉悦感,它不仅实现了主体对个体感性生命的自由表达,而且通过社会理性在个体生命中的融入和积淀,使得这种表达具有了厚重而深刻的社会历史内容。美感经验体现着人类与社会的和谐统一关系,体现着人类心灵中感性能力与理性能力的和谐统一关系,是帮助人类实现个人人格完善的重要途径,也是帮助人类走向自由境界的重要途径。

通过以上的分析,我们可以知道美感经验具有与科学经验和道德经验完全不同的特征,它是人类在长期的社会实践的基础上发展而来的一种高级的经验形态,它在个人的直觉的非功利的表现形式下渗透出社会的理性内容,它给人带来无尽愉悦享受的同时也带给人类无尽的思索。因此可以说,美感经验仿佛是人类精神家园中种植出的一朵瑰丽的奇葩,闪耀着独特而迷人的光辉,具有永恒的魅力。

第三节 美感的心理因素

康德在《判断力批判》一书中,对美感有过著名的分析,美感起于对象的表象,经过想象力和知解力的和谐活动,同主体的快感直接联系在一起。康德的论述,不仅指出了美感经验以情感愉悦为主的特征,而且指出了美感经验中最为重要的四种心理功能:知觉、想象、理解和情感。

的确,美感经验的获得虽然涉及众多的心理因素,如感觉、知觉、记忆、联想、想象、情

---

① 朗吉纳斯:《论崇高》第三十五章,转引自《朱光潜全集》第 6 卷,安徽教育出版社,1990。

感、理解等等，但最重要的就是感知、想象、情感和理解这四种。美感以感性直觉为起点，经由想象、情感、理解等心理因素的和谐活动，最终使主体获得一种情理交融的精神性愉悦。

一、感知

心理学上并没有"感知"这个概念，而只有对"感觉"和"知觉"这两个心理因素的分析。按照心理学的解释，感觉是对事物个别特性的反映，如对事物的色彩、线条、声音、质地的感官印象。知觉是对事物个别特性组成的完整形象的反映。在人类的经验活动中，感觉和知觉经常交织在一起，尤其在美感经验中，美感直觉对于客体的整体把握更让我们体验到这两种心理因素在美感经验中不可分离的特征。因此在美学研究领域，我们统称之为"审美感知"。

无论对于理论认识还是审美把握，感觉和知觉都是进行更高一级心理活动的基础。科学规律的归纳总是建立在对客观世界的感知观察的基础上，道德规范的制定也必须有充分的实践体验，美感经验也是开始于生动的直观的。我们在悦耳悦目的基础上才有可能达到悦心悦意乃至悦志悦神，感官的快适是带来美感愉悦的前提。在欣赏文学作品时，主体所接触的并不是事物的真实形态而是符号性的语词，生动的直观在这里似乎并不重要。其实不然，文学作品的语词虽然是一种符号，带有概念的性质，但它也具有虚拟的意象性，当主体阅读到这种意象性的语词时，通过第二信号系统的作用能使主体联想到某种表象从而建构文学形象。因此如果没有丰富的实践经验和生动的直观体验，就不可能有表象的记忆和联想，也就不可能有对文学作品的欣赏。所以，文学欣赏还是离不开原有的感知成果，只不过感知的作用显得曲折一些罢了。

美感经验的门户是感知，从生理学的角度来看，感知是通过人的眼、耳、鼻、舌、身等感觉器官来获得的。在审美过程中，眼睛和耳朵无疑在发挥着主导作用。柏拉图在《大希庇阿斯篇》中曾指出，视觉和听觉产生的快感高于饮食色欲之类的快感，他还试图提出美就等同于视听产生的快感这样的观点。黑格尔甚至认为，除视觉和听觉，其他的感觉与艺术无关，可见大家对于视听感觉在审美中的地位还是具有共识的。

那么为什么视听感官能成为主要的审美感官呢？视听感官在审美中之所以具有重要的作用，能沟通感性与理性的世界，其根本原因还在于它们是社会实践的产物，是社会化的感官。视听两大感觉具有更高的社会化程度。具体原因有两点：一是这两种感觉就其生理基础而言更容易被社会化，因为它们本身就要求人与对象拉开一定的距离，从而减弱了其利己和占有的性质，而嗅觉、味觉和触觉等感觉的获得都是以对于对象的直接接触或占有为条件的。在视觉和听觉中，人们关注更多的是对象的形式方面的因素，其中功利性内容体现得并不明显。二是由于视听感官的发展与人类的语言有密切的联系。语言是在视听感受的基础上发展起来的，而视听感官也因语言而取得日益深广的概括性和理解性。所以视听感觉在审美中的作用尤为突出。

但在审美中,嗅觉、味觉和触觉以及人的运动觉仍然起着辅助的作用,而不像黑格尔所说的那样,永远不可能具有审美能力。如在感受鲜花的美时,除了由视觉带来的美感之外,还包括由嗅觉和触觉引起的愉悦感受。同样,在鉴赏雕塑和建筑等造型艺术时,由触觉而体验到的质感是美感的重要来源。体育竞技中运动员的矫健身姿不仅仅作用于我们的视觉而引起美感愉悦,而且也因此激起我们身体内的运动觉,使我们体验到生命的节奏,这种丰富的感受不是光凭视听感觉就能带来的。所以,从审美心理的总体来看,审美感知是社会化的感觉器官协同作用表现出的心理功能。

在理论认识和审美心理中,感知所起的作用是有差异的,这主要是因为审美感知表现出不同于日常感知的特点:

首先,审美感知具有浓郁的情感色彩。审美感知总是伴随着积极的情感活动,使整个感知过程都呈现出动情性。刘勰在《文心雕龙·神学》篇说:"登山则情满于山,观海则意溢于海。"当代美学家宗白华也曾指出:"美与美术的源泉是人类最深心灵与它的环境世界接触相感时的波动。"①一语道破审美把握世界的独特方式——情感把握的方式。

因此审美感知的成果依赖情感记忆的活跃,失去或缺乏情感记忆都会使审美活动异趣。罗丹有一句名言:"这世界不是缺少美,而是缺少发现美的眼睛。"罗丹用一种诗情的方式说出了审美感知与日常感知的区别,即没有主体饱含情感的感知,这世界的美就会销身匿迹。

其次,审美感知是以完形的方式来把握对象的,所以在感知过程和感知成果上都呈现出整体性特征。所谓完形是当代西方格式塔心理学的核心概念。格式塔心理学派通过对知觉的研究,得到这样的结论:人在知觉过程中有一种来自天赋的"完形能力",能将似乎杂乱无章的对象构造成具有一定结构、一定形状的完整形式——"完形"。这种构造不是对客观事物形的摹写,也不是个别感知的机械相加,而是指人在知觉的瞬间,就把握了客观事物完整的形象。例如当我们在观赏一幅画时,并不是把色彩、线条、形状、节奏等可感的材料简单相加,而是一种完整的组织形式迅速构成某种完整的形象,从而感受和理解对象的结构形态、情感的基调和直接意蕴。

格式塔心理学派之所以提出"完形"概念,是因为他们认为在事物的运动与形体结构以及人的心理—生理结构之间存有一种同构对应的关系,正是这种关系使主体与对象获得了统一。这派的代表学者鲁道夫·阿恩海姆借用现代物理学中的"力"与"场"的概念来分析美学和艺术现象,在他看来,知觉其实是对于蕴含在对象中的力的式样的知觉。一切事物只要它们具有同样的力的结构,并因此具有同样的表现性的都可以归并为一类。基于这样的认识,阿恩海姆提出了"同形"理论,指的就是生理历程与意识历程在结构的形式方面彼此完全等同,通过"同形",艺术表现找到了最终的根源,也为美感根

---

① 宗白华:《介绍两本关于中国画学的书并论中国的绘画》,《宗白华全集》第2卷,安徽教育出版社,1994。

源找到了心理—生理依据。但完形心理学所提出的这一系列理论仍缺乏完整而必要的科学论证。所以虽然在阐释审美与艺术问题时有一定的说服力,但终究还不是成熟完善的理论。

审美感知对于对象的整体把握不仅表现在主体对眼前的景象作瞬间的形式上的整合,而且指主体能够突破有限的形式领会到一种象外之意、味外之旨、画外之境。中国古典艺术对意境之美的追求可以让我们深刻地感受到审美感知的这一整体性特征。

审美感知区别于日常感知的第三个特点是具有更积极更敏锐的选择能力。阿恩海姆曾指出:"积极的选择是视觉的基本特征。"①

日常感知中,主体会根据自己的兴趣、意志等来关注客体,貌似散漫但体现出一定的选择性,在审美感知中,这种选择性表现得更为突出,更富有浓郁的个性色彩。这种积极敏锐的选择力一方面来自先天的特殊才能,如音乐家莫扎特3岁即可作曲,8岁即可举办音乐会,这种对音乐的选择很大程度上是来自天赋的。但我们说积极敏锐的选择力更可以从后天的艺术实践中得到培养。当代著名画家刘海粟为画出黄山精神,数度登临黄山,潜心观察,细致揣摩,将最能展现黄山精神的景象描绘在尺幅之中,"搜尽奇峰打草稿"可用来形容这种审美选择力的培养。艺术创作中,即使有再高的天赋,若没有后天的刻苦训练和丰富的实践经验,也断不能创作出优秀的艺术作品来。

二、想象

想象在审美心理中有着特殊的重要性。

从心理学的角度来看,想象是人们在外在对象的刺激下,对头脑中储存的记忆表象进行加工、改造,形成新形象的精神活动过程。因此想象首先需以记忆为基础,缺失记忆将无法展开丰富的想象。其次,想象是依靠情感作动力,按照情感的逻辑来进行活动的。华兹华斯曾说:"诗起源于平静中回忆起来的情感。"想象的内容和方向都是受当下情感的驱遣,而情感的激发是依赖主体耳目当下所接触的客体。所以想象不可能是凭空的,总是有着现实的根据。

想象的初级形式是联想,根据联想的方式和内容可以分为接近联想、类似联想和对比联想。在此基础上又发展出想象的两类高级形式,即再造性想象和创造性想象。

接近联想是指两件事物由于时间或空间上比较接近,人们在有关经验中经常把它们联系在一起,从而当感受到其中一个便自然联想到另一个。所谓"睹物思人"、"爱屋及乌"便是这类心理现象的反映。艺术创作中,艺术家经常会自觉地借助这种心理功能,由实生虚,使被描写的对象获得更为丰富的意蕴。齐白石只画一群游动的虾子,观者却觉得满纸皆有水意;戏曲表演中以摇桨代替行船,以挥鞭代替走马,望空有月,指地有河,几对兵丁轮番出入便是千军万马。这些都是由接近联想引起的独特的美感经验。

---

① 阿恩海姆:《视觉思维》,光明日报出版社,1986。

类似联想是由于两件事物在性质或状貌上的某种类似而引起的。这种"类似"只是两事物在某些特征上的近似,并非百分百一致。艺术创造中的比喻、象征等手法,都是以类似联想为心理依据的。对于比喻,钱钟书曾指出:"两者不和,不能相比;两者不分,无须相比。不同处愈多愈大,则相同处愈有烘托;分得愈开,则合得愈出意外,比喻就愈新奇,效果愈高。"象征是用一个具体的事物去充当另一较为抽象的事物的感性符号,蓝色象征和平,衔着橄榄枝的鸽子也可以象征和平,与比喻相比,象征中的两事物之间的关系更松散,意义更朦胧。中国古典诗歌中常用的比兴之法,其心理依据也是这种类似联想。

对比联想是建立在两个事物性质或状貌对比关系上的联想,其功能不在于强化对某一事物的感受,而在于强化对这两种事物所具有的对立关系的理解和感受,因此它带给人的审美感受往往非常奇警而深刻。如曹植借助对比联想,以其豆相煎的景象来比拟王位之争中他与其兄曹丕之间的关系:"煮豆持作羹,漉豉以为汁,萁在釜下燃,豆在釜中泣,本是同根生,相煎何太急。"给人印象则是哀婉沉痛。当代朦胧诗代表作家顾城十分擅长运用这种对比联想来构思独特的诗歌意象,从而令人产生奇妙新颖的审美感受。例如他的《一代人》这首诗,由黑色的眼睛去寻找光明联想到处在黑暗中的人们苦苦期待黎明到来,两对对比关系用简练的语言融于短短两行诗句中:"黑夜给了我黑色的眼睛,我却用它来寻找光明。"意蕴深远。另一首《远和近》:"你一会儿看我,一会儿看云;我觉得,你看云时很近,你看我时很远。"诗人用平实而非平淡的语言深刻地揭示了在特殊年代中人与人之间的心灵隔膜。

以上三种想象都要受到当下感知对象的引发,都是在直接感知的基础上展开的,因此其创造力和普遍性受到一定的限制。而属于高级形式的再造性想象和创造性想象则不必依赖当下的直接感知,在原有记忆的基础上,充分发挥主体的能动性和创造力,创造出崭新的艺术形象。当然,在这两种高级想象中也包含那三种简单联想,两者是紧密联系的,没有简单联想就不可能有高级形式的想象。

再造性想象是指主体根据他人提供的具象描述——包括以语言或以其他物质手段所作的描述——在自己的意识中构成新的意象。而创造性想象则是无须假借他人的描述,只将记忆中储存的表象作创造性综合,最终独立创造出新颖、独特的意象的心理活动。一般说来,在美的欣赏活动中,再造性想象占优势;在美的创造过程中,创造性想象占优势。然而在实际的审美活动中,这两种想象也是可以相互转化的,欣赏中的创造性想象可以开拓原有意象的新意蕴,令人获得新鲜的感受;而创造过程中的再造性想象也可以推动创作者进行积极的思考,再现出丰富的意象世界,从而才可能产生独特新颖的创造性意象来。

然而,无论是多么离奇的想象,事实上都不可能是无中生有。孙悟空、猪八戒、沙和尚,还有西方神话故事中的太阳神、月亮女神等,他们不过是对现实生活中已有的表象进行的重组和改造。鲁迅先生曾指出:"天才们无论怎样说大话,归根结底,还是不能凭空创造。描神画鬼,毫无对证,本可以专靠了神思,所谓'天马行空'似的挥写了,然而他们写出来的,也不过三只眼,长颈子,就是在常见的人体上,增加了眼睛一只,增长了颈子二三尺而已。"① 这段话充分说明了审美想象离不开现实生活的本质特征。

审美想象的这种现实实践性具体体现在两个方面:首先,生活中积累的经验愈丰富,记忆中储存的表象就愈丰富,对情感的表达就会获得更为自由而广阔的空间,从而能再现和创造出新鲜而隽永的意象。所以现实实践能够给想象提供一个绚丽的感性世界。其次,想象中要求主体能够依据自己的判断力,来合理地建立与表象之间的联系。主体必须在感知材料和理智之间建立和谐的关系,依照形象思维的规律去重建意象体系,根据情感逻辑和生活逻辑来理解对象。例如对于戏剧中人物的"哭泣",我们绝对不会简单地把它想象为仅是一种伤心的表现,欣赏者会根据剧情内容和发展来判断出这一"哭泣"的真正内涵,或许是一种伤心,又或许是一种喜极而泣,又或者是一种无奈者的情绪的发泄……这可以有很多的答案,它最终依靠的是主体对生活的深刻的体悟能力。因此现实实践又给予想象以深透的理解力。想象从现实实践中获得的这两种特点,用中国传统美学的用语,称作"情理交融",这个"理",不是抽象概念所能穷尽表达的逻辑结论,而是诉诸体悟的某种不确定的意蕴。想象情理交融的特点,黑格尔称之为理解性和抒情性兼具的双重品格。在他看来,想象是"理性内容和现实形象互相渗透融合的过程",它"一方面要求助于常醒的理解力,另一方面也要求助于深厚的心胸和灌注生气的情感"②。这种双重品格,使想象在审美活动中成为沟通感性因素和理性因素的桥梁。

通感,是想象心理在审美领域中的重要表现,在艺术创作和欣赏中有着广泛的运用。在一般的心理学中,大都是将通感看做是五官感觉(视觉、听觉、嗅觉、味觉、触觉)在想象力的帮助下发生的一种互通感受领域的特殊的心理现象。而在审美和艺术活动中,通感更是发挥着卓绝奇妙的作用。19世纪后半叶的西方象征主义诗派将"通感"(synesthesia)作为专门用语,指称一种新的艺术风格和创作原则,就已经认识到通感心理对于艺术创作和审美的独特的意义。中国当代学者钱钟书在1962年发表了著名的论文《通感》,不仅列举了生活实践和艺术创作中的大量的通感现象,而且启示我们要将通感的研究拓展到艺术学和美学的领域中去。钱钟书指出:"在日常经验里,视觉、听觉、触觉、嗅觉、味觉往往可以彼此打通或交通,眼、耳、舌、鼻、身各个官能的领域可以不分界限。颜色似乎会有温度、声音似乎会有形象、冷暖似乎会有重量、气味似乎会有体质。"③ 如我们经常所说的"热闹"、"响亮"、"冷静"、"暖红"、"寒碧"等等。在中国古典诗词创作中,诗人们非常善于运用通感来创设独特的诗境,表达蕴藉丰富的情感内容。如"天阶夜

---

① 鲁迅:《叶紫作〈丰收〉序》,《鲁迅全集》第6卷。
② 黑格尔:《美学》第1卷,商务印书馆,1979。
③ 钱钟书:《钱钟书集·七缀集》,生活·读书·新知三联书店,2002。

色凉如水,坐看牵牛织女星"①;"而乃听声类形,状似流水,又像飞鸿"②。

通感现象并不神秘,归根结底是人对客观事物的一种反映。它有着必要的客观基础和主观条件。首先从客体方面来看,客观世界是处于运动变化中的时间与空间相统一的有机整体。万事万物的运动变化也都是在一定的时间和空间中进行的,因此,不同事物或同一事物的不同属性之间是相互联系、相互制约的,这就为通感现象的产生提供了客观的基础。歌德在《浮士德》中写道:"万汇本如一,彼此相连带,相依为命,哪可分开?"其次从主体方面来看,通感是人的大脑多种机能综合活动的结果。现代心理科学的研究成果证明,当人们的感官接受外在信息的刺激时,内导神经会很快把所接受的信息传入大脑皮层,经过分析器的分流,进入相应的感觉区域,载有视觉信息的归之于枕叶,载有听觉信息的归之于颞叶,载有嗅觉信息的归之于颞叶内侧,载有触觉和动觉信息的归之于顶叶。接受不同的信息,相对应的区域就会出现"兴奋中心",同时也使其他的区域产生"兴奋抑制",从而产生不同的反应,形成不同的感觉表象。但是,各个感觉区域的边缘地带又有着许多"叠合区",发挥着连接、协调、交汇的作用。因此,五官感觉在产生"兴奋分化"的同时,还会引起"兴奋泛化",红色让人感到温暖,而青色令人产生寒意,这种由视觉向触觉的挪移和转换,就是"兴奋泛化"所引发的通感心理现象。"兴奋泛化"之所以能够出现,一方面是由于上述的生理结构原因,另一方面是由于人的记忆和想象的心理功能促成了主体实现了这种"泛化"。人的大脑除了有对外界刺激作出反应的功能,它还具有记忆和联想的功能,以往接触到的表象的各项信息都被储存在大脑相关区域,当表象进入人的感觉的阈限,与表象相关的信息就在记忆和联想的帮助下而被唤起。红色之所以让人感到温暖是因为在日常生活中我们所接触的温暖的事物通常都是红色系的,如太阳、火焰和鲜血;青色令人产生寒意的原理也在于此,如青色的苔藓、青色的灯光给人带来的就是阴冷的感觉。颜色虽然直接作用于我们的视觉,但由于记忆和联想的功能,使得与颜色相关的感觉信息被唤起,这便造成了颜色里会有触觉、听觉或其他感觉的感受。

通感现象虽然是一种常见的心理现象,但在美学意义上,通感是一种独特的思维方式和艺术表现手法。从日常的通感转化为艺术的通感需要两个条件:一是在艺术的通感中,主体往往要以一种超功利非实用的审美态度去观照客体对象,这种态度是进入审美的必要的前提。只有这样,主体才能超越感官上的愉悦而获得一种精神上的愉悦。朱光潜在《文艺心理学》中曾记载法国美学家顾约的一段旅行经历:

> 有一年夏天,在比利牛斯山里游行大倦之后,我碰见一个牧羊人,向他索乳,他就跑到屋里取了一瓶来。屋旁有一小溪流过,乳瓶就浸在那溪里,浸得透凉像冰一样。我饮这鲜乳时好像全山峰的香气都放在里面,每口味道都好,使

---

① 杜牧:《秋夕》。
② 马融:《长笛赋》。

我如起死回生，我当时所感到那一串感觉，不是"愉快"两字可以形容的。这好像一部田园交响曲，不从耳里听来而从舌头尝来。①

顾约在难忘的鲜乳美味中有了嗅觉（全山峰的香气）和听觉（田园交响曲）的感受，并进而转化为一种视觉（山峰田园景象）印象镌刻在脑海中无法磨灭，生理的快感转变成了带有几分美感的愉悦，这是因为在回忆中他已与当时的现实实用关系拉开了一定的距离，他所回味的不仅仅是鲜乳的美味，而是整个旅行过程愉快的情感体验了。所以这种感受已经超越了个别的私我的生理体验领域，而具有了普遍的情感意义，能使人获得一种美感共鸣。二是这种转化需要丰富的情感和想象能力，它建立在主体对现实生活深厚的积累上。一个生活单调、情趣乏味、想象苍白的人即使在感受的过程中体会到一种通感，但也只能局限于生理快感的层面而不能上升到审美愉悦的高度。如果顾约没有丰富的生活经验和深厚的艺术修养，他不可能在回忆这段经历时有如此美妙的感受，也不可能将这个经历如此恒久地在记忆中保留下来，因为生理的快感往往是短暂的、令人餍足的，而审美的愉悦则是具有永恒性的，是常忆常新的。

艺术通感的思维方式和表现形式在艺术的创造中被运用得极其广泛，这不仅使艺术作品本身增添了独特的艺术魅力，而且在各艺术门类之间架起了一座桥梁，使我们得到丰富的艺术享受。诗中有画，画中有诗，建筑是凝固的音乐，音乐是流动的建筑等，都是我们非常熟悉的审美评价，而这实际上就是一种艺术通感思维的生动表现。不仅如此，在其他的艺术门类中也都存在着这种现象，在中国独特的书法艺术中总能窥见诗情和舞意，而音乐与绘画之间的通感不仅使音乐的形象更为立体化，也赋予了画境一种韵律之美。更不用说那些综合性艺术，如电影、戏剧等。因此，明确艺术通感思维的审美意义，把握艺术通感思维的表现方式，对于我们整个艺术的创造和欣赏都是极有价值的。②

三、情感

情感是审美心理中最活跃的因素。它广泛地渗入其他心理因素之中，使整个审美过程浸染着情感色彩；它又是激活其他心理因素的诱因，能推动它们的发展，起着动力作用。

从心理学角度来看，情感是主体对自身需要与外界物相互关系的一种评价态度。因此，情感的产生不仅与客观的外界物有关，还与人的需要、愿望、理想联系在一起，带有强烈的主观倾向性。马克思主义美学进一步指出，人类的情感根源于人类的社会实践，在社会实践的基础上，才有客观自然的人化，才有主观需要的产生与发展，才有主体与外物之间建立相互对应关系的可能。

审美情感以日常情感为基础，但两者之间存在显著差别。首先，审美情感有别于单

---

① 朱光潜：《文艺心理学》，安徽教育出版社，1996。
② 以上关于通感的分析内容参考了陈育德《灵心妙语——艺术通感论》，谨此致谢。

纯的生理快感,是一种精神性的愉悦。生理快感是日常情感的主要表现形式,它以追求生理需要的满足为最终目的,往往带有明显的功利色彩。对于一个饥饿的人来说,一顿美食远比塞尚的水果静物更诱人。而在审美活动中,客体不仅带给主体一种感官的愉悦,更能带给主体精神上的享受。康德曾用快感在先还是判断在先作为区别生理快感和美感的依据。先获得快感再判断对象是"美的",这还不是审美,先觉得东西好吃,然后称之为"美食",这只是对生理快感的肯定。只有对象从一开始就引起主体想象力和理解力的和谐活动,主体先判断它美而后感到愉快,这才是审美的愉快。因此审美情感可以说是一种"净化"了的情感。那些将美感与快感等同的理论只会给艺术的欣赏和创作造成混乱。其次,审美情感是反思的情感,它包含着主体对生活深刻的体验和超脱的领悟。日常生活中的情感具有弥散性和瞬时性,往往时过境迁,容易淡忘。而审美情感既与现实紧紧相系,又要超离现实的功利,从而具有普遍的社会内容。历史上众多优秀的艺术作品之所以获得恒久的艺术生命,一个重要的原因就是作品中表现的情感不是一时的个人的私人感情,而是具有普遍社会意义的、能产生共鸣共感的情感内容。所以王国维在《人间词话》中指出:"诗人对宇宙人生,须入乎其内,又须出乎其外。入乎其内,故能写之。出乎其外,故能观之。入乎其内,故有生气。出乎其外,故有高致。"王国维的这段话正可以说明审美情感的这一特点。

在审美过程中,情感因素常常充当感知和想象的动力。从审美感知开始,情感因素就介入其中,使主体身接目观的对象立刻染上一层浓郁的情感色彩,刘勰所谓"登山则情满于山,观海则意溢于海",描述的就是审美情感对审美感知的这一作用。而在想象阶段,饱和着情绪色彩的感知意象,由于情感的进一步推动,不断地运动、分解和综合,一系列新的审美意象,便由这种状态所孕育、诞生。因此,在审美欣赏和审美创造中,我们紧紧抓住其中的情感脉络,对于我们的美感获得是极其重要的。《红楼梦》自五十五回起繁华将尽,大故迭起,日益显露下世光景,在全书结构上为一大转折。与此相适应,叙述语调也由明朗从容转入悲戚忧伤,总体气氛为之一变。正如有正本第五十五回的脂批所说:"此回接上文恰似黄钟大吕之后,转出羽调商声,别有清凉滋味。"把握《红楼梦》叙述语调所体现的情感节奏的变化,无疑有助于理解这部伟大作品的总体结构。马致远的小令《天净沙·秋思》中没有一处多余的和纯粹偶然的东西,就是因为其间流淌的情思是一致的,有着内在的情感逻辑,情感就像是一块磁石,将貌似散漫无关的意象聚合成了和谐完整的意象体系。而同时代的诗人白朴也创作了一首《天净沙·秋》:"孤村落日残霞,轻烟老树寒鸦,一点飞鸿影下。青山绿水,白草红叶黄花。"无论写法还是构成的意境,都与马致远的《天净沙·秋思》有着相似之处。但是后者情感飘忽不定,不能给人留下深刻的印象。在中国传统的民歌创作中,重章叠句不仅不会给人带来重复啰唆之感,反而令人体会到其中百转千回、缠绵不尽的情感内容,如中国最早的诗歌总集《诗经·国风》中的许多篇章,一首诗里可能只变换几个字,但是这几个字却正好体现出情感的变化与流动,因此字面固然可以重复,但情感的表现却不重复,让人在一唱三叹中把握诗歌情感世界的丰富与深刻,这正是准确把握情感的审美功能所带来的艺术效果。

四、理解

人类的美感不是一种单纯的生理快感而是人类的一种高级的精神愉悦,它的获得离不开理性因素的参与。

但是审美活动中的理性又与认识活动中的理性是不同的。康德早就指出,认识活动中的理性判断力和审美活动中的反思判断力是完全不同的,反思判断力,不像理性判断力那样从普遍性的概念、规律出发去判断特殊事实,而是从特殊的事物和感受出发去寻找普遍。现代价值论美学也指出,美感经验中的理性是一种价值理性而不是活跃于认识活动中的逻辑理性,美感经验中的理解力,不是为了帮助主体去认识和把握外部世界的客观规律,而是为了让人领悟生活的意义和生命的价值,它必须从人自身的生命体验出发,通过几种心理因素的和谐活动来达到最终的理解,因此美感经验中的理性因素是与感性因素交织在一起的。这种认识在美学界已得到普遍的承认。

审美理解属于一种价值理性,所以审美理解表现出"可以意会而难于言传的"的特点。这其中包含两层含义:一是审美理解是非概念非逻辑的。司空图说:"不着一字,尽得风流。"这显然不是要求诗人不要使用文字,而是说艺术美的传达不是概念性的文字所能做到的,它依靠的是饱含情感和理解性因素的意象。而且在审美过程中,人们也不是通过逻辑推导而是通过直觉领悟的方式来获得美感愉悦的,感性的直觉形象始终不离美感过程。二是这种"可以意会"的审美理解是多义的,不确定的。古代文论中所谓"文有尽而意有余"、"言有尽而意无穷"等说法,说的就是这个意思。审美理解的多义性特点,主要是因为审美理解是期待审美主体的积极参与的一种理解,所以对于对象的理解就必然带上了主体的个性色彩。西方有句著名的谚语:"一千个读者眼中有一千个哈姆雷特。"生动形象地说明了审美理解存在的多义性和不确定性。现代解释学对此给出了较为完整的解释,其代表人物伽达默尔指出,对艺术作品意义的理解实际上是一个"视界融合"的过程。视界指的是理解的起点、角度和可能的前景。视界不是封闭的,理解者总是在不断地扩大自己原有的视界,而艺术本文也有它自己的历史视界——艺术本文是在特定历史条件下由特定历史存在的个人创造出来的。审美理解的实现就是这两种不同视界的相互融合。因此艺术本文是开放性的,其意义永远不可穷尽。"对一个文本或一部艺术作品里的真正意义的汲舀是永无止境的,它实际上是一个无限的过程。"[①]但是肯定审美理解的多义性和不确定性并不意味着承认审美经验完全是一种主观随意性的心理体验,这是因为审美对象必然具有自身的规定性,这种规定性在一定意义上决定了欣赏者的理解方向。虽然在林黛玉和薛宝钗的笔下,柳絮获得了不同的生

---

① 伽达默尔:《真理与方法》(上卷),上海译文出版社,1999。

命情态[①],一个缠绵悲戚,另一个则明朗积极。但是她们的创作始终没有脱离柳絮的自然特征——轻盈洁白。在艺术活动中,艺术形象都是遵循一定的生活逻辑和情感逻辑而被创作出来的,也就是在一种"历史视界"下被创造出来,即便是艺术家在作品中留下了空白之处,欣赏者也会依着艺术形象内在的逻辑作合理的阐释而不是一种随意的理解。李商隐的无题诗意象朦胧,主题多解,给人带来无尽的艺术享受,但在这朦胧多义的诗歌中,人们总能捕捉到一个多愁善感、奇巧郁艳的诗魂,这都是由诗歌形象的"历史视界"提示我们的。因此,在审美活动中,我们要充分认识理解的基本特点,更仔细地把握对象本身的视界,只有这样,产生的审美理解才是合乎情理的。

在审美活动中,存在两种含义的审美理解,一是指前提性理解,另一是指融会性理解。前提性理解指的是主体达到审美理解所必备的前提性条件。具体而言,它包括两个条件,第一是要确立自觉的审美态度。只有有了这种态度,主体在审美时才能始终保持静观而不作实用、伦理的反应,才能既做一个愉快的分享者,又做一个清醒的旁观者,既在艺术的世界里自由徜徉,又不会把艺术世界和现实世界混为一谈。可见,自觉的审美态度包含着意识层面的理解因素;第二是要具备和对象相关的必要知识储备。外国人欣赏中国传统戏曲,中国人聆听西方歌剧,如果没有必要的知识储备,那美感是终隔一层的。

融会性理解指的是渗透在感知、想象、情感诸因素之中的理解。前已述及,审美理解属于一种价值理性,是通过主体的直觉、体验和领悟的方式来达到的。所以从感知开始,主体就会融入自己的理解,使得感知的表象遵循一定的情感逻辑而展开瑰丽而有序的想象,而这样创设出来的意象世界总能带给人一种蕴藉丰富的价值意义。正如刘勰在《文心雕龙·神思》中所言:"神用象通,情变所孕,物以貌求,心以理应。"象、情、理三者在审美经验中和谐地统一在一起,最终构成了一种多义性的认识。这便是审美过程中特有的思维方式,我们称之为审美思维或形象思维。在艺术创作中,优秀的艺术家善于利用融会性理解的这一心理机制来创设含蓄蕴藉、令人回味悠长的审美意境来。例如在中国古代诗歌创作中被普遍运用的比兴手法带给了诗歌意境无穷的魅力。究其心理原因,正是这种融会性理解的功能体现。钱钟书先生在《谈艺录》中的一段譬喻将审美理解与感知、想象、情感融为一体的特点表述得十分准确:"理之在诗,如水中盐,蜜中花,体匿性存,无痕有味,现相无相,立说无说。"

在美感心理中,感知、想象、情感、理解等心理因素各自发挥着独特的审美功能,同时它们又相互作用,和谐活动,共同完成了对于对象的美的欣赏和创造。不仅如此,在这个过程中,主体也实现了对自身价值的发现和认识,使自己的心理结构和人格结构更趋于完善和健全。

---

① 见《红楼梦》第70回。

【请你思考】

1. 美感的本质是什么?
2. 美感的特征有哪些?
3. 美感的心理因素有哪些?

第九章
审美文化的历史变迁

人类文化的起源,也就是人类审美活动的起源。审美和文化,虽然属于两种不同性质的活动,却从起源的地方就缠绕在一起。审美活动,尽管从来都是具体可感的,强调精神层面的体验和个体性的创造,但具体的审美行为,总是与文化息息相关。一方面,审美体验是从日常生活体验中发展起来的,完全剥离日常生活体验,也就无所谓审美体验;另一方面,审美判断虽然是感性的,但影响审美判断的标准、理想、情趣等,都与特定的文化结构、心理、观念、传统、精神等是分不开的。如果把文化看做是人类的整体生活方式,看作人类的人化方式的总和,那么,审美活动应该是文化的一部分;如果把文化看作为人类创造、运用符号来诠释生存意义的表意系统,那么,审美活动所依赖的符号系统,也正是这个表意系统的一部分。因此,以人类审美活动为主要研究对象的美学,必须研究审美文化。

第一节 什么是审美文化

审美文化(aesthetic culture),从它的偏正式结构来看,当然属于文化大家庭里的一个成员。但是,正如文化历来就是一个众说纷纭的概念一样,审美文化也是一个充满争议的概念。那么,什么是审美文化?怎么准确把握审美文化?探究这些问题,是从事审美文化研究的前提。

一、审美文化界说

审美文化这个概念,不是土生土长的,而是 20 世纪 80 年代后期中国学者受西方文化思潮的影响而自觉输入的"舶来品"。当时输入这个概念,主要目的是以此来阐释、批评社会转型时期所出现的文化、艺术、审美等新的现象,因而这个概念,临时被赋予了特定的内涵和明确的任务。到 90 年代,伴随着本质论美学的瓦解和审美文化研究的广泛兴起,人们对审美文化这一概念的理解,逐渐出现了严重的分歧。

这些分歧有七八种之多,归纳起来,可以划分为两种基本类型:一是理想主义地使用审美文化,把审美文化理解为人类文化发展的乌托邦,认为审美文化是整个人类文化发展的高级形式,是社会日常生活审美化的产物,"审美文化是现代文化的主要形式,也是高级形式,它把超功利性和愉悦性原则渗透到整个文化领域,以丰富人的精神生活"①。二是从当代文化的基本属性使用审美文化,把审美文化直接理解为当代文化或者大众文化的同义语,以此来表征本质论美学瓦解之后审美日常生活化的文化之时代特征,"审美文化是审美的文化或文化的审美,据此确认审美文化是历史运动的产物,是对当代文化的规定性的表述,它包含或整合了传统对立的严肃文化与俗文化,但展现为流行性的大众文化形态,不是在价值判断意义上,而是在文化形态的意义上,可以把审美文化指称为大众文化"②。

上述关于审美文化的两类分歧,都有西方美学史上的学理依据。在西方美学史上,最早提出审美文化这一概念的,是席勒在 1793～1795 年间撰写的《美育书简》。在该书的第二十三封信中,席勒提出了"审美文化"这一概念,并在真善美、知情意相统一的原则下肯定地使用了这一概念。席勒认为,完整的人应该是一个统一体,在这个统一体中,包含着三种协调的生命原则和冲动,分别形成三种文化状态:自然原则—感性冲动—自然状态;理性原则—形式冲动—道德状态;审美原则—游戏冲动—审美状态。人性在自然状态和道德状态中都受到来自种种二元对立因素的强制和压抑,只有游戏冲动,才能把人从强制和压抑中升华起来,通过审美想象,实现感性和理性、形式和自由的协调与统一,审美状态才是人类最终的自由之境。可见,席勒不仅把审美文化作为实现人类理想文化的基本途径,而且把它当作人类文化进程中的终极理想境界。这样一来,审美文化实际上是指人类文化发展的"愿景",即那种把真善美真正融为一体的文化。在西方,首次赋予审美文化以特殊历史内涵的是西方马克思主义的法兰克福学派。法兰克福学派主要是以文化与机械工业、审美与现代技术的对立为理论前提,在否定的意义上使用审美文化这一概念:审美文化是当代西方发达资本主义社会里被现代技术和文化工业双重异化了的审美现象和文化症候。在法兰克福学派看来,审美文化就是审美的日常生活化,它意味着艺术和文化所固有的批判性、超越性和否定性的完全丧失,转而去追求享乐性和消费性,审美的自律性和超功利性、个体对精神性的守护和追求,统统让位于直接的感官娱乐和文化消费。这里的审美文化,不仅没有实现席勒所向往的人性的最终完整和自由,而且带来的是人的内在性的消解,是人性的极度分裂与异化。因此,审美文化这一概念,在西方的美学研究领域,也是存在着较大分歧的。

---

① 聂振斌:《什么是审美文化》,《北京社会科学》1997 年第 2 期。
② 马宏柏:《审美文化与美学史学术讨论会综述》,《哲学动态》1997 年第 6 期。

审美文化这种理解上的分歧,虽然各有其一定的依据,但不足之处也是明显的。从理想主义的立场理解审美文化,仍然没有彻底摆脱本质论美学的窠臼,在"日常生活审美化"这一审美发展观念中,难以消除这样一种偏见,即日常生活和审美之间的级差与对立,这就使得审美文化这一概念,容易成为一种高高在上的审美乌托邦,忽视人类审美活动在当代世界所涌现出的栩栩如生的新现象。而从特定的历史内涵来理解审美文化,尽管能够有效干预当代的审美现象,充分体现当代性,但是把审美传统和审美转向之间加以割裂和对立,放大审美发展进程中的断裂性,导致以偏概全,滋生悲观主义,不仅影响审美文化研究的合法性,也影响审美文化研究的有效性。

准确理解审美文化,应该跳出上述两类分歧,遵循以下两条原则:

第一,审美文化,顾名思义,揭示的是审美与文化相互渗透的关系。审美与文化,是人类两种不同性质的活动,但它们从一开始就是相互渗透的。审美文化,一面突显审美活动的文化内涵,一面强调文化的审美特征。从宏观的角度讲,审美文化属于文化的一种形态,但这一形态只是针对于描述文化与审美之间互动、互渗的亲密关系,而不能把审美文化抽象为人类文化的高级形态。无论是从逻辑上还是从人类的审美与文化实践上来看,把审美文化理解为文化的高级形态,都是不成立的。如果把文化理解为人类的人化的总和,理解为人类的整体生活方式,那么,文化的各种基本形态,在生命存在意义上都是平等的,只有差异的存在而没有高低之分。因为审美的重要,而就妄想以审美来取代宗教、哲学、伦理、科学等文化形态,这无异于痴人说梦。同时,从人类的审美实践看,审美向文化的渗透,并不是今天才出现的,那种认为审美文化是人类文明发展到一定阶段以后审美越出自我边界向文化领域伸展从而形成一种新的文化形态的观点,也是缺乏基本依据的。即使人们把审美主要视作为纯粹的艺术活动,那么,艺术向日常文化生活的渗透乃至改变人们的文化生活方式,也不是今天所特有的现象。在中国古代,诗不仅是一种纯粹艺术,也是一种文化生活方式。个人失意、佳人惜别、亲朋相聚,人们往往首先想到的是诗,甚至在治国理家、谋取功名、教儿育女等方面,也离不开诗的作用。诗作为审美的艺术,深深地嵌进了人们的日常生活,成为文化的有机部分,这在小说《红楼梦》里就有充分的体现。

审美与文化之间的渗透,是相互的,因为它们都是人类关于生命活动的自由、意义、价值等的不断探究。一方面,审美活动中的美感体验、审美理想、情趣追求等精神性要素,以一定的形式向文化伸展,不仅构成文化内在品质的一部分,而且能决定着文化的具体形式和整体风格。例如服饰文化,如果剥离出人们的审美追求,仅从服饰的物质属性分析,那就只剩下遮羞保暖的单一功能了。另一方面,文化从其诞生的那一刻起,就开始向审美活动渗透,间接地推动着审美活动的发展。没有人类早期的神话文化、宗教文化和语言文化,就不会有人类审美活动的产生。审美理想、审美趣味、审美判断标准等,这些精神性要素,往往与一定的文化结构、文化观念、文化传统等是密不可分的。梅兰竹菊、苍松翠柏、流水落花等等,这些典型的审美意象,如果不把它们放在中国文化的意义系统中,就很难体验其中独特的审美韵致。诚然,审美是一种去观念化的感性体验,强调精神愉悦和无功利性,要求主体拥有一颗婴儿般的童心,但这只是相对的,完全倾空文化的审美主体是不存在的。就像婴儿,一旦来到这个世界上,那就意味着再回到胎胞中,只能是永不可能的理想。

第二,审美文化作为一个兴起的新概念,意味着美学研究的转向和特定学术目的的产生,应该能够阐释当代审美活动所出现的新现象,解决美学研究所面临的新问题。一个新的概念,必须能解决现实中的新问题,否则就失去了命名的意义。20世纪90年代以来,审美文化研究逐渐成为中国美学研究领域里的新亮点,标志着美学研究的转向,寄寓着美学研究的新的目的。在此之前,美学研究主要受西方传统本质论美学的影响,美的本质,是美学研究的核心,美学研究充满着二元对立的形而上学色彩,强调审美是一种纯粹的精神体验,摈弃审美的功利性、美感的生理性,排斥审美活动满足日常生活需求目的的存在。齐白石的虾,不是为了让人去吃;徐悲鸿的马,不是为了让人去骑。美学研究的主要目的,是把人们从日常生活的大地上提起来,引领他们进入精神自由的天空。

但是,到了20世纪90年代,随着西方批判、解构二元对立的逻格斯中心主义这一文化思潮的相继输入,带来美学研究中的自我反思和自我调整,开始了本质论向现象论、建构论向还原论的转向,美学研究由以前专注于高高在上的精神乌托邦而转向触摸活生生的审美现象。走下"圣坛",接触审美现实,人们大梦方觉,突然发现20世纪90年代以来的审美现实已经发生了巨大的变化,而且这一变化还在继续,同时又远远超出了传统美学所能有效阐释、干预的边界。这就迫切需要一个新的概念——审美文化,来有效命名、揭示这个时代的审美现实。因此,在许多学者那里,审美文化这一概念的运用,并没有来得及深思,只是用它来表征这个时代审美与日常生活、艺术与文化享乐之间的裂缝被快速抹平的现象和特征。

依据上述的理解原则,定义审美文化,应该既考虑其普遍性,也重视其当代性。可以给审美文化下这样一个简洁的定义:

审美文化是文化的一种特殊形态,是指审美和文化之间互动、互渗的状况。从传统的维度讲,审美文化作为审美观照的一种特殊结合体而存在,代表着个体审美观照与社会文化之间影响和被影响的文本和惯例。从当代的维度讲,审美文化作为审美活动发展的趋势而存在,代表着审美与生活之间的对立被取消后的文化现实。

二、审美文化的特征

审美文化,既不同于一般意义上的文化,也迥异于以前美学所使用的美或审美。为了更加深入地理解审美文化这一概念的边界和内在属性,必须展开对审美文化特征的研究。

1. 审美文化的动态特征

审美文化作为人类文明进程中的历史产物,不是静态而是动态的。所谓动态,并不是指这一概念本身,而是指审美与文化相互渗透这一基本性状始终是动态的,在时间的维度上,呈现出生成、演进、发展甚至是断裂的整体态势。不能把审美文化只视为当代人类社会的独特的文明产物,或者未来社会的理想化产物。以前人们为了建立美学这门学科而强调审美活动的自律性、独立性,从价值论上为审美活动划定明晰的边界,但人类的文明本来就是整体的,各种形式之间清晰的边界只不过是想象与建构,并不代表事实本身。审美与文化,从开始的地方,就相互缠绕在一起。人类审美动机和需要的产生,符合文化进化和人类生存的必然性、规定性,审美的根本动机是满足人类自身生存与发展的需要,不断促进人的内在完善与提升,因此,审美如果不通过对文化产生主动性、实质性的作用并不断改进、发展人的生活方式,那么审美的根本动机就会落空。审美心理结构与文化心理结构、审美标准与文化传统、审美理想与文化精神等等,都是相互影响相互作用的。即使审美是指纯粹的艺术活动,那么,各种各样的艺术文本,本来就是文化的有机构成。今天,审美越出边界进入文化领域,并不是什么时髦的新现象,在人类审美历史上,这一现象早已存在,只不过被过去的美学研究有意遮蔽罢了。

当然,审美文化的动态化特征,在人类文明的各个阶段上,其动态的规模、形式、速度和性质,又有具体的差异。从传统文明到现代文明,审美文化发生了一次巨大的断裂。现代科学、技术、知识、观念等,通过促进人们生活方式的转变,而促进了审美文化的转变。如果说传统文明里审美与文化的互渗是自然的、隐性的、对称的,那么,现代文明到来以后,审美与文化的互渗则是非自然的、显性的和不对称的。现代文明,以其日益壮大的科学技术力量,急速膨胀了知识、文化和生活的实在空间,迫使审美加速度地向文化渗透,带来审美文化的急速繁荣,形成审美文化全球化与多元化并存的格局。

2. 审美文化的结构特征

审美文化不是一个自我封闭的系统,其结构是多重的、开放的。李白、杜甫的诗歌,从其具体创作和艺术文本来说,突显的是诗人个性化的体验、感悟与创造,表现诗人对既定现实生活的反省和抗拒,这是纯粹的审美活动。但是,他们的诗歌,通过帝王、将相、士人、书商等的选录、刻印、推广与解释,在上至统治阶级下至普通民众中传播,间接地参与人们理想生活方式的建构,这就具备了文化的形式和功能。因此,审美文化的结构,从整体上讲,包括两大元素:体现审美属性的审美元素和承载文化功能的文化元素。审美元素和文化元素,交融相错,在时间这一维度上,使得审美文化的内在结构,呈现出多重性和开放性。

所谓多重性,是指审美文化的结构,既可以从审美的角度分析,也可以从文化的角度把握。不同的视角,得出的结构分析当然也就不同。一般来说,审美文化是人类审美活动的感性化产品、观念体系和行为方式的总和,它的构成,不仅包括物化的文本,也包括生产、传播、流通、保存这些文本的个体心理、社会机制、群体意识以及相应的技术支持等。审美文化不同于经典美学的特点之一,就是经典美学强调审美活动的个体性体验和创造,而审美文化强调的是审美活动的群体性和社会性。因此,从审美元素分析审美

文化的结构,不同于审美活动结构的分析,包括这样几个主要层次:

心理层次——个体体验心理、群体需求心理和社会通约心理。

文本层次——独特性和普适性并重的符号、技术。

观念层次——个体感悟、社会集体想象。

现象层次——个体经验与群体经验相互生成的生活方式。

而所谓的开放性,则是指审美文化结构在时间和空间的坐标轴上的无限延展性。审美与文化的相互渗透,意味着两个差异的活动通过不断替换自我差异而走向彼此融合的趋势,因此,只要这种渗透和替换始终是存在的,那么审美文化的结构就是开放的。

3. 审美文化的形态特征

审美文化,总体上仍属于文化,因而其形态是多种多样的。一方面,审美文化直接参与人的生活方式的建构,满足人的生命活动的内在需要,不断地把人们从旧的生活状态引向新的生活空间,因此,按照审美文化的感性化文本和人们具体文化生活领域的重叠关系划分,审美文化的形态,可谓千姿百态。除了传统的文学、绘画、建筑等这些艺术形态之外,还有服饰、饮食、电视、报刊、广告、流行歌曲、美容、健身等等,都属于审美文化的感性形态。现代文明到来以后,往往一种新材料、新技术的出现,不仅增添了人们日常文化生活的内容和形式,而且生产出新的审美文化感性形态。例如:多媒体、计算机网络、手机短信等等,不仅成为人们新的生活方式所依赖的技术,而且直接带来新的审美文化产品。

另一方面,由于审美文化由强调个体性转向强调社会性,文化主体的个体性主要表现为自说自话的社会参与性,因此,审美文化既能满足个人的表现需要,又表现为鲜明的社会群体属性。在审美文化中,单质的文化主体既是存在的又是不存在的,个人永远是由特定的文化群体生产出来的,也就代表着特定的文化群体。这样,从审美文化主体的社会身份,也可以划分出审美文化多样化的社会形态:

精英文化——体现知识分子社会批判意识、独立人格精神的文化。

主导文化——体现统治阶级最高利益、调节各阶层利益冲突的文化。

大众文化——体现普通市民娱乐和消费需要、满足文化生产者利益的文化。

民间文化——体现更底层的一般劳动人民的精神需要、出于传统的自发性的文化。

边缘文化——体现少数人去中心化或者去流行化姿态的文化。

女性主义文化——体现妇女解构男性中心、构建自我需要与目的的社会性别文化。

当然,审美文化的社会形态,也是无法一一穷尽的。从理论上讲,文化主体有多少种社会性分裂,就有多少种具体的审美文化的社会形态。同时,从文化主体的民族性来划分,审美文化可以分为中国审美文化、西方审美文化以及更多的民族审美文化;若从文化主体的历史阶段性来看,审美文化又可以分为古代(传统)审美文化、现代审美文化与后现代审美文化。

三、审美文化的功能

审美文化是审美与文化的历史互渗,可以理解为审美的文化化与文化的审美化,因而审美文化的功能,既不同于传统美学的超越功能,也不同于一般物质文化、社会理性文化的实用功能。审美活动的宗旨,是通过审美想象而获得个体生命的感性解放和精神自由,而文化则在于开拓生命存在的整体意义,从社会层面强调生命活动的可能性和规范性。审美和文化,尽管在意义、动机和功能上是有显著区别的,但从满足主体内在需要来讲,两者的根本宗旨是一致的,都是为了充分实现人类的自我提升与发展这一动机。这是理解审美文化功能的主要理论依据。这样,可以把审美文化的总体功能描述为:审美文化破除"审美无功利"这一虚幻的美学想象,它把审美体验和文化实践有机结合在一起,以生命活动的感性方式,不断激活人的生命动力,完善人的生命存在,提升人的生命境界。一句话,审美文化就是人的审美需要在文化层面上的展开,是人在生活常态中对生命意义的整体性体认。

但是,就审美文化的现象来看,审美文化的功能,既是具体的,又是多元的。文化主体、文化形态、生产方式、沟通环节等等,都是造成审美文化功能多元化的要素。不妨以电视这一审美文化为例,看一看它的功能的多元化:①政府、企业、广告商、策划人、制片人、观众等不同的主体,赋予电视文化的功能各不相同,即使同一类型的主体,不同的立场也有不同的功能;②新闻、广告、电视剧、娱乐、体育、生活、军事、文艺等不同的节目或频道,其要实现的功能也各不相同;③电视文化生产、流通的不同环节,往往也体现着特定的文化功能,电视生产和节目生产、策划和制作、前期制作和正式播放、对内流通和对外流通等,都存在着功能上的差异。

审美文化具体功能的多元化,概括起来,主要有:①感性愉悦功能。审美文化不是简单的物质文化,也不是抽象的理性文化,审美属性决定它是一种社会感性文化,因此,无论是在文化生产还是文化接受中,感性愉悦的基本需求都是审美文化得以存在、发展、繁荣的基本前提。②贴近生活功能。审美文化,是从生活中来到生活中去,贴近生活是它的特点。从古代的吟诗、作画、听戏、游园,到今天的看电视、美容、健身、上网等,都是生活方式的具体化展开。③传播知识和观念功能。审美文化,传播的不仅是审美的文化形式,也是在传播审美和文化的客观知识以及人们不断生成的主观意识和精神追求。④满足消费需求功能。消费需求,是人的本能需求。审美文化,不仅扩大了人们的消费空间、消费形式,而且正在提升、改变人们的文化消费性质。

第二节 中西古代审美文化比较

人类文明的进程,具有鲜明的历史阶段性。所谓古代审美文化,主要是指现代文明到来之前人类按照人性发展的自然状态而创造的、具有较强连续性与稳定性的审美文化，也可以称传统审美文化。由于人类文明的现代性，首先是在西方文明中形成然后开始向全世界的辐射，因而中西古代审美文化尽管都有几千年的历史，其时间的上限可以从雅斯贝斯所说的人类文明的"轴心时期"开始，但在时间的下限上是不对称的。西方古代审美文化，主体时段是指自古希腊到文艺复兴之前一脉相传的审美文化，但从文化内在逻辑的统一性看，可以一直延续到黑格尔时代；中国古代审美文化，则是指自觉接受现代化改造之前的传统审美文化，即先秦时期至晚清辛亥革命前后的审美文化。中西古代审美文化，同属于人类文化传统的形成时期，但又是在两种不同文化范式之中，是两种审美文化形态。因此，中西古代审美文化，既存在着相通或相同的一般性特征，又存在着极其显著的分歧和差异。

一、道与逻格斯：关于世界本质的文化想象

人类文化从无到有、从有到成熟的重要标志，是人类对世界本质的想象，并进而形成对世界的总体看法——世界观。对世界本质的想象和对世界的总体看法，既是人类思维方式的体现，也是人类自觉选择特定生活方式的重要依据，与文化的心理、结构、性质、精神等相一致，决定着文化生产的基本范式和发展方向。中西古代审美文化，伴随着中西古代文化的各自成熟历程，是审美发生、发展与文化发生、发展相互渗透的第一个历史阶段。尽管关于世界本质的想象，不属于人类审美活动，但从中西古代审美文化的实践来看，它是人们构建美的本质的核心依据，反映文化创造对审美创造进行渗透的性质，决定审美理想、心理、特征、气质和传统的形成，同时，也表明古代审美文化是专注于人文精神建构的这一总体特征。

浩瀚的宇宙是怎么来的，纷纭的世界究竟是怎么样的，弄清楚这样的问题，关键在于要找到决定世界之为这样的世界的那个根本的东西是什么，这就是人类关于世界本质的文化想象。中西古代文化都在这方面迈出了伟大的一步，形成了专门的学问研究，但它们寻找的方式不同，结果也不同：道与逻格斯。中西古代审美文化的差异，从某种程度上讲，主要就是中西古代关于世界本质的文化想象的差异。

道是中国古代关于宇宙本体、世界本质的集体想象。《老子》说："道生一，一生二，二生三，三生万物。万物负阴而抱阳，冲气以为和。"《周易·系辞》说："形而下者谓之器，形而上者谓之道。"尽管儒、道、释三家在道的具体理解上有差别，但合而观之，道作为宇宙之本体、世界之本质这一点是一致的。道为本位的宇宙观、世界观，构成了中国古代文化如下之基本特征：①道的有无相生，形成中国古代文化养生、重气的整体生命精神。道为宇宙本体，中国文化想象的主要是它的生之功能；道为世界本质，中国文化想象的则是它的无之存在特征。道生万物，但万物之生在于气，气是一切生命的内在活力，也是道的生成运转变化。尽管气也是具有生命本体论性质的范畴，但气主要还是对道生万物的解释，所以《周易·系辞》说："一阴一阳之谓道，阴阳不测之谓神。"无，是虚是空，但不是

什么都没有,而是万有,是无中生有。生的功能和无的存在特征相结合,构成中国古代关于生命是从哪里来又到哪里去的集体想象,形成中国文化养生、重气的整体生命精神。②道的异质同构性,是中国古代效法天地文化心理的反映,形成中国古代文化追求天人合一的宇宙情调。神性减降、定居、农耕文明等原因,促成中国古代效法天地文化心理的形成。效法天地,就是人虽然承认自己是万物之灵,但不主张为万物的主宰,而是主张人为"天地之心",和天地宇宙中的一切生命都是息息相通的。效法天地心理和时空合一观念相结合,成为中国文化异质同构模式的基础。道,是异质同构的产物,包含着天、地、人三种元素,《周易》里就有天道、地道、人道之说,因此道在价值上就表现为人和宇宙合一的趋向。所谓天人合一,尽管内涵十分丰富,但主要的内容则是指这样一种文化精神,即生命从天地宇宙中来、回到天地宇宙中去的宇宙情调。③道的不可道性,形成中国古代文化注重对宇宙与人生的直观和体悟。《老子》说:"道可道,非常道。"道是虚空,也是存在于事事物物中的万有;道有概念性质,但也不是概念,其中有物、象、精、信。所以,中国古代认为,道是不能用纯粹的逻辑、知识去认识的,因为道不是外在于人的实体存在。道的把握,只能靠观、味之方式,即整体的直观与体悟。

西方古代关于宇宙本体、世界本质的集体想象是逻格斯。逻格斯(logos),在西方学者那里有许许多多种解释,但有一点是基本一致的,即它主要是指西方文化的理性生成,包含二元对立思维和形而上学的基本性质。从这一角度看,逻格斯实际上代表的正是西方古代关于宇宙本体、世界本质的集体想象的范式和性质。西方关于宇宙本体、世界本质的想象,有两条路线:前理性的宗教形式和理性的哲学形式。宗教形式,主要把宇宙和世界的存在想象为上帝的意志;而哲学形式是把宇宙、世界想象为一种永恒的物质或者诸如理式这样的精神概念。但这两条路线,并不是自说自话,尤其在经历中世纪以后,它们有着互补的紧密关系,无论是康德的物自体,还是黑格尔的绝对精神,都包含着上帝的元素,哲学与神学的互补,建构起西方古代的宇宙观、世界观的文化想象。逻格斯的宇宙本体、世界本质的文化想象,形成西方古代文化三个方面的基本特征:①逻格斯的形而上学性质,开辟了西方文化对抽象世界的精密想象和不懈追求。古希腊人认为,具体的桌子后面有一个抽象的桌子,个别人的后面有一个一般的人,但桌子、人等都是具体事物,还应该有一个把各类事物统一在一起的东西,即一切理念的理念,认识这一切理念的理念的学问,就是形而上学(metaphysics)。具体世界只是伪装的世界,其背后的抽象世界才是世界的真相。因此,形而上学推动了西方文化对抽象世界的精密想象和不懈的追求。②逻格斯的实体性质,使得西方文化注重对质料、形式的分析,形成以认识论为中心的文化气质。宗教的上帝、巴门尼德的存在、德谟克利特的原子、柏拉图的理念、康德的物自体、黑格尔的绝对精神等等,无论是物质的还是精神的,都具有实体性。西方古代不是从无而是从有来想象宇宙和世界,既然是有,那就可以通过形式去证明它的存在或者是去认识它、接近它,这就形成西方古代"上帝(理式)→形式→质料"的三级结构,促进以认识论为中心的文化气质的诞生。③逻格斯与人类中心主义联系在一起,

第九章 审美文化的历史变迁

形成西方文化向外追求人生超越的人文精神,同时也鼓动起西方文化认识自然、控制自然的动机。

关于世界本质的文化想象,通过中西古代的文化,深刻影响到古代的审美活动,构成了中西古代审美文化的差异。

审美观照方式的差异,即远近俯仰和焦点透视。受效法天地的文化心理和道为世界本质的文化想象的双重影响,中国古代形成仰观俯察的审美观照方式。《周易·系辞》在解释伏羲创造八卦符号时就明确指出:"仰则观象于天,俯则观法于地。""近取诸身,远取诸物"。中国古代认为,道是循环往复的一个整体,充满生命之气的宇宙,也是一个流动不息的有机体,因而审美的视线,不能固守某一点,而是要上观下览,在物我之间往还。只有这样的游目,主体才能冲破身观限制,去整体感知宇宙无往不复的生命节奏和循环不已的生命精神,在见证宇宙生命的同时又获得了真正的自我。这一仰观俯察、远近取与的整体视线,经过先秦时期庄子的阐发、屈原的示范以及魏晋"俯仰自得,游心太玄"的广泛实践,最终定格为中国的审美观照方式。山水画"三远"的构图、园林建筑中亭台楼阁的设计,都是这一审美观照方式的体现。即使是语言艺术,也是充满着这种远近俯仰的游目骋怀形式:

风急天高猿啸哀(仰),渚清沙白鸟飞回(俯)。
无边落木萧萧下(由近而远),不尽长江滚滚来(由远而近)。

——杜甫《登高》

《周易》云:"无往不复,天地际也。"《老子》说:"万物并作,吾以观复。"中国古代认为,在循环不已的宇宙中,在道的生命化场域里,有远必有近,有仰必有俯,有去必有来,所谓"不愁明月尽,自有夜珠来"(宋之问);"行到水穷处,坐看云起时"(王维)。在仰观俯察、远近往还的观照中,人们把握了道,把握了宇宙,也参悟了当下之人生。与中国相反,西方古代认为要认识一个事物,必须将之独立出来进行明晰的观察和研究。这种实体明晰精神,运用到审美实践上,就是焦点透视,即为了追求事物的比例、色彩、层次等外在的特征,主体按照视觉和光线的原理,选择一个固定的恰当的点来审视对象。中国古代以远近上下的游目来寻找宇宙的生命气韵,西方古代则以寻找最佳的视点来显现事物最美的方面。有了定点,就有了固定的光照,在确定的光照中,事物的外在比例、色彩层次就能得到清晰的确定。

审美体验的差异:观悟与认识。中西古代关于宇宙本体、世界本质的想象,直接或间接地导致人们关于美的本质的建构,决定中西古代审美文化建构的性质。中国古代关于美的本质的理解,虽然没有西方那么明晰与系统,但也有着潜在的体系。中国是"道/气"体系,西方则是"上帝/理念"体系。刘勰的《文心雕龙》和黑格尔的《美学》,分别是两种体系的典型代表。不同的体系,代表着不同的审美文化观念、审美文化体验以及审美文化产品。中国人认为诗"言志"、"缘情",希腊人则主张诗是"模仿"自然。中国先秦时期发达起来的是表现人与天地宇宙相感的音乐和诗歌,而古希腊辉煌的艺术则是表现神的力量的神话和表现人的力量的雕塑。从审美观念到审美产品,其关键的中介环节是审美体验,因此,审美体验的差异,是这一差异系统中的核心。中国古代审美体验,虽然不排除认识的性质(例如孔子所讲的"兴、观、群、怨"),但主要强调的是直观和超悟,这是感觉、知觉、想象、联想、记忆等多种心理机制在刹那间的有机整合,是"神与物游"[①]。因为,对于中国古代来讲,惟恍惟惚的道是不可以知索取的,同样,天地有大美,这个美也不能靠识去获得的。对对象的神、情、气、韵的把握,只能依赖审美主体的直观和妙悟。中国也讲理,但这个理,无论是佛教之理还是理学之理,都是大化流衍、生生不已的生命道理,因而禅家和理学家也特别重视直观与超悟。直观和超悟的审美体验,能够让审美主体最大限度地突破对象的形式限制,直接进入敞开的道。它带来中国古代审美文化产品中的许多相关特征:象外之象、似与不似、虚实相生等,并最终形成中国的意境理论。而西方的审美文化体验主体尽管不乏像康德、维柯等所说的游戏心灵,但"模仿"自然和外在超越的观念,还是令主体审美体验带有认识的性质。亚里士多德说:"我们看那些图像所以感到快感,就因为我们一面在看,一面在求知,断定每一事物是某事物,比方说:'这就是那个事物'。"[②]

对对象的质料、形式的精确把握,对形而上理念价值的接近,决定审美体验向纵深发展的倾向,这就是认识的性质。尽管到康德的时候,已经提出审美属于不确定概念,审美判断是无功利判断,但是文化的范式又使得审美体验必须获得意义的定性,才算获得了对象。定性意味着客观标准的引入,从而形成西方古代审美文化产品的主要特征:逼真、精确和反映本质等,并最终形成西方的典型理论。

审美文化功能的差异:澄怀与净化。中西古代审美文化,在注重人文精神建构、塑造审美权威和规训道德意志这一点上是一致的,都强调审美对人的人化(社会化)的积极意义。但是,审美对于现实人生究竟有哪些意义,它能把人生引领到什么样的境界,这些关于审美文化功能的问题,中西古代的理解是不一样的。中国古代强调澄怀,西方则主张净化。澄怀与净化,追求审美终极意义和善的目的是一致的,但具体的内涵是不同的。从老子的"涤除玄鉴",到宗炳的"澄怀味道",中国古代认为审美的终极意义是把局促、僵硬的现实人生引向活泼、流动的宇宙大道,即庄子所说的"天地与我并生,万物与我为一"(《庄子·齐物论》)的境界。儒家讲"文以载道",这个道也是包含着天道的。即使在宋明理学,其理也主要是合于天地宇宙运化的天理。所以,中国古代的审美文化功能,总体上较多关注的是审美带来主体的心灵超越,以澄怀为核心,形成一系列同义性质的概念:"涤除"、"散怀"、"心斋"、"坐忘"、"虚静"、"童心"等等。这些概念,虽然也可以看作为审美心理的准备,但正是这种心理准备,通过具体审美体验的感发与刺激,转化为一般审美文化功能。西方古代从亚里士多德到黑格尔,对审美文化功能主要持"净化"说。尽管

---

① 刘勰:《文心雕龙·神思》。
② 亚里士多德、贺拉斯:《诗学·诗艺》,人民文学出版社,1962。

"净化"说有多种解释,但有一点是基本一致的,那就是通过审美活动把原罪的、感性的人超越到善的、理念的境界。西方文化认为,人本身是有各种各样情欲的,人生来就带有原罪性质,因此,审美的目的与任务不是"非礼勿视,非礼勿听,非礼勿言,非礼勿动"(《论语·颜渊》),不是压制人的情欲和知欲,而是通过激发和宣泄,在反省和认识中,把感性的主体提升为理性的主体,引向善的境界:"艺术通过它的表象,尽管它还是在感性世界的范围里,却可以使人解脱感性的威力。"①

二、和与和谐:古代审美文化的理想

古代审美文化另一个重要特征,是在文化的框架内积极建构人类的审美理想。中国古代强调和,西方则重视和谐。和与和谐,这两个概念,既具有各自丰富的文化内蕴,又在中西古代审美实践中得到充分体现,分别代表着中西古代审美文化的理想。无论是宇宙还是世界,都具体化为相互差异的事物及其关系,人类的文化创造,人类的审美创造,都必须面对这种差异及其关系。因此,从体验、审视、思考差异(甚至对立)的事物及其关系并把它们逐渐经验化、观念化、理想化这一点来讲,和与和谐,具有同一性,是一个概念。但是,两者毕竟是从中西不同文化范式中产生的,凝聚着两种不同的文化理想,又在不同类型的审美活动中加以实践,因而其差异也是显著的。

1. 和的文化起源与内涵

中国文化和的观念,源远流长,最早出现于"神—人"分裂时代关于"人—神"关系的思考:"帝曰:'夔,命汝典乐,教胄子,直而温,宽而栗,刚而无虐,简而无傲,诗言志,歌永言,声依永,律和声,八音克谐,无相夺伦,神人以和。'夔曰:'於,予击石拊石,百兽率舞。'"(《尚书·尧典》)这段话记载的正是华夏文明开端时人们试图以一定的人文方式建构"神人以和"的前社会理想。不过,从中国文化的起源来看,和的经验化、观念化,经历了"生理(饮食)—仪式(音乐)—社会(文化)"的演变历程:"和如羹焉,水火、醯醢、盐梅,以烹鱼肉,燀之以薪,宰夫和之,齐之以味……君子食之,以平其心……先王之济五味和五声,以平其心,成其政也。"(《左传·昭公二十年》)同时,《国语·周语(下)》也说:"夫政象乐,乐从和,和从平,声以和乐,律以平声……声应相保曰和,细大不逾曰平……于是乎气无滞阴,亦无散阳,阴阳序次,风雨时至,嘉生繁祉,人民和利。"这种演变历程,表明和的内涵是从一般的生理经验(味觉、听觉)逐渐发展成为抽象的社会经验,构成中国文化的理想。和的文化内涵,非常丰富,概括起来,主要包含这样几个层面:①和意味着不同形质的差异事物或者对立事物之间差异或对立的场域,把同一形质的事物组织在一起,数量再多,只叫同而构不成和。在这一场域之中,各事物之间存在着差异或对立,但不构成对抗性的冲突,没有相互取代的直线发展关系,而是构成相反相成、相济相生的配合与平衡,是循环中的发展和流动中的前进。②和是一切生命的产生,也是一切生命存在

---

① 黑格尔:《美学》第1卷,商务印书馆,1979。

的状态。"和实生物,同则不继,以他平他谓之和,故能丰长而物归之,若以同裨同,尽乃弃也"(《国语·郑语》)。③和是指宇宙的大道,是天地、阴阳、四方、四时、五行等不同因素之间相反相生、无往不复的整体。所以,和也是指社会机制、道德结构等的理想模式。④和是指人和天地宇宙之间的和谐,人与自然之间、物我之间相亲相近的整体平衡,即庄子所谓的"与天和"(《庄子·天道篇》)。总之,中国古代和的文化理想,是着眼于生命存在的整体和谐,承认事物之间相反相成的差异或对立,而遮蔽它们之间你死我活的冲突,其哲学基础是关于天地生物模式的想象,并根据效法天地的文化心理,把这一想象模式具化为人间社会的理想,形成中国古代社会复古与变革相反相生的文化稳定性。

2. 和谐的文化起源和内涵

和谐在西方与其说是一个文化概念,不如说是一个美学概念。西方文化从毕达哥拉斯建构美的本质时就指出:美是和谐。随着西方文化的发展,不断有新的概念进入文化和美学的中心,但人们对和谐的追求一直存在,只是随着新概念的进入,和谐也在不断地改变着自己的内涵。毕达哥拉斯构建和谐这一理想时,也是从音乐入手的,他发现了音乐的秘密在于数,即发音体长短、粗细、厚薄等的差别与音调之间的比例关系,认为数造就了音乐的和谐,产生了音乐的美,数是美好音乐的本质,也是人体、雕塑等艺术的本质。"音乐是对立因素的和谐统一,把杂多导致统一,把不协调导致协调"①。

同时,哲学家的天职使得毕达哥拉斯把对音乐和谐的分析上升为对宇宙本质的想象:"一切事物的质都必然是特殊的,只有数才是无始无终的。不是质决定了量(大小、长短、轻重、疏密等),而是量决定了质,不同质的物质不过反映了不同的数量关系,所以,用任何一种具体的物质说明宇宙都有其局限性和片面性,而宇宙间一切现象无不可以用数来计量。"②

从中可以看出,毕达哥拉斯是从实体、形式来分析宇宙的普遍性——和谐,但他的宇宙却不是整体的而是杂多的实体在数的形式上的统一。因此,西方和谐的文化内涵,与中国古代和的文化内涵,是貌合神离。所谓貌合,是指和谐与和都是用来描述、想象宇宙中差异或对立事物之间的关系,并以此来指导文化的实践。而神离则体现为西方和谐有着自己特定的文化内涵:①西方和谐由于缺乏整体宇宙观、生命观的支持而从一开始就显示出实体性、形式性与分析性,带有前科学认识的性质。与中国古代的和重视感觉与想象、类比与整体的特点是不同的。②西方和谐强调差异或对立事物之间的对抗、冲突与斗争,所谓和谐主要是对立面之间的冲突、斗争,反映的是人们"否定—前进"的文化意识。赫拉克利特把毕达哥拉斯数的和谐改造为内容的和谐,并且对和谐作了全新的解释,强调冲突、斗争与变化:"互相排斥的东西结合在一起,不同的音调造成最美的和谐,一切都是斗争所产生的。"③

---

① 北京大学哲学系美学教研室:《西方美学家论美和美感》,商务印书馆,1980。
② 转引自阎国忠:《古希腊罗马美学》,北京大学出版社,1983。
③ 北京大学哲学系美学教研室:《西方美学家论美和美感》,商务印书馆,1980。

总之，毕达哥拉斯的数的比例和谐，是一种外在形式的和谐，赫拉克利特的对立面斗争的和谐，是内容的和谐，二者的统一，构成了西方古代文化和谐理想的主要内涵。到黑格尔那里，和谐就成了宇宙中对立事物肯定—否定—否定之否定（正—反—合）的发展模式。

3. 和与和谐的审美体现

和与和谐代表的是两种不同的文化理想，因而对审美活动的影响也不同，是构成中西审美文化差异的重要因素。和在中国古代审美文化里，主要表现为这样几个方面。第一，形成中国古代艺术领域里诸如阴阳、上下、高低、大小、往返、平仄、疏密、奇正、正变、浓淡、雅俗、虚实、曲直、藏露、向背、深浅、刚柔等一系列相反相成、相济相生的审美范畴，而且这些对立范畴的内涵与关系，往往只能在艺术形象中加以整体的体验，很难以准确的语言给予实证性的分析。第二，由于和的最高境界是"与天和"，因而促成中国古代山水艺术的提前形成与繁荣，并形成不同于西方的自然美之观念。中国的山水画比西方风景画的出现要早千余年，而且两者的表现形式、绘画风格和心灵寄托都迥然相异：一为心灵的山水，一为写实的风景。第三，由于和是一种生命整体的和谐，不仅导致中国古代艺术特别重视生命的和谐，重视主、客之间的心灵互动，而且还导致中国古代艺术既有发达的程式化，又充满了离形、变形、轻形式的特点。而西方古代的和谐理想，是建立在实体、形式和分析的基础上，因而它在审美上的表现，主要在于两点：①形成西方古代审美创造特别重视比例、色彩、光线、结构等形式要素的传统。②形成西方古代艺术专注于表现人（肉体与灵魂）、人性（善与恶）、人与宇宙、人与自然等的张力。亚里士多德的悲剧理论，一方面要求整一的形式，头、身、尾构成和谐整体，另一方面又要求表现主人公的内外因素之间的反抗、斗争和毁灭。

三、游与自由：古代审美文化的精神

追求自由是人与生俱来的天性。人从来到这个世界的那一刻起，就处于种种复杂的关系之中，这些关系一方面为人的生命活动提供了必要的、可靠的依据，构成人的生命活动的必然形式，另一方面却又给人的生命活动带来束缚和限制。文化，不仅有效提升了人的感性生命存在，而且使得人在自然的进化中锤炼出克服束缚与限制的理性意识——自由精神。人对自由的追求，表现为各种各样的文化形式，其中审美因其想象的、感性的性质，而成为人类追求自由的重要形式。如果说古代审美文化是专注于人文精神的构建，那么，在各种建构的人文精神中，自由精神则是核心。不过，就中西古代两种文化范式来看，审美文化中所体现的自由精神是不一样的。

自由作为一个文化概念，有着各种各样的解释，其基本的含义应该是指个体能够按照自我的意愿进行有效的生命活动。在这个意义上，中国古代偶尔也有使用的，如《孔雀东南飞》的"吾意久怀忿，汝岂得自由"，唐代刘商《胡笳十八拍》（之七）的"寸步东西岂自由，偷生乞死非情愿"等。但是，自由作为一种克服种种束缚与限制的文化精神，中国古代并不曾使用过这个概念,而是广泛使用另外一个词——游。孔子讲"志于道,据于德,依于仁,游于艺";老子说"游心于物之初";庄子则提倡"逍遥游"。如果不考虑它和西方自由一词的文化差异,那么,游实际上就是中国古代审美文化中所体现的自由精神。

游作为一种追求自由的精神,从总体上说,是超越儒、道、释文化分歧的,它既反映了中国文化对自由的独特理解,也体现了中国文化追求自由的独特方式。自由是文化主体对束缚与限制的克服,克服的方式主要有两种:征服和超越。而妨碍人类自由的最根本、最强大的对立面,就是来自于宇宙和自然的束缚与限制,因为人类无论是实现物种层次的进化还是实现文化层次的人化,都意味着人类必须不断克服宇宙和自然强加给自己的限制。至于克服的方式,中国文化里也不乏征服的一面,如《周易·系辞》云:"天行健,君子以自强不息。"但是,整体的宇宙观、气化的生命观和效法天地的心理,决定中国文化自觉地修正了征服的性质与形式,使得征服的对象由自然而转变为自我——对中国文化来说,征服始终意味着人的自我征服——征服变成人征服自己占有、控制自然的欲望。中国文化把天地自然看成为生命之母体,人与自然被想象为母子关系,人怎么能破坏自己所定下的基本伦理呢?所以,中国文化对自由的理解,贯穿着"报本返始"的心理,认为自由的真正获得,不在于对对象的实际占有和控制,而是在于向宇宙、自然的返回,"人法地,地法天,天法道,道法自然"(《老子》)。人被还原到天地宇宙,还原到自然,还原到生命的初张,一切的束缚与限制都形同虚设了,它们尽管存在但不能被人心所显现,人重新体验到生命的来往自如,这就是中国文化所崇尚的游的精神。道家倡导"游心于物之初"(《老子》),儒家也说"上下与天地同流"(《孟子·尽心上》),它们是殊途同归的分歧,目标都是回归天地宇宙之自由境界。

游作为中国文化里的自由精神,更具有审美的性质。游在中国文化中,有三重意义:身游(实在时空)→目游(实在时空向想象时空的过渡)→心游(想象时空),其中以"游心太玄"(嵇康《赠兄秀才入军》)的"心游"为游的最高境界。心游的实质,是人与对象在拆解限制与被限制之后的游戏,是宇宙之大道向人的敞明。"游,戏也"(《广雅·释估》)。"游者,玩物适情之谓"(朱熹《论语集注》)。所谓的"戏"、所谓的"玩物适情",就是我和对象之间相感相应的随意和快适,就是对"天地与我并生,万物与我为一"(《庄子·齐物论》)的生命体验。在这一体验中,由于主体通过"忘我"、"离形去智"的心理准备,从而能够在天地宇宙中纵心驰骋、无拘无束,把握真正的自我。中国古代艺术,是游的艺术;中国艺术的美,是游的美。人们追求游的精神,使得中国古代审美文化呈现出如下两个特征:①中国艺术精神的重点,不在于表现对命运、生活、现实等种种不合理性的竭力抗争,而在于表现人生向宇宙的回归、生命在当下的澄澈以及人和万物之间"情往似赠,兴来如答"(《文心雕龙·物色》)的亲近。陶渊明:"聊乘化以归尽,乐夫天命复奚疑!"(《归去来兮辞》)苏轼:"世事一场大梦,人生几度秋凉。"辛弃疾:"我见青山多妩媚,料青山见我亦如是。"②形成"神与物游"为核心的中国艺术思维。游的文化精神,转化到审美活动中,就形成了刘勰所总结的"神与物游"的艺术思维。神与物游,也是具体的审美体验,以之为核心,向前它促成以"虚静"为主的审美心理准备,向后它导致以"意象"、"意境"为主的审美文本的产生。

西方审美文化的根本精神,也是自由精神。但西方审美文化对自由的理解和追求,却是另外一条道路———一条强调对对象进行抗争、征服的自由之路。古希腊文学和《圣经》,都充满了"抗争—自由"的主题。普罗米修斯反抗宙斯的禁令,把火带给了人类,被宙斯派威力神和暴力神用铁链把他锁在高加索山,但他坚强不屈,拒绝和解。俄狄浦斯之于弑父娶母的命运,也是在不断地行动,不断地反抗,尽管最后归于失败,却像普罗米修斯一样,显示出征服强制和束缚的自由意志。《圣经》虽然宣扬的是人的原罪意识、是人对上帝意志的绝对服从,但它也流露出人对自然的管理和征服,甚至是对上帝的反抗,亚当不就是不顾上帝的禁令而偷吃了禁果么?柏拉图则把人分为灵魂和肉体,灵魂是不死的,把人带到永恒的自由,但灵魂的纯净,除了先天之外,就是不断地与肉体进行斗争。

因此,西方古代的自由精神,是一种对限制和束缚的征服精神。向内,它认为肉体及其属性是与生俱来的强大力量,而灵魂(包括道德、精神等)才是超越时空的,因此强调灵魂对肉体的抗争与征服。向外,它认为自然是人的最大束缚,强调人对自然的控制和征服。对于西方文化来说,中国古代那种在束缚与被束缚之间通过和谐的心理调节就能产生自由的文化精神,是难以置信的。通过抗争和征服而获得自由的文化精神,使得理性、科学、知识最先在西方发达起来,它对西方古代审美文化的影响,涉及各个艺术领域。其中,最能体现这一自由精神的,是史诗、悲剧和崇高。因为,如果抽空人们的冲突意识和斗争精神,抽空人们战胜束缚、超越限制的自由愿望,无论是史诗、悲剧还是崇高,它们还能剩下些什么呢?正如罗马人朗吉纳斯所说:"作庸俗卑陋的生物并不是大自然为我们人类所订的计划;它生了我们,把我们生在这宇宙间,犹如将我们放在某种伟大的竞技场上,要我们既做它丰功伟绩的观众,又做它雄心勃勃、力争上游的竞赛者……总而言之,一切为日常所必需的事物,人们视之为平淡无奇,他们真正欣赏的,却永远是惊心动魄的事物。"[1]

第三节 现代与后现代审美文化

现代与后现代审美文化,顾名思义,是指充分打上现代性与后现代烙印的审美文化。众所周知,现代与后现代审美文化首先起源于西方(以欧美为中心),然后向全世界投射与蔓延,它既是人类文明发展到现代社会的产物,也是人类审美文化发展中一个崭新的历史阶段、一种尚未完成的形态。

---

[1] 朗吉纳斯:《论崇高》,见伍蠡甫主编《西方文论选》上卷,上海译文出版社,1979。

一、现代性、后现代与审美文化

人类审美文化的发展表明,任何一种审美文化,都是在特定的社会基础上形成的,也是特定社会的社会性质、文明程度和文化状态的集中体现。现代与后现代审美文化,其形成的社会基础是现代社会与后现代社会,体现的是现代社会与后现代社会的总体特征。而现代社会与后现代社会又是在各个方面都不同于传统社会的社会,推动现代社会与后现代社会的形成、并成为现代社会与后现代社会的根本性质和主要特征的,就是所谓的现代性与后现代(性)。因此,认识现代与后现代审美文化,必须从理解现代性与后现代开始。

"现代性"是西方学者反思现代社会时所普遍使用的一个术语。从字面上说,现代性就是现代社会区别于传统(古代)社会的性质与特征。因此,说到现代性,人们就会立即想到现代社会的世俗化、商品化、工业化、城市化和全球化等历史趋势,想到现代社会的科学与技术、资本与市场、民主与自由、民族与国家、文明与冲突等社会现象以及盛行于文学艺术领域里的现代主义。总之,现代性是个面面观式的概念,从不同的角度看现代社会,看到的就是不同的现代性。但是,如果从思想体系、道德规范、价值趋向等一般文化的领域来看,现代性主要包含两个方面:一是个人主义、人道主义和功利主义相结合的理性主义——强调真理;二是崇拜科学知识与技术革新的科学主义——强调科学。一句话,现代性是指西方从传统文明里诞生而又与传统文明发生严重断裂的社会性质,是西方社会关于人的人化道路的重新设计与实践。按照斯图尔特·霍尔的分析,这一新设计与实践,使得现代社会与传统社会相比,集中表现出以下四个方面的特征:①在明确地域边界内运作的政治权力的世俗形式,以及政体和合法性权威和概念,这些是现代民族国家宏大复杂结构的特征。②基于市场大规模商品生产和消费基础上的货币交换经济,广泛的私有制和系统长期基础上的资本积累。③带有固定社会阶层系统和忠诚特征的传统社会秩序的衰落,出现劳动的动态分工和性别的分工。④传统社会典型的宗教世界观的衰微,世俗物质文化的兴起,展现出我们现在所熟悉的个人主义的、理性的工具的冲动。除此之外,现代性在狭义的文化领域里还造就出知识生产和把知识分门别类的方式以及社会身份与文化身份的诞生。正是在上述意义上,作者认为现代性的根本标志,就是一个新的理智的和认识的世界的诞生。[①]

现代性通过各种"革命"和"不断革命"(社会革命、工业革命、科学革命、技术革命和文化革命等)的断裂性方式,使得西方现代社会在整体上获得了前所未有的成功与进步。但是,现代性作为一种人为的设计,在带来民主政体、自由主义、富裕的商品、充裕的福利和丰富的文化生活的同时,也必然带来不可设计的种种缺陷,这就为后现代的到来创造了条件。所谓"后现代",也称后现代性、后现代主义等,严格意义上说,它不是用来

---

① Stuart Hall, (ed), Formation of Modernity, Cambridge: Polity, 1992.

概括一种成熟的社会形态及其特征,而是用来指称西方上个世纪六七十年代以来所出现并产生广泛影响的文化思潮。这是因为:一方面后现代并不是针对现代性和现代社会而发起的一场全面的革命运动,而是在依附现代社会的基础上对现代性进行反思和质疑,其鲜明的怀疑精神和现代性是基本一致的;另一方面后现代的非理性主义、非科学主义的性质与主张,对抗的只是现代性和现代社会的种种缺陷,其对抗的范围和力度都是有限的,不可能从根本上摧毁现代社会而重建一个新的社会。如果说现代性的成功是通过全方位"革命"的手段,那么,后现代的影响主要限于意识的、观念的世界里的"造反"。尽管后现代因强调差异和多元而呈现出多样化的声音,但有一个共同的主调,那就是在现代社会(也包括前现代社会)中寻找裂缝,让遮蔽敞开,令各种振振有词的现实与真理顷刻之间变为"谎言"。后现代这一基本特征,正如有的学者所总结的那样:"对于现代事物X,你总能够按照X自己的逻辑,把X变成一种连X自己都不愿意接受的东西或者使X变成一个悖论。"①

现代性所造就的现代社会,是一个与传统社会判然相别的社会,人们的观念与行为,都发生了天翻地覆的变化。而后现代,却实实在在地改造了人们的意识世界,迎来了这个提倡"没有精神的精神"的时代。这些变化,不仅改变了人类文化活动的性质、内涵和形式,改变了审美活动的理想、价值和空间,而且也改变了审美与文化相互渗透的关系,新的审美文化现象层出不穷,审美文化产生了前所未有的新特征。从这个意义上说,现代与后现代审美文化,是完全不同于古代或传统的审美文化。

三、现代审美文化的基本特征

现代审美文化是现代社会的必然产物,也是现代社会的有机构成。从西方传统文明里流淌出来的现代性,带来现代社会的审美、文化及其相互关系的巨大变革,培育出现代审美文化新的特质。

1. 现代审美文化:审美愉悦和文化娱乐的日益融合

现代审美文化的根本特征,就是审美愉悦和一般文化娱乐的日益融合。如前所述,传统审美文化也具有审美愉悦和文化娱乐相互渗透的特点,但是,传统社会往往因为愉悦和娱乐的感性化特点而把人类的愉悦和娱乐需要误读为底层次的、生物性的欲望冲动,因而必须以代表社会最高利益的理性去改造、教化、超度它们,如中国讲"发乎情,而止乎礼义",西方说"寓教于乐",在一定程度上说,这是为防止审美愉悦和文化娱乐之间的相互"泛滥"而练就的一道"咒语"——也正是这一"咒语",严格限制了审美愉悦和文化娱乐之间相互融合的可能性。而西方现代社会,正是通过对这一"咒语"一步步地"解咒"尝试,促成了审美愉悦和文化娱乐之间的日益融合。

从柏拉图开始,一直到中世纪,西方文化为了建构社会秩序的目的而竭力宣扬上帝

---

① 赵汀阳:《没有世界观的世界》,广西师范大学出版社,2005。

的至善与理念的权威,无论是人文哲学还是一般宗教,都大肆诋毁现实世界和世俗生活,教人们如何压抑感性的需要与冲动。而文艺复兴以来,上帝及其所衍生出的整个观念系统,虽然没有被完全摧毁,但它的权威和合法性,越来越遭受到质疑。上帝的坠毁,意味着人和现实世界的觉醒,意味着建立在感性冲动与需要基础上的人类世俗生活获得观念上的承认。从启蒙运动开始,人类的幸福意识就逐渐被改写了,世俗生活不再被视为洪水猛兽,而是需要理性力量的提升,在客观上拉开了西方现代社会世俗化的序幕。从卢梭的自然主义、马克思的唯物主义,到弗洛伊德的无意识,人的感性冲动与需要终于伴随着世俗化的历史进程,而获得阐释、建构世界的合法性。而在美学领域里,从鲍姆嘉登创立美学学科以来,尽管上帝和理性的身影还没有被抹去,但审美的感性愉悦性质被一步步确立起来。此外,世俗化的观念和科学主义的精神相结合,必然带来人们对科学技术的追求。科学技术的进步,不仅满足人们认识世界的需要,也同时满足人们生活的需要。一种新技术,带来的不仅仅是物质生产的变革,而是生活方式和文化观念的变革。科学技术,改造着人们的文化观念,也丰富着人们文化享受的空间和形式。文化不再像传统社会那样,只是少数人地位和高高在上的精神的象征,而是与普遍的生活方式加强了联系,显示出感性娱乐的特征。以上审美和文化领域的各自变革,为审美愉悦和文化娱乐的日益融合,创造了必要的条件。

审美愉悦和文化娱乐的日益融合这一特点,带来现代审美文化许多新的变化和现象。概括起来,主要体现为:①审美的边界日益变得模糊和宽泛,审美的动机和需要,不再局限于传统的几大门类艺术,文化娱乐形式上的不断增生、内容上的不断扩张,使得审美的边界也在不断地扩张。在传统社会,故事只能通过小说和诗的形式讲述,而在现代,一个故事可以有N种讲述形式。文化贴近世俗生活,审美也同时贴近世俗生活。从上帝救世到理念救世、再到审美救世,诗和哲学之争的结果是哲学走向失败。同时,人诗意地栖居在大地上,并不是说只有诗人才有资格栖居在大地上。②审美不再是少数人拥有的权力,和现代社会政治民主、经济自由的脚步一致,审美从主体参与到资源分配,也表现出民主与自由的趋势,呈现出与文化相一致的社会性。贵族可以坐在富丽堂皇的剧院里享受歌剧,而一台普通的收音机也可以给平民带来快乐。新技术的不断涌现,一方面加速了审美流通的速度,扩大了审美流通的范围,另一方面也加速了依附于审美之文化权威的崩溃。③艺术模仿生活不再重要,重要的是生活在模仿艺术。生活模仿艺术,就是指日常生活中的文化产品、娱乐形式,都不同程度地体现了艺术的审美原则。一辆汽车、一件衣服、一部手机……甚至一枚纽扣里也不难发现美的因素。在现代社会,用美的眼光,你很难分辨出艺术和非艺术之间的区别。这一巨大变革,造就出现代审美文化现象的日益复杂性、产品的日益丰富性。

当然,审美愉悦和文化娱乐日益融合的特征,也让现代审美文化存在着种种难以克服的不足,引起来自不同方面的批判之声。马尔库塞就认为,现代审美文化的这一特征,可以"把形而上的东西变成形而下的东西,把内在的东西变成外在的东西,把心灵的探索转化为技术的探索……(这)表征着对理想主义文化的否定"[①]。

2. 现代审美文化的流通：生产性与消费性

商品、资本、技术和效率，完成西方经济生活方式的改造，导致市场经济和工业化的来临。市场化和工业化，让文化基于社会效益的政治意识形态性质被经济效益的目的所分化，文化的经济功能得到不断强化，出现了德国法兰克福学派所说的"文化工业"[②]。

文化工业的出现，打破了审美的个体独创性，传统社会里一位艺术家为了一部艺术作品而呕心沥血一生的现象，一去不复返了。现代审美文化的流通，具有鲜明的集体性、分工性和时效性，它的创制、传播、接受等各个环节，都具有一般商品生产性和消费性的特征。

所谓生产性，是指现代审美文化的创制与传播由于商品和市场因素的全面介入而逐渐变成一种社会化、商业化的行为。与传统的艺术及审美创造活动相比，现代审美文化已经不再是纯粹的精神生产性质，其生产的主体、过程与方式，已经发生了明显的变革，艺术生产中的精神自律性和审美自足性，遭到来自商品、资本与效率的胁迫，艺术、技术与媒介之间的界限被彻底打破，趋于交叉与综合。以往单质的艺术家凭借个人的审美能力就能为社会贡献出美的艺术品的现象，是难以想象的了。分工、协作、流水线和效益，使得审美文化生产打上了一般商品工业化、商业化生产的烙印。一部电影，动辄几千万的投资，它代表的只能是集团、公司、国家这些投资者的声音，各种先进技术、复杂生产流程，都令个人的审美能力变得不再那么显赫了。

鲜明的生产性，在现代审美文化的创制与传播中有两个方面的具体表现：一是对技术的过分依赖，形成"技术崇拜"这一现代迷信；二是与此相关，形成瓦尔特·本雅明所说的"机械复制"。这些特点，对于现代审美文化来说是一柄"双刃剑"，一方面它斩断了传统审美文化的等级制度和自我封闭，另一方面它也在一定程度上削去了审美文化赖以栖身的个性、风格、独创、深度等属性。

消费性，并不仅仅是指现代审美文化接受过程中的个人付费行为，而是指个人付费行为所表征的审美文化接受在社会文化机制、个体心理机制等深层处所发生的一系列变化。从早期的文化工业，到今天的文化产业，现代社会的文化机制正在悄然发生着改变，文化资源配置、文化资本流通、文化市场开拓、文化制度与管理等，往往都受制于经济的杠杆。现代社会，参与社会秩序建构、参与政治权力划分等，不再是文化唯一的、直接的目的，文化主要直接参与经济生产、日常生活和消费行为。个人付费接受审美文化产品，既具有一定的审美性质，也具有休闲、享受生活的性质。消费性改变了现代社会审美接受的心理机制，缩短了人们审美接受的时间，从而也降低了审美文化文本存在的时间。传统的审美强调静观和玩味，现代的审美接受却更重视直接参与和瞬间反应。

---

① 马尔库塞：《审美之维》，生活·读书·新知三联书店，1989。
② 霍克海默、阿多尔诺：《启蒙辩证法》，重庆出版社，1989。

总之,现代审美文化的生产性与消费性,是由审美文化流通中商业化的性质决定的,它丰富了人们的审美活动,扩大了人们的审美需要,从形式上开辟了人生艺术化的可能,但它的利润原则、复制原则和时尚原则,也导致审美文化文本中新的分裂和不对称。

3. 现代审美文化的形象:文化"仿像"

审美文化文本不同于一般的文本,那就是感性形象。如果从审美文化的形象来看,传统审美文化注重的是审美意象,而现代审美文化则表现为文化的"仿像",这是现代审美文化的又一基本特征。

"仿像"(即 simulacra,也译为"仿真"),是由法国社会学者波德里亚提出来的,用以概括现代社会审美文化(主要是影像文化)中艺术符号生产的性质。波德里亚把西方自文艺复兴以来的文化符号发展分为三个环环相扣的阶段:文艺复兴到工业革命,这一阶段是模仿(counterfeit);工业革命时代,文化符号主导范式是生产(production);工业革命以后到现在,则是符号控制历史的阶段,基本形式是"仿像"(simulacra)。波德里亚根据表征中符号和现实对等的原则,把艺术形象划分为四种类型和四个阶段,其中第四是"形象和任何现实都毫无关系:它不过是自己纯粹的仿像而已"①。因此,所谓"仿像",在波德里亚看来,就是现代影像审美文化的符号与现实毫无关系,因为它采取对现实进行一丝不苟地、逼真地模拟,试图得到比现实更真实的"超现实"形式,因而最终是取消现实并以不停地自我复制而取代了真正的现实。

当然,波德里亚运用"仿像"这一概念,一是用以概括现代影像文化的符号(或形象)生产,二是传达对现代审美文化的批判声音。其实,"仿像"并不仅仅体现在现代影像审美文化中,仔细分析,现代审美文化中的各种审美形象,都或多或少地体现了"仿像"的性质。原因很简单,现代影像审美文化的遗传因子,是传统的图像文化,这就决定了现代影像审美文化并不是完全独立的、自足的领域,它和其他类型的审美文化构成了盘根错节的依赖和支持关系,因而"仿像"也自然被带进其他审美文化领域。人们很容易在以下类型的审美文化中发现"仿像"的影子:畅销小说、网络游戏、电脑合成音乐、现代园林、科技馆、儿童玩具等。不过,"仿像"成为现代审美文化的审美形象特征,其深层原因主要是:①现代科技被广泛运用于审美文化的生产,导致审美文化创造变为审美文化复制,而复制的一个重要特点就是追求模本与复制品之间的相似和逼真。②复制的终极模本是生活,复制也产生相应的文化动机,不仅导致人们对现代科技仿真性、虚拟性的狂热追求,从而也导致这种普遍观念的诞生——贴近生活——在一定程度上说,就是以虚拟、仿真的技术手段来逼真地模拟生活。③"仿像"的根本动因,是现代社会按照世俗化的道路来重新构建人们的幸福意识。这一幸福意识,既能激发起人们对生活的感性渴望,也能令人们很容易忘记生活而流于感性本身。因此,"仿像"的审美形象,归于一点,那就是它太像现实了(即波德里亚的 hyperreal,意为超现实),以至于让人们忘记了真正的现实。难

---

① J. Baudrillard,"Simulacra and simulation", in W. Kin,(ed), Postmodernism. Seoul: Hanshin,1991.

道不是么？游戏生产出仿真的世界，也同时正在生产忘记真实世界的人。

"仿像"与传统的审美意象相比，区别在于三个方面：首先是与现实的关系不同。传统审美文化的意象，其形象性是建立在艺术家对现实的真切体验和审美加工的基础上，意象之"象"，是审美加工过的现实，形象和现实之间，强调的是源于生活而高于生活。而仿像之"像"，是现代社会针对于现实而展开的"造假"运动，它把"似与不似"的命题转化为"似而不是"的命题。其次是表意的不同。审美意象的表意特征，在于丰富性、多义性、含蓄性和深刻性等，它反映着主体对现实的姿态和立场。而仿像的表意，往往追求的是符号和指涉物之间的直接同一以及符号和想象之间的平行挪移，意义的多重性，被技术的性质所阻断。再次是形象产生的尺度不同。意象产生的尺度，主要是人的尺度、生命的尺度，体现的是人和世界的心灵关系，突出的是审美主体性。而仿像产生的尺度，主要是技术的尺度、科学的尺度，体现的是科技自身的逻辑，不是审美主体控制着技术，而是技术控制了审美主体。

4. 现代审美文化的价值结构：从一元到多元

现代性不是刻板的一块，现代审美文化也不是刻板的一块。无论是从审美文化的具体形态看，还是从形态背后所蕴涵的价值趋向看，现代审美文化区别于传统的一个重要特征，就是体现其动态性、开放性的多元化。

传统社会的审美文化，也有形态和价值上的具体区分，如统治阶级、知识分子、一般民间等，但它们之间往往存在着一种等级关系，反映的是文化专制和一元中心的性质。而现代审美文化，无论是形态结构还是价值结构，都呈现出多元化的趋势。这是因为：①传统社会，文化资源的配置和流通，主要遵循的是统治阶级的政治意志，带有鲜明的计划性，容易形成金字塔式的等级制度，而现代社会文化资源的配置和流通，主要体现市场、经济和技术的意志，带有鲜明的竞争性，文化垄断是为了获得利益的最大化，而不是为了消灭对方而进行文化战争。②现代社会整体的文化进程，是趋向于文化民主和文化自由的。西方自中世纪结束以后，随着上帝权威的不断削弱和人的意识觉醒与扩张，尤其是资产阶级革命的成功，民主和自由成为主要的文化理念。就文化的基本样式来看，宗教一枝独秀的终结，意味着科学、哲学、艺术和宗教，进入了和平共处、共同繁荣的时代，谁也成不了绝对的文化领袖，历史进入了没有英雄的时代，按黑格尔的说法，是没有君主的"散文"而非"史诗"的年代。[①] ③现代技术广泛运用于文化的生产和流通环节，带来现代文化传播媒介的革命，导致大众文化迅速崛起。大众文化的到来，彻底打破了传统文化封闭的、等级的价值结构。

当然，现代审美文化结构的多元化，除了反映在形形色色的文化形态以外，主要还是反映在价值立场上的多元化。价值立场的多元化，首先表现为文化主体按照价值分型的规律，在现代公共空间中进行文化的博弈，如传统文化、主导文化、精英文化、大众文

---

① 黑格尔：《美学》第3卷（下册），商务印书馆，1986。

化、性别文化、青年亚文化等等,这些具体的文化样式与风格差异的背后,是文化立场的差异。其次,就同一文化形态来看,文化主体的身份,也日益变得模糊,文化立场、文化价值的分歧,取消了文化身份的单一性。以大众文化为例,置身于其中的文化主体,不是铁板一块的,有人维护,有人利用,有人批判,有人享受。不同的态度,当然代表着不同的价值趋向。所以,斯图尔特·霍尔才把公众对电视节目的解码划分为三种类型,分别代表着三种立场:统治性、协商性和反抗性。①

三、后现代审美文化的基本特征

正如后现代只是现代性的内部爆裂一样,后现代审美文化并不是完全站在现代审美文化的对立面,而是现代审美文化内部的自然分裂,它在继承现代审美文化所有特征中,又形成了新的特征,以确立自己现代文化的次身份。

1. 嘲弄真理的快感

后现代正式登上历史舞台的标志,是以德里达为代表的解构主义。所谓解构,不能简单地理解为破坏和否定,而是指这样一种没有终点的运动和行为:即对任何思想的中心法则、权力的中心体制以及普遍必然的规范制度的消解,使那些支配一切、决定一切、解释一切、管理一切的元概念、思想、叙事和制度等都失去效力。解构,是没有边界的行动,是没有终点的实践,贯穿于新历史主义、女性主义、后殖民主义等各种思想流派,成为后现代的基本纲领,从而带来后现代审美文化的总特征——嘲弄真理而获得审美快感。

对于传统和现代审美文化来说,真、善、美的统一,是一条天经地义的原则,人类的审美活动,只不过是一种特殊的求真、向善的行为。但是,后现代却恰恰相反,认为真理是最成问题的,是社会问题的总根源,一切真理都是以话语精心编织起来的谎言,它的冠冕堂皇,遮蔽的是权力、虚伪和世界。因此,后现代审美文化并不是把真理顶在头上而是把它踩在脚下,通过撕裂、讥讽、游戏真理而获得审美快感:在后现代审美文化中,一切真理都没有了正经的样子。

真理是一个极具包容性的概念,同时也是一个极具文化附属物的概念,因而后现代审美文化中的嘲弄真理,就有形形色色的表现。归纳起来,主要有这么几种:①嘲弄真理的话语存在。真理的存在,总是要体现为话语的形式,或是表示人生经验的名人名言,或是表示事物规律的公理定律,或是表示社会规范的原则律令。后现代往往抓住这些话语存在的语境,寻找它的裂缝,按照其自身的逻辑,撕开它荒唐而一本正经的面纱。②消解宏大叙事。真理的诞生,依赖于宏大叙事的支持。消解了宏大叙事,也就意味着消解了真理。后现代审美文化消解宏大叙事,有两种方式:一是把属于宏大叙事的对象,进行语境的挪移,虽然讲述的对象还是宏大的、严肃的,但讲述的本身却变得零碎而不正经;

---

① Stuart Hall, "Encoding and Decoding in Television Discourse", in Simon During(ed), The Cultural Studies Reader. London: Routledge, 1993.

二是逃避宏大叙事,即把宏大叙事从整体上加以屏蔽,让审美的触角专注于那些鸡零狗碎的日常生活事件。③拆解权威。真理的建构和存在,与权威的诞生和存在是相互支持的。真理塑造权威,权威生产真理。权威的产生和存在,总是以二元对立中前一项绝对支配另一项为主要具体形式的,如男/女、精神/物质、灵魂/肉体、父/子、官/民、西方/东方等等。因此,在后现代审美文化中,人们很容易发现大量的反抗、讥笑、淡化或削平处于绝对支配项的文化符码的审美现象。④游戏经典。经典,是真理的另一种文化形式。经典一经塑型,就拥有了绝对的支配地位和统治权力,因而经典实际上是真理的接受史。后现代审美文化,不是崇拜经典而是游戏经典。所谓游戏经典,就是以戏谑的方式重复、仿拟、阐释、拼贴经典,让经典在重叙中漏洞百出,产生与经典背道而驰的意义。⑤复活审丑。审丑现象,传统的审美中也存在,但主要是化丑为美,追求丑得可爱,即丑向美的升华。而后现代审美文化的审丑,却停留于丑的体验,反对所谓的升华,带有复活丑的意义和目的。因为,按照后现代的逻辑,美既然和真是联姻的关系,那么,真的虚假就意味着美也是靠不住的了。

解构的立场,使得后现代的怀疑精神、反叛精神达到了前所未有的顶点。从尼采上帝的终结到福柯人的终结,一切真理及其所表征的权威在人们的世界观中轰然倒塌,什么都行,成为后现代新的格言。因此,后现代审美文化一道显著的风景,就是真理的倒塌以及倒塌带来的审美喧哗。

2. 叙事文化的盛宴

从某种程度上说,后现代审美文化是一场还没有结束的叙事文化的盛宴。与任何一个历史时期相比,后现代不仅更倾向于叙事,而且也改造了叙事,使得叙事游离了传统的目的和意义,叙事成为叙事自身,叙事的意义与对象(即现实世界)无关,而是产生于叙事自身(即所讲述的世界)。后现代审美文化的突出贡献,就是让叙事自身在叙事中成为文化,即叙事文化。

叙事何以在后现代成为叙事文化呢?原因主要有两个方面:其一,起于形式主义、结构主义的现代叙事理论,为叙事成为叙事文化而构建了重要平台。受形式主义和结构主义的影响,现代叙事理论将叙事作品从与它密切相关的种种外部要素中孤立出来,将叙事限定在叙事文本之内,竭力排除叙事与社会、历史、文化的关联,排除外部语境、作者意图和思想观念等,目的是将叙事独立,建立客观的叙事科学。因此,现代叙事理论的贡献,主要是发现长期被意义世界所埋没的叙事并确立起自我身份,但是二元对立的研究思维又使得叙事变成孤立的婴儿。而后现代叙事理论,一方面仍然强调叙事的自我身份,另一方面又反对将叙事孤立,重视叙事和世界的紧密联系。正如米尔·巴克所说:"叙事学是关于叙述,叙述文本,形象,事件,事像,以及'讲述故事'的文化产品的理论。"①

---

① Mieke Bal, Narratology: Introduction to the Theory of Narrative. Second Edition. Toronto: University of Toronto Press, 1999.

但是，后现代叙事理论所强调的世界，并不是传统意义上的世界（即真实的现实及其意义），而是一个讲述的世界。因为，在后现代看来，所谓客观的现实与意义是根本不存在的，一切社会的、历史的、文化的东西都是在讲述中存在的。其二，后现代的游戏，是导致叙事成为叙事文化的直接诱因。后现代的游戏，不再是康德、席勒等所使用的游戏，而是指文本置换、语境挪移和意义生产的自由自在。后现代反中心、反决定、反深度，主张写作和阅读不受现实世界和作者意图的限制，认为世界就是由许多相互关联的文本所组成的超文本，语境也是没有边界的，意义的生产来自于讲述，因而叙事的真谛，就在于叙事者冲破束缚的随心所欲和意义生产的游刃有余。所以，对后现代来说，叙事是一张无底的棋盘，是一场意义的游戏，一切规则都形同虚设，怎么样都行。

后现代叙事文化，确立了叙事的文化身份，同时也解放了叙事自身，带来后现代审美文化的种种变化。首先，叙事越出了文学艺术的边界，在其他样式的审美文化生产中，叙事同样也成为重要的技术因素，如影视叙事、音乐叙事、建筑叙事、广告叙事、网络叙事、性别叙事等等。正如后现代可以把一切处理为文本一样，在后现代，凡是文化所到之处，也是叙事所在之处。一个广告，一两句台词、两三个画面，就是一个叙事单元。从这一点看，后现代是叙事飞速扩张的时代，是叙事文化盛行的时代。其次，后现代解除了叙事的种种清规戒律，加上现代科学技术的支持，叙事变得更加自由灵活。周星驰的电影、谭盾的音乐、网络上的超文本小说，传统叙事难以想象的技艺，在后现代统统变成了现实。再次，后现代把叙事当作游戏，追逐叙事胜过意义的探寻，怎么讲述故事比讲述什么故事更重要，这就使得后现代审美文化的叙事，难免成为叙事的暴力，失去叙事的韵味、风格，沦为一幅叙事文化地图。

3. 身体符号的狂欢

后现代审美文化的另一个特征，是身体直接成为一种文化符号，登上了审美文化的舞台。文学里描写身体、舞台上展示身体、影视中裸露身体、橱窗里参观身体、网络中流行身体、摄影中聚焦身体、行为艺术里残害身体，毫不夸张地说，后现代是被形形色色的身体所包围的时代，后现代审美文化是身体直接参与建构的文化。

作为自然属性的身体，成为文化符号，这在古代社会早已有之，比如古代的人体美。但是，传统社会中身体和文化之间是不对称的，文化塑造身体而不是身体塑造文化，文化通过物质和精神的双重手段，控制、改造身体的自然属性。在《规训与惩罚》一书中，福柯就详细考察了西方18世纪如何运用纪律和技术，把一个普通的身体塑造为符合国家意志的战争机器——士兵。[①]

因此，在传统社会里，人体美其实不是来自肉体和欲望的自然美，而是指文化塑造中的身体美。因为，在灵魂和肉体、精神和躯体的二元对立中，自然的身体始终处在文化身体的控制、监督之下。哪里有压迫，哪里就有反抗。后现代社会的身体文化，恰恰是颠

---

① 米歇尔·福柯：《规训与惩罚》，生活·读书·新知三联书店，1999。

倒过来,它利用文化塑造身体的逻辑,通过身体的还原而实现身体参与文化的目的。

后现代的身体直接参与文化现象的文化动机,主要体现为两点:首先是利用身体来终结文化控制身体的历史,为身体正名。反抗文化对身体的控制,当然只能依赖于身体。从尼采开始,为身体正名的时代就来临了。既然上帝已死,那就意味着人的理性是不可靠的,人如何确保自己和世界保持着真实而有效的联系呢?只有身体,才能与世界打成一片。可是,现在的身体毕竟受到文化的塑造,它所感觉的世界也是虚假的世界。要想使得身体获得真实世界的感知,那就必须对身体进行还原,悬置文化对身体的历史干预。因此,后现代审美文化中的身体,多为赤裸裸的自然肉体和欲望,体现着身体还原的性质。其次是利用身体作为武器,实现消解主导意识形态的目的。后现代的还原身体,本身就是一种文化行为,因而还原的过程,也就能产生文化的意义。对后现代来说,无论是福柯、拉康、桑塔格等强调身体,还是克莉斯蒂娃等女性主义强调身体,其主要的文化动机是一致的,那就是消解主导意识形态。男人以身体作为武器,对抗社会的专制、极权和种种话语霸权;女人以身体作为武器,对抗男性中心主义。从这一点讲,后现代审美文化中的身体,带有政治身体的性质。

身体作为文化符号直接参与文化,在后现代审美文化中有各种各样的表现方式。除了人体摄影、身体写作、欲望叙事、色情艺术等这些集中而典型的表现形式以外,还有许多较为隐蔽的表现形式,如广告画面、服装走秀、汽车展览、行为艺术等。后现代的每一种文化生活,只要仔细分析,总能找到身体支配文化的影子。归纳起来,有三大类型:即表现自然的躯体;表现来自身体的欲望;表现来自身体的暴力。不管是哪一种类型,其身体的表现,都不同以往的人体美。不过,后现代的这种身体直接参与文化叙事,虽然开辟了人们认识世界、认识自己的新方式,但它所付出的代价比脱去衣服要大得多。欲望泛滥、道德滑坡、价值倾斜、人文堕落,诸如此类的批评声音,也的确是后现代的病症。

第四节 当代审美文化的特征与趋势

20世纪90年代以来,社会的转型,也必然带来审美文化的转型。一元独尊的审美文化价值观念体系,被越来越丰富的审美文化需求所打破,传统、现代、后现代,三足鼎立,形成当代审美文化格局的多元化,代表各自利益、追求各自价值的各种审美文化形态,在同一时空中相互博弈,构成中国当代审美文化的地图。但是,当代中国审美文化在取得飞速发展的同时,也面临着许多新的问题。如何解决这些问题,成为决定审美文化在当代中国能否继续发展的关键。

一、20世纪90年代以来中国审美文化的转型

进入20世纪90年代以来,中国的审美文化发生了巨大的转变。从人们的审美观

念,到国家约束审美行为的机制,都发生了巨变,新的审美实践空间被不断地开掘出来,新的审美现象也层出不穷。审美文化这一学术话题的诞生,揭示的正是中国审美文化的巨大转型。

1. 转型的原因

中国审美文化转型的原因十分复杂,既有历史因素也有现实因素,既有内部因素也有外部因素,既有经济因素也有文化因素。它们的相互作用,才导致中国审美文化在20世纪90年代的转型。这些因素,总结起来,主要有以下几个方面:

第一,从计划经济向市场经济的转变,把原来享受国家保障与政府津贴的审美文化流通,推向市场规律下的流通,培育出文化的市场,加速了审美的商业化和产业化,同时,建立在计划经济基础上的一体化文化观念,也发生了崩溃。第二,现代大众传播媒介的迅速发达和普及,从空间、时间和样式等方面,大大促进了审美信息的传播和交换,为纯粹的审美向日常生活的趋近创造了条件。第三,技术的创新、生产力的提高和社会财富的增加,使得人们的生活结构发生了变化,休闲时间的比重快速增长,要求社会提供更多的娱乐性文化产品,迫使审美变得普及化、生活化和娱乐化。第四,社会开放的日益扩大,中外文化交往的加深,西方的生活时尚、思想潮流、文化观念等,被源源不断地输入进来,和国内的生活方式、文化体系的变革相呼应,促成价值观念体系的分化,创造出文化多元化的格局。

总之,20世纪90年代以来中国审美文化的转型,是历史赋予当代中国审美文化发展的一次机遇,是各种因素汇聚在一起,推动中国审美文化向前迈出了一大步。

2. 转型的表现

20世纪90年代以来,中国审美文化的转型是全方位的。若从审美文化流通的环节来说,生产、传播、交换、接受等每一个环节,都发生了较大的转变。若从审美文化构成的要素来说,主体、产品、过程、效果等每一个方面,也都发生了较大的变革。如果归纳这些转型的表现,可以概括为"四化":

第一,市场化。

市场化,也就是商品化,是指当代审美文化从服从纯粹的审美自律、服从国家政治意识形态而转向服从市场规律的巨大转变。市场化,让当代中国审美文化具备了现代审美文化的文化工业特征,出现了审美文化的生产性和消费性。

市场化,从根本上讲,是人们经济生活方式变革以后的必然产物。因此,市场化来自于两种语境:社会语境和国家语境。社会语境,是社会的商品经济性质一旦被确立起来,就具有无限的吞噬力量,迫切要求越来越多的社会化领域向它开放、被它同化,满足它的需求。国家语境,则是国家和政府通过各种改革措施,有意识地培育审美文化市场。20世纪90年代以来,政府通过逐步改革,强制从事审美文化生产和传播的机构、群体和单位,由单一的文化实体身份转变为"文化+经济"的双重实体身份,迫使它们成为文化市场的主体,参与文化市场的竞争。

市场化带来中国审美文化如下的具体变化：①衡量审美文化产品价值的标准产生了裂变，以前所倡导的历史标准和美学标准，变得越来越弱，而日益突出的是经济效益标准。报纸、刊物、广播、电视、网络等等，各种从事审美文化流通的媒体，都开始考虑文化的经济效益，从而使得任何一件具体的审美文化产品，也无法摆脱商品的属性。②对经济效益的追求，反过来促使人们对文化市场的开拓，客观上激发出审美文化生产和消费的欲望，给审美文化的发展注入了新的活力，带来审美文化的迅速繁荣。③市场的规则是自由竞争，市场化冲击了审美文化原有的流通空间和流通渠道，在一定程度上消解了来自于传统、国家和政府的限制，为当代审美文化争取了民主和自由的空间。④市场化导致审美文化特权的旁落，使专门从事审美文化活动的知识分子内部，出现了布尔迪厄所讲的立场分化，产生反对市场化的声音："把文化表现为一种超越的现实、拒斥粗俗的经济要求的浪漫主义观点，以及关于以内在灵感的自发性为基础的自由的创造活动的意识形态，只不过是对无名的市场压力的反抗而已。"①

但是，市场化在带来审美文化繁荣局面的同时，也带来许多问题。同时，当代的市场化也还处于低水平时代，代表国家意志的政府文化机构还处于垄断的地位。审美文化市场化，还有许多路要走。

第二，世俗化。

所谓世俗化，就是指20世纪90年代以来的审美文化从理想主义精神向世俗生活回归的转变，表现出追求世俗主义(个人主义、消费主义、休闲主义等)的倾向。

当代中国审美文化世俗化的原因，不同于西方。中国传统审美文化里就有世俗主义的一面，但它被追求现代化的民族目标所长期遮蔽，因此当代的世俗化，理论上说是审美文化向世俗主义的回归。这一回归，之所以发生在20世纪90年代，主要有两个原因：首先是国家政治意识形态对世俗化的间接鼓励。20世纪80年代，政治意识形态的核心目标是在中国实现社会主义现代化，现代化在当时是个整体而模糊的概念，主要是精神的、理想的层面；而到90年代，国家政治意识形态则由模糊的现代化转为明确的"小康"社会，"小康"社会突出的是经济指标和生活质量指标，精神性的东西变得模糊了，它把社会意识形态的注意力引向现实与生活。其次是市场化的推动。市场化改变的不仅是社会的经济生活方式，更主要的是改变人们的生活观念。市场化和世俗化，是一对孪生兄弟，市场化必然带来世俗化的生活观念，没有世俗化的生活态度，市场化就难以成为现实。

当人们以"老鼠爱大米"来歌唱男女之间的爱情时，那就标志审美文化世俗化时代的真正降临。世俗化，有两种相互关联的表现：(1)文学艺术主动放弃反思、批判、超越的理想和精神，逃避崇高和深度，转而积极拥抱日常生活，归顺现实，听命于"商品＋财富＋

---

① J. Bourdieu, The Field of Cultural Production: Essays on Art and Literature. Columbia: Columbia University Press,1993.

福利＋休闲"这一实际理想的召唤,塑造中产阶级的休闲趣味,推广世俗生活的经验。从"玩的就是心跳",到"有了快感你就喊",文学也好,影视也罢,各种艺术都在不同程度地复活来自于世俗生活的种种体验和感受。即使像音乐、书法这些传统艺术,其参与炒作、作秀的行为,也表明它们今天世俗化的身份,如"女子十二乐坊"、"梦想中国"、"超女"等等。20世纪80年代人们用艺术向生活说不、向现实说不的激情和理想,再也难觅其踪影了。(2)世俗化不是一帆风顺的,直接带来20世纪90年代那场轰轰烈烈的"人文精神"大讨论。当时所谓的"人文精神",与西方文艺复兴的人文精神恰恰相反,主要是指人们自觉抵御世俗生活诱惑的内在精神。[1]

因此,这场讨论,一方面表明审美文化世俗化来势汹涌,严重挤压了知识分子的价值空间,另一方面,大讨论的不了了之,客观上意味着世俗化的逻辑取得了胜利,从而间接地加速了世俗化的进程。世俗化生产大众趣味、中产阶级理想,生产消费、休闲、流行与时尚,谁也无法阻挡它前进的脚步。

世俗化的实质,是放弃理性叩问,悬置精神的"乌托邦"。可见当代的审美文化世俗化,与西方后现代文化的影响是分不开的。

第三,视觉化。

视觉化,也可以理解为图像化。视觉文化在90年代以来中国审美文化中开始扮演极其重要的角色,传统的阅读方式被改写,人们已经迈入"读图"时代。电影、电视、录像、摄影、VCD、DVD、MTV、DV、服装模特、图片展览、电子广告、动漫游戏等等,阅读已经不再是文字的阅读,而是对各种图像的"阅读"。

美国学者丹尼尔·贝尔曾指出:"当代文化正在变成视觉文化,而不是一种印刷文化,这是千真万确的事实。"[2]

所谓"视觉文化",是指人们主要以视觉文本和世界保持着审美关系的生活方式,其中心则是视觉文本。视觉文本,既不是单一的文字文本,也不是传统的绘画、建筑、舞蹈等画面性很强的文本,它是指运用机械、电子等现代技术,经过策划、复制、包装而成的比现实更为逼真的图像文本,主要包括影视、图片、装饰、时尚、广告等引起人们观看欲望的文本。审美文化视觉化主要是以下两个原因:首先,20世纪90年代以来,大众传媒工具的迅猛发展、现代复制技术的日益更新,极大地提高了视觉文本生产的质量和水平,促进了视觉文本传播方式的不断改进,增加了视觉文本交换的空间和效率。同时,这些新的现代技术,也为传统的、经典的审美文本主动转化为现代视觉文本提供了可能。其次,20世纪90年代以来,社会生活的变化,为审美文化视觉化提供了广阔的需求市场。生活节奏的加快,休闲方式的多样化,消费和享乐心理的普及,使得人们花在阅读上的时间和精力越来越有限,传统的玩味和欣赏已经不可能,人们需要的是匆匆浏览、直接反

---

[1] 陶东风:《"人文精神"遮蔽了什么?》,香港《二十一世纪》1990年10月。
[2] 丹尼尔·贝尔:《资本主义文化矛盾》,生活·读书·新知三联书店,1989。

应和快速遗忘。而现代视觉文本,提供的正是这种阅读,它只需要眼球的参与、感官的互动,而不需要所谓的沉思。

审美文化视觉化,迁就了现代人的阅读心理,改变了现代人的阅读方式,不仅创造出眼花缭乱的审美文化文本,而且也创造出更为短暂的流行和时尚。除此而外,视觉化还有另一种结果,那就是传统艺术样式的衰微。今天,艺术家若还梦想着仅仅依靠自己的一支笔(钢笔、毛笔、画笔)、一双手而把心爱的作品传到千家万户,那真无异于"白日梦"。在视觉文本的冲击下,单一的文字文本、听觉文本的生存空间越来越小,唯一的出路,就是加入到视觉文化中去。20世纪90年代以来,有人说诗人死了,有人说文学死了,也有人说中国画死了,其实都还没死,只不过被视觉化化掉了而已。

第四,多元化。

20世纪90年代以来中国审美文化的转型,最鲜明的一点是多元化的出现。所谓多元化,是指社会的审美文化总构成的格局,无论是从价值上看,还是从形态上分析,都打破了一元独尊的结构,真正呈现出百花齐放的特点。虽然还有许多审美文化的禁区没有拆除,但真刀实枪的文化打击和迫害已经一去不复返了,这是事实。因此,多元化标志中国审美文化进入相对民主和自由的时代。

审美文化多元化,既有国内的内因作用,也有西方文化的外因作用。从理论上说,导致当代中国审美文化格局的多元化,原因很多,例如:经济生活主动与现代西方接轨,而任何一种经济生活方式的背后都有一种文化观念在其中,输入现代西方的经济生活模式,也就难免要接受它们的文化观念;20世纪90年代以来,随着改革的深入,社会利益的结构出现了较大的分化,人们的生活方式也越来越多样化,这就必然导致社会的一体化价值系统出现分化,至少是出现了若干价值次系统;还有,大众文化在20世纪90年代的迅速崛起,有效地打破了主导文化和精英文化之间长期的靠暧昧关系而一统天下的局面,使得审美文化一元化格局得以迅速分化。

审美文化多元化,从不同的标准看,看到的是多元化的不同形式。可以对审美文化多元化的格局,作进一步的详细的分析:

从动态特征看:传统(前现代)·现代·后现代。

从审美趣味看:高雅·通俗。

从价值趋向看:主导·精英·大众·民间·女性主义·边缘。

从传媒性质看:纸质·电子·多媒体。

从表现媒介看:语言·图像·身体。

当然,当代审美文化的多元化,主要是指审美文化的主体身份结构和文化价值结构的多元化。其次,多元化只是相对的,每一种审美文化形态或文化价值,都受到来自整体的限制,其独立身份是有限的,这是由当代中国文化的总体性质决定的。

二、当代中国审美文化地图分析

20世纪90年代以来中国审美文化的转型,带来了审美文化多元互渗、异趣沟通的多元化格局,促进了当代中国审美文化地图的形成。多元化格局,具有多种表现形式,试以文化主体的社会身份及其所表现的文化价值趋向为视角,分析当代中国审美文化地图的构成,主要包括以下几种形态:

1. 精英文化

精英文化(也称高雅文化),是当代中国审美文化的一种形态,主要是指由少数知识分子创造、蕴涵其个性化审美趣味、表现其启蒙立场的审美文化。精英文化的主体,是少数知识分子;精英文化的价值,主要表现为强烈的启蒙意识。立足于特定的理性认知背景,运用一定的艺术形式,表达少数知识分子对现实和历史的独特认识和体验,强调理性的审美化沉思,是精英文化的根本特征:"由思想和历史深度与情感的交融形成的美感。"①

具体来说,精英文化具有以下特点:①批判姿态。精英文化往往对社会现实和日常生活不是简单的认同,而是采取反思、质疑的策略,表现出批判的姿态和超越的气质。一方面,精英文化总是保持着对现实、社会和人生的强烈关注,表现出厚重的历史感、现实感和强烈的使命感;另一方面,精英文化又能与现实社会保持警惕的距离,注重对现实的批判和揭露,探寻人生新的可能性。因此,对现实社会的批判和传达独特的人生价值,构成精英文化的主要审美意蕴。②个性创造。精英文化追求独特的艺术个性和超迈的审美旨趣,其生活体验和审美凝思,都融注了主体的个性。追求个性,不仅让精英文化能在日常生活中发现独特的美和普遍的意义,而且令精英文化在艺术形式上不断探索和实验,形成精英文化在形式美上的独创性和典范性。③诗意启蒙。精英文化的审美效果,除了满足人们审美愉悦以外,更看中对接受者的思想启蒙。从一定程度上说,精英文化就是精英知识分子以艺术形式对普通大众进行"洗脑",即诗意的启蒙。因此,精英文化往往是引领文化深层变革的先驱,是一个时代审美文化深度和水平的象征。

2. 主导文化

主导文化(也称为主流文化),是指体现群体整合、社会秩序维护和承担社会教化等功能的审美文化。主导文化的主体身份非常复杂,来自于社会的各个阶层,但有一点是共同的,即对国家意识形态的维护和认同,因此,主导文化真正的主体身份,实际上是国家和政府。

主导文化的主要特点,是以艺术形式来体现、普及统治阶级的政治意识形态。具体来说,一是鲜明的政治意识形态性。不管主导文化的审美形式是多么丰富、多么富有艺术感染力,都不能隐盖其服务国家政治意识形态的性质。反映商人生活的两部电视剧《大宅门》和《乔家大院》,尽管在叙事、情节、人物等方面都达到了较高的艺术水准,但剧中对国家意识形态的认同和宣扬,也是非常明显的。二是浓重的教化性。主导文化的生产目的,虽然不排除满足广大接受者的审美需要,但它的主要目的是向接受者灌输符合

---

① 王一川:《杂语沟通》,湖北教育出版社,2000。

统治阶级需要的社会理想,或者直接宣扬某一具体的政治目的和动机。三是强大的推广力。主导文化,由于拥有特殊的文化资源支配权,因而它具有非同寻常的推广力量。

当代中国的主导文化,也发生了许多新的变化,例如:不再简单地照搬和图解意识形态,注重艺术的感染力而避免赤裸裸的教化,在追求社会效益的同时也努力实现经济效益的最大化,等等。

3. 大众文化

大众文化,是指以大众传播媒介(机械、电子和数字化网络等)为依托、具有浓厚商业色彩、给广大普通市民带来感性愉悦的审美文化。大众文化里的"大众",并不是过去阶级分析视野下的"人民大众",而是指被现代传媒所完全"格式化"的普通市民,因而大众文化的主体,理论上说主要是一般普通市民和中产阶级,但实际上也包含统治阶级、知识分子和劳动人民,因为大众文化已经无处不在,没有人能够逃离它的包围。大众文化的价值,主要在于满足普通市民休闲、消费和娱乐的文化需要。大众文化的形式,在今天可谓是五花八门,从早期的报纸杂志、畅销书、广播、广告、流行歌曲、摇滚音乐、电影电视,到今天的DV、人体摄影、博客、形象设计等等,大众文化的边界还处在日益扩张之中。

理解当代中国的大众文化,应该把握这样几个方面:①当代中国大众文化的形成,是西方现代文化作用的结果。大众文化不是任何社会形态都必然产生的文化形态,而是工业文明的产物,现代科技和文化工业,孕育出大众文化。因此,当代中国的大众文化尽管是中国自觉追求现代化的结果,但根本上说还是受西方现代文化的辐射作用。20世纪80年代,小规模地输入香港、台湾的流行歌曲和影视作品,拉开了当代中国大众文化的序幕。②大众文化的生产具有复制性、流行性、时尚性和模式化的特征,这是由现代科技、市场和文化动机所决定的。复制,就是远离原创,有两层含义:一是自我复制,即现代技术支持下的批量生产;二是"克隆"他人,即一部作品的成功能够迅速产生源源不断的、似曾相识的作品。一个少年作家,就能制造出一群少年作家;一部清宫戏,必然"克隆"出满屏的宫廷戏。复制必然产生审美疲劳,带来大众文化的流行性和时尚性。同时,复制也意味着眼花缭乱的大众文化的背后,隐藏着种种类似于工业模具的模式。③大众文化的审美信息传播,具有迅捷性与广泛性。大众文化是站在现代科学技术肩膀上的文化,发达的传播媒介、市场化的经济效益,造就出大众文化传播在时间上的迅捷性和在空间上的广泛性。《哈利·波特》在美国一热,中国就能立即给它升温。④大众文化的接受,强调的是休闲、消费和娱乐。大众文化永远是把经济效益置于社会效益之上,生产快乐和吸引眼球是它的主要制作原则。大众文化不讲批判,不讲沉思,而是用日常生活来编织自己的叙事,它也许有梦,但它的梦主要是来自于生活层面的幸福意识而不是不幸意识。这符合生活之人的梦想,符合中产阶级的需要:休闲、消费和娱乐。

当代中国的大众文化,总体上是让审美文化贴近了普通人正常化的日常生活(在这之前,所谓的"日常生活"往往是非正常的生活),这一"突转"往往令人们难以适应,如何对待大众文化,就成了一个重要的问题。正像现代西方对待大众文化的态度一样,有人把它视为披着审美外衣的"洪水猛兽",有人为它鼓掌喝彩,也有人在批判中加以肯定或肯定中予以批判。不管哪一种态度,其立论依据多为西方大众文化的研究理论和范式,这也无可非议,因为大众文化本就是西方工业文明的产物。但是,当代中国的大众文化,毕竟不是西方大众文化的简单移植,因此,深入研究中国大众文化的特殊性,似乎比确立态度更重要。

4. 民间文化

民间文化,是指社会底层民众自发创造、具有一定审美性质与地方性审美经验、用以自娱自乐的通俗文化。民间文化的主体,主要是社会的底层人民,它的文化价值比较复杂,有不满与讽刺也有认同和歌唱,有凄凉的泪水也有热情的欢笑,总之,它在自娱自乐中表达出底层人民最朴素的心声。其形式也丰富多彩,如代代相传的传说与故事、田间的民谣与民歌、街头的快板与杂技、墙上的年画与剪纸、地方戏、小调、仪式、笑话等等,都属于民间文化的范畴。

民间文化的特点,主要在三个方面:首先是自发性与集体性。民间文化的创造,多数是直接在生产、生活的过程中产生的,带有自发和集体的性质,往往是浑然而出,没有明确的作者。其次是传承性和程式化。民间文化,往往是通过言传身教、耳濡目染的形式,在世世代代的流传中沉淀下来的,而且其传承也不同于一般的继承,强调的是延续、保全而不是创新,这使得民间文化具有鲜明的程式化。再次是娱乐性和通俗化。民间文化来自人们的生产与生活,也直接服务于生产和生活,自娱自乐,也不刻意追求所谓的升华,言由心出,画从手来,一切都遵循着底层人民的经验。

理解当代中国的民间文化,除了掌握上述民间文化一般性特征以外,还需要进一步把握其以下特殊性:①当代中国民间文化热的文化动机。当代中国民间文化的兴起,绝不是民间底层人民力量使然,而是民间以外的文化主体(国家、知识分子、商业资本等)广泛介入以后的产物。它的文化动机,已经严重偏离了自娱自乐的需要。外来文化身份的合谋,正在篡改民间文化的性质。强调民间、发掘地方审美经验,真正的动机有三:对抗西方话语的霸权,对抗宏大叙事的霸权和占有文化资本。②当代中国民间文化的生产。由于多种外来文化主体的参与,当代中国民间文化已经不是传统意义上的创造,而是现代意义上的生产。民间文化是农业文明的产物,随着中国迈入工业文明的时代,民间文化也就失去了原创的基础。现在的民间文化,是文化资本、文化政策和现代传媒相互作用下的民间文化,具有复制、包装、销售的性质。③当代中国民间文化的接受。当代中国民间文化的接受,已经远离了传统的言传身教与耳濡目染的口传、家传、群传之方式,意识形态的推动、现代技术的助动以及商业资本的搅动,已经使当代民间文化失去了原生态的本性。从"二人转"现象到郭德刚现象,有一只看不见的手,把民间文化推向了流行和时尚。

5. 女性主义文化

女性主义文化,广义地说,是一种社会性别文化。这里的女性主义文化,确切地说,是指女性主义审美文化,即表达女性审美经验、体现解构男性文化中心之价值的文化。女性主义文化,不是以往所说的女性文化。因而,女性主义审美文化的主体,不是一般所谓的女性,而是一种社会意义的女性,即在男性文化中觉醒、具有鲜明的主动构建自我社会身份的女性,也就是具有女性主义意识的女性。女性主义审美文化的价值,不仅在于表达女性观照世界的经验,更主要的是动摇男性文化中心,消解男性审美话语霸权。

女性主义审美文化,不是中国本土的文化,而是从西方移植的文化。在欧美国家,女性主义诞生于轰轰烈烈的妇女政治运动,始终带有鲜明的政治动机和目的:争取妇女的解放和自由。妇女政治运动,经过萨特夫人波伏娃等早期女性主义理论家的总结和发展,逐渐演变为女性主义文化运动,尤其到了后现代女性主义,文化运动的性质更加突出。女性主义的含义比较广泛,但它有一个基本的文化纲领:女性不是天生的,而是造成的。由于女性主义文化运动,从一开始就选择文学艺术领域作为自己的突破口,因而,女性主义审美文化实际上是女性主义文化运动的一部分。

女性主义审美文化在中国的真正形成,是在20世纪90年代以后。其主要原因,一是随着中外文化的交往,西方大量的女性主义理论被介绍到中国来,为中国知识女性观察世界提供了新的文化视野,促使知识女性开始反思长期以来所谓的"男女平等"社会,并发现这个口号后面对女性性别(自然的和社会的)的真正遮蔽;二是第四届世界妇女大会在中国的召开,尽管限于种种原因,当时的影响受到限制,但还是让一部分中国妇女零距离接触到西方的女性主义;三是90年代以来,社会结构的裂变,生活方式的多样化,使得更多的中国妇女可以进入审美文化生产的领域。

但是,中国女性主义审美文化,由于缺乏像西方那样的妇女政治运动的文化背景,因而它既保持着西方女性主义审美文化的一般特征,也有自己的特殊性。可以概括为几个方面:第一,反抗的姿态。女性主义审美文化,是一种反抗的文化。对抗社会现实,对抗男性文化权威,这是女性主义的内涵。因此,女性主义艺术是没有终点的行动,它所塑造的女性人物,往往都是在不停地去抗争。但中国女性主义艺术里的抗争,多为性别意义上的抗争,政治意识形态上的抗争比较模糊。第二,选材和叙事的去中心化。中国当代女性主义审美文化,选材上往往自觉避开重大的、热点的、中心的社会生活领域,更愿意表现细微的日常生活经验,一切宏大叙事,都是女性主义审美文化所竭力逃避的,具有明显的去中心化立场。第三,男性人物的符码化。在当代女性主义审美文化的文本中,男性人物往往被抽空了生命存在,变成没有生命的空洞的符码,成为欲望、权力、贪婪、自私、软弱、暴力、肮脏、冷漠等的代码。第四,女性审美的经验化。建构女性审美经验,是当代女性主义审美文化的追求,但这一追求往往显得急功近利,因缺乏文化、历史的深度而走向反面,造成女性审美的经验化现象:"写你自己,必须让人听到你的身体。"①这又恰恰违背了女性主义的根本初衷。

---

① 埃莱娜·西苏:《美杜莎的笑声》,见张京媛主编《当代女性主义文学批评》,北京大学出版社,1991。

【请你思考】
1. 什么是审美文化?
2. 中西古代审美文化的差异主要体验在哪些方面?
3. 现代、后现代及当代的审美文化特征有哪些?

第十章
审美教育古今谈

审美教育具有寓教育于游戏的特点，其意义在于培养人的审美能力，提升人的审美情操，树立人正确的审美理想，缩短人的"人化"进程。从某种意义上说，美学研究的最终目的，就是审美教育意图的实现。

1795年，德国浪漫主义诗人、戏剧家、美学家席勒首倡"审美教育"。美育理念逐渐深入人心，其重要性越来越为世所瞩目。我国的教育方针也由一向注重德智体的教育扩展到德智体美四育并重的教育。我们认为，美育当为德智体美四育之首。这不仅仅因为美育是德智体各类教育的精髓，美育的精神体现于各类教育之中，而且，美育的目标是提升人的精神品位，造就身心全面发展的现代化新人，其意义当在各类教育之上。著名科学家爱因斯坦曾经深刻指出："用专业知识教育人是不够的。通过专业教育，他可以成为一种有用的机器，但是不能成为一个和谐发展的人。要使学生对价值有所理解并产生强烈的感情，那是最基本的。他必须对美和道德上的善有鲜明的辨别力。否则，他——连同他的专业知识——就更像一只受过很好训练的狗，而不像一个和谐发展的人。"[1]

我们提倡素质教育，素质教育离开了美育，就失去了灵魂，成了一句空话。诚如蒋孔阳先生所说："缺少了美育的美学和教育学，其内容都是不够完整的。"[2]

第一节 中西古代美育比较

无论在古代西方还是在古代中国，美育活动与教育活动一样源远流长。虽然，当时

---

[1] 《爱因斯坦文集》第3卷，商务印书馆，1979。
[2] 蒋孔阳：《西方美育思想简史·序》，安徽教育出版社，1998。

没有出现"美育"一词,人们也缺乏对"美育"的自觉意识。但美育作为一种审美实践,作为一种教育形式,的确古已有之,并逐步形成了审美教育的某些认识与做法,值得今人借鉴。

仔细比较中西古代美育的异同,不难看出,二者在其目的、理念及其措施方法上都有着明显差异。

一、中西方古代美育的育人目标有所不同

中西方都重视人的和谐发展,但古代西方偏重人的外在体格的强健,看重人的应变能力。美育的目的服从人的强身健体、反应灵敏的需要,重在培养具有外向性格的人才。而古代中国更重视人的内在修养,提倡"吾日三省吾身",美育的目的在于塑造具有温良恭俭让的谦谦君子。这种差异无疑由于各自社会经济形态以及在此基础上产生的政治制度不同造成的。

西方文明源于古希腊。恩格斯说:"没有希腊文化和罗马帝国所奠定的基础,也就没有现代的欧洲。"[①]

古希腊所在的爱琴海区域,是个多山靠海的地区。希腊半岛山峦重叠、土地贫瘠,农业无法有所作为。不甘贫困的希腊人就把致富的目光投向大海。他们利用得天独厚的海上资源积极从事贸易活动,不断向外拓展贸易区域,最终形成以工商业城邦为中心的古希腊社会的商业性特征,导致了古希腊的商业文明。

商业形态的社会经济特点是流动性大、风险大、竞争性强。长途跋涉的经商活动、瞬息万变的商业行情,需要经商者具有强健的体魄、灵敏的反应、坚韧的毅力以及风险的承受能力。同时,作为一个以商业经济为主的国家,为了最大限度地掠夺资源、开拓市场,常常诉诸武力发动战争。战争的残酷也需要它的子民具有强壮的身体和严密的纪律性、无畏的牺牲精神。着眼于这样的目的,古希腊人重视身体素质和心理抗压耐力的培养也就理所当然。

斯巴达城邦的奴隶主寡头推行全民皆兵政策。斯巴达的教育目的就是训练英勇善战的军人,罗马历史学家普卢塔克一针见血地指出:"至于阅读和写字,儿童学习的只是最必需的东西,他们所学习的其余的东西只是追求一个目的,绝对服从,承受艰难困苦,打仗和征服别人。"[②]萌芽时期的美育服从这样的育人目标,也就成了造就英雄的手段。雅典的教育不同于斯巴达强制性的以军事体育为主的教育。他们注重人的全面发展,不仅身强力壮,而且反应灵活,能言善辩、具有多种才能,并有着美好道德。雅典的民主政体不仅需要英勇善战的武士,还需要具有远见卓识、善于交际的经商人才。为此,他们的审美教育倾向于和体育竞技相结合。

---

① 《马克思恩格斯选集》第 3 卷,人民出版社,1972。
② 转引自曹孚:《外国教育史》,人民教育出版社,1986。

雅典人很早就具有健美一体的观念,十分看重人的形体美。在五年一次的奥林匹克运动会上,所有运动员,不分男女都分别裸体参加。运动员们不仅展现他们非凡的运动技能,更展示其优美的形体。这种关注人的体格强健、重视人形体优美的观念一直影响着古代欧洲审美教育理念。

与古代欧洲重视人的身体强健、性格外向的培养目标不同,古代中国则重视人的内在修养的培育。美育服从于培养具有良好道德、顾全大局、忍辱负重的君子需要。

中国古代文明源于黄河中下游地区。在这块广袤的土地上,有号称"八百里秦川"的关中平原,也有面积达三十万平方公里的"华北平原"。水源充足,沃野千里,为农业发展提供了无比优越的天然条件。中国人世世代代在这里繁衍生息,形成了与西方迥然不同的农业经济社会形态。

农业社会的最大特点便是人固着在土地上,人对土地有着亲密的依赖关系。同时,笨拙的生产工具、落后的生产方式,使中国古人只能依靠集体力量才能战胜灾害,获得温饱。而在集体中,最信赖的莫过于具有血缘关系的人,"上阵父子兵,打虎亲兄弟"。如果说西方原始的商业活动主要靠个人的才智、决策、冒险精神及勇力,一个人的所得往往建立在另一个人的所失上,所以集体观念并不强;而古代中国的农业劳动则看重集体的力量、血缘群体的合作。同时,农业社会中的人很少迁徙与流动,形成了聚族而居、几世同堂现象,由此产生了与农业经济相适应的宗法政治体制。宗法制主要靠血缘关系维系,同一血缘关系的人推重辈分,注重孝悌,具有很大的保守性和封闭性。这就使得中国古代的教育目的在于培养具有良好个人品德、安分守己、安贫乐道、不敢犯上、不思进取的奴才。中国古代的美育作为教育的一个重要环节,自然也就适应教育目的的需要,着力培养具有道德修养,自觉维护整体利益,压制个人私欲与进取精神,循规蹈矩,具有内敛性的人物。诚如孔子赞颂他的得意学生颜回那样:"贤哉,回也! 一箪食,一瓢饮,在陋巷,人不堪其忧,回也不改其乐。贤哉,回也!"①

总之,大体上说西方商业性的社会形态,着力培养以自我为核心,以私利为基础,敢于冒险、勇于进取,追求个性自由发展的外向性人格。美育也必然适应这种培养目标,为造就外向性人才服务。虽然西方中世纪一度泯灭人性,扼杀人的个性发展,但追求自由的冒险精神从来没有消失过。文艺复兴、启蒙运动很快就重新高扬人性的大旗,以希腊、罗马的行为方式为楷模,冲决神性的束缚,把平等、自由、博爱的信念张扬到极致。美育也就以其弥合感性人格与理性人格缺陷的功能,为塑造理想人格而受到前所未有的重视。

中国古代农业性的社会形态,统治者以培养能坚守节操、重视内在修养和群体价值、安分守己、讲究等级辈分、因循守旧、具有内敛型的人才为己任。中国古代美育也就服从这一社会需要,为国家的长治久安着想,努力塑造适应农业经济形态的人格。这一

---

① 《论语·雍也》。

美育理念,到了宋明,陷入"存天理,灭人欲"的程朱理学中,逐渐走向美育的反面,成为扼杀人个性发展的桎梏。原先尚有一丝进步意义的美育思想在"非礼勿视,非礼勿听,非礼勿言,非礼勿动"的严酷束缚下几近无存。这种局面直到"五四"前后,始有突破。梁启超、王国维、蔡元培、鲁迅等人吸取西方美育的养分,结合中国传统美育的进步因素,开启了中国近代美育的先河。

二、中西方古代美育措施的差异

正由于中西方古代美育育人的目标有所不同,由此造成中西方古代美育措施的差异。西方古代美育多与军事、体育、竞技活动相联系,而中国古代美育则多与礼乐相结合。

古希腊的斯巴达城邦为攻城略地需要,奴隶主寡头着力培养英勇善战的军人。为此,他们对青少年采取近乎野蛮的手段进行严格的军事训练。为了达到教育效果,他们也辅以音乐、文学等艺术教育,这便是古希腊美育的胚芽,但他们的音乐、舞蹈都具有刚劲有力的特点,模拟战争角斗,激励斗志,培养青少年坚忍不拔的毅力与信念,也使残酷的军事训练变得有吸引力,不致单调枯燥。他们还让青少年背诵《荷马史诗》,目的也是以荷马史诗中的英雄为楷模,弘扬英勇善战,为国捐躯的精神。显然,音乐、舞蹈、史诗等审美教育的手段完全服从培养武士的目的,紧密与军事体育相结合,成为军事体育的附庸。

雅典教育中,"缪斯教育"即艺术教育占有很大比重。雅典孩子从七岁开始进入初级学校学习,主要接受读、写、算的智育教育与唱歌、弹琴等艺术教育,二者都渗透着美育精神。孩子们读的书多为英雄传奇、智慧寓言,以培养他们的英雄胆略、尚武精神;音乐教育则多为节奏明快、铿锵有力的励志歌曲、集体舞蹈,激励孩子涤除邪念,陶冶性情,成为具有高度组织纪律性的合格公民。到了十二、十三岁,孩子们更多的时间用来进行体育训练,跳高、角力、掷铁饼、投标枪是他们必修的竞技活动。雅典人在各项体育运动中,不仅注意竞技成绩,还关注参加者身体的健康、形体的匀称与优美。美育与体育竞技的高度结合,贯串雅典教育的始终。

与古代欧洲将美育与军事体育相结合的方式不同,中国古代的审美教育更多地与礼仪、音乐相关联,这种音乐不是作为军事、体育的附庸,而是以其优雅悦耳的节奏、音律给人道德的熏陶、美的享受。

中国古代农业形态的社会经济,竞争性不强。逞强斗勇、强壮有力并不是致富的必备条件。只有吃苦耐劳、团结一致地勤恳劳动才能得到温饱。农民恪守"人勤地不懒"的原则,默默地在土地上耕耘,而巧取豪夺必然招惹杀身之祸。所以中国古代教育重视道德的修养,而非身体的强健,强调"吾日三省吾身"的重要。即便是战争也以"不战而屈人之兵"为上,并非一味以杀戮取胜,重在以智慧、德行得天下。所谓"得道多助,失道寡助";"得人心者得天下,失人心者失天下"。中国传统文化的另一源头是以老子为代表的道家思想,道家思想同样植根于农业经济形态的社会基础,同样带有浓厚农业文明的思维方式。老子描述的理想国:"小国寡民。使有什伯之器而不用,使民重死而不远徙。虽有舟舆,无所乘之,虽有甲兵,无所陈之。使人复结绳而用之。甘其食,美其俗,安其居,乐其俗。邻国相望,鸡犬之声相闻,民至老死,不相往来。"①

反对人的迁徙流动,反对武力征战,鼓吹相安自得、恬静无争的农家生活,其封闭性、保守性更超过儒家。安于这样生活的子民必然无所欲求,无所奢望。故而老子主张弃圣绝智,使成人像孩子似的天真、纯洁、无知。

中国古代的教育正由于上述思想的影响,重在教育子民要有广泛的同情友爱之心,培育人际间纯真的情感纽带。以孔子为代表的儒家思想的核心是"仁"。"仁者爱人",爱人,首先是爱与自己有血缘关系的亲人,然后推而广之,"老吾老以及人之老,幼吾幼以及人之幼"。同时"克己复礼为仁",克制自己私欲,努力恢复国家一整套的等级制度也是仁。因而,儒家的教育思想就是培养有爱心、尊卑贱的仁人。孔子教六艺:礼、乐、射、御、书、数。虽然,骑车射箭也是孔子教学的内容,但并不重要,而且学习射、御,也要"饰之以礼、乐"。即要符合礼仪、乐律。所以,重要的是礼、乐。礼就是规范人的思想行为的仪式准则。孔子说:"君子博学于文,约之以礼。"②

君子不仅要广泛地学习文化知识,还要用礼制约束自己。因为,"非礼,无以节事天地之神明也;非礼,无以辨君臣上下长幼之位也;非礼,无以别男女父子兄弟之亲、婚姻疏数之交也"③。这就是孔子育人的措施。

礼既是观念、人与人交往的准则,也是一种制度仪式。孔子以宗庙祭祀为例,说得十分清楚:"宗庙之礼,所以序昭穆也。序爵,所以辨贵贱也。序事,所以辨贤也。旅酬下为上,所以逮贱也。燕毛,所以序齿也。践其位,行其礼,奏其乐,敬其所尊,爱其所亲,事死如事生,事亡如事存,孝之至也。效礼之礼,所以事上帝也。宗庙之礼,所以祀乎其先也。明乎效社之礼,禘尝之义,治国其如示诸掌乎!"④

礼制就是使尊卑等级观念深入人心,不致使人有非分之想,作非分之举而安贫乐道,如此,仁的目就实现了,天下也就太平了。如果说礼求异(等级尊卑各司其职),则乐求和。"礼所以修外","乐所以修内",乐对人具有内在感化作用。由于仁者爱人、仁者复礼,仁、爱、礼三位一体,成为君子的自觉诉求,绝非强制所能奏效。乐具有使人自觉向仁的感召力,故孔子非常重视"乐"在教育中的作用。他明确指出:"兴于诗,立于礼,成于乐。"⑤

一个人要成为君子,诗、礼、乐缺一不可。修身必学诗,立身在于礼,最后能否成为君

---

① 《老子·八十章》。
② 《论语·雍也》。
③ 孙星衍:《孔子集语》。
④ 《礼记·中庸》。
⑤ 转引自陈育德:《西方美育思想简史》,安徽教育出版社,1998。

子还在于乐。一个人只有在音乐潜移默化的熏陶下,才能自觉奉行仁道而不逾矩。早期儒家音乐理论的代表作《乐记》,就将音乐的本原归之于人心、人情,揭示出音乐的伦理教化作用。由此构筑成中国古典艺术最显著的民族特点,即"文以载道"的文统观。一切艺术的根本目的在于培养健全的伦理人格,以尊卑等级观念协调人际关系,达到"人人之和"的目的。由此必然重视艺术的"和"的价值。音乐也好,诗歌也罢,统统要"乐而不淫,哀而不伤"。诗歌、音乐作为美育的手段,在于"上以风化下,下以风刺上",因而要"主文而谲谏",高扬艺术"吟咏情性"的作用,在这样上下融洽的艺术氛围中,人人都会成为温良恭俭让的谦谦君子,自觉遵守等级制度,循规蹈矩,由此实现天下大治。

与古代中国不同,西方思想家也将音乐等艺术作为美育的手段,如前所述。但他们更看重音乐的整齐划一的训练功能与励志图强的鼓动作用。在《奥德赛》中,荷马说道:"缪斯女神引动乐师,让他歌唱英雄的光荣事迹。"音乐是用来歌唱英雄的光荣业绩,鼓动人像英雄那样建功立业。诗歌也是这样,品达说:"用最优美的诗歌描绘崇高的人是值得的,只有这样,才无愧于诗人的荣誉,当诗歌逐渐被忘却时,那些高尚的行为就永远泯灭了。"高尚的行为就是为国拓疆略地的英雄行为,英雄行为的培养必须靠诗歌、音乐的激励作用。基于这样的目的,柏拉图一方面要把诗人逐出"理想国",对文学艺术采取排斥态度,另一方面他又十分重视音乐的教育作用,他说过:"节奏与乐调有最强烈的力量浸入心灵最深处,如果教育的方式适合,它们就会拿美来浸润心灵,使它们也就因而美化。"①这看起来矛盾,实则统一于他们的教育目标,培养具有尚武精神的人。所谓"教育的方式适合"就是以英雄史诗鼓励人的英雄行为,否则,诗人就该被放逐。

亚里士多德反对柏拉图对艺术的偏见与打压,不主张一味用理性压抑人的感情欲望,而主张在审美教育中,通过艺术的陶冶净化,宣泄情感,使人性得以全面发展。他肯定青少年进行体育训练的重要,但健全的体格必得同时具有优美的人格。他说:"在教育中,起首要作用的应该是健美的体格而不是野蛮的兽性的体格。"②亚里士多德重视艺术在美育中的作用,但受制于培养尚武精神与交际才能的外向性人格的需要,他强调艺术的"净化"作用,推崇悲剧的崇高。"净化"显然与中国古代的"吟咏情性"是不同的。"吟咏情性"基于性善说,用艺术唤起心灵中美好的本性,发扬光大;"净化"则倾向性恶说,主张用艺术扬弃人的本性中丑恶的东西,使人的心灵通过宣泄卑劣情感而得以提纯。诚如法国启蒙思想家狄德罗所说:"只有在戏院的池座里,好人和坏人的眼泪交融在一起。在这里坏人会对自己犯过的恶行表示愤慨,会对自己给人造成的痛苦感到同情,会对一个正是具有他那样性格的人表示厌恶。……那个坏人走出了包厢,已比较不那么倾向于作恶了,这比被一个严厉而生硬的说教者痛斥一顿要来的有效。"③这是对艺术净化说最生动的诠释。中世纪基督教大盛,西方人更具有浓厚的宗教意识,相信人生下来就带

---

① 柏拉图:《文艺对话集》,人民出版社,1980。
② 转引自曹孚《外国教育史》,人民教育出版社,1986。
③ 狄德罗:《论戏剧艺术》,见《文艺理论译丛》第1册。

有原罪,只有通过不断的救赎行为才能最终让灵魂升入天堂。正是出于救赎灵魂、培养尚武精神的需要,西方人特别推崇艺术的悲剧和美学的崇高。亚里士多德虽然认为美善相乐,在美育中既注重精神享受,又强调人格培养,但他特别看重悲剧撼人心魄的力量。"喜剧总是模仿比我们今天的人坏的人,悲剧总是模仿比我们今天的人好的人"①。

比我们今天的人好的人就是勇于为真理、为正义献身的人,富有牺牲精神的人。"悲剧借引起怜悯与恐惧来使这种情感得到陶冶",这种情感就是英雄情感。亚里士多德重视艺术在美育中的作用,艺术不压抑情感,而使情感得到陶冶,陶冶的作用来于艺术能使人产生怜悯与恐惧的情感,由此激励自己像英雄人物一样,自觉改恶从善,避免过失,在战争与经济活动中深思熟虑地保护自己,使自己获得最大的成功。

总之,中国农业文明的社会,统治阶级实施教育的目的,是要培养含蓄内敛的谦谦君子,他们有高尚的人格修养,严于律己,不作非分之想,恪守礼义等级,由此美育主要与礼乐结合;西方商业文明的社会,统治阶级实施教育的目标,旨在培养勇于进取、敢于冒险的英雄,因而美育多与体育、竞技结合。二者都把音乐纳入美育的内涵,但中国古代音乐侧重于"发乎情,止乎礼义"的伦理美,以温柔敦厚的乐教,唤起人们善的美好情感;西方古代的音乐主要充满阳刚之气,以整饬纪律,激励英雄情怀,涤荡卑劣心意,克服原罪意识。当然,中西方美育在漫长的发展过程中,又都逐渐走向培养人的外在与内在共美的境界,力图造就"心身和谐"的人。但中西方古代社会形态的不同,对人才要求的不完全一致,使二者在美育手段上的侧重点有着醒目的区别。

三、自然美的观赏是审美教育的重要方式,然而对自然美的认识却体现出农业文明与城市文明的差异

西方古代的商业活动主要依靠长途跋涉跑买卖,流动性大,风险也大。最主要的风险来自大自然的威胁,满载货物的商船会被狂风巨浪掀入千寻海底,巨蟒怪兽会使经商人抛尸荒野郊外。难以把握自身命运的西方人,对自然产生了本能的恐惧和对立情绪。宙斯正是希腊人想象出的自然神的化身,他喜怒无常,贪图享乐,常拿人开玩笑,甚至要毁灭人类。西方人最早是从躲避自然的迫害,保全自身生存的目的看待自然、探究自然。为这种恐惧心理、世俗目的所遮蔽,他们往往难以从审美角度观赏自然。

虽然,柏拉图曾号召:"我们应该寻找一些有本领的艺术家,把自然的优美方面描绘出来,使我们的青年像住在风和日暖的地带一样,四围一切都对健康有益,天天耳濡目染于优美的作品,像从一种清幽境界呼吸一阵清风,来呼吸它们的好影响,使他们不知不觉地从小就培养起对于美的爱好,并且培养起融美于心灵的习惯。"②然而,这种认识在当时不仅凤毛麟角,也显得苍白无力。正如高尔基精辟地总结道:"在环绕着我们并且

---

① 亚里士多德:《诗学·诗艺》,人民文学出版社,1962。
② 柏拉图:《文艺对话集》,人民文学出版社,1980。

仇视着我们的自然界中是没有美的。"①

西方一直到文艺复兴时期，由于"人与自然之间的关系变化"，才使自然"变成美"②，变成人们观赏娱情的对象。瑞士文化史家雅各布·布克哈特说过："准确无误地证明自然对于人类精神有深刻影响的还是开始于但丁……他可能只是为了远眺景色而攀登高峰——自古以来，他或许是第一个这样做的人。"③

中国古代农业形态的社会经济，人与自然有着融洽的依赖关系。中国古人把天地自然比作自己衣食父母，相信"天地自然，孕成万物"。农业社会中的人看到的自然是皎皎明月，依依杨柳；听到是水流潺潺，蝉噪鸟鸣。"天人合一"的观念由此萌生："民之所欲，天必从之。"④"人与天调，然后天地之美生。"⑤中国古人很早就发现自然美，如："一叶且或迎意，虫声有足引心。"在中国远古的诗歌中，就洋溢着人对自然美的由衷赞叹："故灼灼状桃花之鲜，依依尽杨柳之貌，杲杲为出日之容，瀌瀌拟雨雪之状。"由于对自然美的体认与感悟，中国古人很早就将自然美纳入审美教育中。先秦时期，孔子就以自然美的"比德"教育人们成为有德行的君子。《荀子·法行》记载，子贡问孔子，为什么君子"贵玉而贱珉"？孔子开导道："夫玉者，君子比德焉：温润而泽，仁也；缜栗而理，知也；坚刚而不屈，义也；廉而不刿，行也；折而不挠，勇也；瑕适并见，情也；扣之，其声清扬而远闻，其止辍然，辞也。故虽有珉之雕雕，不若玉之章章。"孔子以自然中美玉的七种性质比喻君子应有仁、知、义、行、勇、情、辞七种品德，以此教育学生。管子也以水的品性教育人们成为君子的要素："夫水，淖弱以清，而好洒人之恶，仁也；视之黑而白，精也；量之不可使概，至满而止，正也；唯无不流，至平而止，义也；人皆赴高，已独赴下，卑也。卑也者，道之室，王者之器也。"⑥

到了东汉，中国古人逐渐以自然美来"娱情"，许多名士方家，乐于归耕，亲近自然，怡然自得，心旷神怡。东汉张衡在《归田赋》中感叹"谅天道之微昧，追渔父以同嬉"，决心"超埃尘以遐逝，与世事乎长辞"。他在美好的自然景观中，一洗世俗浊气，精神为之一爽。"极般游之至乐，虽日夕而忘劬"。游览自然美景，完全没有功利目的，至乐忘返，全然陶醉于精神享受中，正所谓"于焉逍遥，聊以娱情"。魏晋南北朝，古人对自然美娱情畅神的认识更为透彻，人们在获得审美愉悦的同时澡雪精神、修身养性，提升人的精神境界。不少文学大家如陶渊明、嵇康、谢灵运、谢朓、郦道元等写出了许多脍炙人口的山水诗文，道尽自然风光之美，激励人们在品味自然美中，忘却世俗的丑陋，做到"望秋云，神飞扬；临春风，思浩荡"。除去心中杂念，怀抱凌云之志，参悟人生哲理。这一时期，人们

---

① 高尔基：《苏联的文学》，人民文学出版社，1960。
② 程庚：《桂林的水》，见《人民时报》1959年6月2日。
③ 雅各布·布克哈特：《意大利文艺复兴时期的文化》，商务印书馆，1979。
④ 《尚书·秦誓上》。
⑤ 《管子·五行》。
⑥ 《管子·水地》。

常自觉地邀朋携友，三五成群地远离闹市喧嚣，来到风光无限的胜地，领略大自然的鬼斧神工，接受自然美的审美熏陶，获得审美愉悦的精神享受，提升人自身的精神境界。王羲之在《兰亭集序》中写道："是日也，天朗气清，惠风和畅，仰观宇宙之大，俯察品类之盛，所以游目骋怀，足以极视听之娱，信可乐也。"而西方，荷兰在17世纪才在欧洲国家中首次出现独立的风景画，西方人才真正摆脱功利的束缚，以审美眼光感受自然美的魅力及对心灵的陶冶。两相比较，充分体现了中国古代美育内涵的丰富与手段的多样。

从上面三个方面分析，我们可以看到，中西方都十分重视青年人的教育与培养，都认识到人的全面发展的重要性。不仅重视人的知识掌握，外在身体的强健，还重视人的心灵教育，因而都认识到美的教育、艺术教育对培养人的身心和谐的积极意义。他们以多种手段与方法、多种措施与渠道积极开展审美教育。但由于培养人的侧重点不完全一致，西方商业经济形态的社会更需要武士、商人、外交家等富有外向性格的人才，故而，他们的审美教育、艺术教育多与体育、竞技相联系，也辅以音乐、文学。审美教育，服从培养具有尚武精神、组织纪律性强的需要。而中国古代农业经济形态的社会需要循规蹈矩、安贫乐道，具有良好道德修养的奴才，故而审美教育多与礼乐相配合，强调中和之美，以保证社会等级制度的不受侵犯。而且农业生产的天人合一思想深入人心，造成中国古人对自然美的崇敬、叹赏而成为审美教育的一个不可或缺的方面。西方的商业活动，普遍感受大自然的威胁，造成天人对立，使西方古人难以摆脱实际功利考虑，欣赏大自然的美景，因而对自然美作为审美教育手段略显欠缺，虽然有少数人号召而难为大众接受。

中西方古代审美教育内涵的区别虽在社会进步的长河中逐渐趋向同一，但源头的差异毕竟给中西方后代的审美教育在理念、目的、手段上都有不小的影响，形成各自审美教育的民族特色。这也是毋庸置疑的。

第二节　审美教育的特征

美育的目的是全面提升人的精神素质，美育这一崇高目的的实现往往借助于游戏的方式。游戏与教育的结合，是美育的一个重要特点。当然，这里"游戏"的概念较为宽泛，它包括一切娱乐、游览、观赏活动。

游戏不受外在因素的强迫，也没有直接的功利目的。游戏者全凭个人兴趣自觉参与，由此获得身心愉悦的效果。古希腊哲学家亚里士多德说"人从孩提的时候起就有模仿的本能"[①]，孩提时的模仿就是孩子的游戏，孩子喜欢模仿就是孩子喜欢游戏。亚里士多德说"模仿出于我们的天性"，所以某种程度上说游戏是人的天性，"人对于模仿的作品

---

① 亚里士多德：《诗学·诗艺》，人民文学出版社，1962。

总是感到快感"①。人在游戏中能获得愉快,同时也能获得知识,尽管这种知识的获得是不经意的,不是直接的动机,但在潜移默化中的确可以获得某种知识。正如德谟克利特所说:"在许多重要的事情上,我们是模仿禽兽,作禽兽的小学生的。从蜘蛛我们学会了织布和缝补;从燕子学会了造房子;从天鹅和黄莺等歌唱的鸟学会了唱歌。"②

　　成人的游戏有时是再现劳动(狩猎或种植)场面,这主要是为了再度体验获得劳动产品的喜悦,但同时是否也是向未成年人,以及没直接参加劳动的人传授劳动技能与经验呢?我国《尚书·稷》中描写的"百兽率舞",就是在欢庆狩猎成果的同时向未成年人传授狩猎知识。游戏是人的天性,也是人获得精神愉快的重要手段,所以人类积极创造条件去游戏。游戏有一定的内容,这种内容最初总是与人的实践活动相联系,故游戏中也就必然包含着教育的内涵。游戏者在身心愉悦的同时,不知不觉获得教育的知识,这就导致后人萌发将游戏与教育结合的最初想法。受教育者在游戏中不知不觉地受到教育,教育中体现着游戏精神,以使教育获得更大成功。于是,古罗马的贺拉斯就提出了"寓教于乐"的著名观点,把审美愉悦看作实现"劝谕"目的的重要手段。"近代教育之父"捷克教育家夸美纽斯于16、17世纪之交出版了《大教学论》,同样认为实现教育企图的最好办法,就是把教育作为"一种愉快的艺术",美育思想由此萌生。审美活动与游戏一样,是自由的无功利活动,美育也就具有教育与游戏结合的特点。"美育之父"的席勒在其《审美教育书简》中就很好地论述了美育的这一特点及其作用。他指出,人在有限经验存在中,可分解为"人格"与"状态"两种因素,"人格"指主体、理性、形式等,"状态"指对象、感性、资料等。前者固定,后者变动,二者在有限存在的人身上殊难统一,由此形成人的两种自然冲动,即理性的"形式冲动"与"感性冲动"。形式冲动是理性自由人的冲动,它赋予感性存在的自然人以理性形式;感性冲动是感性自然人的冲动,它使抽象的理性形式获得感性定性。人的心灵世界不可能始终分裂,"人格"与"状态"也都不能脱离对方独立存在。"人格"离开感性材料,就只是形式和空洞的潜在功能;"状态"离开"人格",只能使自然人转化为物质,不能实现自由人、理性人的价值。诚如席勒所言:"只有人的感性才能使它(人格)的功能成为活动力,但是只有它的人格才能使它的活动成为自己的。"③

　　如何使二者统一?席勒便借助美来建立一个"审美的王国",用审美去弥合人的处于感性与理性分裂的心灵世界。于是,他在形式冲动与感性冲动之外,提出了"游戏冲动"的概念。席勒所说的"游戏",即谓"一切在主观和客观上都非偶然的但又既不从内在方面也不从外在方面进行强制的东西"。所以,游戏的本质是自由的,既摆脱了人格理性的法则强迫,也摆脱了状态感性的需要强迫,实现了人的自由本质。所以,席勒认为游戏冲动实现了对形式冲动与感性冲动的超越,结束了人性的分裂状态,分裂的人性在游戏状态中也即审美中得到弥合。相对于三种冲动,席勒还将人的存在分为感性的人(自然的

---

① 亚里士多德:《诗学·诗艺》,人民文学出版社,1962。
② 伍蠡甫:《西方文论选》上,上海译文出版社,1979。
③ 席勒:《审美教育书简》,北京大学出版社,1985。

人)、审美的人、理性的人。审美的人正是由自然人向理性人过渡的必然途径。于是,救赎人的任务就在于实现审美的人上面,审美人的完成只能在游戏能动地驱使下,通过审美教育的手段实现。席勒提倡美育在于建立他的理性的道德世界。不管这种设想有着怎样乌托邦性质,但美育作为实现人的"人化"手段,却为马克思首肯。马克思认为:"只是由于人的本质的客观地展开的丰富性,主体的、人的感性的丰富性。如有音乐感的耳朵,能感受形式美的眼睛,总之,那些能成为人们的享受的感觉,即确证自己是人的本质力量的感觉,才一部分发展起来,一部分产生出来。"①

就是说,人的本质力量的感觉,不同于动物的感觉,它是有音乐感的耳朵,能感受形式美的眼睛。这种人的感觉只有通过审美活动才能实现。正如马克思所说,"钢琴演奏家生产了音乐",一方面"满足了我们的听觉感受",另一方面,"也是发展着我们这种感受能力"②。钢琴欣赏活动正是美育的重要手段之一。

总之,"完成自然向人生成"也好,"促进人自身的人化"也罢,这里重要的途径就是审美教育。审美教育融审美与教育为一体,游戏又是审美活动的源头之一,游戏冲动弥合了人性的分裂,超越了单纯形式冲动与感性冲动,实现了人的自由本质,故而审美与游戏有着必然的联系。这就规定着审美教育当有如下性质:

一、美育是一种爱的情感教育

美育,寓教育于游戏。游戏是以情感为纽带、为动力的。故而,美育是情感教育,是以情动人的教育。蔡元培先生指出:"美育者,应用美学之理论于教育,以陶养感情为目的者也。"③

真挚炽烈的情感能使人内心升腾起崇高的人生理想,鼓荡起追求美、捍卫美、创造美的热情。真挚炽烈的情感还能使人获得精神的满足、审美的享受、心灵的净化。车尔尼雪夫斯基说过:"美的事物在人的心中唤起的感觉,是类似我们当作亲爱的人面前时,所洋溢于我们心中的那种愉悦。我们无私地爱它,我们欣赏它喜欢它,如同我们喜欢我们亲爱的人一样。"④

人的心灵是知情意的统一,美学与情感的关系正如逻辑学与理智、伦理学与意志的关系一样,这是人所尽知的常识。情感包括生理的快感与高级的审美情感。美育要使人的心灵升华到美的境界,审美情感当然是积淀了理性内涵的高级情感,这种情感是充满了理性的爱的情感,爱祖国、爱人民、爱社会、爱集体、爱自然、爱生命、爱一切美好的人和事物。我们在较长时期里,把脉脉温情的爱当作资产阶级专利,拱手让给资产阶级,留给无产阶级下一代的便只是仇与恨了。西方某些现代派哲学宣扬"他人是(我的)地狱"的

---

① 马克思:《1844年经济学哲学手稿》,人民出版社,1979。
② 转引自柏拉威尔:《马克思与世界文学》,上海人民出版社,1982。
③ 蔡元培:《蔡元培教育文选》,人民教育出版社,1980。
④ 车尔尼雪夫斯基:《生活与美学》,高等教育出版社,1992。

思想,又给这种仇恨意识的泛化提供了理论依据。特别是,今天的网络时代造成人与人之间空前的隔膜,作为独生子女的青少年,更缺少与他人的情感沟通与交流。不少青少年将自己封闭在电视、网络中,成为情感异化、心灵病态的"网上瘾君子"。而我们的网络与电视又多充塞着暴力与凶杀的场面,加上虚情假意的网恋游戏,使他们在可塑性很强的年龄便播下了恨与斗的种子。他们不相信人类有真诚的爱,信奉没有永久的朋友,只有永久的利益。这种仇恨意识,任其发展,导致青少年的犯罪率居高不下。英国哲学家罗素说得好:"我把爱看做是人生中最重要的事情之一,而且我认为凡是以不必要为理由干涉爱的自由发展的制度都是不好的。"[1]美国心理学家罗洛·梅说道:"爱欲,根据圣·奥古斯丁等权威人士的看法,乃是使人走向神的内在动力。"[2]有一首歌唱道:只要人人都献上一点爱,世界将变得更加美好。可见,爱,于人生,于国家,于世界是怎样的重要。

美育的目的是培养人的爱美之心,提升人辨别美、欣赏美、创造美的能力,培养人具有健全的心灵素质,使人得到全面和谐的自由发展。这一目的的实现,无疑须有爱的滋润。爱与被爱能点燃生命的火花,能给人无穷的力量,使人能在困境中崛起,在迷途中知返。故而,美育是一种爱的情感教育不为虚言。爱美才能欣赏美,爱美才能创造美。爱,使人性格开朗,不至于为芥蒂之怨酿成杀人命案;爱,使人心胸开阔,常常一笑泯恩仇;爱,使人珍惜生命,热爱生活,处处感受到生活的美好与灿烂,不会为人生的微小挫折一蹶不振,或者铤而走险。当然,这里言说的爱,绝不是自私的爱,而是一种辉映着高尚情操和人格力量的大爱。只有这种充满情感的大爱教育,才能实现美育的目的。

二、审美教育是具有鲜明独特形象的直观教育

审美教育是爱的教育,也是美的教育,要成功地进行美的教育,便要充分运用美的特点从事教育。凡是美的事物,都是具体可感的,有着鲜明独特的形象性。这种鲜明独特的感性形象,直接作用于审美主体的感官,使人仿佛置身于游戏中一样,感到悦目赏心、流连忘返,进而培养起爱美、护美、造美的心灵。人们获得美感总是从直观的形象入手。美育是情感教育,而人的情感是逼不出来的,只能通过优美感人的形象诱导出来。这正是美育不同于智育、德育之处。智育运用概念、推理、判断,培养人的思维能力,让人掌握外在事物的规律,认识其本质,更好地改造客观世界;德育则运用理论说教,传授道德观念,让人们遵纪守法,理性地处世待人,使社会成为井然有序的和谐集体。美育则是运用鲜明可视的形象,陶冶人的情感,培养人具有健全的心灵素质及坚毅力、适应力、助人为乐的精神、豁达大度的胸怀,使人具有高尚的审美情操、崇高的审美理想。而要达此目的,就要在直观的形象感受中体验到美的真谛。车尔尼雪夫斯基精辟地指出:"我们不

---

① 罗素:《真与爱——罗素散文集》,生活·读书·新知三联书店,1988。
② 罗洛·梅:《爱与意志》,国际文化出版公司,1987。

应忘记美感和感官有关,与科学无关。凡是感受不到的东西,对美感来说就不存在。""形象在美的领域中占着统治地位"①,故而,柏拉图告诉我们"应该寻找一些有本领的艺术家,把自然的优美方面描绘出来,使我们的青年像住在风和日暖的地带一样,四周一切都对健康有益,天天耳濡目染于优美的作品,像从一种清幽境界呼吸一阵清风,来呼吸他们的好影响,使他们不知不觉地从小就培养起对于美的爱好,并且培养起融美于心灵的习惯"②。

融美于心灵习惯的培养,必得依靠有本领的艺术家,把自然的优美方面描绘出来,给人以形象的直观教育才能实现。所以,美育像游戏一样最忌抽象概念的演绎,也忌枯燥的理论说教,那会使受教育者望而却步,退避三舍。美育只能通过生动形象的直观教育,用美的感性形象感染人、启迪人、打动人,使受教育者沉浸在美的氛围中,沉浸在游戏的氛围中,这样才能不知不觉地获得美的熏陶。正如夏夫兹博里所说:审美教育使人"眼睛一看到形状,耳朵一听到声音,就立刻认识到美、优美与和谐"③。

青少年流连在壮丽的大好河山中,内心便会涌动起对祖国、对自然真挚的热爱之情;看到为国捐躯的英雄影片,听到发愤图强的感人故事,他们会情不自禁地立下创造更为美好明天的誓言;他们为正义事业的胜利而欢呼,为美好事物的毁灭而落泪;他们沉浸在悦耳的音乐声中,迷恋于美的画幅前,为美所吸引,为人的智慧与才干所折服。审美教育以形象的直观性唤起他们爱的情感,爱的浇灌更激起他们对美的追求,由此达到美育的目的,缩短"人化"的进程,造就身心全面发展的一代新人。

三、美育是潜移默化的自由教育

美育寓教育于游戏,游戏是自觉自愿地参与,自由自在的行为,来不得半点强迫。同时,美育也是美的教育,而美的重要品性便是自由。审美活动更是以人的自由为前提。诚如席勒指出的那样,审美的人是由自然人向理性人过渡的必然中介,审美活动既摆脱了人格理性的法则强迫,也摆脱了状态感性的需要强迫。人在审美活动中充分自由,既无须考虑内在的理性约束、良心道德的规范,也不在乎急功近利的物质得失,从而实现了人的自由本质。正是在这个意义上,他提出了"让美走在自由之前"的著名论断。

斯托洛维奇说:"审美享受能力,决定自由感。"④马克思也说:"囿于粗陋的实际需要的感觉只具有有限的意义。"⑤这些论述都说明美育不是强制性的被动教育,美育能使人在审美活动中潜移默化地实现教育的目的,因而必然是自由的,人心向往之。它既没有德育那种条文的规范性、理论的说教性、行为的强制性,也没有艺术教育那种实用的功

---

① 车尔尼雪夫斯基:《艺术与现实的审美关系》,选自《车尔尼雪夫斯基论文学》,新文艺出版社,1957。
② 柏拉图:《文艺对话集》,人民出版社,1980。
③ 北京大学哲学系美学教研室:《西方美学家论美和美感》,商务印书馆,1980。
④ 斯托洛维奇:《审美价值的本质》,中国社会科学出版社,1984。
⑤ 马克思:《1844年经济学哲学手稿》,《马克思恩格斯全集》第42卷,人民出版社,1962。

利性、技能的操作性。它是以一种摄魂夺魄的魅力、潜移默化的渗透力、怡情悦性的感染力，让青少年在充满爱的人文环境里，在如沐春风般的自由状态下，自愿进行的一种启发、互动教育。当然，审美教育的"自由"是"随心所欲不逾矩"的自由，是遵循审美规律的自由，否则，无法进行美的欣赏与接受，更谈不上审美教育了。同时，美育也要传授美的理论，普及审美知识。但这种传授与普及绝不是教条灌输的结果。美育的目的在于陶冶心灵世界、提升精神素质、完善健全人格，这绝不能毕其功于一役。美育活动因令受教育者无比喜爱而能使他们长期自觉地参与、全身心地投入，进而使美育丰富的思想内涵能在尊重受教育者人格的前提下，润物细无声地化为他们人性力量的组成部分。审美教育也不单纯是感官的审美享受，它既有感官上的审美享受，也有由感性到理性的审美意识活动；既有美的鉴赏，更有美的创造。然而这一切都是在受教育者自觉自愿的前提下，以极大的兴趣、经过长期的潜移默化的爱的熏陶，才能达到爱与大美的境界。那种期望听一首美妙的音乐，看一幅俊美的图画，感受一次愉快的旅游，就能一蹴而就地实现美育的目的，是不切实际的。人的心灵的雕塑，当从点滴入手，日积月累，循序渐进，孕育而成。"十年树木，百年树人"，长期耳濡目染，滋润感化，最终积淀为人的一种潜意识的心理能量，才能化为人们爱美、护美、创造美的自觉行动。

当然，美育还有主动性、娱乐性、个性化、社会实践性等特点，但上述三点无疑是最基本也是最重要的性质，舍此，就不是审美教育，而是别的教育了。总之美育是一种以形象为对象的直观教育，一种爱的情感教育，一种潜移默化的自由教育，其对受教育者摄魂夺魄的魅力，怡情悦性的感染力是其他教育无可比拟的。人们在摆脱一切外在束缚的审美王国里，进行精神上的自由创造，获得个性的自由发展，培养融美于心灵的习惯。这无论在教育目的还是在教育效果上，都是其他各类教育难以忘其项背的。

第三节 审美教育的途径

蔡元培在1922年写的《美育实施的方法》一文中，从根据人的成长三阶段来循序渐进地实施美育的角度，将美育途径分为家庭美育、学校美育和社会美育这三个既相互独立又相互补充的类别。前苏联教育家苏霍姆林斯基认为美育最重要的任务是教会学生从大自然、艺术、人们生活关系的美中看到精神的高尚、善良、真挚，并以此为基础确立自身的美。这些关于美育实施途径的不同界说都有各自的合理性和启示性。在综合前人观点的基础上，我们试从以下三方面对美育途径展开论述。

一、观照自然

丰富多彩、气象万千的自然风光中蕴含的自然生命和自然大化的律动，在被人感受到时是极富审美价值的审美对象，甚至会使人从与之相关的美感体验中悟出人生哲理、宇宙真谛。人们在生活实践中与自然缔结了亲和关系，自然风物的各种现象与变化，都折射着人们的生活内容与情感。久而久之，自然界的日月山川、草木虫鱼，都成为情意的寄托和人格的返照，人们可以从中发现、寻味、欣赏自然美。自然界作为人们生活于其中的环境，它不仅给人们带来必要的生活必需品，而且也使人们享受到了一种自由自在的快乐。对自然的观照，也就意味着对人生自由的观照，使心灵从世俗功利中解放出来，独立出来，升华为一种高尚其志、逍遥自放的人生意境。

自从人类用审美的眼光看待世界以来，大自然也就成为人们进行审美教育的重要场所。自然美育的效果主要着重于情感的宣泄与慰藉，却也可以借此激发对自然风物的钟爱。这种爱，通向道德，就升华为对故土家园的热恋，即通过欣赏千姿百态、意蕴无穷的大自然来丰富生活，陶冶情性，更好地激发热爱祖国大好河山的热情；通向人生感悟，就能养成善待自然、珍视生命、爱护环境，乃至同情万物的博大的宇宙情怀。值得一提的是，追求人与自然的和谐，是中国几千年传统文化的主流。中国传统美学历来就把自然山水当作畅神比德、怡情养性的场所，强调与自然的情感交流可以使人跨入"与物为春"、"天人合一"的逍遥境界，并借此养成一种超越世间罪恶的审美人格。

二、欣赏艺术

艺术教育是开展审美教育的重要途径和内容。艺术教育看起来是对人的微观行为的指引，是对人的情感世界的关切。但它对受教者的宏观方面的建树和成长，对人的精神素质的塑造，都起着潜移默化的促进和补充作用。在开展艺术教育中，我们不能过于强调其艺术技能，将它等同于艺术专业教育，我们应该提高认识，将它看作普及型、素质型的艺术体验教育，从而侧重于艺术审美、欣赏和体悟。

就大学教育来说，高校应尽可能多开设一些小说、戏剧、诗歌等文艺作品欣赏课，音乐、绘画欣赏课，以及丰富学生艺术社团活动。与此同时，考虑当代大学生的开放的知识结构和丰富的生活经验，教师应尽可能运用相关艺术门类的知识技能来丰富专业教学，如环境艺术、数字艺术等等，在传授专业知识的同时，以多种艺术手段激发并增进大学生的审美体验。近代教育家蔡元培先生就曾说过："凡是学校所有的课程，都没有与美育无关的。"这就意味着美育应落实到学校教育的一切环节之中。在大学生中开展审美教育，是学校各个学科专业、各个教育环节共同的责任，也是在学科专业教育中创造美的教育境界的共同追求。

为开阔审美教育的视野起见，高校教育者还应充分利用美育资源，把审美教育延伸到校外，扩大到整个社会。美术馆、音乐厅、博物馆以及自然风光、名胜古迹、历史文物、人文景观等等，都可以是大学生开展审美教育活动的好去处。有条件的高校也可以将芭蕾舞、交响乐等高雅艺术表演引进校园，或组织大学生参加公益性艺术社团的社会实践等等，使大学生了解我国优秀的民族艺术文化传统和外国的优秀艺术成果，培养他们感受美、鉴赏美的能力，树立正确的审美观念，抵制不良文化的影响，促进大学生的全面发展。

三、品味文化

除了观照自然、欣赏艺术这两种美育途径外,在人的一生中,更为广泛、普遍地影响人的审美意识的,当推以社会文化为内容的美育。

1. 利用高雅文化的理性启蒙的特征,发挥寓教于乐的审美效果

高雅文化立足于关注人生的立场,以一定的理性知识为背景,通过个性化创作的艺术形式,表达知识精英对现实与历史的认识和体验。高雅文化中蕴涵的审美层次,作为审美文化的重要资源之一,可以被用来培养受教者的高雅的审美素质。一方面,高雅文化特有的高贵品性在于追求批判性意蕴,而批判性意蕴一般都牵涉社会、历史、伦理、哲学等一系列问题的探讨与启发,引人思索,促人行动。因此,从内容上讲,领会高雅文化的批判性意蕴,可以增强人们的各种现实问题的认识能力和判断能力,在美育活动中起到积极的理性启蒙作用;另一方面,创作的个性化,使得高雅文化追求一种文体的独创性,在别具一格的艺术境界之中,展露独出心裁的审美思维的优秀品质。因此,从形式上讲,品味高雅文化独创性的艺术价值,在一定程度上就可以提高人们创造性思维的能力,发挥独特的形式美育功用。

2. 利用日常生活审美化的特征,正确对待与发掘大众文化的审美资源

大众文化是现代社会工业文明兴起以来,尤其以现代传播媒介为手段,按照市场规律运作,追求商业利润的文化形态。大众文化的出现与以都市化为基础的"市民社会"的发展有关,是社会都市化的产物,以都市普通市民大众为主要受众或制作者。大众文化不自觉地放弃、疏离了高雅文化的批判性意蕴,沉溺于感性愉悦,是一种立足于日常生活来生产与消费感性娱乐体验的世俗文化。

与高雅文化相比,大众文化具有自己独特的美育特征,即信息和受众的大量性、形式的流行性和模式化、观赏的日常性和愉悦的感官性。这些特点的存在,使得利用大众文化进行审美教育具有独到的优势。一方面,它使美育取得广泛性影响。大量的信息和大量的受众,造就了现代媒体的巨大影响力,一种可以制造文化霸权的"媒体暴力",它对人们的审美情趣、审美观念甚至日常生活形态进行快速而有效的影响与改造;另一方面,它又能够通过迎合大众趣味而深入人心,获得大众的喜爱和欢迎。大众文化的日常形态、通俗叙事和感官愉悦的特征,使得大众的娱乐消费欲望极易轻松地得到满足。因此,在大众文化产品喜闻乐见的审美形式上,若能结合一定的理性批判和人文精神,大众文化应该是一种具有极大价值的美育资源,在社会精神意识的建构中可以起到积极的作用。

3. 利用民族文化心理的历史积淀性,继承发展传统文化的审美精神

在文化积淀和文化传统形成的漫长历史进程中,一代又一代人的实践活动创造了灿烂的文化成果,它们是进行美育活动的重要因素。传统是人类活动选择的结果,它又是更高文明的起点与动力。运用传统文化的优秀成果来进行美育,在当前社会具有非常重要的现实意义。当代青少年处在欲望膨胀、知识爆炸、信息壅塞的社会环境之中,面对令人眼花缭乱的商品化的审美景观,天性喜好新奇的青少年往往更容易接受时尚、新潮、富于现代气息的大众文化,却缺乏明辨是非、存良去莠的选择能力,沉醉于耳目感官的娱乐刺激之中,导致审美趣味的庸俗化、低劣化。而传统文化中的丰富的人文底蕴、高雅审美趣味、隽永的审美精神,却没有很好地、富有成效地得以领悟。这种割裂历史、忘却民族文化传统、忽视历史文化精神熏陶的现象,很不利于培养健全完美的人格。文化传统中的审美精神如能合适地运用于美育,则可以产生深远的效用。比如中国传统文化中的天人合一的自然价值观,就能对人类社会的可持续发展,以及对培养青少年热爱自然、亲近自然、与自然和谐共处、共生共荣的健康人格具有重要意义。

第四节 审美教育的现代意义

时至今日,美育的地位日益受到重视。美育不仅成为当今教育中的重要组成部分,而且大有成为整个教育的基础和整个教育改革的突破口。因此,探讨美育的现代意义无疑是当代美学研究的一项重要而紧迫的任务。

一、人格完善

美育中的感知美、鉴赏美,最终目的都是为了更好地塑造人,陶养完美人格。美育的功能并非仅仅止于审美能力的提高,有助于审美意象的表达与创造,而且还在于对自我人格的建构与完善,对整个社会的贡献与创造。

受西方审美现代性的影响,近代中国美育先驱们克服了传统美育的陋见,不再把美育视作德育的附庸,转而强调人格的完整、精神的和谐均有赖于美育之功。1906年,王国维在《论教育之宗旨》中指出,教育的目的在于培养"完美之人物",即"身体能力"和"精神能力"都和谐发展的人,他们具备"三德":真、善、美。因此,教育必须具有相应的三个部分:智育、德育(意志)、美育(情育)。在王国维看来,美育是构成教育系统的一个不可缺少的组成部分。蔡元培不仅是美育理论的积极倡导者、宣传者,而且也是美育实践的推行者,他在《对于教育方针之意见》、《美学观念》、《以美育代宗教说》等美学论著中,对美育理论作了全面系统的阐释。他提倡以乐育人,以美育人。并认为美育的中心是情感教育:"人人都有情感,而并非都有伟大而高尚的行为,这是由于情感推动力的薄弱。要转弱为强,转薄为厚,有待于陶养。陶养的工具,为美的对象,陶养的作用,叫做美育。"蔡元培提倡美育的依据,依然是由于审美和艺术对私利心的消除,对个体情感的陶冶。在《以美育代宗教说》的著名演讲中,他说:"纯粹之美育,所以陶养吾人之感情,使有高尚纯洁之习惯,而使人我之见,利己损人之思念,以渐消沮者也。盖以美为普遍性,决无人我差别之见能参入其中。食物之人我口者,不能兼果他人之腹;衣服之在我身者,不能兼供他人之温;以其非普遍性也。美则不然。即如北京左近之西山,我游之,人亦游之,我无损于人,人亦无损于我也。隔千里兮共明月,我与人均不得而私之……破人我之见,去利害得失之计较,则其所以陶养性灵,使之日进于高尚者,固已足矣。"基于这种认识,蔡元培先生大声疾呼"文化运动不要忘了美育"。

美育对于人的情感世界的调适与人格的陶养,在种种途径与方法中最可以有所作为的。美育的本质特性就是情感教育,并进而潜移默化地影响到人的生存趣味与人格品位。美育对于人的情感培育与影响,主要包括两个方面:即情感的激活、解放与情感的净化、升华。所谓情感的激活与解放,是指通过美育引导或激活主体能够自由地表现自己的情感,抑或与对象进行自由而和谐的感应交流,从而达到精神世界的丰富与满足;所谓情感的净化与升华,则是指通过美育使主体的情感具有美好的人性的内容,摆脱动物情绪的低层次的本能性,以及片面性、贫乏性、肤浅性,而获得人的情感的全面性、敏感性、纯洁性与深刻性,并有益于完整人格的建树。

二、感性解放

人的感觉解放、感性革命和全面发展成为全球化的 21 世纪思考的中心。这尤其是马克思主义美育的意义之所在。马克思说:"任何一种解放都是把人的世界和人的关系还给人自己。"这一论断对全球视野中人的感性解放和精神发展具有重要的现实意义,使马克思在一个多世纪前就关注的人的生存意义与本质这一具有本体意义的课题,又成为深刻而现实的当代课题。

纵观人类文明史,世界历史的发展无非是体现于感性与理性内在系统结构的辩证的矛盾运动。感性与理性既是哲学的一对重要范畴,又是构成世界历史的经纬线。二者的建构、整合和内在适度的张力,是人的生命精神、智性、人文精神的基础,是人全面发展的基础。然而,由于历史上往往过分强调理性的作用,忽视感性的作用,从而造成"单向度的社会、单向度的人"(马尔库塞语)和"理性的暴政"(席勒语)。在全球化时代,科技理性对人的感性和生命精神的影响有过之而无不及,导致新的"人文精神危机"和"生存困境"。在这种形势下,呼唤人文精神、重建精神家园的"审美现代性"便凸显为我们这个时代的一个重要主题。

自工业革命发生以来,机械性的技术理性非理性地膨胀、肆虐,使文化体系严重失衡。这种失衡导致文化危机、精神困苦。从外在的方面看,科学文化与人文文化发展不平衡,科技的脱离人文理性制约的野性发展导致一系列全球性问题,人与自然的对立极端化,生态问题、环境问题、能源问题、人口问题、核威胁问题等都体现出现代文明发展观念和模式与其自然基础的深刻矛盾,这是威胁到文明的可持续发展和人类终极命运的根本性问题,需要大力发展人文文化、人文精神、人文理性来制约和制衡。从内在的方面看,人类精神发展结构性失衡,理性因素与非理性因素严重不平衡,现代人普遍的情感冷漠、不介入的态度体现出非理性精神的衰微,而现代主义的喧嚣和后现代主义的情绪化反抗多数是破多立少,因为现代主义多以反理性状态出现,拒绝理性这一既定的精神强势的支撑,而显得色厉内荏,外强中干,无济于事。要想解决理性结构中科技理性与人文理性失衡的问题,以及文化结构中科学文化与人文文化的失衡问题,不是强化既有的对立,而是促进对立双方的互补与转化,从内部沟通,从外部融合。而现代美育的努力目标,正在于促进人文精神与科学精神统一、人文文化与科学文化的平衡。

"审美带有令人解放的性质",现代意义上的审美教育的显著标志之一是主张人性解放,否定理性对人的压抑,肯定人的感性欲求。这种人性解放论始于鲍姆嘉登和康德,成于席勒和马克思。鲍姆嘉登对美学理论的贡献不仅在于提出了"美学",使美学成了一门独立学科,还在于他在书中区分了感性与理性、低级认识与高级认识,充分肯定了人的感性欲求,为现代意义上的人性解放论奠定了基础。康德进一步确认了审美是感性而不是概念,是直觉而不是观念,认为通过审美能唤起感性,使之摆脱理性的压抑性的统治,使人在解放了的自然和人的潜能的自由消遣中得到满足。席勒指出:"希腊人的本性把艺术的一切魅力和智慧的全部尊严结合在一起。""他们既有丰满的形式,又有丰富的内容;既能从事哲学思考,又能创作艺术;既温柔又充满力量。在他们身上看到了想象的青年性和理性的成年性结合成的一种完美的人性"。针对工业文明和科学技术造成的人性异化状况,他提出了通过审美教育消除现代工业文明和科学给人带来的异化状况,解放被压抑的人性,使人得到和谐发展而变成"完整的人"。马克思的美育理论,进一步回答了席勒提出的一些重大问题。在《1844年经济学哲学手稿》、《资本论》等一系列著作中,马克思分析了异化劳动如何造成人的本质异化和人性扭曲,提出了按照美的规律进行生产,通过社会革命消除异化,实现人性解放,从而使"人以一种全面的方式,也就是说,作为一个完整的人,把自己的全面的本质据为己有"。

三、诗意栖居

现代主义思潮的大面积涌起,终结了以科学技术解放全人类的梦想;后工业时代的全面到来使刚刚摆脱外在奴役的人们,情不自禁地纷纷沦为自身欲望的囚徒。现代人在技术理性支配下所取得的自由,总是伴随着个人的孤独与软弱无力。技术理性的僭越和意识形态的虚假,共同造成对自由人性的钳制。随之而来,我们听到了荷尔德林发出的"诗人如何为"这样的提问,和罗丹关于"今天的人们需要的不是艺术而是肉体享受"这样的抱怨,如此等等。

人总是应当为自己寻找一个精神家园的,生而为人就应当不断追问人之为人的意义以及人应当具有的精神和心灵的终极关怀。歌德认为,人生的根本特征在于他是生活在理想世界,总是向着可能性行进,向着无限去超越。用诗人里尔克的话说,人文的憧憬总是"住在摇晃不定的波浪之中,在'时间'的岁月中永远没有自己的故乡"。人总是在自身的有限中实现着无限,在自己的既定现实中创造着未来。可我们现实的生活景致是,大众在"快乐哲学"的统帅下,对艺术普遍沦落而成为娱乐消遣同义词感到理所当然。

越来越繁忙的事功活动和机器式的生活节奏,使人们渐渐无力承担社会关怀、无暇继续对意义的追求。人们需要的是轻松的感官抚慰与满足,艺术于是也就不再是原来意义上的艺术。

当前文化追求实用功利的趋向不断加强,社会竞争日趋激烈,社会生活中的商业文化导向无限制地刺激、撩拨着人类本性中低层次的感官享乐和肤浅的虚荣追求,这使得当前社会突现出一个严重的现象:人们在物质享受日益提高的同时,心灵世界反而日益失落、无所依托,内心充塞着苦恼、紧张、空虚和不安,消极厌世的情绪也比以往大大加剧了。在这样的时代里,人类究竟应当寻求什么样的"存在"?温饱以后如何关注精神和心灵?这些都成了当今时代的重大问题。现代性美育的重要目标之一就是倡导一种审美化的生存方式,即诗意地栖居。它是真正意义上的人现实地存在着的一种存在方式,要求用审美的态度来面对生活,希望选择最适合人性尊严与价值的方式去生活,将自身拥有的自由本质最充分地表现出来。在这种生存状态下,人们不安于日常生活的习惯性与平庸性,以审美的诗意来颠覆日常生活世界中那仿佛已经自动化了的思维惰性,把人们导引至审视生活的批判视点之上,揭开遮蔽在日常世界之上的温情脉脉的面纱,迫使人逼视现实,在打破平静生活的同时,把创新意识和忧患情怀深深嵌入人的心灵,催人向上,不断完成自身超越。

四、审美救赎

早在近代启蒙时期,思想家就以高昂的人文精神宣布人是目的,并且相信这种信念随着社会的发展而彻底实现。然而在工业化日益推进的当今,工具理性的僭越,人与自然的疏远,终极价值的消解和人文精神的失落,这些现代化进程中片面强调理性主义所带来的负面效应越来越发人深省。市民社会和现代资本主义的发展,在实现了人类历史上巨大技术进步的同时,又造成了空前的经济压迫、人的异化和道德堕落,起源于理性主义的进步观念和乐观哲学,越来越暴露出自身的局促和虚妄。这时,美代替宗教势必成为在精神荒原上流浪的现代人获得救赎的最高希望。审美现代性的一个重要功能就体现在审美救赎之上,主张美和艺术是对不完美的现实世界的一种抗议方式,只有通过对美和艺术力量的追求与肯定,人的生存困境才能得到有效解除,人对于现实世界的审美超越才有可能,从而人的个体生命的存在价值也才能得到充分的自我肯定。

尼采预言了现代社会虚无主义的来临,而叔本华更是宣称虚无和无聊是个体与生俱来的痛苦。对于叔本华、尼采所揭示的现代化社会的生存困境,齐美尔企图用乌托邦式的审美超越来应对。他借用距离艺术、距离的审美维度来实现对日常生活的批判与审美超越。在他看来,现代艺术对日常生活的变形与遮盖,意味着艺术对自动化日常生活的中断和对日常生活意识的一种否定,揭示了现代艺术对日常生活刻板模式的不满,并希冀对蔓延的工具理性进行反抗,使现代个体在资本主义异化文明中找到归家的感觉。现代个体不但"只有在距离基础上他才可能对自然产生真正的审美观照,此外通过距离还可以产生那种宁静的哀伤,那种渴望陌生的存在和失落的天堂的感觉,这种感觉就是那种浪漫的自然感觉的特征"。在齐美尔那里,"距离"不仅具有古典的美学意义,又是其企图实现对现代物化生活救赎的一种审美策略。"渴望陌生的存在和失落的天堂"其实是个体面对都市心理距离的无限拉大而产生的对"理想家园"的渴望情怀,一种渴望"归家"的怀旧情结。个体与客体保持距离,不仅仅是个体面对客观文化的压力所必然采取的姿态,它同时也是个体对现代生活所持的一种审美维度。现代生活的审美,在很大程度上就是通过创造距离而得以实现的,而通过这样一种审美维度来审视生活,从而可以使个体超越现实生活的平淡与陈旧,发现生活的诗意和实现个体的自我救赎。

齐美尔试图以"距离"来构建对现代生活的审美批判与救赎,这或许只是一种审美的乌托邦设想。艺术完全退缩到自己狭小天地里,那势必会成为一种象牙塔内的纯游戏,成为纯粹的自恋艺术,也就谈不上对"物化"或"异化"现实的真正批判。艺术只有立足于对现实社会的人文关怀,只有基于现实生活的土壤,通过一定的策略审视和批判社会,才能唤起对现代个体、对经济社会中日常生活模式的批判意识,积极有效地反映或揭露被偏见或习俗所蒙蔽的现实。

在近现代中国,把艺术审美的功用从道德教化提升到形而上层面,赋予艺术和审美一种"无用之用",这可以说是以王国维为代表的美学家们对艺术和审美的独特贡献。他们超越了民族存亡的功利计较,把人生和艺术提到一个更高的境界。对于王国维来说,人生就是一个充满欲望和痛苦的过程,只有通过艺术和审美的途径才能使人从这种痛苦中解脱出来。在他看来,艺术不但是对欲望的解脱,更具有一种形而上的超越品格,它是对宇宙人生的永恒真理的显现,因而,艺术和审美有时候看起来并没有什么具体的用途,却对人生有一种根本性的大用,一种"无用之用"。哲学与美学所满足的正是人的高级的精神需要,它具有超脱于社会经验和功利层面的形而上的价值,能给人提供根本的价值皈依和保障。审美作为一种无用之大用,比起一时一地的生活之欲望的满足来更为重要。这也许是对西方审美现代性的一种"误读",却是一种创造性的、符合中国民族文化传统和现代性启蒙实际的"误读"。也许它更可以看成是中国现代美学家们的一种思想和理论创新。

【请你思考】

1. 审美教育有哪些特色?
2. 审美教育有哪些途径?
3. 审美教育的意义表现在哪些方面?

后 记

2011年底,安徽大学出版社约我主编一本美学教材,我第一个想法就是:"美学教材多如牛毛,有再编的必要吗?"

我曾于2007年出版了一本《大学美学》教材,这是第一本完全由我省高校教师编写的美学教材。我看重的是第一,而不是教材。教材出版后,反响还不错,不仅入选为"十一五"省级规划教材,而且五年内再版三次,发行近两万册。或许是社会的需求让安徽大学出版社决心出版一本美学教材。但此时的我,已对编写教材不感兴趣了。上个世纪,王力主编《古代汉语》、朱东润主编《中国古代文学作品选》、郭绍虞主编《中国历代文论选》,那真是誉满天下的精品教材。而现在越编越滥的各类教材,不仅有误人子弟之嫌,也因内容、体系的大同小异,被学界嗤之以鼻。作为"211工程"的安徽大学,理所当然地不把编写教材计入科研成绩,教材主编者也往往羞于提及。安徽大学出版社的卢坡同志,看出了我的犹豫,拿出一叠信来,说是省内一些专科学校的老师,以及理工科高校中的人文学院老师,希望能有一本理不甚深、文不甚艰、深入浅出又通俗易懂的美学教材,以应教学之需。确实,《大学美学》是为本科高校的中文系学生编写的,对象不同,内容难易自有区别。时下,高校提倡素质教育,重视学生情商的培养,又强调高扬五讲四美精神,让理工科学生学点美学自是必不可少。我们绝不能让21世纪的大学生美丑不分、不知美为何物而成为马加爵式的悲剧美盲。大学生是时代的骄子,民族未来的希望。大学生只有懂美、爱美,世界才能变得更加美好。我接受了这一任务。这便有了《美学与美育》教材的问世。

我在写作提纲上尽量做到通俗化,但各人的写作能否达此目的,也即能否做到动机与效果的统一,却是我难以掌控的。时间紧、任务重,教材成功与否,让实践来检验吧。

本书编写任务分工如下:郭世轩撰写第一章、第五章;管军撰写第二章、第六章;王宗峰撰写第三章;桑农撰写第四章、第十章的第三、四节;褚春元撰写第七章的第一、二节;夏艳撰写第八章;李涛撰写第九章;吴家荣撰写第七章的第三、四节,第十章的第一、二节。

吴家荣
2012年7月